21世纪经济管理新形态教材·金融学系列

国际金融学

路 妍 姜学军 ◎ 主 编
禹钟华 崔艳娟 ◎ 副主编

清华大学出版社
北京

本书封面贴有清华大学出版社防伪标签，无标签者不得销售。
版权所有，侵权必究。举报：010-62782989，beiqinquan@tup.tsinghua.edu.cn。

图书在版编目(CIP)数据

　国际金融学 / 路妍，姜学军主编．—北京：清华大学出版社，2020.11（2023.8 重印）
　21 世纪经济管理新形态教材．金融学系列
　ISBN 978-7-302-56637-3

　Ⅰ．①国… Ⅱ．①路… ②姜… Ⅲ．①国际金融学－高等学校－教材 Ⅳ．① F831

　中国版本图书馆 CIP 数据核字 (2020) 第 192761 号

责任编辑：吴　雷
封面设计：李伯骥
版式设计：方加青
责任校对：王荣静
责任印制：杨　艳

出版发行：清华大学出版社
　　网　　址：http://www.tup.com.cn，http://www.wqbook.com
　　地　　址：北京清华大学学研大厦 A 座　　邮　　编：100084
　　社 总 机：010-83470000　　邮　　购：010-62786544
　　投稿与读者服务：010-62776969，c-service@tup.tsinghua.edu.cn
　　质 量 反 馈：010-62772015，zhiliang@tup.tsinghua.edu.cn
印 装 者：三河市龙大印装有限公司
经　　销：全国新华书店
开　　本：185mm×260mm　　印　　张：16.25　　字　　数：392 千字
版　　次：2020 年 11 月第 1 版　　印　　次：2023 年 8 月第 5 次印刷
定　　价：49.00 元

产品编号：087287-01

前　言

在开放经济和全球化发展背景下，国际金融体系正在发生着深刻的变革。英国脱欧、中美贸易摩擦、中国加快对外开放等新变化将会对国际金融体系产生重大影响。同时，国际金融环境复杂多变，不确定性因素不断增加，国际金融危机影响仍在继续，这些都会对全球经济和全球金融体系带来不利影响。面对这种变化和影响，需要加快全球治理结构改革，加强国际金融合作与协调，以共同应对国际金融危机，保证全球金融体系的稳定。因此，加强对后金融危机时代国际金融领域新变化和新问题的研究，就成为当前国际金融学研究的前沿问题。

本书的特点包括：

第一，本书是一部比较全面和系统性的教材。本书针对国际金融学涉及的主要问题进行了全面而系统的研究，具体包括：外汇与汇率、外汇交易、国际货币体系、汇率制度、国际收支与调节、国际储备与管理、国际资本流动、国际金融市场、国际结算、国际金融危机、开放经济下的内外均衡与国际协调合作理论等内容，力求构建比较完整合理的国际金融学框架体系。

第二，本书是一部反映一系列国际金融学新现象和新问题的教材。本书针对金融危机后国际金融领域的新变化，突出研究其"新问题"，包括：英国脱欧对欧元和欧洲货币体系的影响、脸书首发天秤币对国际货币体系的挑战、人民币汇率双向波动对外汇市场的影响、中美贸易关系对国际收支的影响、中国金融市场进一步对外开放对跨境资本流动的影响及其监管、新冠肺炎疫情危机对全球和中国经济金融的影响、新形势下如何加强国际经济协调与合作以实现一国内外均衡等内容。对这些新问题的研究，进一步丰富了本书的研究内容，具有一定的创新性。

第三，本书是一部注重理论与实务相结合的教材。本书在研究国际金融学理论与国际间资金运动规律的基础上，突出对国际金融实务的研究，并在每章章末附有案例分析，以便理论与实务更好地结合。同时，每章均配有辅助学习资料，便于读者学习理解与应用。尤其是在第10章，本书还增加了次贷危机虚拟仿真实验，这也是本书的一大特色。

本书由路妍和姜学军担任主编，由禹钟华和崔艳娟担任副主编，由路妍负责设计、总纂、修改与定稿。其具体分工包括：路妍撰写第5章、第6章和第7章，姜学军撰写第1章、第2章和第9章，禹钟华撰写第3章，崔艳娟撰写第4章、第8章、第10章和第11章。

由于国际金融体系仍在变化之中，国际金融领域仍有许多新问题需要研究，因此，许多相关问题有待我们今后继续进行研究。

本书在编写过程中，参考了大量的教材、专著和文献，由于篇幅有限，不能一一列出，在此向这些作者表示衷心的感谢！张寒漪和刘晓寒博士生在资料收集和数据统计等方面做了大量工作，也一并表示感谢！在本书的出版过程中，清华大学出版社给予了大力支持，在此表示诚挚地感谢！

由于我们的知识水平有限，书中难免仍有疏漏，不足之处，敬请各位读者批评指正。

路妍

2020 年 8 月

目 录

第1章 外汇与汇率 ··· 1
　　开篇导读　人民币汇率双向波动幅度加大，外汇市场更趋成熟理性 ············· 1
　　1.1　外汇与汇率概述 ·· 2
　　1.2　汇率的种类 ·· 4
　　1.3　影响汇率变动的主要因素 ··· 12
　　1.4　汇率变动对宏观经济的影响 ··· 14
　　1.5　汇率决定理论 ·· 16
　　【案例分析】人民币汇率破"7"的成因与影响 ·· 26
　　【本章思考题】 ·· 27
　　【本章计算题】 ·· 28
　　【在线测试题】 ·· 28

第2章 外汇交易 ·· 29
　　开篇导读　汇率双向波动环境下企业避险意识仍需增强 ·························· 29
　　2.1　外汇交易概述 ·· 30
　　2.2　即期外汇交易和远期外汇交易 ··· 34
　　2.3　套汇和套利、掉期和互换交易 ··· 40
　　2.4　外汇期货交易和外汇期权交易 ··· 45
　　【案例分析】主要外汇市场交易量变化 ·· 53
　　【本章思考题】 ·· 54
　　【本章计算题】 ·· 54
　　【在线测试题】 ·· 55

第3章 国际货币体系 ··· 56
　　开篇导读　脸书首发天秤币白皮书，全球货币体系面临挑战 ····················· 56
　　3.1　国际货币体系概述 ··· 57
　　3.2　国际货币体系的演变 ·· 58

3.3　欧洲货币体系 ··· 67
　　3.4　欧元的建立与发展 ·· 71
　【案例分析】英国脱欧对欧元的影响 ·· 74
　【本章思考题】 ·· 77
　【在线测试题】 ·· 77

第 4 章　汇率制度 ··· 78
　开篇导读　全球疫情与人民币汇率及国际化 ··· 78
　　4.1　汇率制度概述 ··· 79
　　4.2　固定汇率制度 ··· 82
　　4.3　浮动汇率制 ·· 86
　　4.4　汇率制度的选择 ··· 89
　　4.5　人民币汇率制度 ··· 92
　【案例分析】中美贸易摩擦对人民币汇率的影响 ·· 100
　【本章思考题】 ·· 101
　【在线测试题】 ·· 101

第 5 章　国际收支及其调节 ·· 102
　开篇导读　中国国际收支保持基本平衡的总体格局 ······································ 102
　　5.1　国际收支平衡表的概念和基本内容 ·· 103
　　5.2　国际收支平衡表的记账规则和差额分析 ··· 106
　　5.3　国际收支失衡的成因和调节 ··· 111
　　5.4　中国国际收支平衡表分析与管理 ·· 114
　　5.5　国际收支调节理论 ·· 124
　【案例分析】国际收支结构的变化和国际比较 ··· 127
　【本章思考题】 ·· 128
　【在线测试题】 ·· 128

第 6 章　国际储备与管理 ··· 129
　开篇导读　全球国际储备简析 ·· 129
　　6.1　国际储备概述 ··· 129
　　6.2　国际储备规模管理 ·· 132
　　6.3　国际储备结构管理 ·· 135
　　6.4　中国国际储备与管理 ··· 138
　【案例分析】人民币在全球外汇储备资产中占比上升 ··································· 147
　【本章思考题】 ·· 148
　【在线测试题】 ·· 148

第 7 章　国际资本流动 ·· 149
　　开篇导读　QFII、RQFII 取消限额　加速中国金融市场进一步开放跨境
　　　　　　　资本流入 ·· 149
　　7.1　国际资本流动的定义和类型 ··· 149
　　7.2　国际资本流动的成因与影响 ··· 152
　　7.3　国际资本流动管理 ·· 154
　　7.4　中国国际资本流动与管理 ·· 155
　　【案例分析】欧盟外商投资审查新规的主要内容及其对我国的影响 ········ 165
　　【本章思考题】 ··· 167
　　【在线测试题】 ··· 167

第 8 章　国际金融市场 ·· 168
　　开篇导读　重大事件冲击与国际金融市场 ································ 168
　　8.1　国际金融市场概述 ·· 169
　　8.2　国际外汇市场 ··· 171
　　8.3　国际资本市场 ··· 177
　　8.4　国际黄金市场 ··· 181
　　8.5　欧洲货币市场 ··· 184
　　【案例分析】全球负利率债券规模创纪录对全球金融市场稳定的影响 ······ 189
　　【本章思考题】 ··· 189
　　【在线测试题】 ··· 190

第 9 章　国际结算 ·· 191
　　开篇导读　国际结算方式选择不当酿成损失 ······························ 191
　　9.1　国际结算概述 ··· 191
　　9.2　国际结算工具 ··· 195
　　9.3　国际结算方式 ··· 200
　　9.4　跨境贸易人民币结算 ··· 212
　　【案例分析】信用证项下的单据交给谁？ ··································· 214
　　【本章思考题】 ··· 216
　　【在线测试题】 ··· 216

第 10 章　国际金融危机 ·· 217
　　开篇导读　重大突发卫生事件与国际金融危机 ··························· 217
　　10.1　国际金融危机概述 ·· 218
　　10.2　美国金融危机 ·· 221
　　10.3　欧洲主权债务危机 ·· 223
　　10.4　国际金融危机理论 ·· 229
　　【案例分析】美国金融危机与欧债危机的共同影响及其风险防范 ········· 232

【本章思考题】 232
【在线测试题】 232

第 11 章　开放经济下的内外均衡与国际协调合作理论 233

开篇导读　开放经济下的财政政策与货币政策 233
11.1　开放经济下的宏观经济政策目标与工具 233
11.2　开放经济下的宏观政策效应分析 238
11.3　开放经济下财政政策与货币政策国际协调：两国模型 242
11.4　开放经济下宏观经济政策的国际协调与合作 245
【案例分析】新冠肺炎疫情下的国际宏观经济政策协调 247
【本章思考题】 248
【在线测试题】 248

参考文献 249

第1章 外汇与汇率

【学习目标】

通过本章学习，应该能够：

1. 掌握外汇的含义和特征；
2. 掌握汇率的概念、标价方法及种类；
3. 理解和掌握影响汇率变动的因素及汇率变动的宏观、微观效应。

开篇导读

人民币汇率双向波动幅度加大，外汇市场更趋成熟理性

受国内经济下行以及中美经贸磋商一波三折等因素影响，2019年人民币兑美元汇率先涨后跌，双向波动加大。2019年8月5日，人民币离岸和在岸汇率双双跌破"7"关口；9月3日，创下7.17∶1的近十年历史性低点；11月上中旬，又一度升回"7"以内，但外汇市场预期整体表现稳定，破"7"后居民和企业结售汇保持理性，截至2019年10月，银行代客结售汇逆差已连续四个月环比下降。

2019年，人民币汇率经历了"先升、后贬、再升"三个阶段，双向波动幅度加大。第一，中美经贸摩擦出现波折和反复，成为2019年人民币汇率短期波动的主导因素。2019年5月和8月，在美国宣布将上调中国输美商品关税后，人民币汇率均出现跳水。第二，中国经济下行压力加大，内需总体较弱，消费、投资增长双双放缓；工业生产总体呈减缓趋势，实体企业经营困难增多。但汇率波动并未导致资本流动的大幅震荡，居民和企业结售汇保持理性，低（升值）买高（贬值）卖的汇率"稳定器"作用正常发挥，显示出国内外汇市场日趋成熟。2019年10月，银行代客结售汇虽为逆差，但已连续四个月环比收窄。破"7"以来，市场未到期远期和期权外汇买卖的净购汇头寸趋于缩小，促进了外汇供求平衡。

展望未来近一时期，人民币汇率利好因素有所增多。一是中美贸易摩擦爆发已有两年时间，对金融市场的影响趋于减弱，尤其是中美第一阶段经贸协议达成，市场信心得到部分修复。二是中国经济增速仍处于全球较高水平，且在全球负利率资产扩容背景下，全球资本看好中国，境外投资者持续增持境内金融资产。截至2019年9月末，境外机构和个人持有境内股票和债券为3.95万亿元，同比增加31%。三是未来美国经济下行压力加大，美联储货币政策重回宽松，均加大了美元指数走弱的风险。与此同时，考虑到我国经济基本面韧性较强以及逆周期外汇管理政策的持续发力，这都有利于防止大幅单边贬值预期的形成。

资料来源：管涛.人民币汇率双向波动幅度加大，外汇市场更趋成熟理性[J].国际金融研究，2020（1）：15.

1.1 外汇与汇率概述

1.1.1 外汇的概念

外汇（foreign exchange）具有双重含义，即动态（dynamic）和静态（static）的外汇。而静态的外汇又有狭义的外汇和广义的外汇之分。

1. 动态的外汇

国际间债权债务的清偿，必然要产生国际间的货币兑换。因各国都有自己的法定货币，相互之间不能流通使用，必须按一定的比率进行兑换，经过外汇银行等金融机构把一个国家的货币兑换成另一个国家的货币，借以清偿国际间债权、债务关系的一种专门性的经营活动就是所谓的动态外汇，它是国际间汇兑的简称。从这个意义上说，外汇等同于国际结算。

2. 静态的外汇

（1）狭义的外汇。狭义的外汇即人们通常所说的外汇，是指以外币所表示的用于国际结算的支付手段（或直接用于国际债权债务关系清算的支付手段），它必须具备三个要素：可支付性（即以外国货币表示的资产）、可获得性（必须是在国外能够得到补偿的债权）和可兑换性（必须能自由兑换成其他的支付手段）。

狭义的外汇主要指以外币表示的银行汇票、支票和银行存款，其中银行存款应该是外汇的主要构成部分，因为不仅银行汇票等外币支付凭证需以外币存款为基础，而且外汇交易也主要运用银行的存款来进行。

根据以上的界定，外币有价证券和黄金就不是狭义上的外汇，因为它们不能直接用于国际结算，需变成外汇银行的存款，所以它们只是静态的外汇，但不是通常所说的外汇。

（2）广义的外汇。广义的外汇是指一切用外币表示可以用作国际清偿的支付手段和资产。我国以及其他各国的外汇管理法令中一般沿用这一概念。我国于2008年8月修订颁布的《中华人民共和国外汇管理条例》中规定的外汇范畴如下：

①外币现钞，包括纸币、铸币；
②外币支付凭证或者支付工具，包括票据、银行存款凭证、银行卡等；
③外币有价证券，包括债券、股票等；
④特别提款权；
⑤其他外汇资产。

国际货币基金组织（IMF）对外汇的定义是："外汇是货币行政当局（中央银行、货币管理机构、外汇平准基金及财政部）以银行存款、财政部库券、长短期政府证券等形式保有的在国际收支逆差时可以使用的债权。"这些以外币表示的支付手段和资产可用于充当国际支付手段、外汇市场干预手段和国际储备手段。

3. 外汇的特征

可见，并不是所有的外国货币都是外汇，也不是只有外币现钞才是外汇，具有以下特征的外币以及以外币表现的支付手段和资产才是外汇。

（1）必须以外国货币表示，即只有以外国货币表示的金融资产才是外汇。外汇（广义）的形式可以是外币现钞、外币支付凭证，也可以是外币有价证券。但无论如何本国货币都不是外汇，即使本国货币是国际货币，如美元，在美国之外的其他国家是外汇，但在美国就不是。

（2）必须具有可兑换性。可兑换性，即外汇必须能够不受限制地兑换成其他的外币支付手段，并用于多边国际结算。一国货币是否可兑换，表面上看是货币问题，实质上反映的是国家之间的货物和服务的交换关系。

持有可兑换的外汇，就相当于拥有对他国商品和服务的索求权，如果是非可兑换的货币，则只能在本国实现购买力。如果一国的货币具有可兑换性，意味着被他国接受，他国的政府和居民可随时购买该国的商品和服务，这就要求该国有充分的资源能满足这种需求，即外汇要有可靠的物质作为保证。

1.1.2 汇率的概念和汇率标价

1. 汇率的概念

在国际结算中，以外汇作为国际支付手段，首先要解决的是货币之间的兑换问题，即外汇买卖。同商品买卖一样，外汇的买卖也必须以一定的价格为基础，否则买卖就无法进行。例如，我国某一公司从美国进口一批商品，货款为1万美元，公司必须将人民币换成美元才能支付，而这1万美元要用多少人民币来兑换呢？这时就涉及外汇价格问题。如果当时1美元合7.05元人民币，公司的1万美元货款就需要7.05万元的人民币。"1美元合7.05元人民币"就是以人民币表示的美元价格，或者说是美元与人民币的汇率。由上可知，外汇汇率（foreign exchange rate，简称汇率），是指不同货币之间兑换的比率或比价，即以一种货币表示的另一种货币的价格，也称汇价、牌价。

在外汇买卖中，汇率同商品的价格一样，也会受供求关系的影响而不断发生变化，这种受供求关系影响而不断变化的汇率，称为外汇行市。

2. 汇率的标价

我们知道，商品的价格是用货币表示的，而货币的价格不能反过来用商品表示。但外汇的价格标价具有可逆性，由于交易双方都是货币，可以相互表示对方的价格：既可以用本币表示外币的价格，也可以用外币表示本币的价格，一国的外汇汇率究竟如何表示，取决于其所采取的标价方法。

（1）直接标价法（direct quotation）。直接标价法是指以一定单位（如1个单位、100个单位）的外国货币为标准，折算成若干单位本国货币的汇率标价方法。在这种标价法下，外国货币的数额固定不变，本国货币的数额则随外国货币与本国货币币值对比的变化而变化。若一定数额外国货币折合本国货币的数额比以往增加，意味着外汇汇率上涨，或者说外国货币升值，本国货币贬值；相反，若一定数额外国货币折合本国货币的数额比以往减少，意味着外汇汇率下降，或者说外国货币贬值，本国货币升值。可见，在这种方式下，外汇汇率的涨落与本币标价额的增减是一致的，更准确地说，本币标价额的增减"直接"地表现了外汇汇率的涨跌。目前，大多数国家包括中国在内，均采取直接标价法，国际市场上大多数汇率也是以这种方法标示的。

形式：1 单位外币 =× 单位本币

以某日我国外汇市场牌价为例：

$$1 \text{ 美元} = 7.055\ 5 \text{ 人民币}$$

$$1 \text{ 加元} = 5.171\ 6 \text{ 人民币}$$

在这一标价法下，外国货币称为单位货币（或基准货币），本国货币称为标价货币（或计价货币），两者对比后的汇率，则表示银行买卖一定单位的外币应付或应收多少本币，因此，直接标价法也叫应付报价法。

（2）间接标价法（indirect quotation）。间接标价法是指以一定单位（如1个单位、100个单位）的本国货币为标准，折算成若干单位外国货币的汇率标价方法。在这种标价法下，本国货币的数额固定不变，外国货币的数额则随外国货币与本国货币币值对比的变化而变化。若一定数额的本国货币折合外国货币的数额比以往增加，意味着外汇汇率下降，或者说外国货币贬值，本国货币升值；相反，若一定数额本国货币折合外国货币的数额比以往减少，意味着外汇汇率上涨，或者说外国货币升值，本国货币贬值。可见，在这种方式下，汇率的涨跌都以相对的外币数额的变化来表示。

目前，英国、美国、澳大利亚、新西兰等国采用间接标价法。由于英镑最早成为国际结算的主要货币，因此英国长期以来一直采用间接标价法。第二次世界大战后美国的经济实力迅速上升，美元逐渐成为国际结算和国际储备的主要货币，为了便于计价结算，美国从1978年9月1日起采用间接标价法（但美元对英镑的汇率，仍然沿用直接标价法）。欧元诞生后，也采用间接标价法。

形式：1单位本币=×单位外币

以某日伦敦外汇市场牌价为例：

$$1\text{ 英镑}=1.2339\text{ 美元}$$
$$1\text{ 英镑}=9.5628\text{ 港币}$$

在这一标价法下，本币作为单位货币（或基准货币），外币作为标价货币（或计价货币），两者对比后的汇率，表示银行买卖一定单位的本币应收或应付多少外汇，因此，间接标价法也叫应收报价法。

直接标价法和间接标价法存在着一种倒数关系，即直接标价法下汇率数值的倒数就是间接标价法下的汇率数值，反之亦然。例如，中国银行按直接标价法挂牌的 USD 1= RMB 7.055 5，可方便地推算出 RMB 1= USD 0.141 7。又如伦敦外汇市场 GBP 1=USD 1.233 9，运用倒数关系即可将间接标价法换成直接标价法，即 USD 1=GBP 0.810 4。可见，直接标价和间接标价只是方法不同，没有原则上的区别，但在不同的标价法下，汇率的高低表现不同。如果本国货币升值，直接标价法下的汇率数值减小，间接标价法下的汇率数值增大；如果本国货币贬值，直接标价法下的汇率数值增大，间接标价法下的汇率数值减小。

1.2 汇率的种类

汇率与经济的关系密切，因此，各国政府对汇率问题十分重视，并根据各自的利益和需要，制定不同的汇率政策，规定各种不同的汇率，从而使汇率变得较为复杂。如果把各种汇率归结起来，可以做如下的分类：

1.2.1 基本汇率和套算汇率

这是按制定汇率的方法划分的汇率种类。

1. 基本汇率

基本汇率（basic rate），是指本国货币与关键货币的汇率。关键货币一般是指对外经济交往中最常使用的世界货币，被广泛用于计价、结算、储备货币，并可自由兑换，是国际上可普遍接受的货币。由于外国货币种类很多，一国在制定本国货币的对外汇率时，不可能对每一种货币都确定一个比价，在与关键货币确定一个基本汇率之后，就可以以这种关键货币与其他货币的汇率，套算出本币与其他货币的汇率，在计算上比较方便。一个国家用哪种货币作为关键货币一般是不公布的，但第二次世界大战后，由于美元取代了英镑而成为国际结算中使用最多、在各国国际储备中占比最大的货币，因而大多数国家是以美元作为关键货币来确定基本货币的。

2. 套算汇率

套算汇率（cross rate），又称交叉汇率，是指通过基本汇率套算出来的本国货币对其他国家货币的汇率。套算汇率的具体套算方法可分为以下两种情况：

（1）两种汇率的标价方法相同时，采用交叉相除法，即两种汇率的标价方法都是直接标价或都是间接标价。不论是直接标价还是间接标价，一般将数量固定不变的货币叫作基准货币，把变化的货币称为标价货币。显然，在直接标价法下基准货币为外币，标价货币为本币；在间接标价法下基准货币为本币，标价货币为外币。下面按基准汇率是否相同，分两种情形来介绍交叉相除法。

①基准货币相同。例如，2020 年 6 月 28 日，中国银行加拿大分行的外汇牌价显示：

USD 1=CAD 1.356 2-1.386 1

USD 1=RMB 7.002 3-7.179 4

上述加元和人民币都是直接标价法，基准货币相同，都是美元。

在计算套算汇率时，要先确定是计算加元与人民币的汇率，还是计算人民币与加元的汇率，也就是选择以何种货币作为标价货币。如果把人民币作为标价货币（加元作为基准货币），则人民币作为分子，加元作为分母，表示如下：

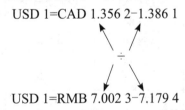

USD 1=CAD 1.356 2-1.386 1

÷

USD 1=RMB 7.002 3-7.179 4

经过计算得出两个汇率：

CAD 1=RMB 7.002 3/1.386 1 =RMB 5.051 8

CAD 1=RMB 7.179 4/1.356 2 =RMB 5.293 8

即 CAD 1=RMB 5.051 8-5.293 8

②基准货币不相同。同样是 2020 年 6 月 28 日，中国银行加拿大分行的外汇牌价显示：

EUR 1=CAD 1.511 7-1.561 7

AUD 1=CAD 0.911 2-0.967 2

上述欧元和澳元都是间接标价法，但基准货币不一样，分别是 EUR 和 AUD。在计算套算汇率时，要先确定是计算欧元与澳元的汇率，还是澳元与欧元的汇率，也就是选择以何种货币作为标价货币。如果把澳元作标价货币（欧元作为基准货币），则澳元作为分母，欧元作为分子，表示如下：

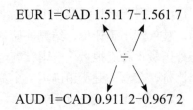

EUR 1=CAD 1.511 7-1.561 7

AUD 1=CAD 0.911 2-0.967 2

经过计算得出两个汇率：
EUR 1=AUD 1.511 7/0.967 2=AUD 1.563 0
EUR 1=AUD 1.561 7/0.911 2=AUD 1.713 9

即 EUR 1=AUD 1.563 0-1.713 9

（2）两种汇率的标价方法不相同时，采用同边相乘法，即两种汇率的标价方法一个是直接标价另一个是间接标价。

假如纽约外汇市场：GBP 1=USD 1.243 1-1.243 2
USD 1=CHF 0.947 4-0.947 6

现在要计算 GBP/CHF 的汇率，则 GBP 1=CHF 1.243 1×0.947 4-1.243 2×0.947 6
=CHF 1.177 7-1.178 1

1.2.2 买入汇率、卖出汇率、中间汇率和现钞汇率

这是从银行买卖外汇的角度对汇率进行的分类。外汇市场上的报价为双向报价，即由报价方同时报出自己的买入价和卖出价，由客户自行决定买卖方向。汇率的具体数值一般由 5 位数组成，如 2020 年 6 月 28 日，中国银行挂出的牌价是：USD 100=RMB 706.07-709.06，表 1-1 为中国银行 2020 年 6 月 28 日的外汇牌价。

表 1-1 中国银行外汇牌价（2020 年 6 月 28 日）

货币名称	现汇买入价	现钞买入价	现汇卖出价	现钞卖出价	中行结算价
阿联酋迪拉姆		185.84		199.65	192.09
澳大利亚元	483.9	468.86	487.46	489.62	489.66
巴西里亚尔		123.79		140.56	136.98
加拿大元	515.04	498.77	518.83	521.12	521
瑞士法郎	743.51	720.57	748.73	751.94	747.06
丹麦克朗	106.05	102.78	106.91	107.42	107.09
欧元	791.03	766.45	796.86	799.42	798.32
英镑	870	842.96	876.4	880.28	883.67
港币	91.09	90.37	91.45	91.45	91.04
印尼卢比		0.048		0.051 8	0.049 8
印度卢比		8.793 4		9.916	9.339 8
日元	6.575 4	6.371 1	6.623 7	6.633 9	6.629 2
韩国元	0.585 2	0.564 7	0.59	0.611 6	0.584 7
澳门元	88.54	85.57	88.89	91.85	88.46
林吉特	165.99		167.49		165.15
挪威克朗	72.64	70.4	73.22	73.57	74.15

续表

货币名称	现汇买入价	现钞买入价	现汇卖出价	现钞卖出价	中行结算价
新西兰元	452.91	438.93	456.09	462.36	458.64
菲律宾比索	14.07	13.58	14.23	14.87	14.09
卢布	10.1	9.48	10.18	10.57	10.27
沙特里亚尔		183.35		193.83	188.05
瑞典克朗	75.51	73.18	76.11	76.48	75.96
新加坡元	505.86	490.25	509.42	511.95	507.5
泰国铢	22.79	22.08	22.97	23.7	22.85
土耳其里拉	102.8	97.76	103.62	118.98	103.03
新台币		23.12		25.05	23.89
美元	706.07	700.33	709.06	709.06	705.55
南非兰特	40.9	37.76	41.18	44.39	41.01

资料来源：中国银行官网：https://www.boc.cn。

1. 买入汇率

买入汇率（buying rate）也称买入价，是外汇银行向同业或客户买入外汇时使用的汇率。在直接标价法下，外币折合成本国货币数额较少的那个汇率就是买入价，在间接标价法下刚好相反，本国货币数额较多的那个汇率为买入价。上例中，买入汇率是706.07，表明银行从客户处买入100美元需要付给客户的人民币是706.07元。

2. 卖出汇率

卖出汇率（selling rate）也称卖出价，是外汇银行向同业或客户卖出外汇时使用的汇率。在直接标价法下，外币折合成本国货币数额较多的是卖出价，在间接标价法下本国货币数额较少的就是卖出价。上例中，卖出汇率是709.06，表明银行卖出100美元收取的人民币是709.06元。在间接标价法下，如伦敦某银行的报价是：GBP 1=USD 1.243 1-1.243 2，其中前面的1.243 1是银行卖出美元的价，1.243 2是银行买入美元的价。

需要注意的是，以上的"买入"和"卖出"均是从银行的角度来说的，并且买卖的对象是外汇。外汇银行通过低买高卖赚取差价。

在进出口贸易中，正确使用买入汇率和卖出汇率非常重要。当交易的一方以本币报价，但对方要求以某种外币报价；或者相反，原本是外币报价的，而要改成本币报价的，也可能是一种货币要改成另一种外币报价的，这时是用买入汇率还是卖出汇率呢？基本原则是，无论怎样改变报价，收益或成本不应有变化。

本币改外币报价时用买入汇率，如果是外币改本币报价，则用卖出汇率。那么当一种外币改成另一种外币应该用哪个价格呢？这时要根据所在的外汇市场来确定哪个是本币或外币，然后套用上面的方法处理即可。

【例1-1】 我国一出口商出口一批纺织品，报价3万元人民币，应进口商要求改用美元报价，即期美元兑人民币的汇率是USD 1=RMB 7.005 8-7.035 5，应报多少美元？显然，该出口商获得美元后，要把美元卖给银行，使用买入价，应报美元30 000/7.005 8=4 282.17。

3. 中间汇率

中间汇率（middle rate）也称中间价，是买入汇率和卖出汇率的平均数。各种新闻媒体在报道外汇行情时大多采用中间汇率，人们研究汇率变化也往往参照中间汇率，但它并不是外汇买卖的执行价格。中间汇率＝（买入价＋卖出价）/2。

4. 现钞汇率

现钞汇率（banknote rate）也称现钞价，是银行同客户买卖外币现钞时使用的汇率。现钞买入价一般低于外汇买入价，而现钞卖出价与外汇卖出价相同。

为什么现钞买入价一般低于外汇买入价？因为银行在买进外汇（外币支付凭证）后，资金通过划账很快就可以存入外国银行，开始生息或可以调拨使用。而现钞却只能在其发行国使用，在存入其发行国银行或外国银行时才能获得利息收入。因此，银行买进外国钞票后，要经过一段时间，等外币现钞积累到一定数量后，才能将其运送并存入外国银行调拨使用。在此之前买进外币钞票的银行要承受一定的利息损失，并且将外币现钞运送并存入外国银行的过程中还有运费和保险费等支出。银行要将这些损失及费用转嫁给卖出外币现钞的客户，故银行买入外币现钞的价格低于买入外汇的价格。

【例 1-2】 A、B 两位先生在 2020 年 6 月 28 日下午的同一时刻，在同一银行的柜台窗口分别将各自银行账户中的 10 000 欧元兑换成人民币，然而得到的人民币金额却不一样，A 得到 76 645 元，B 得到 79 103 元，相差 2 000 多元！显然不是银行工作人员的失误，那是什么原因呢？A 和 B 本都是现汇账户。但 A 在兑换前先将 10 000 欧元取出来再兑成人民币，"现汇"变成"现钞"，适用当天欧元现钞买入价 766.45；而 B 直接将现汇账户中的欧元兑成人民币，使用当天的欧元现汇买入价 791.03 元，于是两人所得就差出了 2 458 元人民币。

> 扩展阅读 1.1
> **人民币汇率中间价的形成机制**
> 扫描此码 阅读文献

1.2.3 官方汇率和市场汇率

这是按外汇管制程度对汇率进行的分类。

1. 官方汇率

官方汇率（official rate）又称法定汇率，是指在外汇管制比较严格的国家或地区，由政府授权的官方机构（如财政部、中央银行或外汇管理机构等）制定并公布的汇率。这些国家一般没有外汇市场，一切外汇交易都必须以官方汇率为准。官方汇率一般不会频繁调整，这虽然有助于汇率稳定，但也使得汇率缺乏弹性。

2. 市场汇率

市场汇率（market rate）是指在外汇管制比较松的国家或地区，外汇市场上自由买卖外汇的价格。在这些国家或地区，汇率受外汇供求关系的影响而经常性变化，官方机构为了控制汇率波动的幅度和频率，一般通过参与外汇市场对汇率进行干预。

1.2.4 即期汇率和远期汇率

这是按外汇交易的交割时间划分的汇率种类。

1. 即期汇率

即期汇率（spot rate）也称现汇汇率，是指外汇买卖成交后在两个营业日内办理交割时使用的汇率，它是由成交时的外汇供求关系决定的。除非特别注明，外汇市场的汇率以及官方牌价均为即期汇率。

2. 远期汇率

远期汇率（forward rate）也称期汇汇率，是指在外汇买卖双方达成的外汇买卖协议中，约定将来某一时间进行交割时所使用的汇率。远期外汇的汇率与即期汇率相比是有差额的。这种差额叫远期差价，有升水、贴水、平价三种情况，升水是表示远期汇率比即期汇率贵，贴水则表示远期汇率比即期汇率便宜，平价表示两者相等。

1.2.5 固定汇率和浮动汇率

这是按汇率制度的不同划分的汇率种类。

1. 固定汇率

固定汇率（fixed exchange rate）是指一国货币与外币的比价基本固定，汇率的波动被限制在一定的范围内，当汇率波动超出规定的界限时，货币当局有义务对外汇市场进行干预以维持汇率稳定。国际金本位制度和布雷顿森林体系下的汇率制度就属于固定汇率制度。

2. 浮动汇率

浮动汇率（floating exchange rate）是指一国不规定本国货币与外币的固定比价，也没有任何汇率波动幅度的上下限，而是听任汇率随外汇市场的供求关系自由波动：外币供过于求时，外币贬值，本币升值，即外汇汇率下跌；反之，外汇汇率上涨。在这种汇率制度下，货币管理部门不规定汇率波动的界限，原则上也没有维持汇率稳定的义务，但往往会根据需要，通过市场机制对汇率施加一定的影响。

1.2.6 电汇汇率、信汇汇率和票汇汇率

这是按外汇交易中支付方式的不同划分的汇率种类。

1. 电汇汇率

电汇汇率（telegraphic transfer rate，T/T）也称电汇价，是指银行卖出外汇时用电讯方式通知境外联行或代理行支付外汇给收款人所使用的外汇价格。银行在办理电汇业务时，自其从客户收进本币资金到国外分行或代理行完成外币解付，最长不超过两个营业日。由于银行不能有效地占用客户的资金，因此，与其他汇款方式相比，电汇汇率一般定得比较高。由于当今世界的电讯业务非常发达，它所传递的信息快捷准确，因而外汇市场上的外汇买卖都是通过电讯联系来成交的，银行同业买卖外汇或资金划拨也都使用电汇。因而，电汇汇率已成为一种具有代表性的汇率，其他汇率都是以电汇汇率为基础计算出来的。各国公布的外汇汇率，一般都是指电汇汇率。

2. 信汇汇率

信汇汇率（mail transfer rate，M/T）也称信汇价，是指用信函方式通知境外联行或代理行付款的外汇价格。由于邮程所需时日要比电汇的交割时间长，银行在此期间占用了客户的本币资金，因此信汇汇率比电汇汇率低一些，其差额相当于对客户提供的利息补偿。

3. 票汇汇率

票汇汇率（demand draft rate，D/D）是指银行买卖即期汇票的汇率，即银行在卖出外汇时，开立一张由其国外分支机构或代理行付款的汇票交给汇款人，由客户自带或寄往国外取款所使用的汇率。由于票汇从卖出外汇到支付外汇有一段间隔时间，银行可以在这段时间内占用客户的头寸，买卖即期汇票的所需时间也比较长，故票汇汇率也比电汇汇率低，其差额相当于一个邮程的利息。

1.2.7 名义汇率、实际汇率和有效汇率

按汇率的经济含义，汇率有名义汇率、实际汇率和有效汇率之分。

1. 名义汇率

名义汇率（norminal exchange rate）是指在社会经济生活中被直接公布、使用的表示两国货币之间比价关系的汇率，如官方或外汇银行报出的汇率就是名义汇率。由于没有考虑物价因素，名义汇率的变化不一定意味着该国货币或商品的市场竞争力发生变化，因此要引入实际汇率来反映真实的相对购买力水平。

2. 实际汇率

实际汇率（real exchange rate）是指对名义汇率进行调整后的汇率，不同的调整方法对应不同的实际汇率，至少有以下两层含义：

（1）用价格水平调整的实际汇率，可简单地理解为：名义汇率减通货膨胀率，用公式表示名义汇率 r 与实际汇率 R 的关系如下：

$$R = r\frac{P'}{P} \tag{1-1}$$

其中，P' 和 P 分别代表外国和本国的物价指数。汇率只有与两国的价格水平结合在一起，才能比较出两国货币的实际汇率水平，比如本币贬值 5%，但同时本国物价也上涨了 5%。当外国价格水平不变时，实际汇率 R 是保持不变的，本国商品与外国商品的竞争力也没有变化，因为物价上涨与本币贬值在作用上相互抵消。只有实际汇率上升时，本国商品的国际竞争力才提高了。

上述公式适用于直接标价法，如果是间接标价法，则公式为

$$R = r\frac{P}{P'} \tag{1-2}$$

（2）用财政补贴调整的实际汇率，即名义汇率与一国政府为达到奖出限入而对各类出口商品进行财政补贴和减免税收的之和或之差，用公式表示如下：

$$实际汇率 = 名义汇率 \pm 财政补贴和税收减免$$

3. 有效汇率

汇率仅是两国货币之间的比价，但在同一时间内，该国货币可能对某些国家的货币升值，而对另一些国家的货币贬值，那么怎么反映一国货币的综合情况呢？有效汇率正好解决了这个问题。

有效汇率（effective exchange rate），也称汇率指数，是一国货币对一篮子货币（a basket of currencies）经过加权平均计算后得出的汇率，即它反映的不是两种货币之间的汇率，而是综合反映一种货币对多种货币的多边汇率平均值。计算有效汇率时，可根据需要

选择不同的指标，如贸易值和劳动力成本等。由于汇率与一国的贸易有着极为密切的联系，因此，贸易值是最常用的权数，其计算公式如下：

$$A\text{币有效汇率} = \sum_{i=1}^{n} A\text{国货币对}i\text{国货币的汇率} \times \frac{A\text{国与}i\text{国的贸易值}}{A\text{国的全部对外贸易值}} \quad (1\text{-}3)$$

有效汇率也有多种分类：

一是可分为名义有效汇率以及实际有效汇率，名义有效汇率是用来衡量一国货币相对其他一组货币汇率的加权平均值，通常以本国与其他贸易伙伴国双边汇率的加权平均值表示，该指标的变化称为"名义升值或贬值"。实际有效汇率是根据价格变化进行调整后的有效汇率。

二是可分为双边有效汇率和多边有效汇率。双边有效汇率反映的是指两国货币汇率变动情况。因为汇率本身就是双边的，因此选定一种汇率，确定基期就可以计算出来某一时期的双边有效汇率。例如，2018 年 1 英镑平均兑换 1.334 2 美元，2019 年 1 英镑平均兑换 1.276 4 美元，如以 2018 年为基期，该年的汇率指数为 100，即 2019 年 GBP/USD 的有效汇率是：

（1.334 2/1.276 4）×100=104.53，即美元兑英镑的汇率上升了 4.53%；2019 年 USD/GBP 的有效汇率是：（1.276 4/1.334 2）×100=95.67，即英镑兑美元的汇率下跌了 4.33%。

多边有效汇率是指用两个以上的双边汇率来计算出的一个汇率。假如美元对英镑的汇率指数是 95，对日元是 102，对欧元是 101，对加元是 100，对瑞士法郎是 98，如果用简单算术平均法计算，得出：（95+102+101+100+98）÷5=99.2，这就是美元对这五种货币汇率的平均变动情况。

美元指数（US dollar index，USDX or DINIW），是综合反映美元在国际外汇市场的汇率情况的指标，用来衡量美元对一揽子货币的汇率变化程度。以 1973 年 3 月的 100.00 为基准来衡量。1999 年 1 月 1 日欧元推出后，一揽子货币从 10 个国家减少为 6 个国家，币别指数权重（%）欧元 57.6，日元 13.6，英镑 11.9，加拿大元 9.1，瑞典克朗 4.2，瑞士法郎 3.6。

扩展阅读 1.2
认识人民币汇率指数
扫描此码 阅读文献

1.2.8 汇率的其他分类

1. 按汇率是否适用于不同的来源和用途可划分为单一汇率和多种汇率

（1）单一汇率。一国货币对某一外币只规定一个汇率，这一汇率适用于各种不同来源与用途的外汇买卖，或一国货币对外币即期汇率的买卖差价不超过 2% 者（国际货币基金组织规定），这样的汇率称为单一汇率（single rate）。

（2）多种汇率或复汇率。一国货币对某一外币的汇率因外汇来源和用途不同而规定两种或两种以上的汇率，或本币与外币即期汇率的买卖差价超过 2% 者（国际货币基金组织规定），这样的汇率称为多种汇率或复汇率（multiple rate）。如因外汇用途不同可分为贸易汇率和金融汇率等。

① 贸易汇率（commercial rate），是指用于进出口贸易及其从属费用计价结算的汇率，其目的通常是鼓励出口和限制进口，从而改善本国的贸易状况。

② 金融汇率（financial rate），是指用于非贸易往来（如劳务、资本移动等）的结算汇率，其目的通常是为了增加非贸易外汇收入或限制资本流出。

2. 按外汇买卖的对象不同划分为同业汇率和商业汇率

（1）同业汇率（interbank rate），是指银行同业之间买卖外汇所使用的汇率。由于外汇银行是外汇市场的主要参与者，银行间的外汇交易活动比较集中地反映了外汇市场的价格动态，故银行间汇率也被称为市场汇率。银行间汇率由外汇市场的供求关系决定，买卖差价一般很小。

（2）商业汇率（commercial rate），是指银行与客户之间买卖外汇所使用的汇率。商业汇率是根据银行同业汇率适当增（卖出价）减（买入价）而形成的，故其买卖差价要大于银行间汇率。

3. 按外汇银行营业时间分为开盘汇率和收盘汇率

（1）开盘汇率（opening rate），又叫开盘价，是银行在一个营业日的外汇交易开始时的汇率。

（2）收盘汇率（closing rate），又叫收盘价，是银行在一个营业日的外汇交易终了时的汇率。

1.3 影响汇率变动的主要因素

汇率是两种货币的兑换标准，体现了一国货币的对外价值。汇率的变动不仅影响着本国对外经济的发展，也影响着国际收支和国内物价的稳定。因此，各国政府对汇率都十分重视，并针对本国的需要，采取不同的政策和措施对汇率进行干预，使汇率朝着有利于本国经济的方向发展。分析和讨论影响汇率变动的各种因素，对于稳定汇率，促进本国经济的发展有着重要意义。影响汇率变动的因素很多，但归纳起来，不外乎经济因素、政策因素和其他因素。

1.3.1 经济因素

经济因素是影响汇率变动的根本因素，一个国家的经济状况、经济实力如何，将会对汇率产生巨大的影响。

1. 国际收支状况

国际收支是一国对外经济活动的综合反映，是影响汇率变动最敏感的因素，一个国家的国际收支状况直接影响汇率的变动。当一国的国际收支长期逆差时，对外债务就会增加，为偿还对外债务，该国对外国货币产生额外的需求，这时在外汇市场中就会引起外汇升值，本币贬值。反之，当一国的国际收支出现大量顺差时，对外债权就增加，国外为偿还该国的债务，必然增加对该国货币的需求，导致本币汇率上升；而顺差又会使这个国家的外汇储备增加，外汇供应充足，使外汇汇率下跌。

必须指出，上述的分析强调的是国际收支的长期状况，短期的、临时的顺差或逆差往往被其他因素所抵消。同时，国际收支各项目对国际收支的影响是不同的，因此在汇率变动中的作用也不同，其中经常项目中的贸易收支对汇率的变动起决定作用，贸易项目顺差或逆差直接影响着外汇的供求。

2. 通货膨胀率差异

通货膨胀是纸币发行量超过商品流通所需货币量所引致的货币贬值、物价上涨的现象。

在纸币流通条件下，两国货币之间的比价是由其所代表的价值量来决定的。因此，在一国发生通货膨胀的情况下，该国货币所代表的价值量就会减少，其实际购买力就下降，对外价值自然下跌，表现在外汇汇率上，就是外汇汇率上升。

一般来说，通货膨胀对汇率的影响是先影响国际收支，然后才促使汇率发生变化的。当一国发生通货膨胀、物价上涨时，其商品成本增加，出口商品以外币表示的价格必然上涨，该商品在国际市场上的竞争力就会削弱，引起出口减少；而进口商品的价格没有上涨或上涨得很小，则造成进口增加，外汇支出增加，从而使该国国际收支出现逆差，外汇汇率上升，本币汇率下跌。当一国发生通货膨胀时，实际利率必然降低，从而引发资本外流，使国际收支逆差，也会引起外汇汇率上升，本币汇率下跌。

当然，如果两国都发生了通货膨胀，且程度相同，在其他条件不变的情况下，两国的汇率不会出现变化；如果本国有通货膨胀、外国没有，或本国的通货膨胀率高于外国的，就会有我们上面分析的情形出现，即对汇率产生影响的是国与国之间通货膨胀率的差异情况。

3. 资本流动

资本的大量流入会使该国货币的对外汇率上涨；资本的大量流出，又会使该国的货币汇率下降。资本的大量流入，一方面会使该国的外汇供应相应增加，另一方面又增加了对本币的需求，因为这些资本在流入时，必先兑换成该国货币，外汇的相对充足和本币需求的增长，会促使本币汇率上升，外汇汇率下降。反之，资本大量流出，就会发生外汇短缺，而本币在外汇市场上供过于求。因为这些资本在流出前，必先兑换成外币，由于外汇短缺而本币需求下降，从而导致汇率向相反方向发生变动。而资本的流动又往往是由于利率差异引起的，一国提高利率，将引起短期资本流入；反之降低利率，资本则流出。

1.3.2　政策因素

影响汇率变化的政策因素，主要是指各国政府为稳定本国汇率而采取的货币金融政策和干预政策，主要包括利率政策、汇率政策和外汇干预政策。

1. 利率政策

一些国家政府为使本国货币汇率朝着有利于本国经济的方向发展，往往采取利率政策加以调整。利率的提高，一方面将会导致资本的大量流入从而促使本币汇率上升，其他货币汇率相对下降；另一方面在国内又会起到紧缩信贷，抑制通胀的作用。利率的降低则会使资本外流，导致本币汇率下降和其他货币汇率的上升。利率政策的实施，是与一国中央银行的贴现政策，以及一国鼓励或限制资本的流动政策联系在一起的。

2. 汇率政策

汇率政策是以提高或降低货币价值的方法使货币对外的汇率发生变动。这种货币的"升值"或"贬值"与通常所说的汇率上升或下降的意义不尽相同，它是指一国的汇率在外汇市场上的波动；而汇率的升值或贬值，是指一国的基本汇率或货币平价调整。"升值"是金融当局用法令规定提高本国货币与外国货币的比价，这通常是国际收支顺差国所采用的政策。"升值"可以使该国货币汇率上升，出口减少，进口增加，国际收支顺差额减少；"贬值"是指一国金融当局用法令规定降低本国货币与外国货币的比价，这通常是国际收支逆差国采用的政策；贬值会使该国货币汇率下降，出口增加，进口减少，国际收支逆差额减少。

3. 外汇干预政策

外汇干预政策是指国家通过建立外汇平准基金介入外汇市场直接进行外汇买卖，以影响货币的对外汇率。若本国货币对外汇率上涨，外国货币汇率下跌，则可抛出本国货币，购进外国货币；反之，若本国货币汇率下跌，外国货币汇率上涨，则可抛售外国货币，收回本国货币。通过这种对外汇市场的干预，使本国货币汇率稳定，从而有利于本国经济的发展。

1.3.3 其他因素

1. 市场预测心理

对汇率变动的市场预期心理，也是影响汇率变动的重要因素。本国货币与外国货币的持有者，会非常关心货币发行国的经济兴衰及政治局势，因为政治稳定也是影响汇率变化的重要因素，政治不稳定或对货币发行国政府处理国内外事务的能力缺乏信心，都可能造成该国货币汇率不稳。如果在国际市场上预期某国的通胀率高，实际利息率会下降，对外收支将有逆差，这个国家的货币就会在外汇市场上大量被抛售，其汇率就会下跌；反之，汇率就上升。从现实来看，预期心理对汇率变化的影响在未来会越来越大。

2. 投机活动

投机活动是一种为牟取利润，低买高卖，赚取利差的行为，其并不是真正需要外汇去清偿债务。目前，外汇投机活动的规模十分庞大，已成为影响汇率走势的重要因素。参加投机的既有银行，也有企业及富豪，特别是跨国公司的投机活动，会使外汇市场的汇率发生剧烈的变动。

3. 其他突发事件

如政治事件、军事行动、经济事件及自然灾害等，都会对汇率的变动产生影响。总之，影响汇率变动的因素很多，除去上面的主要因素外，一国的外汇管制措施、贸易政策、关税政策等，都会使汇率发生变动，分析时应注意全面综合的考虑。

上述各因素的关系较为复杂，有时各种因素同时起作用，有时个别因素起作用。一般来说，在较长时间内国际收支起最重要的作用，通货膨胀、利率、汇率只是起从属作用——助长或削弱国际收支所起的作用，投机活动是上述各种因素的综合反映，可推波助澜，加剧汇率的波动幅度。

1.4 汇率变动对宏观经济的影响

汇率变动对经济的影响极为广泛，汇率的稳定与波动、上升或下降，都会对经济产生重大的影响。研究汇率变动对经济的影响，有利于运用这一规律为本国经济发展服务。

1.4.1 汇率变动对一国对外经济的影响

1. 汇率变动对对外贸易的影响

汇率变动会直接影响一国的对外贸易状况，进而影响该国的国际收支，汇率的上升和下跌对进出口的影响各不相同。

当一国汇率上涨，会起到限制出口、鼓励进口的作用。因为本币汇率上升，意味着外汇汇率下跌，说明用本国货币可以兑换更多的外国货币，或者外国货币兑换成本国货币的数额就会比原先减少。如果本国的出口商品在国际市场上的售价不变，就会减少利润或造成亏损，而进口商品的国内售价就会相应下降。假定美元对英镑的汇率为 USD 1=GBP 1.5，美国出口商向英国出口一批设备，在英国卖 1.5 万英镑可换回 1 万美元，若美元升值 10%，变成 USD 1=GBP 1.65，美国出口商只能换回 9 090 美元（1.5÷1.65），比原先减少 910 美元，为不减少利润或避免亏损，就要提高商品的销售价格。而英国的出口商如向美国出口卖 1 万美元，就可换回 1.65 万英镑，比原先多收入 1 500 英镑，即使降低售价仍有利可图。

本国汇率下跌，又会起到限制进口促进出口的作用。因为本国汇率下跌意味着外汇汇率上升，说明用本国货币兑换的外国货币数额比原先减少，而外国货币可以兑换更多的本币，使本国的出口商品增强竞争力，而进口商品由于价格的上涨会受到限制，从而有利于该国商品的出口，不利于商品的进口。如上例中由于美元上升 10% 而使英镑下跌 10%，原来 1.5 英镑的进口商品上升到 1.65 英镑，而每出口 1 美元可多收入 0.15 英镑。但是，本币贬值起到扩大出口、限制进口的作用不是在任何条件下都能实现的。一国货币贬值最终能否改善其贸易收支状况，要看其进出口弹性是否符合"马歇尔—勒纳条件"。此外，即使满足了这一条件，贬值对贸易差额的影响往往还有一个先恶化、后改善的过程，即"J 曲线效应"。

2. 汇率变动对资本流动的影响

稳定的汇率能确保国外投资者得到预期的利润，有利于资本的流动。在货币自由兑换的国家，当本币汇率暴跌时，本国资本为防止损失，就会将本国货币兑换成较硬的货币或购买其他国家的有价证券，存在本国银行的国际短期资本或其他投资也会调往他国以防发生损失。若本币汇率上涨，则对资本移动的影响与上述情况相反。

但也存在特殊情况，近几年曾发生美元汇率下降时，外国资本反而急剧涌入美国进行直接投资和证券投资，以利用美元贬值的机会，取得较大的投资收益，但这种情况的出现是由于美元的特殊地位决定的，并不具有普遍性。

3. 汇率变动对外汇储备的影响

（1）储备货币的汇率变动影响一国外汇储备的实际价值。储备货币升值，则一国外汇储备的实际价值提高，反之则降低。因为在纸币流通条件下，纸币的实际价值是由其购买力决定的，而外汇储备是一种国际购买力的储备，因此，如果储备货币汇率上升，就意味着储备货币增值，以该货币作为外汇储备的资产就会增值。目前，各国的储备货币基本是多元化的，以避免持有单一储备货币的风险。

（2）本国货币汇率变动，可通过资本转移和对外贸易影响本国外汇储备的增减。汇率变动必然影响资本流向，而资本的流入和流出会使外汇储备发生增减变动。如果本国货币汇率上涨，保值性和投机性的资本会大量流入，外国投资者也会为获得高利而把资本投放在本国，从而使外汇储备增加。如果本国货币汇率下跌，不仅外国投资者会望而却步，国内短期资金的持有者为避免损失，也会把资金调到国外，从而使外汇储备减少。如果一国货币汇率下浮，因有利于出口而抑制该国进口，使经常项目出现顺差，而经常项目国际收支中的主要项目会增加该国外汇储备。

（3）汇率变动影响储备货币的地位和作用。各国选择储备货币时，首先要权衡的就是储备货币的汇率是否稳定，若汇率不稳，外汇储备的风险就大，可能会使储备资产蒙受损失。可见，储备货币汇率不稳，必然影响和削弱这种储备货币的地位和作用。

1.4.2 汇率变动对一国国内经济的影响

汇率变动对国内经济有着广泛的影响,而这种影响是通过本国国内物价水平的变动得到集中反映的,并会进一步影响整个经济进程,如国民收入和就业等。

1. 汇率变动对国内物价水平的影响

一方面,本国货币汇率上涨,会使进口商的国内售价比原先低,本国进口的消费资料和生产资料的国内价格就会随之降低,以进口原料生产的本国商品的价格由于成本的降低而下降;另一方面,本国货币汇率上升还会使以外币表示的出口商品的价格升高,不利于竞争,促使一部分出口商品转为内销,增加了国内市场商品的供应量,促使国内商品价格降低。通过这两个方面的作用,便会促使国内物价总水平下降。

相反,本国货币汇率下降,一方面会使以本币表示的进口商品的成本上升,为不亏损,不得不提高售价,促使进口商品价格提高;另一方面会使以外币表示的出口商品的价格下降,本国出口商品随之增加,而出口商品数量增加又会使国内市场商品的供应发生短缺,促使国内市场商品价格上升。通过这两个方面的作用,促使国内物价总水平的上升。

2. 汇率变动对国内利率水平的影响

汇率变动会对利率产生间接影响,即通过影响国内物价水平、影响短期资本流动,最终使利率变化。

(1) 当一国货币汇率上升时,有利于促进进口、限制出口,进口商品成本下降,推动一般物价水平下降,引起国内物价水平降低,从而导致实际利率下降,最终导致名义利率的下降。如果一国货币汇率下降,对利率的影响正好与上述情况相反。

(2) 当一国货币汇率上升之后,受心理因素的影响,会预期该国货币汇率进一步上升,引起短期资本流入,国内资金供应的增加将推动本币利率的下行。但如果本币汇率上升之后,人们认为这只是短期现象,汇率将会下降,则可能出现短期资本外流,国内资金供应将随之减少,造成本币利率上升。

(3) 一国货币汇率的变化能引起该国贸易条件的变化,随着贸易条件的改变将使外汇储备增加或减少。假设其他条件不变,外汇储备的增加意味着国内资金供应的增加,导致利率降低。相反,如果一国货币汇率上升造成该国外汇储备的减少,则有可能导致国内资金供应的减少,而资金供应的减少将影响利率使之上升。

3. 汇率变动对产出和就业的影响

在其他条件不变时,本币汇率下跌,因为有利于出口而不利于进口,从而有利于本国产业的发展,可以促进国内就业岗位增多和国民收入增加;反之,本国货币汇率上升,由于不利于出口而有利于进口,限制了本国经济的发展,必然减少国内就业量和国民收入。

1.5 汇率决定理论

1.5.1 购买力平价理论

购买力平价理论(theory of purchasing power parity,PPP)是一种比较古老的学说,源于对国际贸易中汇率作用的研究,是最早也是当今汇率理论中最具影响力的理论之一。

所谓"购买力平价"就是一单位某一国家货币与兑换成外国货币后的购买力应该相等。20世纪初,瑞典经济学家古斯塔夫·卡塞尔(Gustav Cassel,1866—1945)对其进行了详细论述①,并对第一次世界大战后各国国际收支失衡时的回归金本位制度的均衡汇率进行验证。

1. 一价定律

购买力平价理论最简单的模型就是一价定律(law of one price,LOOP)。该理论假定在没有运输成本和其他贸易障碍的完全自由竞争市场上,在不同国家市场上出售的同质商品,由于套利的作用,当以同一货币计价时其价格将趋于一致。一价定律揭示了商品价格和汇率之间的基本关系。

例如,若美元和人民币间汇率是 6.89 元人民币/1 美元,那么一件在美国售价为 100 美元的棉衣在中国售价就是 689 元人民币,而在中国出售的棉衣的美元价格就是 100 美元,这与在美国出售的价格一致。

如果汇率变成 7.00 元人民币/1 美元,通过外汇市场就可以把 100 美元兑换成 700 元人民币,若在美国售价是 100 美元的棉衣在中国的价格还是 689 元人民币,那么美国的进口商和中国的出口商就会在中国购买棉衣运到美国出售,这将导致中国棉衣价格的上升与美国棉衣价格的下降,直到两地价格相等为止。相反,如果汇率变成 6.70 元人民币/1 美元,这一过程仍然会发生,只不过方向相反。

一价定律的一般形式如下:

$$P_a^i = E \cdot P_b^i \tag{1-4}$$

其中,P_a^i 表示在 a 国商品 i 的售价,P_b^i 表示在 b 国商品 i 的售价,E 为两国的汇率(b 国货币为单位货币)。

2. 购买力平价理论的形式

购买力平价理论就是建立在一价定律的基础上,分析两个国家货币汇率与商品价格关系的汇率理论。绝对购买力平价(absolute purchasing power parity)和相对购买力平价(relative purchasing power parity)是该理论的两种表现形式。绝对购买力平价解释了汇率的决定基础,相对购买力平价解释了汇率的变动规律,两者是购买力平价理论不可分割的组成部分。

(1)绝对购买力平价。绝对购买力平价理论是卡塞尔在创立这一理论初期提出的,他认为两国货币的汇率等于两国价格水平之比。一国的价格水平,即一个基准商品和劳务篮子的价格,反映了该国货币的国内购买力,即一种货币的价值及对这种货币的需求,是由单位货币在发行国所能买到的商品和劳务量决定的。若以 E 表示直接标价法下两国货币的汇率,P 和 P^* 分别表示本国和外国的一般物价的绝对水平,则

扩展阅读 1.3 巨无霸汉堡指数

$$E = \frac{P}{P^*} \tag{1-5}$$

式(1-5)说明了在某一时点上汇率决定的主要因素是货币购买力或物价水平。

例如,中国一般物价水平为 65 元人民币,而在美国为 10 美元,则根据绝对购买力平

---

① 卡塞尔于 1918 年发表了《外汇反常的离差现象》一文,首次提出了购买力平价的基本概念。卡塞尔 1922 年出版的《1914 年以后的货币与外汇》一书,则奠定了购买力平价理论的基础。

价理论，两国之间的汇率为 65 元人民币 /10 美元 =6.5。如果美国的一般物价水平相对于中国上升 1.1 倍，那么美元的人民币价格也应上升 1.1 倍，绝对购买力平价意味着"1 美元等于 7.15 元人民币"。在完全自由贸易且没有任何运输成本的条件下，此汇率一旦偏离购买力平价，就会发生国际间的商品套利，即在商品价格低的国家买进并在价格高的国家卖出以获得利润，直至购买力平价成立。

现实中两国汇率很可能偏离其价格水平之比，当汇率高于价格水平之比时，说明该国汇率低估（undervaluation）；反之，则汇率高估（overvaluation）。

（2）相对购买力平价。1918 年第一次世界大战结束后，由于各国在战争期间滥发不兑现银行券，导致了通货膨胀及物价上涨，这促使卡塞尔对绝对购买力平价理论进行修正。他认为汇率应该反映两国物价水平的相对变化，其原因在于通货膨胀会在不同程度上降低了各国货币的购买力。因此，当两种货币都发生通货膨胀时，它们的名义汇率就与其过去的汇率和两国通货膨胀率有关。

若 E 表示汇率，P 表示本国的物价水平，P^* 表示外国的物价水平，0 和 1 分别表示基期和报告期，相对购买力平价理论的表达式如下：

$$E_1 = \frac{P_1 / P_0}{P_1^* / P_0^*} E_0 \qquad (1\text{-}6)$$

上式说明了在任何一段时间内，两国汇率变化与同一时期内两国国内价格水平的相对变化成正比。

3. 对购买力平价理论的评价

绝对购买力平价理论产生于第一次世界大战刚刚结束的时期，当时各国相继从金本位制改行纸币流通制度，随之而来的就是通货膨胀。此时提出该理论为金本位制崩溃后各种货币定值和比较提供了共同的基础，为当时实行浮动汇率制的国家恢复汇率稳定提供了理论依据，因此，在西方汇率决定理论中它始终处于重要的地位。但不可否认的是，绝对购买力平价理论也存在着缺点：第一，它给出的汇率是使商品和服务贸易均衡的汇率，完全没有考虑资本项目，所以资本流出的国家有国际收支逆差，而资本流入的国家有顺差；第二，由于每个国家的总价格水平既包括贸易的又包括非贸易商品（如水泥、红砖等）和服务（如美发、家庭医疗等服务），而国际贸易却不能影响非贸易品的价格，因此绝对购买力平价理论很难推导出均衡贸易的汇率；第三，绝对购买力平价理论没有考虑运费及自由国际贸易的障碍，尤其是如产业结构变动以及技术进步等会引起国内价格的变化，常常导致购买力评价难以成立；第四，该理论在计算具体汇率时，要求两国选取的商品篮子构成必须相同，如果不同则会造成偏差的存在。同时，在物价指数的选择上也很难确定。以参加国际交换的贸易商品物价为指标，或者以国内全部商品的价格即一般物价为指标，其计算结果不同。

因此，我们在使用购买力平价理论时，通常是指相对购买力平价理论。尽管如此，绝对购买力平价的地位也是不能忽视的。

相对购买力平价理论提出后，在理论界引起了极大反响。第一，相对购买力平价理论比较令人满意地解释了长期汇率变动的原因，也就是如果一个国家持续通胀，则其货币贬值；反之，货币坚挺。第二，该理论在物价剧烈波动、通货膨胀严重的时期，具有相当重要的意义，它将两国货币各自对一般商品和劳务的购买力比率作为汇率决定的基础，这一研究能相对合理地体现两国货币的对外价值。第三，从统计验证来看，相对购买力平价很接近均衡汇率，有可能在两国贸易关系新建或恢复时，提供一个可参考的均衡汇率。第四，为国民经济的国际比较提供了一种比过去更为科学的方法，使得比较更为实际，如世界银行以 PPP 法对各国 GDP 进行排名等。第五，该理论对当今西方国家的外汇理论和政策仍发生重大影响，许多西方经济学家仍然将其作为预测长期汇率趋势的重要理论之一。然而相对购买力平价理论仍存在一些局限性。卡塞尔本人认为由于存在如各国在进口和出口方面贸易限制的不对等、外汇市场上的投机行为对某一国货币的影响、对不同国家不同的通货膨胀的预期、实际经济变量的变化（非纯粹的货币数量的变化引起一国内部的相对价格变动）、长期资本流动对汇率的影响以及政府对外汇市场的干预政策等因素，这些都会使实际汇率偏离购买力平价的预测汇率。

1.5.2 利率平价理论

20 世纪 20 年代之前的各种汇率学说包括购买力平价理论均是对于即期汇率的决定和变动问题的研究，这些理论已经无法解释国际间资本流动对于汇率，尤其是短期汇率的影响。因此，学者们提出了关于远期汇率的决定和变动的理论，即利率平价理论（interest rate parity），用以说明金融资产市场中本国与外国资产价格之间的紧密联系。

1. 理论的基本内容

利率平价理论认为，在开放经济条件下，两国汇率由金融资产市场上两国货币资产的收益来决定，应该是将资本从利率低的国家转移到利率高的国家。在国际金融市场上，在资本自由流动下，拥有一国货币的机会成本除了利率外，还包括预期或远期汇率水平。两国投资收益比较的结果，便是国际资本流动方向的依据，直到通过利率的调整使两国的投资收益相等时，国际资本移动才会终止。因此，同即期汇率相比，利率低的国家的货币的远期汇率会上升，而利率高的国家的货币的远期汇率会下跌；远期汇率同即期汇率的差价，约等于两国间的利率差。套利是利率平价理论运行的基础，根据套利原理，在完全流动的市场中，同一单位货币无论投资于何种资产，若不考虑风险和成本的影响，套利收益应该相等。也就是说，在一个有效的市场中（理性预期和风险中性），当价格完全反映市场信息时，交易者是不可能获得超额收益的。由于利率平价理论同时考虑了两国的利率和汇率，因此它也是利率决定理论。

2. 利率平价理论的两种形式

利率平价理论从金融市场角度分析汇率与利率所存在的关系，它包括抛补利率平价理论（covered interest rate parity，CIP）和非抛补利率平价理论（uncovered interest parity，UIP）两种形式。

（1）抛补利率平价理论。该理论认为，汇率的远期升贴水率等于两国货币利率之差。以 p 表示汇率远期升贴水率，i 和 i^* 表示本国和外国的年利率，则有

$$p = i - i^* \tag{1-7}$$

该理论表明，当 $i > i^*$ 时，汇率远期升水（at premium）；若 $i < i^*$，汇率远期贴水（at discount）。该式表明，汇率的远期升（贴）水率等于两国货币利率差；高利率国的货币在期汇市场上必定贴水，低利率国的货币在期汇市场必定升水。也就是说，汇率的变动会抵消两国的利率差异，从而使金融市场处于平衡状态。

套利者在比较金融资产的收益率时，不仅考虑两种资产的利率水平，而且考虑两种资

产由于汇率变动所产生的收益变动。当一国利率高于另一国利率水平时，资金将流入该国牟取利润，套利者为规避风险，往往将套利业务与掉期业务或远期外汇业务结合进行，随着套利的进行，两国利率差逐渐减少，汇率升（贴）水率逐渐增加，直至两种资产的收益率完全相等，抛补套利活动就会停止，也就是所谓的利率平价。

（2）非抛补利率平价理论。假定一国居民持有资产的选择只有本国货币和外国货币，套利机制的存在一定会保证两国货币的收益率相同，即利率平价成立。若本国的收益率高，资本将由外国流向本国；反之，资本将从本国流向外国，直至两国收益率相等。由于交易者根据自己对汇率未来变动的预测进行投资，在期初和期末均进行即期外汇交易而不进行相应的远期交易，汇率风险也需自己承担，因此被称为非抛补利率平价。

3. 对利率平价理论的评价

自20世纪20年代利率平价被提出后，利率平价受到西方经济学家的重视。它与购买力平价所不同的是考察金融市场（而不是商品市场）中汇率的决定，它从一个侧面阐述了汇率变动的原因——资本在国际间的流动，这对于汇率问题研究方向的改进无疑起到了推动作用。利率平价理论明确指出了汇率与利率之间的关系，说明了外汇市场上即期汇率与远期汇率的关系，对于预测远期汇率走势、调整汇率政策有着深远的意义。

但是，该理论也存在着重大缺陷：第一，没有考虑交易成本，如果考虑到各种交易成本，就会影响套利收益，从而影响汇率与利率的关系，国际间的抛补套利活动也会在达到利率平价之前停止。第二，该理论的假设条件比较苛刻，即假定资本流动不存在障碍，外汇市场必须高度完善，但实际上，资金在国际间流动会受到外汇管制和外汇市场不发达等因素的阻碍。目前，只有在少数国际金融中心才存在完善的期汇市场，资金流动所受限制也少。第三，该理论忽视了投机者对市场的影响力以及政府对外汇市场的干预，因此预测的远期汇率同即期汇率的差价往往与实际有差别。

1.5.3 资产市场理论

20世纪70年代以来，国际资金流动规模极为巨大，外汇市场上90%以上的交易量与国际资金流动有关，资金流动主宰了汇率变动。该理论假定如下：

（1）外汇市场是有效的，即汇率的变化已经反映了所有影响汇率变化的信息。

（2）本国是一个高度开放的小国，即本国对世界商品市场、外汇市场和证券市场的影响为零，只是各种价格的接受者。

（3）本国居民不持有外国货币，外国居民不持有本国资产，因此本国居民只持有三种资产，即本国货币、本国发行的金融资产（主要是本国债券）、外国发行的金融资产（主要是外国债券）。这样，一国资产市场由本国货币市场、本国债券市场、外国债券市场组成。

（4）资金完全流动，即抵补的利率平价始终成立。

由于资产替代性的不同，该理论又分为货币分析法（monetary approach）与资产组合分析法（portfolio approach）。货币分析法假定本国同国外债券之间有充分的替代性，而资产组合分析法则假定本国同国外债券不具有充分可替代性，因此资产组合分析法特别强调债券市场的作用。

1. 货币分析法

货币分析法强调了货币市场对汇率变动的影响。当一国货币市场失衡后，国内商品市场和证券市场会受到冲击，在国内外市场紧密联系的情况下，国际商品套购机制和套利机制就会发生作用，从而汇率就会发生变化。

（1）弹性价格货币模型。弹性价格货币模型（flexible-price monetary model）是现代汇率理论中最早建立也是最基础的汇率决定模型，又称货币主义的汇率决定理论。该理论假定购买力平价持续有效，并且具有稳定的货币需求方程，即货币需求同某些经济变量存在着稳定的关系，认为汇率是由货币供给量相对变化所决定的，而不是两国商品的相对价格。具体而言，汇率水平率取决于以下因素：

①两国相对货币供给变化。其他因素不变时，当一国货币供给相对他国增加时，会引起本国物价水平立刻以相同比例上升，外汇汇率也会立刻等比例上升，从而引起本币同比例贬值。反之，外国货币供给相对本国增加，则本国货币同比例升值。

②国民收入的相对变化。当其他因素不变时，本国国民收入的增加意味着货币需求的增加，并造成本国价格水平的下降，从而导致本国汇率的相应升值。相反，若外国国民收入增加将导致外国价格水平下降，以及本国货币的贬值。

③利率水平的相对变化。其他因素不变，当本国利率上升时，会降低货币的需求，造成物价的上升，从而造成本国货币的贬值。

因此，该理论认为货币市场均衡的条件是货币需求等于货币供给，而一国的货币需求是稳定的，它不受货币存量变化的影响，只受一些实际经济活动的影响。当货币供给过分扩张时，超额的货币供给就会采取各种方式外流，从而影响汇率水平。此外，通货膨胀预期、汇率变化预期是汇率市场稳定与否的决定因素，弹性价格货币模型考虑预期的政策含义在于强调货币政策应具有可预测性，否则将会导致市场预期不稳定，外汇市场出现剧烈的波动。

弹性价格货币模型介绍了货币供给、通货膨胀预期和国民收入对汇率的决定作用，是汇率决定理论的重要补充，但是它却具有局限性，一直以来对这一理论的批评主要集中在两个基本假设上：第一，购买力平价持续有效的假设是不现实的，因为购买力平价在20世纪70年代西方实行浮动汇率制以来一般是失效的，这使得弹性价格货币模型建立在非常脆弱的基础之上；第二，稳定的货币需求方程的假设也与实际不符。许多研究显示，主要西方国家的货币需求极不稳定，以收入和利率为基础的需求函数不能全面反映实际的货币的需求变化。

（2）黏性价格货币模型。汇率的黏性价格货币模型简称为超调模型（overshooting model），是由美国麻省理工学院教授鲁迪格·多恩布什（R. Dornbush）于1976年在《预期于汇率动态》一文中首先提出来的，其后弗兰克尔（J. Frankel）、布伊特（W. Buiter）和米勒（M. Miller）等人的研究使该思想有了进一步的发展。

该理论以弹性价格货币模型为基础，同样强调货币市场均衡对汇率变动的作用，并继承了其长期性的特征，即假定购买力平价在长期情形下有效，但在分析汇率的短期波动上，采用了凯恩斯主义价格黏性的假设。其基本思想是当货币市场失衡后，商品市场价格具有黏性，使购买力平价在短期内不能成立，而证券市场反应极为灵敏，利息率将立即发生调整，使货币市场恢复均衡。正是由于价格短期黏住不动，货币市场恢复均衡完全依赖于利率的变化，这就必然带来利率的超调，即在资本自由流动的情况下，利率的变化会引发大量的套利活动，汇率的变动幅度要超出其新的长期均衡水平，这便是短期内汇率容易波动的原因。经济中存在着由短期平衡向长期平衡的过渡过程。短期平衡时价格来不及发生变动,在一段时期后,价格开始调整,长期均衡时价格得到充分调整。因此,货币模型得出的结论实际上是超调模型的中长期平衡的情况。可以说,黏性价格货币模型是货币论的动态模型,它说明汇率如何由货币市场失衡而发生超调,又如何从短期均衡水平达到长期均衡水平,弥补了弹性价格货币模型在短期分析方面的不足。

图 1-1 说明了货币供给变化引起汇率超调的过程。假设初始状态下,整个经济处于平衡状态,并且国内利率与国外利率相同,为 i_0,没有货币升值或贬值的预期。由于长期汇率是由购买力平价决定的,此时国内货币供给为 M_0,对应的国内物价水平 P_0,汇率为 E_0。在某一时点(t_1)国家货币当局突然增加一定比例的货币供给,使得货币供给量由 M_0 增长到 M_1。长期来看,国内货币供给的增加必然导致物价水平的等比例上升,由 P_0 增加为 P_1;汇率等幅度贬值,E_0 变化到 E_1。但是,短期来看,当国内货币供给的增加时,价格因为具有粘性无法出现跳跃式上涨。而货币供给的突然增加,意味着在 P_0 的物价水平上有过度的货币供给,因此利率将会出现跳跃式的下降,由 i_0 下降到 i_1。人们将会出现本国货币升值预期,以对较低的利率进行补偿,但是这种升值预期只有在汇率短期贬值幅度大于长期的贬值幅度时才能实现,因此汇率由 E_0 跳跃到 E_2。由于利率的下降和本国货币的贬值使得国内商品的需求量增加,国内对商品的过度需求将拉动物价水平上涨,逐渐缓慢地调整到长期价格水平 P_1。国内物价水平的上升会导致货币需求增加,以吸收突然增加的货币供应,使得货币市场重新取得平衡,利率也会随着价格的上升而逐渐恢复到原来的均衡水平 i_0。国外对商品需求的增加将导致汇率水平下降,也就是本国货币升值,逐渐回到长期均衡水平 E_1,此时,经济达到平衡,此时没有货币升值或贬值的预期。这种长期汇率与短期汇率的偏差现象,就是汇率超调(exchange rate overshooting)。

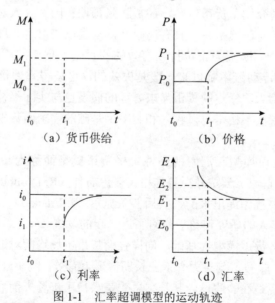

图 1-1 汇率超调模型的运动轨迹

2. 资产组合分析法

货币分析法的提出是汇率理论的重要发展,但由于其假定国内外的金融资产如债券等具有完全的替代性,投资者为风险中性,而对于 1973 年以来主要货币的汇率变动的情况无法进行良好的解释。现实中,国内外资产存在不完全的替代因素,如政治风险、税赋差别等。因此，在货币分析法的基础上，西方学者提出资产组合分析法。

资产组合分析法综合了传统的汇率理论和货币分析法的观点，认为汇率水平是由货币供求和经济实体等因素导致的资产调节与平价过程所共同决定的。该理论认为，由于国际金融市场的一体化和各国资产之间的高度替代性，一国居民可以选择以国内货币、国内债券和以外币表示的外国债券三种形式持有其财富，但国内外资产之间是不完全替代的。居民之所以持有债券原因在于其收益，但不可否认的是外国债券相对于国内债券有着较大的风险性；而持有本国货币无风险也没有收益，但是却需要其购买商品。持有国内货币的机会成本就是放弃持有债券的收益。

理性的投资者会按照收益与风险的权衡将其拥有的财富配置于各种可供选择的资产中。居民将根据综合考虑偏好、对汇率的预期以及财富、国内外利率水平以及国内外的通货膨胀率等因素，选择相应的资产组合，保证一部分资产的亏损可以由另一部分资产的升值来抵冲，从而维持预期的收益率。但是，一旦任何因素发生变化，居民原有的资产组合就会失衡，进而引起所持有资产的调整。

在进行组合投资的过程中，投资者根据市场变化调整其金融资产结构会导致各种货币资产的增加和减少，各种资产的这种增减变动会引起资金在国家之间的大量流动，这就会导致货币需求的变化，从而引起货币汇率的剧烈波动，即汇率是在每一个金融市场达到平衡过程中被决定的。

3. 对资产市场理论的评价

资产市场理论与传统的汇率决定理论不同，它将汇率看成资产价格，强调了金融资产市场在汇率决定中的重要作用，使理论研究更加贴近经济现实。

首先，该理论认为汇率可以看成货币现象，它的波动与股票和债券的价格变化具有相同的特征，同时也会受到实际（非货币）因素的影响，而这一影响必须通过货币需求的变化才能实现。其次，第一次正式将存量分析方法引入汇率决定理论中，同时结合流量分析方法，这是对传统单一流量分析的一个重大突破。从理论上说，资产市场的均衡状态为资产供给与需求的存量相等，而资产的流动反映了资产市场供求的暂时不平衡。在一国外汇市场或金融市场失衡时，在各国资产具有完全流动性条件下，资产存量的变化可以有效地调节外汇市场或金融市场，只有各国资产市场处于均衡状态时的汇率才是均衡汇率。存量方法的应用使得该理论比较好的解释了汇率的易变性或波动的原因，并逐渐成为占居主导地位的汇率理论，并直接为西方国家政府的宏观经济政策提供理论依据。最后，资产市场分析法体现的是一般均衡分析，即强调本国和外国的商品市场、外汇市场和债券市场联系在一起来的整个经济来进行汇率决定的分析。一般均衡分析法克服了传统理论局部均衡分析的局限性和片面性，因而能对现实汇率做出一定的解释，这也是汇率决定理论的一次飞跃。

1.5.4 汇率理论的新发展

20世纪70年代至80年代初，是汇率决定的资产市场分析法盛行的时期。在这一阶段，经济学家们除了建立和扩展各种汇率决定的资产市场模型，也在致力于模型的经验检验。然而，结果却不尽人意，大量经验检验的结果表明模型对浮动汇率条件下的汇率解释能力非常弱。因此，新一轮汇率决定理论的研究得以开始。"市场效率"作为汇率决定理论突破和发展的分析起点首先被提了出来。

1. 市场效率论

有效市场的最初概念是由尤金·法玛（Eugene F. Fama）于1965年提出的，并于1970年在总结相应的理论和实证的基础上，借助萨缪尔森（Samuelson，1965）的分析方法和罗伯特（Roberts，1967）的三种有效形式，提出了有效市场假说（efficient markets hypothesis），即市场效率理论，该理论是预期学说在金融学或证券定价中的应用，也是西方主流金融市场理论。

有效市场最初被用于商品市场和资本市场的研究，后来又被引入外汇市场。根据市场效率论，在一个有效的外汇市场上，汇率（即期汇率和远期汇率）必须充分反映所有相关和可能得到的信息，这样投资者就不可能赚得超额利润，均衡汇率就是在完全信息条件下形成的，市场是所有信息的敏感器调节着价格的变动。但是，经验检验的结果拒绝了有效市场的假说①，如坎比和奥伯斯菲尔德（Cumby & Obstfeld，1981），杜利和谢夫特（Dooley & Shafter，1984），以及利维奇和托马斯（Levich & Thomas，1993）对于即期外汇市场的检验；汉森和赫德里克（Hansen & Hodrick，1980）②、法玛（Fama，1984）等对远期外汇市场有效性的检验等。

（1）新闻模型（news model）。新闻模型由穆莎（Mussa，1979）提出，该模型是在资产市场模型的基础上结合理性预期假说建立起来的。穆莎认为，所谓"新闻"就是修正汇率预期的所有事件和信息，所有基本经济变量的"新闻"都会引起未预见即期汇率的变化，这也是经验检验失败的原因。由于即期汇率和远期汇率之间会有"新闻"因素的出现，从而可能导致远期汇率是将来即期汇率的有偏估计，而新闻的不可测性也决定了汇率是一个随机游走过程。"新闻"因素不断进入外汇市场可以在一定程度上解释汇率的频繁波动，但是却不能解释外汇市场暴涨暴跌，因此产生了理性投机泡沫模型（rational speculative bubbles model）。

布兰查德（Blanchard，1979）、多恩布什（1983）做出了贡献性的研究，他们认为期初由于交易者对经济变量认识不一致造成的汇率偏离，在理性预期（rational expectation）的条件下，将进一步偏离均衡水平。随着泡沫膨胀，交易者会在期末判断泡沫破灭概率，汇率越高泡沫破灭的概率就越大，因此汇率须以更大幅度的上升来补偿泡沫破灭风险，从而进一步加速泡沫膨胀。这在一定程度上，也证实了浮动汇率制下汇率波动大幅度偏离宏观基本因素的原因。

（2）比索问题（Peso problem）。比索问题这一名称来自于1976年的墨西哥比索贬值事件。若戈夫（Rogoff，1979）和克拉斯科（Krasker，1980）最先对比索问题进行了理论研究。他们认为，小概率重大事件的潜在发生会对市场参与者的行为和预期产生重大影响，使得预期的汇率变动和实际的汇率变动方向会出现刚好相反的现象，同时也使得远期外汇市场有效性的检验变得无效。

（3）风险溢价（risk premium）。法玛（Fama，1984）、泰勒（Taylor，1987）等证明了风险溢价的存在。风险溢价是对外汇市场有效性假设前提之一——风险中性的否定。在理性预期下，如果放松风险中性的条件，则在远期汇率和将来即期汇率预期之间就有一

---

① 这些检验通常是利用非抛补利率平价条件作为模型进行的。
② 他们认为，外汇市场有效性假说是指市场参与者理性预期和风险中性两个核心假设。

个风险溢价,远期汇率不再是预期即期汇率的无偏估计。风险溢价可以在一定程度上解释外汇市场有效性检验的失败和汇率对基本因素的偏离。同时,对汇率偏离利率平价提供了一种解释,但是这方面的实证检验并没有完全一致的结论。

2. 基于微观行为的汇率决定理论

20世纪90年代以来,一些研究者认为,传统的汇率决定理论是在宏观经济关系的框架之下分析汇率决定问题的,忽略了微观经济的作用。该理论认为,汇率在很大程度上可以看作是人们根据自己的消费方式选择资产的结果,经济主体的行为及其影响因素等微观基础在宏观经济变量发生变化过程中起着重要的作用,如奥伯斯菲尔德和若戈夫(Obstfeld & Rogoff, 1995, 1998, 2000)等的研究。

微观行为使得汇率决定理论出现了新的研究方向,基本观点是:经验研究结果不理想,不是宏观经济变量的选择错误,而是原有模型仅仅考虑宏观层面,还应进一步考虑投资者偏好、风险承受能力等微观因素,从而分析现有汇率理论的宏观经济指标如何改变市场参与者的各项决策,进而研究汇率决定与变化的规律。基于微观行为的汇率决定理论更加贴近实际,目前这种方法仍在发展之中,并成为汇率决定理论非常重要的一个发展方向,但至今令人满意的经验研究却很少。

3. 基于信息经济学的汇率决定理论

莱昂斯(Lyons, 2001)提出,在特定交易体系下掌握不同信息或是对信息理解不一致的外汇交易者的相互博弈是汇率波动的直接原因。学者们以此为基础分别从信息、市场参与者的异质性和交易机制等方面来研究汇率形成的规律。

从信息角度来看,微观金融指标外汇市场订单流和买卖价差传递和反映了私有信息,并对汇率变动产生了重要影响。莱昂斯(Lyons, 1995, 2000, 2001, 2002)、埃文斯(Evans, 2001)等人的研究表明,汇集了各个交易者私有信息的订单流(order flow)能够很好地说明国际金融市场上主要外汇的走势,埃文斯甚至证明了即使外汇交易中较小部分的订单流数据,也可以解释40%~70%的汇率波动的原因。

从市场参与者角度看,弗兰克尔和弗劳特(Frankel & Froot, 1990)、维雷特(Vilate, 2000)提出信息不对称导致了外汇市场参与者的异质性,伊藤(Ito, 1990)则证明了预期异质性的存在,从而拒绝了理性预期假说。因此,持有这一观点的人认为,市场参与者的异质性使得有效市场假说不能成立,也是原有汇率理论无法很好地解释现实汇率波动的一个重要原因。

从交易机制角度看,莱昂斯(Lyons, 2001)提出,外汇市场有效性检验的失败在于外汇交易市场的批发交易和零售交易有密切关系,做市商机制的存在必然产生信息不对称,同样会对汇率产生影响。

近些年来,从信息经济学的角度解释汇率决定的研究,对现实的汇率和很多宏观结构汇率理论无法解释的汇率现象都能够提供较好的解释,并且在经验检验上也取得了令人满意的结果。但是,汇率决定的微观结构分析也存在着很多局限性,其理论的完整性还需要不断发展。

4. 汇率决定的混沌分析法

自然科学中的混沌理论认为,运动确定性并不等价于可预测性,确定性运动能够产生不可预测的行为。比利时经济学家De Grauwe和Dewachter(1992, 1993)开创性地提出了一个汇率决定的混沌货币模型。随着数学工具完善，一些学者放弃了汇率理论理性预期的假设，试图通过混沌理论来模拟汇率的运动，从而开辟了汇率决定的混沌分析方法。

现实中，汇率具有非线性高频变动的特征，混沌模型通过非线性方程组描述了汇率变动，也解释了很多原有汇率理论难以说明的问题，如混沌系统对初始条件的敏感性可说明现实中预测汇率的困难。但是，汇率的混沌模型没有考虑中央银行的干预，尽管可以证明汇率变动有混沌迹象，但总体上来说，它只是一种方法创新，目前对汇率变动混沌现象的判断还有待进一步的研究。

现实经济是复杂的，20世纪80年代开始，汇率决定理论进入新的发展阶段，理论与现实的差距不断调整着研究的视角，推动着汇率决定理论不断向前发展。

案例分析 人民币汇率破"7"的成因与影响

2015年"8·11"汇改以来，人民币兑美元汇率（以下人民币汇率均为人民币兑美元的双边汇率）交易价曾经三次几乎遇"7"而未破（分别是2016年年底2017年年初、2018年年底和2019年5月），终于在2019年8月5日和8日交易价和中间价先后破"7"。这一次破"7"来的有些突然，令很多中国甚至是全球的业内人士措手不及。

理论上讲，汇率涨跌本身是有利有弊，不存在升值绝对好、贬值绝对差；固定汇率、浮动汇率还是有管理浮动汇率，也都各有利弊，关于最优汇率选择的国际共识就是"没有一种汇率制度适合所有国家以及一个国家的所有时期"。因此，在以市场供求为基础、有管理的浮动汇率制度框架下，人民币守"7"与破"7"的选择没有绝对的优劣之分，而只有政策目标的取舍之别。

1. 人民币汇率破"7"的成因

受单边主义和贸易保护主义措施及对中国加征关税预期等影响，人民币对美元汇率有所贬值，突破了7元，但人民币对一篮子货币继续保持稳定和强势，这是市场供求和国际汇市波动的反映。

中国实施的是以市场供求为基础、参考一篮子货币进行调节、有管理的浮动汇率制度。市场供求在汇率形成中发挥决定性作用，人民币汇率的波动是由这一机制决定的，这是浮动汇率制度的应有之义。从全球市场角度观察，作为货币之间的比价，汇率波动也是常态，有了波动，价格机制才能发挥资源配置和自动调节的作用。如果回顾过去20年人民币汇率的变化，会发现人民币对美元既有过8块多的时候，也有过7块多和6块多的时候，现在人民币汇率又回到7块钱以上。需要说明的是，人民币汇率破"7"，这个"7"并不像年龄过去就回不来了，也不像堤坝，一旦被冲破大水就会一泻千里；"7"更像水库的水位，丰水期的时候高一些，到了枯水期的时候又会降下来，有涨有落，都是正常的。

尽管近期人民币对美元有所贬值，但从历史上看，人民币总体是升值的。过去20年国际清算银行计算的人民币名义有效汇率和实际有效汇率都升值了30%左右，人民币对美元汇率升值了20%，是国际主要货币中最强势的货币。2019年以来，人民币在国际货币体系中仍保持着稳定地位，人民币对一篮子货币是走强的，CFETS人民币汇率指数升值了0.3%。2019年年初至8月2日人民币对美元汇率中间价贬值0.53%，小于同期韩元、阿根廷比索、土耳其里拉等新兴市场货币对美元汇率的跌幅，是新兴市场货币中较为稳定的货币，而且强于欧元、英镑等储备货币。

2. 人民币汇率破"7"后的走势

人民币汇率走势，长期取决于基本面，短期内市场供求和美元走势也会对其产生较大影响。市场化的汇率形成机制有利于发挥价格杠杆调节供求平衡的作用，在宏观上起到调节经济和国际收支"自动稳定器"的功能。中国作为一个大国，制造业门类齐全，产业体系较为完善，出口部门竞争力强，进口依存度适中，人民币汇率波动对中国国际收支有很强的调节作用，外汇市场自身会找到均衡。

从宏观层面看，当前中国经济基本面良好，经济结构调整取得积极成效，增长韧性较强，宏观杠杆率保持基本稳定，财政状况稳健，金融风险总体可控，国际收支稳定，跨境资本流动大体平衡，外汇储备充足，这些都为人民币汇率提供了根本支撑。特别是在目前美欧等发达经济体货币政策转向宽松的背景下，中国是主要经济体中唯一的货币政策保持常态的国家，人民币资产的估值仍然偏低，稳定性相应更强，中国有望成为全球资金的"洼地"。

近年来在应对汇率波动过程中，人民银行积累了丰富的经验和政策工具，并将继续创新和丰富调控工具箱，针对外汇市场可能出现的正反馈行为，要采取必要的、有针对性的措施，坚决打击短期投机炒作，维护外汇市场平稳运行，稳定市场预期。人民银行有经验、有信心、有能力保持人民币汇率在合理均衡水平上基本稳定。

3. 人民币汇率破"7"对企业和居民的影响

改革开放是中国的基本国策，外汇管理要坚持改革开放，进一步提升跨境贸易和投资便利化，更好地服务实体经济，破"7"后这一政策取向不会变。

对普通老百姓而言，过去20多年，人民币对美元和一篮子货币升值的时候多、贬值的时候少，中国老百姓主要的金融资产在人民币上，其对外的购买力稳步攀升，这些均能从老百姓出国旅游、境外购物、子女海外上学中反映出来。

企业也是如此。我们不希望企业过多暴露在汇率风险中，支持企业购买汇率避险产品规避汇率风险。同时也要看到，目前人民币汇率既可能贬值，也可能升值，双向浮动是常态，不仅是企业，即便更为专业的金融机构也难以预测汇率的走势。

因此，我们建议要专注于实体业务，不要将精力过多用在判断或投机汇率趋势上，要树立"风险中性"的财务理念，叙做外汇衍生品应以锁定外汇成本、降低生产经营的不确定性、实现主营业务盈利为目的，而不应以外汇衍生品交易本身盈利为目的。

（资料来源：2019年8月5日，中国人民银行有关负责人答《金融时报》记者提问，https://www.financialnews.com.cn.）

讨论题：你对人民币汇率破"7"有什么看法？

【本章思考题】

1. 什么是外汇？
2. 外汇的主要特征是什么？
3. 简述直接标价法和间接标价法的区别与联系。

4. 影响汇率变动的主要因素有哪些？

5. 汇率变动对一国经济有何影响？

【本章计算题】

1. 如果你向中国银行询问当月人民币兑英镑的汇价，银行告知你为：GBP 1=RMB 8.807 1-8.813 3，请问：

（1）如果你要卖给银行英镑，应该使用哪个价格？

（2）如果你要买英镑，又应该使用哪个价格？

（3）如果你要从银行买 5 000 英镑，你应该准备多少人民币？

2. 假设汇率：GBP 1=USD 1.246 73-1.246 80，USD 1=CHF 0.945 00-0.945 05，试计算英镑兑瑞士法郎的汇率。

3. 假设汇率：USD 1=JPY 107.513-107.516，USD 1=HKD 7.750 04-7.750 10，试计算日元兑港币的汇率。

【在线测试题】

扫描书背面的二维码，获取答题权限。

第2章 外汇交易

【学习目标】

通过本章学习，应该能够：
1. 了解外汇交易的概念和特点；
2. 了解和掌握即期外汇交易的原理及应用；
3. 掌握远期外汇交易的应用及作用；
4. 理解和掌握外汇期货、外汇期权的特点和功能；
5. 了解外汇掉期和互换的基本原理；
6. 了解我国外汇市场的各种交易品种。

开篇导读

汇率双向波动环境下企业避险意识仍需增强

近年来，人民币汇率市场化程度显著提高，汇率弹性明显增强，双向波动已经常态化。2019年，国家外汇管理局对全国24个省（市）的2 400余家企业开展了汇率风险管理专项调查，结果显示大部分企业仍首选即期交易，衍生品交易相对不足，担忧市场波动导致外汇保值业务亏损，企业汇率风险管理意识仍需加强。

1. 人民币汇率市场化程度显著提高

2019年，人民币汇率在合理均衡水平上保持稳定，弹性增强。从全年表现看，在贸易保护主义升级、金融市场波动加大等影响下，很多非美货币对美元汇率呈现下跌态势，如欧元对美元贬值2.3%，新兴市场货币指数下跌1.3%。在中美经贸摩擦直接冲击下，人民币对美元境内即期汇率（CNY）小幅贬值1.4%，在全球非美货币中的表现整体居中。从波动幅度看，2019年，人民币对美元汇率最高点与最低点之间的变动幅度达7.7%，是近年来的较高水平。与其他主要货币相比，人民币双向波动的弹性居中，总体处于相对合适的水平。

2. 境内外汇衍生品市场发展日渐充分

1994年我国开始以有管理的浮动汇率制为目标的人民币汇率制度改革，汇率避险保值需求也逐步产生，1997年试点远期结售汇业务，2005年汇改后外汇衍生品市场加快发展。2019年，境内外汇市场衍生品交易量为17.8万亿美元，较2005年增长579倍。外汇衍生品市场已基本具备国际成熟产品。目前，已有即期、远期、外汇掉期、货币掉期和期权（普通欧式期权及其组合）。2019年，银行对客衍生品市场交易量6 930亿美元，远期、掉期、期权占比分别为44%、17%和39%。外汇衍生品市场参与银行基本覆盖市场需求。2019年年末，银行对客户市场具有即期和衍生品资格的金融机构分别为518家和105家，市场服务可覆盖全国各地区，基本不存在空白。

3. 企业汇率风险管理薄弱是市场主要短板

当前企业套期保值行为有以下特征：一是规模大、风险敞口大的企业主动避险意识强；二是中小企业往往在人民币波动加剧、汇率风险较大时才被动管理汇率风险；

> 三是对外汇衍生品的理解程度决定了企业参与情况,多数企业不熟悉产品而较少交易;四是部分企业不愿意使用外汇衍生品进行套保,担心亏损或形成财务成本;五是企业对汇兑损益非常敏感,套保效果评价有待进一步优化;六是不同地域和所有制企业外汇套保差异显著,东部地区、央企和大型外企相对较好。
>
> 企业作为汇率风险管理的主体,其汇率风险管理理念和能力决定着我国外汇衍生市场发展的速度和广度,大力培养企业汇率避险意识和避险能力,特别是引导企业树立"风险中性"意识,仍是今后一个时期内深化外汇市场发展与开放的重中之重。
>
> 资料来源:国家外汇管理局官网,http://www.safe.gov.cn/safe/2020/0327/15828.html。

2.1 外汇交易概述

2.1.1 外汇交易的概念和特点

1. 外汇交易的概念

外汇交易就是俗称的外汇买卖,即不同外汇之间的兑换,如以本币兑换外币,或把外国货币兑换成本币,也可以是外国货币之间的互相兑换。

外汇交易主要源于两大原因:一是对外贸易、投资的需要,如进出口商在国外买入或销售他们的产品和服务,或者将他们在国外赚取的利润转换成本国货币;二是为了避险和投机。外汇市场上的外汇交易95%属于后者。

2. 外汇交易的特点

(1)交易时间长。外汇交易每天从悉尼开始,并且随着地球的转动,全球每个金融中心的营业日将依次开始,首先是东京,然后是伦敦和纽约,是一个24小时开放的市场。它不像股市,只在上午9:30到下午3:00交易,因此适合那些活跃的交易者,他们可以根据自己的作息时间进行交易,并快速应对市场的变化。

(2)交易方式灵活。外汇交易是双向交易,既可持有多头头寸,也可持有空头头寸,无论行情如何,都有机会获利。

(3)市场空间大。外汇市场平均日交易量1.9兆美金,相当于期货市场的4倍,美股市场的30倍,是全球最大、同时也是流通性最高的市场。庞大的市场容量,基本上没有任何人或者机构能够操纵市场,这使之成为全球最公平的市场,也使得投资者有足够的盈利空间。

(4)交易币种比较集中。国际外汇市场的主要交易货币主要是七国集团(G7)的货币,即美元、欧元、日元、英镑、澳元、瑞士法郎与加元,其中,作为全球外汇市场最重要的交易中介货币,美元交易量仍然保持第一位。

2.1.2 外汇交易的分类

1. 按外汇交易的对象划分

(1)银行对客户的外汇交易。参加交易的客户是各类非金融机构和个人,他们出于贸易、投资、外币存款和投机的需要,同外汇银行进行外汇买卖。

（2）银行同业间的外汇交易。参与者主要是商业银行、各类财务公司、投资公司和证券公司等。银行在与客户进行外汇交易时，实际上是"被动"的，各种外汇买卖的金额是不匹配的，难免使银行某种或多种外汇的买入数量超过卖出数量，即超买（overbought），导致银行的外汇库存过多，出现多头头寸（long position）；或者卖出数量超过买入数量，即超卖（oversold），出现空头头寸（short position），这两种头寸统称敞口头寸（open position）。敞口头寸对于银行来说是一种风险，因为要承担汇率变动的风险。例如，在多头头寸情况下汇率出现下跌，或在空头头寸时汇率发生上涨。银行经营外汇业务的原则是买卖平衡，要避免出现空头或多头。因此，银行就需要通过同业之间的交易来轧平头寸，即抛出多头头寸的外汇，买入空头头寸的外汇。除此之外，银行还可能出于投机、套利、套汇等目的而买卖外汇。

（3）外汇银行与中央银行的外汇交易。一国中央银行在进行外汇管理和储备管理时，也要作为市场的参与者出现，这时中央银行常常要通过外汇银行对市场加以干预，即与外汇银行进行外汇交易。

2. 按外汇交易的目的划分

（1）商业性外汇交易，是以商务性活动为基础而进行的外汇交易，主要用于商品与服务的进出口、涉外投资、国际债权债务的清偿等。例如，进口商为支付货款需买入合同中规定的外币，出口商把收到的外汇兑换成本币用以在国内采购、发放工资等；对外投资时，需要将本币换成东道国的货币等。

（2）保值性外汇交易，是交易者为防范汇率的不利变化使预期收入减少或成本增加而进行的具有对冲性质的外汇交易，主要包括远期外汇交易、掉期交易和外汇衍生交易。

（3）投机性外汇交易，是指以赚取利润为目的的外汇交易，其没有真实的商品交易或资本流动作为基础，投机者利用汇率差异，贱买贵卖，从中赚取差价。外汇投机有两种形式：

①一是先买后卖，即"买多"。当投机者预期某种货币将升值，就在外汇市场上趁该外币价格相对较低时，先买进该种货币，待该货币汇率上升时卖出。

②二是先卖后买，即"卖空"。外汇市场上趁该外币价格相对较高时，先行卖出该货币，待该货币下跌时再买进，赚取差价。

3. 按外汇交易的方式划分

有即期外汇交易和远期外汇交易；外汇套利、掉期和互换交易；外汇期货交易和外汇期权交易，具体讲解见下节。

4. 我国外汇市场的外汇交易

（1）人民币对外币的交易，包括人民币外汇即期、人民币外汇远期、人民币外汇掉期、人民币外汇货币掉期、人民币对外汇期权交易。

（2）外币对外汇的交易，指通过中国外汇交易中心进行的不涉及人民币的外汇对外汇的交易，品种有：EUR/USD、AUD/USD、GBP/USD、USD/CHF、USD/HKD、USD/CAD、USD/JPY、EUR/JPY、USD/SGD、NZD/USD、EUR/GBP 11个货币对的即期、远期与掉期交易；AUD/USD、EUR/USD、GBP/USD、USD/HKD、USD/JPY 5个货币对的

货币掉期交易；EUR/USD、USD/JPY、GBP/USD、AUD/USD、USD/HKD 5 个货币对的普通欧式期权和期权组合交易。

具有自营或代客外汇买卖业务的银行、非银行金融机构、非金融企业或其授权分支机构，经向交易中心申请成为银行间外币对市场会员后可进行交易。

（3）外币利率，包括外币拆借、外币回购、线上外币同业存款和外币利率互换。外币拆借指金融机构之间为解决外币资金余缺而进行的短期外币资金融通行为；外币回购指金融机构之间基于抵押品的外币资金融通行为；外币同业存款指金融机构之间开展的外币同业资金存入与存出业务，其中资金存入方仅为具有吸收存款资格的金融机构；外币利率互换指交易双方在约定期限内，根据约定币种（外币）的名义本金和利率，定期互相交换利息的合约。

2.1.3　外汇交易规则

大部分的外汇市场都是无形的市场，交易双方虽然经常进行业务往来，但可能从未见过面。由于外汇交易是在两个国家的外汇市场上进行，各国法律、习惯不同，要保证外汇市场的正常运转，必须有一个统一的规则，这个规则并不是以文字的形式记载，而是长期业务中的约定俗成。尽管如此，交易双方都严格遵守，规则主要有以下几点：

（1）使用统一的标价方法。除了英镑、欧元、澳大利亚元采用间接标价法外，其他交易一律采用直接标价法，并同时报出买价和卖价。

（2）以美元为中心的报价法。由于美元的特殊地位，报价的时候，是针对这种货币和美元的比价（基础货币采用美元），如东京外汇市场报日元价时，形式为 USD/JPY 117.50/60。

（3）使用小数报价。汇率一般有五位数或六位数，比如 GBP/USD 1.790 0/10，其中从后往前数，倒数第一位称为个基本点，倒数第二位为十个基本点，倒数的第三位为一百个基本点，依此类推，并且后二位我们叫作小数，前三位叫作大数。由于在外汇市场，往往一天中价格变动的都是小数，所以为了节省时间，银行同业在即期外汇交易报价时往往只报小数，加之熟悉行情的人对汇率的变化是非常了解的，也不需要将数字都报出。

（4）以 100 万美元为成交单位。外汇市场上的银行同业间的交易额是非常大的，一笔至少是 100 万以上，普通的为 100 万～500 万美元，因此在报价时以 100 万美元为一个单位，如交易中的 1 Dollar，是指一个交易单位，表示 100 万美元，6 Dollar 表示 600 万美元。

（5）交易双方必须恪守信用。外汇市场有两个原则，一个是"一言为定"，另一个是"你我的话就是合同"，即外汇交易一旦成交，不允许反悔。

（6）交易术语规范化。外汇买卖不同于商品买卖，后者需要经过看货、谈判、签约等长时间的过程，由于汇率在不断变化，若不能在最短的时间内达成交易，开始被认定的那个汇率早已过去。为了节省时间，外汇交易的语言非常简单明了，局外的人常听不懂。例如，"FOUR YOURS"代表我卖给你 400 万美元，"FIVE MINE"代表我买进 500 万美元。

2.1.4　中国官方外汇交易平台——CFETS FX2017

CFETS FX2017 是中国外汇交易中心于 2017 年推出的新一代交易平台，于 2018 年 2 月 5 日全面上线（在这之前运行的是 CFETX FX2009）。

CFETS FX2017 是为了适应银行间外汇市场的不断发展以及业务创新需要，顺应人民币国际化的发展趋势而推出的，该外汇交易系统支持多种交易模式和多种外汇产品，分为三个交易子模块：外汇即远掉交易模块、外汇衍生品及拆借交易模块和 C-Trade 交易模块。

2017 年 8 月 28 日，交易中心首先上线了 CFETS FX2017 外汇衍生品及拆借交易模块，将外汇期权和外币拆借相关功能从 CFETS FX2009 交易系统剥离，迁移至新平台。2017 年 12 月 4 日，交易中心在 CFETS FX2017 推出基于双边授信的即期撮合交易。2018 年 2 月 5 日，交易中心将外汇即期（竞价和询价）、远期、掉期、货币掉期、C-Trade 和黄金询价整合入 CFETS FX2017 统一终端，对系统功能进行了进一步优化和升级，CFETS FX2009 系统同步下线。

CFETS FX2017 具有以下特点：

1. 友好、人性化的交易平台

该交易平台只需一次登录，即可观察到全部外汇市场行情，并根据用户授权进行交易；用户可以定制专属自己的市场行情界面，在不同市场捕捉转瞬即逝的交易机会。

2. 多层、有效的安全管理

为确保系统安全性，交易平台使用专线网络，与互联网物理隔绝；建立了严格的用户名、口令认证机制，以及基于交易中心数字安全证书的安全认证机制。

3. 强大、高效的交易功能

（1）集中竞价交易，做市机构通过做市接口向交易中心系统持续发送匿名带量可成交报价，参与机构可通过点击成交、提交订单或匿名询价的方式与最优报价做市机构达成交易，交易完成后以上海清算所为中央对手方集中清算。该模式支持即期交易，采用集中授信方式，交易便捷。

（2）双边询价交易，采用以双边授信为基础，做市机构报价驱动的交易模式。机构可以基于做市机构的公开报价，通过请求报价（RFQ）和点击成交（ESP）两种方式完成交易，交易完成后可进行双边清算，符合条件的机构也可采用集中净额清算。该模式支持即期、远期、掉期、货币掉期、期权和外币拆借交易（ESP 方式目前仅支持美元对人民币 $T+2$ 交易），适合多种类型的交易用户。

（3）撮合交易，以订单报价驱动，会员基于双边授信，按照"价格优先、时间优先"的原则，以订单匹配或点击成交方式达成交易。撮合模式目前支持人民币对美元即期、远期和掉期交易，适合对交易效率和授信风险管理均有较高要求的用户。

4. 全面、多方位的交易辅助功能

（1）用户管理功能。提供用户权限管理、授信关系管理、流动性管理、额度管理、清算管理等多种管理功能，覆盖前、中、后台全流程，满足不同角色用户的管理需求，全方位保障会员机构风险管理。

（2）交易辅助分析工具。与交易系统整合，提供实时交易日志、累计头寸、交易均价、交易额度、现金流的计算与查询功能。

（3）即时通信工具。基于实名认证的聊天工具，嵌入 CFETS FX2017，交易员无须借助其他通信工具即可实现边交易、边交谈，可通过在对话窗口调取协商交易单，与交易流程连通。

（4）中国外汇交易中心市场信息服务（CMDS）。为人民币外汇做市商提供持续、高质量的报价引擎数据源,为参与人民币外汇交易的国内外金融机构提供实时、权威、可靠的外汇市场各类信息。

(5)数据直通处理(CSTP)。会员可通过交易中心提供的CSTP接口实时下载交易数据,进行本方交易核对、风险管理和清算的STP自动处理,实现交易前、中、后台无缝连接。

2.2 即期外汇交易和远期外汇交易

2.2.1 即期外汇交易

1. 即期外汇交易定义

即期外汇交易(spot exchange transaction)也叫现汇交易,是指在买卖双方成交后,在当日或两个营业日内办理交割的外汇交易。即期外汇交易可以发生在银行之间,也可以发生在商业银行与客户之间。即期外汇交易是外汇市场上最常用的一种交易方式,占外汇交易总额的大部分,这是因为在浮动汇率情况下,进出口商为了防范汇率变动风险和加速资金的流转,外汇银行为了及时平衡外汇头寸,都会大量采用即期外汇交易,从而推动了即期外汇交易规模的扩大。

所谓的营业日即工作日(working day),指一国法定休息日和节假日以外的工作日期;交割是指交易双方分别按对方的要求将卖出的货币解入对方指定的银行账户的行为。

2. 即期外汇交易的交割日

交割日,即结算日或起息日(value date)。即期外汇交易中的交割日期,因交易市场和交易币种的不同可分为三种情况:

(1)$T+2$,标准交割日(value spot /VAl SP)。在20世纪初,欧洲的外汇市场均采用信汇方式,成交的外汇需要两天才能汇到,因此交割日规定为$T+2$,这个惯例延续至今。

(2)$T+1$,隔日交割(value tomorrow or VAL TOM),又称现金交割,即成交后的第一个营业日为交割日。因某些国家或地区属于同一时区,交易后的次日到账是可能的。例如,我国香港外汇市场上,港币兑日元、新加坡元、澳元的即期交易的交割日都为隔日交割;美元兑加拿大元、墨西哥比索也是成交后的第二天为交割日。

(3)$T+0$,当日交割(value today or VAL TOD),即成交当日进行交割。银行与当地客户的零星交易一般都是当日交割,如我国居民到中国银行用欧元兑换日元,是立即兑换与结算的。

交割日必须是两种货币共同的营业日,只有这样才能将货币交付对方,至少应该是付款地市场的营业日;交割日若不是营业日,则即期交割日必须向后顺延。

3. 即期外汇交易的作用

(1)满足临时性的需要。如贸易项下,出口商收到以外币支付的货款后,可以存入自己的外币账户,也可以将外汇结售给银行换成本币;进口商需要把本币兑换成外币后委托银行向国外的收款人汇款,这都属于即期外汇交易。非贸易项下,留学的学费或旅游的费用一般也都是在银行柜台或手机银行、网上银行直接买卖所需要的外汇。

(2)避免汇率风险,即在外汇市场上进行即期抛补来避免汇率变动的风险。假如某进口商在5个月后有1 000万美元的进口支出,如果他担心届时美元升值,就可以在目前的即期外汇市场上以现在的即期汇率买进1 000万美元,然后存入银行,到期时便可用此存款支付进口所需。

(3) 外汇投机,如预期港币将在某日升值,投机者就可在在香港外汇市场即期买入港币,等港币升值后卖出港币从中获得差价收益。

即期外汇投机者必须持有足够的现金或外汇,这是一个限制条件。至于投机者手中的现金或外汇的来源,可以是自有的也可以是借来的,借来的就要支付借贷利息,自有的就要付出机会成本。例如,美元的即期汇率为1美元=6.973 5元人民币,投机者预测一个月后,美元将贬值,于是该投机者立即进入现汇市场卖出10万美元,获得697 350元人民币。一个月后,如果美元汇率果然下跌,并跌至1美元=6.917 6元人民币,于是该投机者再次进入现汇市场,用691 760元人民币买进10万美元,通过这项交易,一个月前卖出的10万美元又回到了他手中,而且多出了5 590元人民币,这就是他的投机利润。如果一个月后的汇率变动与投机者的预期相反,他就会蒙受损失。

2.2.2 远期外汇交易

1. 远期外汇交易定义

远期交易(forward transaction),又称期汇交易,是指外汇买卖成交后并不立即办理交割,而是根据合同的规定,在约定的日期按约定的汇率办理交割的外汇交易。

最常见的远期外汇交易交割期限一般有1个月、2个月、3个月、6个月,长的可达12个月,如果期限再长,则称为超远期交易。在少数情况下,有的客户出于某种特殊需要,也可以同银行签订特殊日期或带零头日期(37天或224天)的远期外汇合同,这类交易称为零星交易(odd date),外汇银行没有公开的报价,须由双方专门协商,其汇率确定要复杂些。

2. 远期交易的交割日

任何远期外汇交易都以即期交易为基础,所以远期交割日一般是按成交日期加相应月数来确定的。例如,成交日是3月3日,3个月的远期外汇的交割日就是6月5日。通常是按月计算,而不管各月的实际天数。

远期外汇交易交割日如遇结算国银行休假日,则顺延。但如果交割日既是假日又是当月的最后一天,交割要提前一个营业日,不跨入下一个月份。如成交日是1月26日,在纽约的外汇市场上买进一个月的期汇,应于2月28日交割,但28日是星期六,纽约外汇市场不营业,按正常做法,可顺延至3月2日,由于这一顺延已延至交割月份的下一个月,因此交割日只能提前,应是2月27日。

3. 远期外汇交易的报价和计算

远期外汇汇率的表示方法有两种,一种是直接报价法,另一种是间接报价法。

(1) 直接报价法,即直接给出远期外汇的实际价格,日本、瑞士等国采用此法。远期外汇的实际汇率在外汇牌价上直接标明,因此十分明确,故称其为直接报价法。在银行对顾客的市场上通常采用这种报价方式,如美元兑换瑞士法郎3个月远期报价为"USD/CHF= 0.939 69/72"。除了标明的期限之外,其表达方式与即期汇率报价的表达方式相同。

（2）间接报价法，也叫点数报价法，只给出远期汇率与即期汇率的差价，即远期升水、贴水数，简称汇水数，要通过计算求出远期汇率。银行同业间的远期汇率报价通常采用这种报价法。

升水表示远期汇率比即期汇率高；贴水表示远期汇率比即期汇率低；平价表示两者相等。

升水和贴水是个相对的概念，一种货币升水就是另一种货币贴水。

在直接标价法下：

$$升水时，远期外汇汇率 = 即期汇率 + 升水$$

$$贴水时，远期外汇汇率 = 即期汇率 - 贴水$$

在间接标价法下：

$$升水时，远期外汇汇率 = 即期汇率 - 升水$$

$$贴水时，远期外汇汇率 = 即期汇率 + 贴水$$

例如：某日伦敦外汇市场即期汇率：1 英镑 =1.259 1 美元，1 个月美元远期升水 1.2 美分，因为英镑是间接标价，计算远期汇率要减去升水，则英镑兑美元 1 个月远期汇率是：1 英镑 =1.259 1-0.012 0=1.257 9 美元。

例如：某日日本的外汇市场上，即期汇率：1 美元 =107.35 日元，3 个月美元远期汇率升水 0.32 日元，因为日元是直接标价，计算远期汇率要加上升水，则 3 个月美元远期汇率为：1 美元 =107.35+0.32=107.67 日元。

问题是，有时银行在报价时并不说明某种货币的远期汇率是升水还是贴水，只报出汇水数点数（也叫掉期点，一般是小数点后第 4 位数字，日元是小数点后第 2 位数字），且汇率有买价和卖价，报价时是同时报出的，如某外汇市场的报价如下：

	即期汇率	3 个月汇水数
美元 / 日元	110.56/77	10/20
欧元 / 美元	1.102 1/35	25/15

怎么判断是升水还是贴水，从而在即期汇率的基础上相加或相减呢？计算规则如下（无论什么标价方法都一样）：

若远期汇水数按"前小后大"的顺序排列，如上例中美元兑日元的 10/20，则远期汇率 = 即期汇率 + 远期差价。

若远期汇水数按"前大后小"的顺序排列，如上例中欧元兑美元的 25/15，则远期汇率 = 即期汇率 - 远期差价。

上例中，美元 / 日元 3 个月远期汇率为

$$\begin{array}{r} 110.56/110.77 \\ +\ 10/20 \\ \hline 110.66/110.97 \end{array}$$

欧元 / 美元 3 个月远期汇率为

$$\begin{array}{r} 1.102\ 1/1.103\ 5 \\ -\ 25/15 \\ \hline 1.099\ 6/1.102\ 0 \end{array}$$

4. 远期外汇交易的种类

远期外汇交易有四种类型，即固定交割日远期外汇交易、择期交割外汇远期交易、无本金交割远期外汇交易和超远期外汇交易。

（1）固定交割日远期外汇交易，是指事先具体规定交割日的远期交易。一旦达成交易，该交割日既不能提前，也不能推后，交易双方必须在交割日同时按对方的要求将相应的货币解付至对方指定的账户内。如果没有特殊说明，远期外汇交易都是指这种。

（2）择期交割外汇远期交易（forward option），是指交易的一方可以在某一段时间内任意选择交割日的远期外汇交易。交易双方在签订的合同中确定交易的币种、数量和汇率，但不确定具体的交割日，而是授权某一方在规定的期限内选择交割日期。授权给买方的称买方选择，授权给卖方的叫卖方选择。银行通常将主动权授予客户，而同业交易则由买方选择。

国际贸易活动中，进出口商签订买卖合同后，往往只是知道货款收付的可能的时间范围，还不能十分肯定具体在哪一天会收到出口所得到的外汇，或具体哪一天进口货物能到达需支付货款。如果签订了固定交割日的远期合同，一旦到期时，应收款项尚未收到，或应付款项难以拨出，就需要承担违约的责任。在此情况下，进出口商若仍希望通过远期外汇交易稳定交易成本，避免外汇风险，择期交易就是合适的工具，它提供了时间上的灵活性。

交割日的选择范围可以从第三天至到期日的整个期限（完全择期），也可以是期间内某两个具体的日期或具体的月份（部分择期）。

择期交易的选择方必须于规定的日期按和约所定的汇率和数量履行交割义务，仅有权在有限的范围内选择交割日期。因此，为获得选择权，应付出相应的代价，也就是选择方比定期远期交易损失更多的贴水或升水收益。

择期交易定价的核心问题是确定择期内外汇的升水或贴水值。银行与客户进行择期交易，并把选择权交给客户，自身要承担更多的风险或成本。银行若按择期第一天的报价卖出一种升水货币，而客户到择期的最后一天才办理交割，银行将付出这笔升水。与此相类似，银行若按择期第一天的汇价买入一种贴水货币，客户直到期限的最后一天才交付该币，银行又将遭受贴水的损失。为了该项外汇交易成立，银行必须按此方向相反的方式选择报价：

买入货币：升水按择期的第一天计算；贴水按择期的最后一天计算。

卖出货币：升水按择期的最后一天计算；贴水按择期的第一天计算。

【例2-1】某英国进口商与银行在6月15日签订了一笔6个月期以英镑买入100万美元的择期外汇合同，约定该进口商可以在3个月后至合同到期日的任意时间进行交割，伦敦当天的美元报价如下：

	GBP/USD
即期汇率	1.253 0/1.256 0
1个月远期	46/43
2个月远期	88/84
3个月远期	120/116

在上面的报价中，汇水数"前大后小"，计算远期汇率时要往下减，3个月的远期如下：

$$GBP/USD = 1.253\ 0 - 0.012\ 0 / 1.256\ 0 - 0.011\ 6$$
$$= 1.241\ 0 - 1.244\ 4$$

由于是间接标价，美元远期升水，银行卖出升水的货币，要用最后一天的汇率，则该笔部分择期交易应选择的汇率为 GBP 1=USD 1.241 0。

（3）无本金交割远期外汇交易（non-deliverable forwards，NDF），又称无本金交割远期合约。它是买卖双方在签订远期合约时，事先确定远期汇率、期限和金额，但与普通的到期本金交割的远期交易不同，NDF 在交易到期时不必进行实物交割，而是将远期汇率与市场到期日的基准汇率进行比较后，仅对差额进行交割清算。

NDF 一般是在离岸市场上进行交易，针对的是不可兑换的货币。因为新兴市场国家外汇市场不发达，存在不同程度的外汇管制，往往其货币本身就不能自由兑换，外汇的避险工具和途径有限。当与这些国家发生贸易和投资往来时，贸易商和投资者面临的风险较高，而 NDF 交易的推出，为这些进出口商和投资者提供了套期保值的工具。

NDF 具有以下特点：

首先，交易对象是针对自由兑换有限制的货币。无本金交割的外汇远期也是一种外汇远期交易，所不同的是该外汇交易的一方货币为不可兑换货币，或在特殊情形下（如金融危机）兑换重新受限制的货币，多被用于已经参与国际经济、同时资本账户开放程度较低的经济体的货币，集中于亚太、拉丁美洲和非洲等国家。韩元、新台币、人民币、印度卢比、印度尼西亚卢比和菲律宾比索等货币 NDF 的成交额一度曾占全球新兴市场 NDF 成交额的 70% 左右。

其次，交易的形式为离岸市场。为了避免外汇管制，NDF 一般在本金货币发行国之外的离岸市场进行交易，交易所在国家或地区金融市场发达，外汇管制较少，如人民币 NDF 主要在新加坡和香港市场交易。

再次，结算货币为自由兑换货币。NDF 合约到期时只需对远期汇率与实际汇率的差额进行交割清算，结算的货币是自由兑换货币（一般为美元），而非不能自由兑换的本金，这样就避开了本金发行国货币兑换方面的限制。

最后，交易的实质是对汇率的预测。NDF 由银行充当中介机构，供求双方基于对汇率看法（或目的）的不同，签订非交割远期交易合约。其期限一般在数月至数年之间，主要交易品种是一年期和一年以下的品种。

早在 2006 年，国家外汇管理局就发布通告规定，未经国家外汇管理局批准，境内机构和个人不得以任何形式参与境外人民币对外汇衍生交易。外管局明确规定，远期结售汇履约应以约定远期交易价格的合约本金全额交割，不得进行差额交割。外管局认为我国人民币对外汇衍生市场正处于发展初期，现阶段外汇交易应以风险防范为主，不鼓励利用衍生工具从事投机性交易。未来随着中国资本账户的进一步开放，人民币国际化程度不断提高，人民币 NDF 交易将逐步被可交割的人民币交易替代。

（4）超远期外汇交易，是交割日在一年以后的远期外汇买卖，其要求单笔最低交易金额 100 万美元或等值其他货币。

5. 远期外汇交易的作用

（1）避免汇率风险。在国际贸易过程中，两国的进出口商从签订合同到货物装船、交割和付款，要经过相当长一段时间。在这段时间里，两国货币的汇率可能发生较大的波动，使某一方遭受损失，如计价货币汇率上升，受损失的是进口方，要多付本币；如下跌，受损的是出口方。为避免这种损失，进口商和出口商往往利用期汇交易，牺牲汇率波动可能带来的好处来换取交易收入的稳定或减少损失。这种方式也叫远期外汇保值交易、远期套期保值交易。

首先，以出口商为例。假设一日本出口商向美国一进口商出售一批价款为2 000万日元的货物，成交时汇率为USD 1=JPY 100，日美两商约定，3个月后美商付给日商20万美元，如果到时汇率不变，日商可收到20万美元，卖给银行，收回2 000万日元的货款，实现了交易目的。如果3个月后美元贬值，USD 1=JPY 90，则日商将收到的20万美元卖给银行只能得到20×90=1 800万日元，损失出口收入200万日元。当然，如果美元到时不是贬值而是升值，USD 1=JPY 110，日商可以多赚200万日元。但我们假设，这个日商对美元的远期汇率是看跌的，而日本的某外汇银行却认为美元在未来几个月中不会发生较大的下跌，因为其公布的三个月的远期汇率仍然是USD 1=JPY 100。日商为了避免汇率下跌可能对自己带来的损失，便宁愿牺牲美元汇率一旦上升可能带来的额外收入，按公布的牌价向外汇银行出售3个月的美元20万，以便到期时稳获2 000万日元的出口收入。若届时美元汇率果然下降，日商便成功地避免了货款上的损失。而如果3个月后美元不降反升，日商损失的不过是额外可能的收入，并不影响其原来的预期收入。

其次，以进口商为例。假如某一澳大利亚进口商从日本进口一批彩电，价值10亿日元，约定3个月付款，如果澳商不对10亿日元进行套期保值，那么3个月后一旦日元对澳元升值，则购买日元的澳元成本将上升，澳商将蒙受损失。如果澳商在签订进口合同时，进行远期套期保值交易，则可防范风险。

假如签订购买合同时的外汇市场的行情是：即期汇率为AUD 1=JPY 100.00/02，3个月远期汇率为AUD/JPY=98.00/12，澳商以AUD 1=JPY 98.00的远期汇率买进3月期期汇用于保值，套期保值后10亿日元的澳元成本为1 000 000 000/98.00 =10 204 081.63澳元。由于澳商确切知道了进口该批彩电应付的澳元数额，就不用担心3个月内的汇率变动情况，从而避免了日元升值带来的外汇风险。而澳商在套期保值中付出的代价仅仅是因日元期汇升水而多付的204 081.63澳元，相对是很微小的。当然，澳商若预测日元对澳元贬值，则完全没有套期保值的必要，问题是准确预测3个月后的即期汇率变动并非易事。

（2）保持银行外汇头寸的平衡。进出口商为了避免汇率涨落的风险，通过远期交易将风险转嫁给了银行。银行为了防止自身遭受损失，也要对外汇头寸进行调剂，这时就可以买者或卖者的身份参与到远期外汇交易中来，或抛出多头头寸的外汇，或买入空头头寸的外汇。

（3）远期投机。外汇投机的通常做法是，在预测外汇汇率将要上升时先买进后卖出；在预测外汇汇率将要下降时先卖出后买进。按期限划分，外汇市场上的投机有即期外汇投机和远期外汇投机。

与即期外汇投机相比，远期投机不涉及货币的立即交割，成交时无须付现，只须支付少量保证金，一般都是到期轧抵，支付差额，因此远期外汇投机不须持有足够的现金或外汇也可进行大规模的交易。

远期外汇投机交易分为买空（做多头）和卖空（做空头）两种形式。所谓买空，即先买看涨期汇，以后再卖出现汇的远期外汇投机交易。例如，在某外汇市场上，美元兑英镑的 1 月期远期汇率为 GBP 1=USD 1.265 0，某投机者预测英镑近期会大幅升值，于是做买空交易，以美元购入 100 万 1 月期远期英镑，1 个月后英镑即期汇率上涨至 GBP 1=USD 1.365 0，于是该投机者以此即期汇率卖出 100 万英镑，轧差后可获得投机利润 10 万美元。

所谓卖空，即先卖看跌期汇，以后再买进现汇的远期外汇投机交易。例如，某外汇市场上，美元兑人民币的 3 月期远期汇率为 USD 1=RMB 7.035 2，某外汇投机商预测美元将大幅度贬值，于是做卖空交易，先卖出 10 万美元 3 月期期汇，3 个月后，美元即期汇率跌至 USD 1=RMB 6.965 2，该投机者以此即期汇率再购入 10 万美元，轧差后可获得投机利润 0.7 万元人民币。

买空卖空的远期外汇投机交易不一定非要等到合同交割日，也可以提前关闭其敞开的多头或空头外汇头寸。如上例的卖空交易中，假如卖出 10 万美元的成交日为 5 月 1 日，交割日为 8 月 3 日，到 7 月 1 日时，美元的期汇汇率已降至 USD 1=RMB 6.965 2，该投机者通过对市场行情的分析，认为美元继续下跌的可能性不大，为防止美元反弹而造成投机损失，他决定提前结束其空头美元头寸，于是再次进入远期市场，买入 10 万美元 1 月期期汇，交割日在 8 月 3 日，与卖出 10 万美元 3 月期期汇的交割日相同，通过这样一卖一买，使他确保 0.7 万元人民币的投机利润，并不再承担任何风险。

2.3 套汇和套利、掉期和互换交易

2.3.1 套汇交易

1. 套汇交易的含义

套汇交易（currency arbitrage）是指利用两个或两个以上不同市场的汇率差价，在低的市场买入同时在高的市场卖出，以赚取利润的活动。在实际的外汇市场上，通信技术的高度发达使得在各个外汇市场上交易的成本非常小，所以各地外汇市场的汇率差异也很小，而且这种差异转瞬即逝，因此只有交易设备精良、资金雄厚的大银行才有可能通过套汇交易赚取利润，并且套汇买卖的数额一般较大，都利用电汇方式，这是因为只有用电汇方式才能捕捉到最佳套汇时机。由于套汇交易的存在，也使各外汇市场的汇率迅速趋于一致。

2. 套汇交易的方式

（1）两地套汇，即直接套汇，也称为两角套汇或两点套汇，是指利用两个外汇市场上即期汇率的差异，对同一种外汇贱买贵卖，以获取差额利润的外汇交易。

假定同一时间里，英镑对美元的汇率在纽约市场上为 GBP 1=USD 1.218 0/90，而伦敦市场上为 GBP 1=USD 1.215 0/60。由于英镑在纽约市场上的汇率高于在伦敦市场上的汇率，套汇者先用美元在伦敦市场上按 1 英镑 1.216 0 美元的汇率买入 1 000 万英镑，该套汇者要付出 1 216 万美元；同时他又在纽约市场上将 1 000 万英镑按 GBP 1=USD 1.218 售出，换得 1 218 万美元，如果撇开其他交易费用开支暂且不论，套汇者通过上述两笔交易，可净赚 2 万美元的收益。

如果套汇交易继续进行，则伦敦市场上英镑的需求增加，美元的供应增加，那么在伦敦市场上，英镑必定升值，美元必定贬值；同理在纽约市场上，英镑贬值，美元升值，从而使两地汇率趋于一致。

在理论上，套汇交易是一种无风险交易，但如果第一笔交易发生后市场的汇率出现不利变化，而第二笔交易尚未完成，那么套汇者就要承担汇率风险。而且套汇交易要产生佣金、电传费等交易成本，所以只有在汇差大于交易成本，并有足够的利润使套汇者愿意承担汇率风险的情况下，套汇交易才可能发生。

（2）三地套汇。三地套汇即间接套汇，也称为三角套汇或三点套汇，是指利用三个外汇市场之间即期汇率的差异，同时在这些外汇市场上进行贱买贵卖，以赚取汇差收益的外汇交易。那么，怎么判断三个外汇市场是否有机会进行套汇呢？原理是：在其中某一个市场投入一个单位货币，经过中介市场，如果收入的货币不等于1个单位，就说明三个市场汇率存在差异。为了方便，人们常用连乘法来判断，即将三地汇率换成统一标价法下的汇率予以连乘，看其积是否等于1，若等于1，则说明三地汇率处于均衡状态，套汇无利可图；若不等于1，则表明三地汇率存在差价，套汇有利可图。

【例2-2】某一天同一时刻，以下三个外汇市场的即期汇率如下：

香港外汇市场：USD 1=HKD 7.751 8
纽约外汇市场：GBP 1=USD 1.264 6
伦敦外汇市场：GBP 1=HKD 8.840 5

利用这三个外汇市场的行市是否可以进行三地套汇？若能套汇，以1 000万港币进行套汇，可获取多少套汇利润？

套汇的步骤可以分为以下三步：

首先，将三地汇率换成统一标价法。上例中，香港外汇市场和纽约外汇市场是直接标价，伦敦外汇市场是间接标价，现在我们统一成间接标价，即：

香港外汇市场：HKD 1=USD 1/7.751 8
纽约外汇市场：USD 1=GBP 1/1.264 6
伦敦外汇市场：GBP 1=HKD 8.840 5

其次，计算连乘积，判断是否有利可图，因为
$1/7.751\,8 \times 1/1.264\,6 \times 8.840\,5 = 0.901\,8 < 1$

所以可以进行三地套汇。

最后，确定套汇路线：将三地汇率上下排列，使首尾货币相同并衔接。

若左<右，从左上角出发。
若右<左，从右下角出发。
因为：左边的乘积：$1 \times 1 \times 1 = 1$
右边的乘积：$1/7.751\,8 \times 1/1.264\,6 \times 8.840\,5 = 0.901\,8$

所以：从右下角出发起套汇，即在伦敦外汇市场卖出1 000万港币，在中间市场即纽约外汇市场买进英镑，最后在香港外汇市场再买进港币，结果如下：

$1\,000 \times 1/7.751\,8 \times 1/1.264\,6 \times 8.840\,5 = 9\,018$（万港币）

套汇利润：$10\,000 - 9\,018 = 982$（万港币）

该例没有考虑套汇的成本，如通信费用、佣金等，如成本高于套汇利润，便无利可图。如前所述，现代市场的套汇机会越来越少——高度发达的电信技术，会使市场很快意识到这种差异，汇差随交易的进行而转瞬即逝。

以上我们直接使用的是中间价，外汇市场的报价都是双价制，那又该如何套汇呢？原理是一样的，如下例所示。

【例2-3】在某一时点，外汇市场的行情如下：
伦敦外汇市场：GBP 1=JPY 135.18-135.34
东京外汇市场：USD 1=JPY 107.22-107.36
纽约外汇市场：GBP 1=USD 1.266 2-1.267 3
首先仍是判断有无套汇机会，可以使用两种方法，一是求出三个市场的中间接，然后转换成统一的标价方法；二是转换成统一的标价法后，将三个汇率同边相乘（买入价乘以买入价，卖出价乘以卖出价），看乘积是否为1。其余同上例。

2.3.2 套利交易

1. 套利交易的含义

套利交易（interest arbitrage transaction），亦称利息套利，是指套利者利用不同国家或地区短期利率的差异，将资金从利率较低的国家或地区转移至利率较高的国家或地区，从中获取利息差额收益的一种外汇交易。例如，如果甲国有一居民拥有100万美元的资产，甲国存款的年利率为2%，同一时期乙国存款的年利率为5%。假定甲国的资本项目可以自由兑换，甲国居民就会将其资产转移到乙国投资以获取比甲国高3%的利率。

套利与套汇一样，是外汇市场上重要的交易活动。由于目前各国外汇市场联系十分密切，一有套利机会，大银行或大公司便会迅速投入大量资金，最终促使各国货币利差与货币远期贴水率趋于一致，使套利无利可图。套利活动使各国货币利率和汇率形成了一种有机的联系，两者互相影响与制约，推动国际金融市场的一体化。

2. 套利交易的形式

根据是否对套利交易所涉及的汇率风险进行抵补，套利交易可分为未抵补套利和抛补套利两种方式。

（1）未抵补套利（uncovered interest arbitrage），是指投资者单纯根据两国市场利率的差异，将资金从低利率货币转向高利率货币，从而谋取利率差额的收入，而对所面临的汇率风险不加以抵补。

【例2-4】假设美国的短期利率为9%，英国为7%，若英国一套利者以100万英镑存入伦敦银行，6个月可获本利103.5万英镑，如果在汇率为GBP 1=USD 1.98的情况下，他把英镑换成美元投资于美国货币市场，则6个月后，本利共计206.91（198+198×9%×6/12）万美元，合104.5（206.91/1.98）万英镑，如果6个月后英镑对美元汇率没有变动，则套利者可以比在伦敦多赚1（104.5-103.5）万英镑，即多赚2%的利率收益。但若6个月后英镑升值2.5%，即GBP 1=USD 2.0295，则存于美国的206.91万美元，仅能换回101.95（206.91/2.0295）万英镑，比在英国存款还亏损1.55（103.5-101.95）万英镑。可见，高利率货币的贬值对非抛补套利影响极大。

（2）抛补套利（covered interest arbitrage），是指套利者把资金从低利率国调往高利率国的同时，在外汇市场上卖出高利率货币的远期，以避免汇率风险。这实际上是将远期和套利交易结合起来。从外汇买卖的形式看，抛补套利交易是一种掉期交易。例如，纽约金融市场利率为年率11%，伦敦金融市场利率为年率13%，两地利差为2%，单纯从利息收入考虑，如果将美元换成英镑存入伦敦银行，就可赚取2%的净利息收入。但实际上，在将美元换成英镑做短期投放生息期间，英镑汇率很可能下跌，当投资到期后把资金调回美国时，将英镑兑换成美元的数额就会减少，套利者会遭受损失。因此，套利者在将美元兑成英镑的同时，再卖出远期英镑，以确保安全。套利者买进即期英镑，卖出远期英镑，会促使即期英镑上涨，远期英镑贴水，如果远期英镑贴水接近两地之间2%的利差，则套利者将无利可图。因此，套利的先决条件是两地利差大于年贴水率或小于年升水率。

【例2-5】 纽约外汇市场英镑对美元即期汇率为GBP 1=USD 1.730 0/20，一年期远期英镑20/10。现在，一套汇者有200万美元欲套利。那么，首先应计算年贴（升）水率或掉期率，以便与两地利差进行比较，依公式：

年贴（升）水率＝贴（升）水/即期汇率×12/月数×100%
　　　　　　　＝0.002 0/1.730 0×12/12×100%
　　　　　　　＝0.115%

年升水率为0.115%，小于2%的两地利差，套利可以进行。然后，在纽约市场按GBP 1=USD 1.730 0的汇率以200万美元买入115.61万英镑现汇存入伦敦的银行，一年后可获本息130.64万英镑，即115.61万×（1+13%），同时卖出一年期英镑（本息）130.62万，一年后到期可获225.74万美元，即130.64万×（1.730 0-0.002 0）；如果将200万美元存入纽约的银行可得本息222万美元，即200万×（1+11%）。故从套利所得225.74万美元中减去套利成本222万美元，可获净利润3.74万美元。

由于存在两地利差，套利者总是要买进即期高利率货币，卖出即期低利率货币，同时为了避免汇率变动的风险必须做掉期交易，卖出远期高利率货币，买进远期低利率货币。这样必然导致高利率货币远期贴水，低利率货币远期升水，并且升（贴）水不断增大，当升（贴）水率或掉期率增大到等于两地利差时，套利即自行停止。因此，最终远期外汇的升（贴）水率等于两地利差，这就是利率平价理论的具体运用。

2.3.3 掉期交易

1. 掉期交易的含义

掉期交易（swap transaction）又称外汇换汇交易或调期交易，是指买进或卖出某种货币的同时，卖出或买进相同金额但交割期限不同的同种货币的外汇交易，即将币种相同，但交易方向相反、交割日不同的两笔或两笔以上的外汇交易结合起来进行的交易，就是以A货币兑换成B货币，并于未来某一特定时间，再以B货币换回A货币的交易。

在掉期交易中，一种货币在被买入的同时即被卖出，并且所买入的货币与所卖出的货币在数额上总是相等，正因为如此，掉期外汇交易不会改变交易者的外汇持有额，改变的只是交易者所持有外汇的期限结构，故名"掉期"，其目的是规避汇率风险。

2. 掉期交易的形式

按照两笔交易交割的期限结构,掉期交易可分为三种类型:即期对远期掉期交易、即期对即期掉期交易及远期对远期掉期交易。

(1) 即期对远期掉期交易(spot-forward swap),即在买进或卖出一笔即期外汇的同时,卖出或买进同一种货币、同等金额的远期外汇,这是最常见的掉期形式。若即期买进 A 货币,远期卖出 A 货币,简称买/卖 A 货币掉期;即期卖出 A 货币,远期买进 A 货币,则简称卖/买 A 货币掉期。下面以保值为例说明掉期交易的应用。

【例 2-6】一家瑞士投资公司需用 1 000 万美元投资美国 3 个月的国库券,为避免 3 个月后美元汇率下跌,该公司做了一笔掉期交易,即在买进 1 000 万美元现汇的同时,卖出 1 000 万美元的 3 个月期汇。假设成交时美元/瑞士法郎的即期汇率为 0.988 0/90,3 个月的远期汇率为 0.965 0/60,若 3 个月后美元/瑞士法郎的即期汇率为 0.951 0/20。比较该公司做掉期交易和不做掉期交易的风险情况(不考虑其他费用)。

做掉期交易的风险:

买 1 000 万美元现汇需支付 1 000 万×0.989 0=989 万瑞士法郎,同时卖 1 000 万美元期汇将收进 1 000 万×0.965 0=965 万瑞士法郎,掉期成本 989-965=24(万瑞士法郎)。

不做掉期交易的风险:

3 个月后,瑞士公司在现汇市场上出售 1 000 万美元,收进:1 000 万×0.951 0=951 万瑞士法郎。损失:951-989=-38(万瑞士法郎)

可见,做掉期可将 1 000 万美元的外汇风险锁定在 24 万的掉期成本上,而不做掉期将遭受 38 万瑞士法郎的损失。

(2) 即期对即期的掉期交易(spot against spot),亦称"一日掉期"(one-day swap),即同时做两笔金额相同,交割日相差一天,交易方向相反的即期外汇交易。其可分以下两种:

①今日对明日的掉期(today-tomorrow swap),即将第一笔即期交易的交割日安排在成交后的当天,将第二笔反向即期交易的交割日安排在成交后的第二天。

②明日对后日的掉期(tomorrow-next swap),即将第一笔即期交易的交割日安排在成交后的第一个营业日,将第二笔反向即期交易的交割日安排在成交后的第二个营业口。

(3) 远期对远期的掉期交易(forward-forward swap),即同时做两笔交易方向相反,交割期限不同的某种货币的远期交易。

2.3.4 互换交易

这是一种交易双方在一定期限内相互交换不同的货币和利率的债务,以达到规避未来汇率和利率变动的风险,并降低筹资成本的交易,包括货币互换和利率互换。

1. 货币互换

货币互换(currency swap),又称货币掉期,是指交易双方通过签订互换协议,在一定期限内将以不同货币计价的本金进行互换,并互相支付利息,到期后将本金换回的交易。世界上第一笔货币互换是所罗门兄弟公司于 1981 年 8 月为世界银行和 IBM 公司安排的。当时,世界银行需要瑞士法郎和德国马克资金,但因其利率较高,不想直接在瑞士和德国筹措资金；而 IBM 公司正好拥有瑞士法郎和德国马克的融资，但担心瑞士法郎和德国马克升值，因此想换成以美元计价的债务。通过互换，双方的要求都得到了满足：世界银行以较低的利率发行 2.9 亿美元的美元债券，通过互换得到了德国马克和瑞士法郎；而 IBM 则换得了美元，规避了瑞士法郎和德国马克升值的风险，并且实现了互换之前美元升值的收益。货币互换主要分为 3 个步骤：双方本金的初始互换、双方定期支付利息、双方本金的再次互换。

2. 利率互换

利率互换（interest rate swap）是指交易双方在债务币种相同的情况下，互换以一定名义本金为基础的不同支付形式的利率的业务。因为交易以同种货币表示，所以这里的名义本金只是双方计算利息的基础，互换交易并不需要支付本金，而且利息也是采取净额支付的形式来结算的。

假设有 A 和 B 两家公司，A 公司信誉好、信用评级高，B 公司信誉较差、信用评级较低。A，B 两家公司面临的借款利率如表 2-1 所示。

表 2-1　A 公司和 B 公司的借款利率

	浮动利率	固定利率
A 公司	Libor+0.3	10.0
B 公司	Libor+1.1	11.4

A 公司虽然在浮动利率和固定利率贷款方面都占有优势，但是 B 公司在浮动利率贷款方面占有相对优势，A 公司在固定利率贷款方面占有相对优势。因此，A 公司借入固定利率贷款，B 公司借入浮动利率贷款，然后双方以某银行作为中介商安排进行互换。经过这样的互换可获得的总收益为：（11.4%-10.0%）-（1.1%-0.3%）=0.6%，扣除银行赚取的 20 点利差，两家公司各得收益：（0.6%-0.2%）/2=0.2%。

简单来说，货币互换是不同货币债务间的调换，互换双方互换的是货币，它们之间各自的债权债务关系并没有改变；而利率互换是相同货币债务间的调换。

近年来，各国央行也开始将货币互换用于区域金融合作、货币政策实施和稳定金融的需要中。其运作机制是，央行通过互换协议将得到的对方货币注入本国金融体系，使得本国商业机构可以借到对方货币，用于支付从对方进口的商品，这样在双边贸易中出口企业收到本币货款，可以有效规避汇率风险、降低汇兑费用。

> 扩展阅读2.3
> **人民币外汇互换——人民币外汇货币掉期交易**
> 扫描此码　阅读文献

2.4　外汇期货交易和外汇期权交易

2.4.1　外汇期货交易

1. 外汇期货的含义

外汇期货（foreign currency futures）也称货币期货，是买卖双方通过期货交易所按约定的价格，在约定的未来时间买卖某种外汇合约的交易方式。

20世纪70年代初，布雷顿森林体系的崩溃（布雷顿森林体系规定了各国货币之间的汇率相对固定，该体系崩溃后西方各国均采取了浮动汇率制度）和石油输出国组织（OPEC）的石油禁运及由此带来的石油危机，导致汇率剧烈波动和通货膨胀迅速上升，金融风险随之大大增加。虽然远期合约可以使交易者锁定汇率风险，但因为远期外汇交易的参与者一般是大型商业银行和跨国公司，一般中小企业和个人投资者很难进入这一市场，所以其需要一种能够用来规避汇率风险的产品。美国芝加哥商业交易所（Chicago Mercantile Exchange，CME）发现了这一市场需求，随即组建国际货币市场分部（International Monetary Market，IMM），于1972年5月正推出了7种外汇（英镑、加元、德国马克、意大利里拉、日元、墨西哥比索和瑞士法郎）的期货合约，并取得了极大成功。之后其他交易所也相继推出了外汇期货，但芝加哥商业交易所占据着主导地位，其后该市场期货合约的标的货币几经调整，先后停止了意大利里拉、墨西哥比索的期货合约，而增加了荷兰盾、法国法郎、澳大利亚元、欧元等的期货交易。

2. 外汇期货的特征

（1）合约的标准化。合约的标准化是外汇期货合约及其他所有期货合约最主要的特征。外汇期货合约的标准化是指合同的交易币种、合同金额、交易时间、交割时间等都有统一的规定，投资者可以随时以合理的价格在交易所卖出自己的合约或者再买入一份合约。外汇期货合约通常以"手"（张）作为单位，每一手合约就是一个标准化的产品。这一标准化的合约主要包括以下内容：

①交易单位（trading unit），它是指交易所对每一份期货合约所规定的交易数量，又称合约规模。外汇期货的交易单位均以各种货币某一特定的数量来表示。例如，IMM规定，每一份英镑期货合约的交易单位是62 500英镑；每一份日元合约的交易单位是1 250万日元；每一份加元期货合约的交易单位是100 000加元等。由于每份合约的交易数量是固定的，人们在交易中只能买进或卖出既定标准数量的倍数，亦即买进或卖出多少份这样的期货合约。

②最小变动价位和每日价格波动限制。最小变动价位（minimum price change），是指由交易所规定的、在期货交易中每一次价格变动的最小幅度，通常以一定数量的"点"（point）来表示。但同为1个点，不同货币有不同的含义。一般而言，外汇期货交易中的1个点是指万分之一即0.000 1货币单位，但也有例外，例如，IMM规定，英镑、瑞士法郎、加元、澳大利亚元1个点的含义是0.000 1个货币单位；对法国法郎而言，其含义是十万分之一即0.000 01法郎；对日元而言，则是百万分之一即0.000 001日元。

每日价格波动限制（daily price limit），是指交易所规定的外汇期货合约每日价格波动的最大幅度，主要是为了控制交易风险，并且限制过度的投机行为。通常也用一定的点数来表示，例如，IMM规定：英镑期货合约在每天上午7:20—7:35这段时间内的每日价格波动限制是400个点（即每英镑0.040 0美元），相应每份英镑期货合约的每日价格波动限制额为2 500美元。

③交割月份、交割日期及交易时间。期货合约都有标准化的交割月份。期货交易所规定，期货交易只能在规定的交割月份交割，其他时间只能买卖对冲，不能交割。例如，芝加哥商业交易所外汇期货合约的交割月份分别是3月、6月、9月、12月。不仅合约的交割月份是标准化的，合约的交割时间也是标准化的。例如，芝加哥商业交易所的合约到期

时间是每个合约到期月份的第三个星期三。从交割日前推两个交易日为合约的交易终止日,如果外汇期货合约在交易终止日没有对冲,则期货合约的多头需根据当日,即交易终止日结算的汇率,支付外汇期货合约的美元数额,空头则需支付相应价值的外汇金额。绝大部分期货合约在终止日之前都会选择对冲交易,以避免实际交割带来的麻烦和成本。

交易时间(trading hours),是指交易所规定的各种合约在每一交易日可以交易的某一具体时间。各个交易所对其上市的各种合约均有明确的交易时间的规定,因而不同的交易所有不同的交易时间,而且即使是在同一交易所,不同的合约通常也有不同的交易时间。例如,LIFFE规定,英镑期货合约的交易时间是8:32—16:02,而以前德国马克期货合约的交易时间是8:34—16:04等。

④合约的货币及其报价。在外汇期货交易所交易的货币一般是可以自由兑换的几种主要货币。例如,芝加哥期货交易所期货合约的主要标价货币有:英镑、日元、加拿大元、瑞士法郎、欧元等。外汇期货市场上的报价不同于即期外汇市场的报价,期货市场的汇率均以美元为计价货币,一般报出小数点的后四位。日元因为币值较小,一般报出小数点后6位。如果日元期货以4位数报出,实际上是省略了前面两位数。具体外汇期货合约的主要价格见表2-2。

表2-2　IMM 6种外汇期货合约主要规格

币种	交易单位(美元)	最小变动价位	最小变动值(美元)
GBP	62 500	0.000 2	12.5
JPY	12 500 000	0.000 001	12.5
AUD	100 000	0.000 1	10
CHF	1 250 000	0.000 1	12.5
CAD	100 000	0.000 1	10
EUR	1 250 000	0.000 1	12.5

(2)只能在期货交易所通过公开竞价进行。期货交易所是人们从事期货交易的场所,它是一个非营利性机构,依靠会员缴纳的会费和契约交易费弥补支出。其主要工作是制定有关期货交易的规则和交易程序,并监督会员行为。期货交易在固定场所集中进行,可以增加信息的透明度,提高市场的竞争性。

(3)保证金制度。为了防止期货合约亏损的一方违约,期货交易所都规定买卖期货合约必须缴纳一定的保证金。保证金金额一般为合同价值的1%～10%。保证金制度使期货交易成为一种杠杆交易,能够起到以小博大的作用。各个国家规定的保证金制度有所不同。美国的保证金分为初始保证金和维持保证金。初始保证金(initial margin)是指在签订期货合约开始时须缴纳的保证金。维持保证金(maintenance margin)是指保证金的最低水平。由于汇率每日变动,合约持有者每天都会有一定的亏损或盈利,其对应的保证金则会减少或增多。当保证金增加至超过初始保证金水平时,投资者可提取超出的部分。当保证金减少至低于维持保证金水平时,交易所就会要求合约持有者增加保证金,使保证金达到初始保证金的水平,以保证期货合约的持有者不会到期违约。

(4)每日清算制度。每日清算制度又称为逐日盯市制度(mark to market),是指在每个交易日结束之后,交易所结算部门先计算出当日各期货合约结算价格,核算出每个会员每笔交易的盈亏数额,借以调整会员的保证金账户,将盈利记入账户的贷方,将亏损记入账户的借方。若出现保证金账户上贷方金额低于维护保证金水平，交易所就通知该会员在限期内缴纳追加保证金，以达到初始保证金水平，否则就不能参加下一交易日的交易。

3. 外汇期货交易与外汇远期交易的区别

外汇期货交易与外汇远期交易都是通过合同形式，把购买或出卖外汇的汇率予以固定；都是在一定时期以后交割，而非即时交割；追求的目的相同，都是为了投机或保值，其不同点如下：

（1）市场参与者不同。只要按规定缴纳保证金，任何投资者均可通过外汇经纪商从事外汇期货交易；而在远期外汇交易中，参与者大多为专业化的证券交易商或与银行有良好业务关系的大厂商，没有从银行取得信用额度的个人投资者和中小企业极难有机会参与远期外汇交易。

（2）交易场所不同。期货合约交易有固定的交易场所，是在有形的交易所里进行的，是集中交易；而远期合约通常是通过电话协商，是客户与银行之间的一对一交易，故属于场外交易。

（3）合约的标准化程度不同。期货交易的合约是标准化的合约，交易品种单位、变化幅度、涨跌停板、交割时间等项目都是事先确定的；而远期外汇交易的合约内容是由金融机构与客户根据其要求协商而定的。

（4）有无保证金的不同。期货合约的买卖双方必须缴纳一定的保证金，并通过期货交易所逐日清算，逐日计算盈亏；而远期合约一般是以彼此的诚信和双方的友好关系为交易基础的，在交易到期前，交易不涉及任何现金支付，没有保证金要求。

（5）违约风险不同。在期货合约交易中，所有的合约都是在客户和外汇清算行之间签订的，因此，客户无须担心市场的配对方违约，同时，由于实行的是每日清算和最低保证金制度，清算机构可以将客户的违约风险降到最低；而远期合约交易双方的风险相对较大，因此，远期合约的交易双方一般都要求有良好的信用等级。

（6）履约方式不同。在期货交易中，只有不到5%的期货合约会在到期日进行外汇实际交割，大多数情况下，买方或卖方都会在交割期前通过做一个反向的头寸来抵消先前的头寸，这就是所谓的对冲；而在远期外汇交易中，交易双方在交割日通常都会进行外汇的实际交割。

（7）交易成本不同。外汇期货交易的买卖双方不仅要交保证金，而且要交佣金；而在远期外汇市场上，银行为客户办理远期外汇买卖时所发生的费用都包括在买入汇率与卖出汇率的差价中，通常不再另外收取佣金，因此，相比而言外汇期货交易的交易成本较高。

另外，在报价方式上、受监管的方式等方面两者都有差别。

4. 外汇期货的应用

因为外汇期货与外汇远期的设计原理类似，所以它的应用也与外汇远期类似，可用于套期保值和投机。

（1）外汇期货的套期保值。期货交易的套期保值是在现货市场存在某一笔交易的基础上，在期货市场上做一笔买卖方向相反、期限相同的交易，以期保值。其原理是：由于期货价格与远期外汇价格都是以利率差价为基础的，所以两者价格的趋势是一致的，波动幅度也大致接近，如果现货市场交易发生亏损，期货市场交易就会有盈利；反之，现货交易有盈利，期货交易即亏损，两者可以抵冲，以稳定成本或收益。鉴于这种抵冲作用，套期保值也可以叫作"对冲交易"。

【例2-7】美国某进口商在7月10日从英国进口价值125 000英镑的商品，11月10日需向英国出口商支付货款。假设7月10日英镑的即期汇率是：GBP 1=USD 1.306 0，当天12月期英镑期货价格为GBP 1=USD 1.313 4。

该美国进口商利用期货市场进行套期保值的具体做法是：在7月10日买入2手9月期英镑期货合约，总价值为125 000英镑。到了11月10日，再在期货市场上进行对冲，即卖出2手英镑期货合约，同时在即期外汇市场上买入125 000英镑支付货款，这样就可达到保值的目的（见表2-3）。

表2-3 买方保值操作过程表

现货市场	期货市场
7月10日 现汇汇率 GBP 1=USD 1.306 0 GBP 125 000 折合 USD 163 250	7月10日 买入2手12月英镑期货合约 价格 GBP 1=USD 1.313 4 总价值：USD 164 175
11月10日 现汇汇率 GBP 1=USD 1.322 0 GBP 125 000 折合 USD 165 250	11月10日 卖出2手12月英镑期货合约 价格 GBP 1=USD 1.328 0 总价值：USD 166 000
结果：损失 USD 2 000	结果：盈利 USD 1 825

从最终的结果看，该进口商净亏损175美元。

在这个例子中，美国进口商是先买后卖，防止汇率上升的风险，也称多头套期保值。如果通过先卖后买来固定汇率，避免汇率波动的风险，就叫空头套期保值，这通常是出口商的做法。

【例2-8】美国一出口商5月10日向加拿大出口一批货物，计价货币为加元，价值100 000加元，1个月后收回货款。为防止1个月后加元贬值，该出口商在期货市场上卖出1手6月期加元期货合约，价格为CAD 1=USD 0.754 5，至6月份加元果然贬值，如表2-4所示。

表2-4 卖方保值操作过程表

现货市场	期货市场
5月10日 现汇汇率 CAD 1=USD 0.759 5 CAD 100 000 折合 USD 75 950	5月10日 卖出1手6月期加元期货合约 价格 CAD 1=USD 0.754 5 总价值：USD 75 450
6月10日 现汇汇率 CAD 1=USD 0.754 0 CAD 100 000 折合 USD 75 400	6月10日 买入1手6月期英镑期货合约 价格 CAD 1=USD 0.748 5 总价值：USD 74 850
结果：损失 USD 550	结果：盈利 USD 600

从最终的结果来看，该出口商净盈利50美元。

（2）外汇期货的投机。就套期保值而言，参与者不是为了赚取利润，而是希望规避汇率风险，通过外汇期货市场，用最小的成本将此风险转移出去。而投机者则愿意且有能力承担风险，他们参与交易是希望以较小金额的保证金，从事数倍或数十倍于保证金金额的交易以赚取利润。

①多头投机（买空）。多头投机是投机者预测外汇期货价格将要上升，从而先买后卖，通过低价买入、高价卖出对冲获利。

【例2-9】某投机者预期3月期日元期货价格呈上涨趋势，于是在1月10日在IMM市场买进20手3月期日元期货合约（每手日元期货面额1 250万日元），当天的期货价格为USD 1=JPY 110。到3月1日，上述日元期货的价格果然上涨，价格为USD 1=JPY 108.00，该投机者悉数卖出手中日元期货合约获利了结。该投机者的投机损益情况（不考虑投机成本）如下：

1月10日购入时20手合约的总价值为：$1/110 \times 12\,500\,000 \times 20 = 2\,272\,727$ 美元

3月1日售出时20手合约的总价值为：$1/108 \times 12\,500\,000 \times 20 = 2\,314\,815$ 美元

该投机者可获取的投机利润为：$2\,314\,815 - 2\,272\,727 = 42\,088$ 美元

当然，如果投机者预测错误，即日元期货不涨反跌，投机者就要承担风险损失。

②空头投机（卖空）。空头投机是投机者预测外汇期货价格将要下跌，从而先卖后买，通过高价卖出、低价买入对冲获利。

【例2-10】某投机者预期9月期英镑期货将会下跌，于是在2月20日GBP 1=USD 1.244 7的价位上卖出4手9月期英镑期货合约（每张英镑期货面额62 500英镑）。5月15日英镑果然下跌，投机者在GBP 1=USD 1.238 9的价位上买入4手9月期英镑期货合约对全部空头头寸加以平仓，则该投机者的损益情况（不考虑投机成本）如下：

2月20日卖出4手合约的总价值为：$1.244\,7 \times 62\,500 \times 4 = 311\,175$ 美元

5月15日买入4手合约的总价值为：$1.238\,9 \times 62\,500 \times 4 = 309\,725$ 美元

该投机者可获取的投机利润为：$311\,175 - 309\,725 = 1\,450$ 美元

可见，从事货币期货投资获利的关键在于对汇率走势预期的正确。

2.4.2 外汇期权交易

1. 外汇期权的含义

期权（option）是指期权合约的买方享有的在合约到期日或到期日之前按合约约定的价格购买或出售约定数量的某种特定商品的权利，又称"选择权"。外汇期权（foreign exchange option）中买方的权利是买进或卖出一定数额外汇的权利。

期权是一种权利而非义务，但这种权利是对期权合约的买方而言的。当市场汇率有利时，他有权买进或卖出某种货币（即行使权利）；反之，他可放弃这种权利，让其到期自动作废。但对于期权合约的卖方，他有义务在买方要求履约时按规定价格卖出或买进某种货币，而没有要求对方履约的权利。为获得这种选择权，买方必须向卖方支付一定的费用，即期权费。

在利用远期和期货交易进行套期保值的时候，投资者在回避风险的同时，也丧失了盈

利的可能。鉴于远期和期货交易在这一点上的不足，期权应运而生。期权的买方在支付期权费之后，即拥有了买进或卖出某种货币的权利，但不承担卖出或买进的义务，由此投资者在锁定风险的同时，也获得了盈利的可能性。

2. 期权交易涉及的要素

（1）期权买方与期权卖方。期权买方，也称为期权持有人，是买进期权合约的一方；期权卖方是卖出期权合约的一方。

（2）期权费，又称权利金、期权金，是期权的价格，是期权的买方为获取期权合约所赋予的权利而必须支付给卖方的费用。无论买方到时执行或放弃期权，买方都要在双方签订了期权合约之后的两个营业日内以期权所涉及的两种货币中的一种支付期权费给卖方，有时经过协商也可以第三种货币进行支付，而且该费用不可返回。

（3）执行价格，是指期权合约中规定的买卖价格，也称协议价格或约定价格。

（4）合约到期日，是指期权合约必须履行的最后日期。

3. 外汇期权的类型

（1）按期权买者执行期权的时限，可分为欧式期权和美式期权。美式期权（American style option），是指在期权到期日或到期日之前任何一天，期权买方可随时要求卖方依合约买入或卖出约定数量某种货币的期权。欧式期权（European style option），是指期权买方仅能在到期日要求期权卖方履行合约的期权。由于美式期权的买方可于有效期内选择有利的时点履行合约，比欧式期权更具有灵活性，对于卖方而言，其所承担的汇率风险更大，所以美式期权的期权费比欧式期权高。

（2）按期权购买者的权利，可分为看涨期权（买权）和看跌期权（卖权）。看涨期权（call option），又称买方期权，是指期权买方支付期权费后从卖方取得的以一定的条件买入一定数量外汇的权利。担心外汇升值的投资者和预期外汇升值的投机者，可通过买入看涨期权进行套期保值或投机。看跌期权（put option），又称卖方期权，是指期权买方在支付期权费后从卖方取得的以一定的条件卖出一定数量外汇的权利。担心外汇贬值的投资者和预期外汇贬值的投机者，可通过买入看跌期权套期保值或投机。

（3）按市场类型，可分为场外期权和场内期权。通常情况下，期权交易是在交易所内进行的，交易的期权都是标准化的，到期日、名义本金、交割地点、交割代理人、协定价格、保证金制度、合约各方、头寸限制、交易时间以及行使规定都是由交易所事先确定的，参与者需要的只是同意交易中合约的价格和数量。在交易所交易的期权由于已经标准化，因而可以进入二级市场买卖，具有流动性。

在场外交易市场（也可称为柜台交易，店头交易）交易的期权主要适合于个别客户的需要，其合约不像交易所那样标准化，通常通过协商达成，且可根据客户的需要对期权进行特制。目前，场外交易市场的期权合同也在向标准化发展，其目的是为了提高效率，节约时间。

场内外汇期权交易的清算是通过清算所进行，双方不承担对方违约的风险；而场外期权交易双方直接进行交易，不通过经纪人，买卖的也不是标准化合约，交易条件是双方商定的，清算直接进行，双方需要承担对方违约的风险。

（4）按标的物不同，可分为现汇期权、期货期权、期货式期权。外汇现汇期权，是指期权购买者有权在到期日或到期日之前，以执行价格买入或卖出一定数量的某种外汇现货。外汇期货期权(option foreign currency futures),是指期权购买者有权在到期日或到期日之前,以执行价格买入或卖出一定数量的某种外汇期货。期货式期权(futures-style option)是以外汇期权费或期权价格作为标的来从事期货交易,又称期权期货。

(5)按协议价格与市场价格之间的关系,分为溢价期权(in the money option,ITM)、也称价内期权,平价期权(at the money option,ATO),损价期权(out of the money option,OTM)、也称价外期权,如表2-5所示。

表2-5 协议价格与市场价格之间的关系

	看涨期权	看跌期权
ITM	市场价格>协定价格	市场价格<协定价格
ATO	市场价格=协定价格	市场价格=协定价格
OTM	市场价格<协定价格	市场价格>协定价格

4. 期权费及其决定因素

作为一种选择权,外汇期权对合约买方而言是非常灵活的。如果汇率对其有利,他就行使期权,按约定汇率买进或卖出外汇;如果汇率对其不利,则放弃期权。期权合约这种对买方的选择权对合约卖方而言则不然,只要合约买方需要实现自身的权利,合约卖方都必须按合约约定价格和数量来出售或购买外汇。也就是说,期权合约买卖双方的权利与义务是不对等的。正是这种不对等使得期权合约卖方在卖出期权合约时要向期权合约买方收取获得选择权的代价,即期权费。期权费也称权利金。我们通过表2-6来说明影响期权费的几个因素。

表2-6 期权费的影响因素

合约因素	合约的期限	与期权费正相关
	协定价格	与期权费负相关
	执行合约的灵活程度	与期权费正相关
市场因素	汇率变动	与期权费正相关
	市场利率	若本币利率上升,外币看涨期权价格上升;相反,外币看跌期权价格下降
	供求关系及市场预期	供不应求,期权费高,供大于求,期权费低

5. 外汇期权的应用

同远期外汇交易、期货交易类似,外汇期权也可以用于套期保值和投机。但是外汇期权又有着自己独特的功能,对于保值者来说可以在锁定风险的同时保留可能的收益,对于投机者来说可以锁定投机风险。

(1)利用期权规避外汇风险。保值者可以利用看涨期权规避外汇升值的风险,也可以利用看跌期权规避外汇贬值的风险。下面的例子简单介绍了如何利用看涨期权规避外汇升值的风险。利用看跌期权规避外汇贬值的风险与此类似。

【例2-11】假设美国的ABC公司3个月后需要1 000万欧元投资于法国证券市场,已知即期汇率为EUR 1=USD 1.137 2,ABC公司担心3个月后欧元可能升值,便利用场外期权规避汇率风险。看涨期权执行汇率为EUR 1=USD 1.138 0,期权费为0.01美元,问ABC公司应如何利用外汇期权来规避汇率风险？若3个月后即期汇率分别为1.126 0、1.142 0或1.162 0，ABC公司应如何操作？

分析：ABC公司买入1 000万欧元的看涨期权，期权费为10 000 000×0.01=100 000美元。

若3个月后即期汇率为1.126 0，公司放弃执行期权，其损失为期权费100 000美元，在即期市场上以1.126 0的汇率买入欧元，总计付出的美元成本为：1.126 0×10 000 000+100 000=11 360 000美元。期权交易使ABC公司亏损期权费10万美元。

若3个月后即期汇率为1.142 0，公司执行期权，总计付出的美元成本为：1.138 0×10 000 000+100 000=11 480 000美元。无期权交易时，买入成本为11 420 000美元。期权交易使ABC公司与无期权交易相比亏损6万美元，小于期权费10万美元。

若3个月后即期汇率为1.162 0，ABC公司执行期权，总计付出的美元成本为：1.138 0×10 000 000+100 000=11 480 000美元。无期权交易时，买入成本为11 620 000美元。期权交易使ABC公司与无期权交易相比盈利14万美元。

外汇期权在国际招投标中也具有非常重要的作用。由于国际投标有非常高的不确定性，流标的可能性非常大，因此投标方面临非常高的外汇风险。

如果利用远期或者期货交易来规避风险，万一没有中标，投标者反而会因为规避风险而暴露了风险头寸。而如果用期权来规避风险，则投标者可以选择是否执行期权，不会暴露风险头寸。所以在国际招投标中，期权是一个非常有效的避险工具。

扩展阅读2.4
人民币外汇期权交易
扫描此码阅读文献

（2）利用期权进行投机。期权的主要作用是避险，投机者利用期权主要也是为其投机行为规避一定的风险。利用期权进行纯粹投机的情况比较少，因为期权费一般较高，会侵蚀投机者很大一部分利润甚至导致投机者亏损。

外汇投机与套汇和套利等交易存在性质上的区别。投机交易通常具有两个要素：一是需要对行情变动进行预测；二是需要对交易行为承担风险。如果行情判断正确，投机者就可能获利；反之，则会发生亏损。因此，投机是以承受风险为代价试图获取收益的行为。而套汇和套利等交易则是利用市场上已经存在的价格差异谋取收益，并无风险。

外汇投机根据其对行情的影响可分为稳定性投机（stabilizing speculation）和非稳定性投机（destabilizing speculation）。如果投机者在行情上升时卖出外汇，在行情下跌时买入外汇，则由于这种低吸高抛的行为抑制了行情的涨跌，故而对行情起到了稳定作用，这就是稳定性投机；反之，如果投机者在行情上升时买进外汇，在行情下跌时卖出外汇，则由于这种追涨杀跌的行为扩大了行情的涨跌，故而是不稳定性投机。

案例分析

主要外汇市场交易量变化

新冠病毒的流行使外汇交易量增长迅猛，在大部分外汇交易平台上都可以看到数据的明显变化，几个主要的外汇交易所报告了2020年3月的外汇日均交易量（ADV），具体数据如下：

路孚特：外汇日均交易量（包括即期外汇）5 400亿美元；非即期外汇日均交易量3 990亿美元，环比增长15%，同比增长8.4%；即期外汇日均交易量1 410亿美元，环比增长36.9%，同比增长31.3%

芝加哥商品交易所：外汇期货和期权产品日均交易量1 328亿美元，环比增长35.5%，同比增长8.4%

EBS（CME旗下交易所）：即期外汇日均交易量1 310亿美元，环比增长44.9%，同比增长57.8%

FXSpotstream：外汇日均交易量556亿美元，环比增长39.3%，同比增长42.6%

Cboe FX Markets（前身为Hotspot FX）：外汇日均交易量550亿美元，环比增长33.3%，同比增长42.7%

Integral：外汇日均交易量556亿美元，环比增长39.3%，同比增长42.6%

德意志交易所：即期外汇日均交易量为369亿美元，环比增长36.2%，同比增长70.8%。

（资料来源：http://www.waihuibang.com.）

讨论题：请利用本章所学的知识对以上外汇交易量激增现象进行分析。

【本章思考题】

1. 简述外汇交易的特点。
2. 简述即期外汇交易和远期外汇交易的作用。
3. 如何判断外汇市场是否有套汇的机会？
4. 什么是NDF？
5. 外汇期货合约的标准化体现在哪些方面？
6. 外汇期权价格主要受哪些因素的影响？
7. 简述影响外汇期权的主要因素。
8. 简述外汇期货交易与远期外汇交易的主要区别。

【本章计算题】

1. 有一日本投机商预期美元将贬值。当时日元3个月期汇是USD 1=JPY 110.01，假设他预期三个月后美元兑日元的即期汇率为USD 1=JP 107.01，则此投机商应该怎么做？如果三个月后，汇率果真为USD 1=JPY 107.01，则他可以有多少盈利？若市场汇率刚好相反为USD 1=JPY 112.01，结果又会如何？

2. 假设8月初某投机者预测1个月后瑞士法郎对美元的汇率将上升，于是买进10份9月瑞士法郎期货（每份合约金额为125 000瑞士法郎），支付保证金15 000美元，成交价格为CHF 1=USD 0.983 6。假如1个月后瑞士法郎对美元的汇率果然上升，该投机者以CHF 1=USD 0.996 2抛出10份瑞士法郎期货，可获多少投机利润？投机利润率是多少？

3. 我国某企业从法国进口一套设备，需在3个月后向法国出口商支付120万欧元，该企业拟向中国银行申请美元贷款以支付这笔进口货款，若当时美元对欧元的汇率是USD 1=EUR 0.87，为稳定进口成本和避免汇率变动的风险，该企业向银行支付10 000

美元的期权费购买一笔期权。三个月后,根据汇率变化可能出现下列三种情况:

(1) 美元对欧元汇率由 USD 1=EUR 0.87 下跌至 USD 1=EUR 0.775

(2) 美元对欧元汇率由 USD 1=EUR 0.87 上升至 USD 1=EUR 0.975

(3) 美元对欧元汇率三个月后仍为 USD1=EUR 0.87

请问:该企业应如何操作?

【在线测试题】

扫描书背面的二维码,获取答题权限。

第3章 国际货币体系

【学习目标】

通过本章学习,应该能够:

1. 掌握国际货币体系的要素构成与演进轨迹;
2. 理解特别提款权的产生、性质、用途及定值的演变;
3. 理解适度货币区理论的内容和发展及其基本思想;
4. 理解欧洲货币体系的主要内容及欧元国际货币地位的逐步加强。

开篇导读

脸书首发天秤币白皮书,全球货币体系面临挑战

2019年6月18日,脸书(Facebook)发布天秤币(Libra)白皮书,宣布将联合多家行业机构发布数字货币Libra,目的是建立一套简单的、无国界的货币和为数十亿人服务的金融基础设施。Libra白皮书发布后引起巨大反响。

Libra是由Facebook提出,拟与多家行业机构推出的加密数字货币,主要功能是为Facebook用户提供全球范围内的跨境交易和结算服务,方便资金的跨国转移。

Libra推出后将对电子支付、货币政策、金融稳定、金融生态,尤其是对国际货币体系等领域产生冲击。2008年全球金融危机爆发后,各国对以美元信用本位为基础的国际货币体系内的不稳定性有了更加清醒的认识,Libra的设想为全球货币体系改革提供了想象空间,其对国际货币体系带来的挑战可能会有两种可能:

1. 美元霸权进一步强化

Libra以一篮子货币为信用背书,这将强化篮子货币(特别是美元)的竞争力。未被纳入篮子的货币,可能会逐步边缘化,一些国家货币主权会受影响。尤其Libra货币篮子中美元权重为50%,这事实上强化了美元的地位。一旦Libra运营成熟,并与美国政府进行合作,Libra极有可能成为以美元为信用背书的官方数字货币,这将在全球数字金融领域形成垄断,继而强化美元的霸权地位。

2. 形成多元货币体系格局

若不被美国政府控制,Libra的推出势必挑战美元作为主要结算货币的地位。对于其他主要结算或储备货币,如欧元和日元,在Libra介入后,其使用范围也会受影响。对于部分已呈现出"美元化"趋势的国家,由于Libra币值相对稳定,同时在跨国交易结算方面便利程度较高,对这些金融基础设施落后的国家有极大吸引力,可能会导致这些国家推动"去美元化"。Libra或将成为重要的结算和计价货币,最终形成多元货币体系格局。

因此,未来需要进一步研究天秤币以及可能对国际货币体系带来的影响。

资料来源:吴富林.脸书首发天秤币白皮书,全球货币体系面临挑战[J].国际金融研究,2020(1):9.

3.1 国际货币体系概述

3.1.1 国际货币体系的概念

国际货币体系也叫国际货币制度，是指在国际范围内确立的、得到多国承认的货币运行规则，是各国需要共同遵守的货币制度。它包括根据某种国际协定对国际间经济往来的货币汇兑、债务清算、资本转移、国际收支调节、储备资产供应等问题所采取的措施，也包括相应的管理国际货币体系的组织机构。

国际货币体系是国际货币关系的集中反映，是国际金融活动的总框架，是各国开展对外金融活动的重要依据。

3.1.2 国际货币体系的基本内容

国际货币体系在协调各国货币金融政策和工具的合法性时，既要有总体的考虑，也要照顾到各成员国的具体情况，基本内容包括以下四个方面：

1. 确定关键货币作为国际货币

关键货币是在国际货币体系中充当价值基准与支付工具的货币。关键货币是国际货币体系的基本要素，因为任何一种货币体系都是围绕着关键货币构建起来的。只有确立了关键货币，才能进而确定各国货币之间的兑换率、汇率的调整以及国际储备构成等。因此，确定关键货币，即确定货币的价值基准、该货币被各国普遍接受、该货币在货币体系中的地位，是构建国际货币体系的一项重要内容。

2. 确定汇率制度安排

确定汇率制度安排就是确定关键货币与各国货币之间的兑换比价和汇率制度安排方法，以保证关键货币币值的稳定，更好地发挥其流通的作用。而这又取决于两个方面：一是关键货币与其价值基础之间的联系，即关键货币赖以流通的物质保证；二是各国货币与关键货币兑换率的波动幅度。从第一方面来看，如果关键货币与其价值基础间的联系程度较松弛，即货币的票面价值与其实际价值发生背离，最终必将导致其关键货币地位的丧失乃至整个体系的崩溃。从第二方面来看，如果兑换率的波动幅度很大，也会给关键货币的物质保证造成压力，进而影响关键货币的流通，同时也会直接牵涉各国之间经济利益的再分配。因此，必须对各国货币比价或汇率的确定、汇率波动的幅度与调整措施等问题进行制度安排，以便构成国际货币体系。

3. 确定国际储备资产

为适应国际支付和维持汇率稳定的需要，一国必须保存一定数量的、为各国普遍接受的国际储备资产。确定哪些资产可以充当国际储备，其供应方式和数量规模如何，需要有国际性的规则和制度予以妥善安排。因此，确定国际储备资产及其供应方式也是国际货币体系的重要内容。

4. 确定国际收支的调节机制

国际收支是一国对外经济交易及其结果的系统记录。如果一国存在着巨额的国际收支差额，不论是逆差还是顺差，都是国内经济发展不平衡的表现，会影响国内经济的健康发展,也必将对世界经济产生影响。因此,确立国际收支调节机制,有效地帮助和促进出现国际收支不平衡的国家进行调节,并使各国在国际范围内公平合理地承担国际收支的调节责任,保证各国经济的平衡发展和世界经济的稳定,也是国际货币体系的一项重要内容。

3.1.3 国际货币体系的作用

国际货币体系的存在与发展,对国际贸易和国际金融活动有着深刻而广泛的影响,它对各国及世界经济的稳定与发展有着积极促进作用,主要表现在以下几方面:

1. 为国际贸易的支付清算和国际金融活动提供规范的运行规则

统一的国际货币体系不仅为世界经济的运行确定国际货币,而且还对国际货币发行依据与数量、兑换方式与标准等问题作出明确规定,同时还为各国的国民经济核算提供统一的计价标准等,这为世界各国的经济交往提供了较为规范的标准,可以促进世界经济的健康发展。

2. 稳定汇率

建立合理的汇率机制、促进汇率的稳定、防止竞争性的货币贬值是国际货币体系的首要任务之一。国际货币体系为各国汇率的确定提供了统一的计价标准,为各国汇率制度安排提供意见与管理措施,维持了世界汇率的稳定。同时,统一的国际货币体系为世界各国免受国际金融投机活动的冲击、稳定各国货币的对内价值、稳定各国国内货币流通、健康地发展对外经济提供了良好的外部环境条件,这反过来也为国际间汇率的稳定奠定了更加坚实的基础。

3. 调节国际收支

确定国际收支调节机制、保证世界经济均衡健康发展是国际货币体系的基本目的和主要作用之一。确定国际收支调节机制一般涉及汇率机制、对逆差国的资金融通机制、对国际货币(储备货币)发行国的国际收支的纪律约束机制三方面内容。这三种机制作用的发挥必然会对各国的国际收支产生重要的影响与调节作用。

4. 监督与协调有关国际货币金融事务

国际货币体系的建立与运作,需要相应的权威协调组织管理机构。国际货币体系管理机构的重要职责是协调与监督世界各国有关的国际货币或金融事务,保证国际货币体系稳定汇率与调节国际收支等作用的实现,这也是国际货币体系本身发挥作用的重要方面。在当代世界经济及国际金融市场迅猛发展、各国之间经济联系日益增强的情况下,采取有效的国际政策协调和国际合作来切实保证国际货币体系的有效运作,已成为当代国际货币体系的重要职能。

3.2 国际货币体系的演变

3.2.1 国际金本位制

1. 国际金本位制的形成

世界上第一次出现的国际货币体系是国际金本位制(international gold standard system),它是一种自发形成的国际货币体系。1816年,英国政府制定了《金本位制度法案》,发行金币,并以一定量黄金作为本位货币,规定每盎司黄金为 3 镑 17 先令 10.5 便士,最先实行了金本位货币制度。随后,法国、比利时、瑞士、意大利、德国、美国、俄国和日本等国家也先后实行了金本位货币制度。到 1880 年,金本位制已在资本主义各国普遍采用,具有了国际性。这种以世界各国普遍实行的金本位制为基础的国际货币体系,就是国际金本位制度。因此,金本位制与国际金本位制是两个不同的概念,后者才形成了一种国际货币体系。

在金本位制下,流通界有金币与银行券两种流通手段。由于英国当时经济实力强大,在世界经济中处于中心地位,英镑具有较强的信用能力,又由于黄金运输不便、费用高而且遭受损失的机会多,所以当时 80% 以上的国际贸易是用英镑来计价支付的。因此,国际金本位制实际上是以英镑为中心、以黄金为基础的国际货币体系。

国际金本位制的基本内容表现为:
(1) 黄金是国际货币;
(2) 汇率是由两国货币的含金量之比即由铸币平价来决定;
(3) 金币可以自由铸造和自由熔化;
(4) 银行券可以自由兑换金币;
(5) 金币可以自由输出或输入。

金本位制的基本内容是以典型的金本位制或金铸币本位制类型为基础,金本位制是指一国的本位货币以一定重量、成色的黄金来承担,进而在市场上流通。此外金本位制尚有金块本位制和金汇兑本位制两种类型。金块本位制是指以黄金为准备金,以有法定含金量的价值符号作为流通手段的一种货币制度,是削弱了的金本位制,盛行于第一次世界大战后。在金块本位制下,金币仍为本位货币,但已不参与国内流通,在国内流通的是具有法定含金量的银行券;金币不得自由铸造;银行券在一定条件下可按官价兑换金块。金汇兑本位制是指以存放在金块或金币本位制国家的外汇资产作为准备金,以有法定含金量的纸币作为流通手段的一种货币制度,是更加削弱了的金本位制。在金汇兑本位制下,货币单位仍规定含金量,但国内不流通金币,以国家发行的银行券当作本位货币流通;银行券只能在国内购买外汇,不能兑换黄金,但这些外汇可在外国兑换黄金;本国货币同另一金币或金块本位制国家的货币保持固定比价,并在该国存放大量外汇或黄金作为平准基金,以便随时出售外汇来调节外汇行市,稳定汇率。

2. 国际金本位制的特点

国际金本位制的主要特点如下:

(1) 黄金充当国际货币。以有内在价值的黄金作为国际结算手段,既是商品交换与世界贸易长期发展过程的客观产物,也符合人们在当时条件下接受商品交换等价物的主观选择。具有内在价值的黄金作为货币材料,币值是稳定的,包括纸币(信用货币)的币值也是稳定的。金本位制在稳定了一国国内经济的同时也稳定了国际经济,这对于促进世界经济稳定、健康发展无疑是非常重要的。

(2) 汇率稳定。在国际金本位制下各国之间的汇率是稳定的,可以说这是该体系最为鲜明的特点。事实上,金本位制时期,英、美、法、德等国家间的汇率基本没有变动,从未发生过贬值或升值。因此,国际金本位制是典型的固定汇率制。

(3) 国际收支失衡自动调节。在国际金本位制下,由于黄金能自由输出输入国境,一国若出现国际收支失衡,可以通过体系中存在的自动调节机制自发地起作用,而无须人为地采取调整措施,如表3-1所示。

表3-1 国际金本位制下一国国际收支的自发调节

国际收支	逆差	顺差
汇率	下跌到黄金输出点	上涨到黄金输入点
黄金	流出(货币供应量减少)	流入(货币供应量增加)
物价	下跌	上涨
进出口	进口减少;出口增加	进口增加;出口减少
利率	上升	下降
资本流动	流入	流出
国际收支	顺差	逆差

(4)各国经济利益的协调具有一致性。在国际金本位制下,国际间的货币支付原则与做法基本一样,各国实行的货币制度规定大致相同。尽管当时并没有一个相关的国际组织来领导与监督各国,在国际货币关系问题的处理上各国也只是遵循大致相同的惯例与做法,但在平衡国际收支、稳定汇率、分配国际储备、维护各国利益等方面的效果却是很理想的。国际金本位制下的这种自发调节与协调作用的结果,并没有出现像当今世界国家间这样严重的贫富不均、两极分化局面。

由于国际金本位制的上述特点,使得它在促进国际信用关系的发展和世界经济进步方面起到了巨大的推动作用。

3. 国际金本位制的缺陷

国际金本位制虽然是一种比较稳定的国际货币体系,对世界经济的发展起到过重要的促进作用,但它同时也存在着明显的缺陷。

(1)黄金供应不足,难以适应世界经济进一步发展的需要。世界经济增长对黄金作为货币商品和普通商品的需求量大大超过黄金的生产量,黄金不能充分满足需要。

(2)国际金本位制的自动调节要求各国必须自觉遵守"比赛规则",否则会使国际金本位制带有紧缩信用倾向。所谓"比赛规则"是指各国发行纸币应受黄金储备数量的限制,并应按官价无限地买卖黄金或外汇。但由于没有一个统一的国际监督机构,盈余国为更多获利而将盈余冻结,调节国际收支的负担就要全部落在赤字国身上,赤字国就必须紧缩自己国家的信用。一国发生紧缩情形,往往会加速其他国家经济的衰退,从而破坏国际货币体系的稳定性。

(3)会形成资源的浪费。为满足货币需求,需要花费大量的人力和物力将黄金挖掘出来,再窖藏在国库中,会形成不必要的资源浪费。

(4)国家对货币流通的调节会受到某种约束。国际金本位制使货币数量严格受到黄金数量的限制,使国家在经济周期的不同阶段对货币流通的调节受到很大约束。

上述诸多缺陷,不利于世界经济发展和国际金本位制度自身的完善。任何国际货币体系若不能适应世界经济发展的需要,则必然要走上崩溃的道路。

4. 国际金本位制的崩溃

国际金本位制崩溃,呈现为一个渐进的过程。在第一次世界大战前夕,各国为准备战争,都在世界范围内搜集和争夺黄金,并把国内的黄金集中到中央银行,这就使黄金在国际间的分布日益不均,金币自由铸造和自由流通的基础被严重削弱,国内银行券对黄金的兑换日益困难,黄金在国际间的流动受到严格限制。1914 年第一次世界大战爆发,各主要实施金本位制的国家先后停止了金币的铸造与流通,停止了纸币与黄金的兑换,实行了黄金禁运,典型的国际金本位制遂告结束。

第一次世界大战结束后,除美国恢复了黄金的自由兑换外,欧洲的主要国家由于黄金大量流失都不具备恢复典型金本位制的条件,于是,以金块本位制和金汇兑本位制为特征的残缺不全的金本位制成了当时的国际货币制度。在经历了 1929—1933 年世界经济大危机的猛烈冲击后,残缺不全的国际金本位制也难以为继。从英国于 1931 年放弃金本位制开始到 1936 年,各国纷纷宣布放弃金本位制,最终使国际金本位制彻底崩溃。

国际金本位制崩溃以后,20 世纪 30 年代的国际货币秩序遭到破坏,陷入混乱,相继出现了三个相互对立的货币集团:"英镑集团""美元集团"和"法郎集团"。集团内部对货币兑换比价及波动幅度等有统一规定,而对集团外的货币支付则严格限制,集团之间壁垒森严,相互之间实行外汇倾销,进行激烈的货币战。由于各国之间的汇率不是固定的而是浮动的,对国际收支的调节手段也是多种多样的,这给世界经济和国际金融活动带来了很大困难。因此,第二次世界大战后有必要建立统一的国际货币体系,以改变国际金融领域动荡不安的局面。

3.2.2 布雷顿森林体系

1. 布雷顿森林体系的形成

布雷顿森林体系(brotton woods system)是以美元为中心的国际货币体系,它产生的历史背景可以归纳为以下两个方面:

一方面,是当时世界经济形势在客观上需要建立一种稳定的国际货币制度。国际金本位制崩溃后,国际货币秩序很不稳定,两次世界大战极大加剧了国际社会货币与经济混乱的局面。第二次世界大战使各个国家之间的实力对比发生了极大的变化。德国、意大利、日本战败,国民经济受到重创;英国、法国等国虽然获胜,但工农业生产等亦遭到严重破坏;而美国由于远离战场,非但没受战争损伤,通过出售军火还发了战争财,经济、政治、军事地位不断提高并在世界范围内占有绝对优势。第二次世界大战后期,英、法等国为医治战争创伤、维持国际收支平衡、避免资本外逃、解决恢复生产所需资金的缺口、稳定本国经济,与其他国家展开了激烈的贸易战、外汇战。第二次世界大战后没有统一国际货币制度约束的国际金融市场与国际贸易环境相当混乱,各国不负责任的以邻为壑的贸易战、货币战进一步加剧了各国之间的矛盾和经济发展负担,若不能及时结束这种混乱局面,国际金融领域必将更加动荡不定,世界经济发展必将进一步受到严重破坏。当时世界的经济形势在客观上需要尽快建立一种稳定的国际货币秩序与制度。

另一方面,是美国在主观上要建立美元霸权地位的结果。美国经济由于发了战争财而空前强大,而美国的货币——美元却远不如美国经济那样在世界占统治地位,因为在第二次世界大战前占据国际货币统治地位的始终是黄金与英镑。随着英国经济衰退及英镑的贬值,以及美国经济在世界经济中的走强,美国政府必须考虑如何把自己国家的货币推向世

> 扩展阅读 3.1
> "凯恩斯计划"与
> "怀特计划"
> 扫描此码 阅读文献

界舞台的问题。然而战后的英国并不甘心英镑就此失去先前世界货币霸主的地位,于是以美国与英国为首的欧洲主要工业国之间展开了激烈的国际货币争夺战。在第二次世界大战快结束的时候,美、英就着手研究如何建立一个新的国际货币制度,并在1943年4月提出了各自的方案,而最终的结果是由实力决定的。

由于美国在政治和经济上的实力大大超过英国,英国被迫接受美国方案。1944年7月,在美国新罕布什尔州的布雷顿森林召开了由44个国家参加的"联合国货币金融会议",会议同意成立国际货币基金组织,并通过了《国际货币基金协定》和《国际复兴开发银行协定》,总称《布雷顿森林协定》,在此基础上建立了以美元为中心的国际货币体系即布雷顿森林体系。

2. 布雷顿森林体系的基本内容

布雷顿森林体系不是自发形成的国际货币体系,而是一种典型的通过国际合作建立起来的国际货币体系,其主要内容包括:

(1)美元与黄金挂钩。美国仍沿袭1934年所规定的1盎司黄金等于35美元的官定价格,每一美元的含金量为0.888 671克黄金,以黄金为价值基础。各国政府或中央银行可用美元按官价向美国兑换黄金。

(2)各国货币与美元挂钩。把美元的含金量作为各国规定货币平价的标准,各国货币与美元的汇率可按各国货币含金量与美元含金量之比来确定,这为法定汇率。例如,1946年,每一英镑的含金量为3.581 34克纯金,每一美元的含金量为0.888 671克纯金,则英镑与美元的含金量之比(黄金平价)为1英镑=3.581 34÷0.888 671=4.03美元,这也是法定汇率。

(3)实行可调整的固定汇率制。《国际货币基金协定》规定,各国货币对美元的汇率,一般只能在法定汇率上下各1%(1971年12月放宽至上下各2.25%)的幅度内波动。如果市场汇率超过法定汇率1%的波动幅度,各国政府有义务在外汇市场上进行干预,以维持外汇市场的稳定;除非为了纠正国际收支根本不平衡,否则不得随意变更法定汇率;如果法定汇率变更达到10%时,必须经过国际货币基金组织批准。

(4)通过国际货币基金组织来调节国际收支。会员国如果出现国际收支逆差时,可向基金组织取得贷款来弥补。但贷款是有条件的,贷款的资金来源是会员国向基金组织缴纳的份额,贷款的数量也与份额大小有关系。

因此,美元等同于黄金,各国货币与美元挂钩,是布雷顿森林体系的主要特点,从而确立了美元在国际货币体系中的中心地位。布雷顿森林体系实际上是一种国际金汇兑本位制。

3. 布雷顿森林体系的作用

布雷顿森林体系对世界经济和金融起到了积极作用,主要表现如下:

(1)促进了国际贸易和世界经济的发展。布雷顿森林体系规定美元等同于黄金,其他国家货币同美元挂钩,并与美元保持固定比价,这就使该货币体系在"二战"后相对稳定。货币体系的稳定,有利于进出口成本和利润的核算,从而有利于促进国际贸易和世界经济的发展。

(2)保证了国际货币金融关系的稳定。以美元为中心的国际货币体系的建立,使美元成为主要国际支付和储备货币,使汇率相对稳定,这就克服了战前货币金融领域的混乱局面,维持了战后世界货币体系的正常运转。同时,国际货币基金组织和世界银行对会员国提供各种信贷,促进了国际贸易和国内经济的发展,克服了国际收支的不平衡,保证了货币币值的稳定。

(3) 促进了国际资本流动和生产国际化的发展。由于汇率的相对稳定,有利于国际资本的输入与输出。同时,也为国际间融资创造了良好环境,有助于金融业和国际金融市场的发展,也为跨国公司的发展和生产国际化创造了良好的条件。

4. 布雷顿森林体系的缺陷

布雷顿森林体系的建立对于解决第二次世界大战后国际金融领域的混乱状态,通过政府间协商与合作建立新的统一的国际货币及其运行规则,保证各国政治与经济关系的正常,促进国际贸易和资本流动健康发展,促进生产与信用的国际化等都起到了积极的作用。但同时,资本主义发展的不平衡,使该体系本身固有的矛盾和缺陷也表现出来,主要包括:

(1) 金汇兑本位制本身的缺陷。美元与黄金挂钩,享有特殊地位,加强了美国对世界政治经济的影响。虽然美国可以通过发行纸币而不动用黄金进行对外支付和资本输出,有利于美国的对外扩张和掠夺,但是美国也承担了维持金汇兑平价的责任。当人们对美元充分信任,美元相对短缺时,这种金汇兑平价可以维持;但一旦人们对美元产生信任危机,拥有太多美元,要求兑换黄金时,美元与黄金的固定平价就难以维持。

(2) 储备制度不稳定的缺陷。布雷顿森林货币体系以美元作为主要储备资产,本身就具有内在的不稳定性。这种制度无法提供一种数量充足、币值坚挺、可以为各国接受的储备货币,从而使国际储备的增长不能够适应国际贸易与世界经济发展的需要。1960年,美国学者特里芬在其著作《黄金与美元危机》中指出:布雷顿森林制度以一国货币作为主要国际储备货币,在黄金生产停滞的情况下,国际储备的供应完全取决于美国的国际收支状况:美国的国际收支保持顺差,国际储备资产不能满足国际贸易发展的需要;美国的国际收支保持逆差,国际储备资产过剩,美元发生信用危机,危及国际货币制度。这种难以解决的内在矛盾,被称为"特里芬难题",这也是布雷顿森林体系不稳定性的根源。

(3) 国际收支调节机制的缺陷。布雷顿森林货币体系规定汇率是固定汇率,强调汇率的稳定性,这与实现灵活的国际收支调节机制是相矛盾的。由于该制度规定汇率浮动幅度需保持在1%上下,汇率缺乏弹性,各国就不能利用汇率来达到调节国际收支平衡的目的。如果必须大幅度调整汇率来实现国际收支平衡,就会不利于该国经济稳定和发展国内经济。在这种情况下,必然导致国际收支调节机制的失灵。

5. 布雷顿森林体系的崩溃

布雷顿森林货币体系从产生至1973年2月彻底崩溃,其崩溃的原因可以归结为两点:

(1) 美元危机是导致布雷顿森林货币体系崩溃的直接原因。如前所述,以美元为中心的国际货币体系,是以美元的霸权地位和美国经济实力始终要保持强大无比为前提的。如果美国经济出现问题,美元不稳定,势必导致这一体系发生相应的动摇。受制于经济发展内在规律的美国,在第二次世界大战后又连续经历了侵略朝鲜和侵略越南的战争,造成大量的军费开支和巨额的财政赤字,国际收支连年逆差,美国为弥补赤字而肆意发行美元,造成美元的严重贬值和大量外流,结果使美国政府无法满足美元按官价兑换黄金的要求,不得不宣布美元停止兑换黄金,从而使这一体系彻底崩溃。

第二次世界大战后,世界经济经历了从"美元荒"到"美元过剩"乃至"美元危机"

的演变过程,这也就是以美元为中心的国际货币体系从鼎盛到衰败的解体过程。在布雷顿森林体系建立后的最初一段时间里,世界经济曾经经历了"美元荒"(dollar shortage)的冲击。当时,欧洲各主要资本主义国家因受战争的严重破坏,生产停滞,物资和资金短缺,必要的生活用品也需从他国进口,各国的黄金储备因经历了世界大战已消耗殆尽。而美国的情况正好相反,其经济实力日益强盛,西欧各国所需要的各种商品需要向美国购买,但各国又都缺乏美元来支付。这种各国普遍缺乏国际支付手段——美元的现象,产生了"美元荒"。

但从 20 世纪 50 年代中期起,"美元荒"的局面逐渐有了改变。西欧各国逐渐从战争的破坏中恢复过来,世界经济力量组合的格局发生了很大变化。西欧各国由于得到"马歇尔计划"(Marshall plan)的支援,其经济实力迅速增长,国际收支状况逐渐好转,国际储备不断增加。而美国自 1950 年起推行对外扩张和发动侵朝战争,使其军费开支猛增,美元大量流出国内,使得美国的国际收支逐渐由顺差转变为逆差,从而使美元短缺现象逐渐被"美元过剩"(dollar glut)代替。

美元过剩的不断累积,终于诱发了"美元危机"(dollar crisis)。由于美国持续出现国际收支逆差,使黄金大量外流,黄金储备不断减少,从而使人们对美元币值能否稳定、美国能否维持黄金官价并兑换产生怀疑。由于市场上对美元的信心产生动摇,于是 1960 年 10 月,国际金融市场上出现了大规模抛售美元、抢购黄金的风潮。这是第二次世界大战后出现的第一次美元危机。

第一次美元危机爆发后,尽管美国及西方主要工业国采取了一系列措施,包括"巴塞尔协定"、设立黄金总库、组成"十国集团"、签订货币互换协定等,力图挽救美元,但都无济于事。1968 年 3 月第二次美元危机爆发,美国政府又采取了应急措施,暂停官价供应黄金,实行黄金双价制,防止美国黄金流失,但美元危机并未得到缓和。

20 世纪 70 年代以后,美国由于周期性经济危机的影响,发生了前所未有的巨额贸易逆差,使国际收支进一步恶化。1971 年 5 月,又爆发了新的美元危机,为此,1971 年 8 月 15 日,美国尼克松政府宣布实行"新经济政策",对外停止美元兑换黄金,对内冻结工资和物价,以此改善国际收支状况。1971 年 12 月 18 日,"十国集团"在华盛顿达成了一项协议,即"史密森协议",宣布美元贬值 7.89%,黄金官价由 35 美元每盎司提高到 38 美元每盎司;扩大汇率波动幅度,黄金平价上下 1% 扩大到上下 2.25%。但所有这些举措都未能阻止美元危机的继续发生。1973 年 2 月,美国政府又宣布美元第二次贬值,贬值 10%,每盎司黄金由 38 美元提高到 42.22 美元。尽管如此,仍摆脱不了美元不断贬值的颓势,加上同年 3 月,原欧共体和日本等国宣布本国货币对美元实行浮动,美国不得不宣布美元停止兑换黄金。美元停止兑换黄金和固定汇率制的垮台,标志着布雷顿森林货币体系存在的基础完全丧失。

(2)资本主义经济发展的不平衡是导致布雷顿森林货币体系崩溃的根本原因。正如前述,由于美国长期国际收支逆差,美元危机引起美元泛滥,从而将美国的通货膨胀转嫁给世界各国,使许多国家遭受了美元贬值的损失。而此时,日本和前联邦德国等国的国际收支开始出现顺差,经济实力增强,可以和美国相抗衡,因而不断地和美国进行斗争,最终导致各国中央银行不再履行维持美元在规定的上下各 2.25% 幅度内波动的义务,纷纷实行浮动汇率制。各国货币全面浮动,使美元完全丧失了中心货币的地位,标志着以美元为中心的国际货币体系彻底崩溃。当然,以美元为中心的国际货币体系解体并不意味美元的影响和作用完全消失，相反，美元仍然是现行国际货币体系中的主要货币。

3.2.3 牙买加体系

1. 牙买加体系的形成

布雷顿森林体系解体后，国际金融领域动荡混乱，国际社会对国际货币体系的改革与发展方向非常关注，西方主要国家就改革的相关方案充满了矛盾并争斗激烈。为研究国际货币制度改革问题，国际货币基金组织在1972年7月成立了"国际货币制度改革和有关问题委员会"，由11个主要工业国和9个发展中国家组成，所以又称"二十国委员会"。该委员会于1974年6月提出了一份"国际货币制度改革大纲"，对汇率、国际资本短期流动、国际储备资产、黄金等问题提出了一些原则性的建议，并建议国际货币基金组织在"二十国委员会"结束后，另成立临时委员会，继续对有关国际货币制度改革问题进行探讨。国际货币基金组织根据这个建议，于1974年10月设立了"国际货币制度临时委员会"接替"二十国委员会"的工作。临时委员会于1976年1月在牙买加首都金斯顿举行的第五次会议上，讨论修订了《国际货币基金组织协定》，会议集中讨论了扩大和重新分配国际货币基金组织份额、处理黄金官价和国际货币基金组织库存的黄金、修改国际货币基金组织有关汇率的规定三个问题。经过激烈争论，会议对增加份额、黄金作用、汇率体系和发展中国家资金融通等问题达成了具体协议，即《牙买加协定》。在牙买加会议上达成的协议，需经修改国际货币基金组织协定条文后方可付诸实施，国际货币基金组织理事会于同年4月通过了《国际货币基金组织协定第二次修正案》，并于1978年4月1日起正式生效。牙买加协议实施后，才逐渐形成了现今的国际货币关系新格局。因此，学者们把这一国际货币关系称为"牙买加体系"（Jamaica system），该体系是以美元为中心的国际储备多元化和浮动汇率体系。

2. 牙买加体系的基本内容

（1）承认浮动汇率制的合法性。会员国可以自由选择汇率决定制度，国际货币基金组织承认固定汇率和浮动汇率制度并存；但会员国的汇率政策应受到国际货币基金组织的监督，并需与国际货币基金组织协商，以防止各国采取损人利己的货币贬值政策；在认为国际经济条件已经具备时，经总投票权的85%多数通过，国际货币基金组织可以决定采用"稳定的但可调整的货币平价制度"。

（2）黄金非货币化。废除黄金条款，取消黄金官价，降低或削弱黄金的货币作用。取消会员国之间及会员国与国际货币基金组织之间以黄金清算债权债务的义务。各会员国中央银行可按市价从事黄金交易，国际货币基金组织不在黄金市场上干预金价。国际货币基金组织持有的黄金应逐步加以处理：其中1/6（2 500万盎司）按市价出售，以超过其官价（每盎司42.22美元）部分作为援助发展中国家的资金；1/6由原缴纳的会员国按官价买回；剩余的黄金需经总投票权85%的多数通过，决定向市场出售或由会员国买回。

（3）扩大基金组织的份额。增加基金组织会员国缴纳的基金份额，由原来的292亿特别提款权单位增加到390亿特别提款权单位，增加33.6%，主要是增加石油输出国组织的份额所占比重，以提高国际货币基金组织的清偿能力。

（4）特别提款权作为主要国际储备资产。在未来的货币体系中，应以特别提款权作为主要储备资产，并作为各国货币定值的基础。凡是参加特别提款权账户的国家，可通过账户用特别提款权偿还债务。

(5) 扩大对发展中国家的资金融通。用在市场上出售黄金超过官价部分的所得收入建立信托基金，以优惠条件向最穷困的发展中国家提供贷款，帮助它们解决国际收支方面的困难。同时，扩大基金组织的信用贷款总额，由占会员国份额的 125% 提高到 145%，并提高基金组织"出口波动补偿贷款"的比重，由占份额的 50% 提高到占份额的 75%。

扩展阅读 3.2
特别提款权
扫描此码
阅读文献

3. 牙买加体系的特点

(1) 以美元为中心的国际储备多元化。美元仍是最主要的国际货币，但美元的地位下降，日元、西德马克的国际货币地位正在加强，国际储备出现多元化趋势。同时，黄金的国际货币作用受到严重削弱，但并没有完全消失，仍是国际储备的一种。目前，国际储备货币仍是美元、欧元、日元三足鼎立的多元化格局。

(2) 以浮动汇率为主的混合汇率体制得到发展，汇率制度多样化。在牙买加体系下各国货币当局不再规定与维持本币与外币汇率的波动界限，汇率主要是根据外汇市场的供求状况自发形成自由浮动，或实行有管理的浮动汇率制；有单独浮动或联合浮动；有钉住单一货币浮动与钉住一篮子货币浮动。浮动汇率制度出现多样化局面。

(3) 国际收支调节手段多样化。在牙买加体系下，国际收支的调节可以通过汇率机制、利率机制、国际货币基金组织的干预和贷款、国际金融市场的媒介作用、有关国家变动外汇储备等多种方式来进行。

4. 牙买加体系的作用

尽管牙买加体系是解决布雷顿森林货币体系解体后诸多问题的一种权宜之计，甚至它只是对当时国际上处理黄金、汇率问题某些做法的一种事后法律认可，但牙买加体系的产生，还是比布雷顿森林体系有很大的改进，适应了世界经济形势发展的需要，对国际贸易和世界经济的正常运转起到了重要的积极作用。

(1) 牙买加体系使国际储备货币多元化，基本上克服了布雷顿森林体系下基准通货国家与依附国家相互牵连、对单一货币即对美元过度依赖的弊端，免受美元贬值的牵连，不仅缓解了国际清偿力不足的压力和美元先前的"两难"困境，也有利于各国与世界经济健康发展。牙买加体系实现了国际储备多元化和浮动汇率制度，即使发生美元贬值，也不一定会影响各国货币的稳定性，基本上克服了基准通货与依附国家或挂钩国家货币之间的必然牵连，使一国汇率的形成和国际储备资产的运作更趋合理。

(2) 牙买加体系是比较灵活的以浮动汇率制为主的混合汇率体制，能够灵敏地反映不断变化的国际经济状况，可以调节外汇市场的供求关系，有利于促进国际贸易和世界经济的发展。浮动汇率制对国际经济的这种影响主要表现在：①各主要国家货币的汇率可以根据市场供求状况自发调整，可以灵敏地反映瞬息万变的客观经济情况。②可以缓解市场上大量游资对硬货币的冲击。硬通货国家不负有类似固定汇率制下维持汇率稳定的义务，因此也就不会出现该国外汇储备大量流失的情况，同时也起到阻止输入国际通货膨胀的作用，从而有利于国际外汇市场和国际货币秩序的稳定。③可以使一国的宏观经济政策更具独立性和有效性。④可以促进国际金融业务创新和发展。在浮动汇率制下，为避免风险，国际金融领域出现了许多新业务和新工具，促进了国际贸易、金融和投资的发展。

（3）牙买加体系采取多种调节机制相互补充的办法来调节国际收支，在一定程度上改变了布雷顿森林体系调节失灵的困难。布雷顿森林体系调节成员国国际收支失衡的渠道主要有两条：①当成员国发生暂时性国际收支失衡时通过国际货币基金组织来调节；②当成员国的国际收支出现根本性失衡时，通过改变货币平价、变更汇率来调节。事实证明，由于调节渠道有限造成的调节机制失灵，曾使全球性国际收支失衡现象长期存在。而牙买加体系除可以继续依靠国际货币基金组织贷款和变动汇率外，还可以通过利率及国际金融市场的媒介作用、国际商业银行活动、外汇储备的变动等渠道来调节国际收支，并且可以将多种手段结合起来运用，在一定程度上克服了布雷顿森林体系调节机制失灵的困难，从而对世界经济的健康发展起到了积极作用。

5. 牙买加体系的缺陷

我们也应看到，随着复杂多变的国际经济关系的发展变化，牙买加体系的某些弊端日益凸显。

（1）国际储备货币多元化缺乏稳定的货币标准，不利于国际经济活动的顺利开展。牙买加体系是多种货币储备体系，具有内在的不稳定性。国际储备资产多元化，会相对增加国际储备的数量和管理的难度，增加遭受外汇风险的机会，从而不利于充分合理地运用有限的国际资源，不利于世界经济的健康发展。

（2）汇率变动频繁剧烈会给国际贸易投资和各国经济带来诸多不利影响。主要表现在：
①汇率频繁变动，给进出口核算及正常经营带来困难。
②汇率频繁变动助长了外汇市场上的投机活动，加剧了国际金融市场的动荡和混乱。
③汇率变动不定容易引发债务危机，从而影响国际贸易的正常开展和国际金融形势的稳定。
④汇率急剧变动，会引起各国物价、工资以及就业发生大的变化，从而对各国及世界贸易与经济产生不利影响。

（3）国际收支调节机制仍不健全，全球性国际收支失衡现象日益严重。尽管在牙买加体系下国际收支调节的渠道与措施比先前增多且可组合运用，但从该体系运行数十年的结果来看，全球性的国际收支失衡问题非但没有得到妥善解决反而更趋严重，这就充分暴露出该体系国际收支调节功能的缺陷。对于国际收支不平衡的国家，不论是顺差国还是逆差国，应该采取哪些调整措施、国内经济需要采取什么样的政策、如何协调各国的调节行为、怎样实施国际监督等，牙买加体系并没有提出具体的方案。因此，国际货币关系长期处于较为混乱的状态，这也说明现行的国际货币体系还没有一种完善的国际收支调节机制。

从上述分析可以看出，现行的牙买加体系，已不能适应国际经济健康发展的需要，必须进一步改革国际货币制度，建立合理而有效的国际货币新秩序。

3.3 欧洲货币体系

3.3.1 区域货币一体化

理论上说，任何一个国家都会面临最适度货币区的问题，即本国是适宜单独组成一个货币区，还是与其他某些国家共同组成一个货币区。如果对于某一国家而言，本国单独组成一个货币区,那么就意味着本国实行的是浮动汇率制或弹性汇率制。问题的关键在于,究竟依据什么准则来确定什么样的国家之间适合共同组成一个货币区。不同的学者所强调的准则存在明显的不同。

区域货币一体化是指在一定地区内的有关国家和地区在货币金融领域中实行协调与合作,形成一个统一体,采取联合行动,最终实现一个统一的货币体系。它具有三个特征:一是汇率的统一;二是货币的统一;三是货币管理机构和货币政策的统一。欧洲货币体系的建立就是典型的区域货币一体化。

3.3.2 欧洲货币体系的建立

欧洲货币体系(European Monetary System,EMS)的形成是欧洲经济共同体(European Economic Community,EEC),又称"共同市场"(Common Market)经济一体化发展的要求。1958年1月1日,西欧6国(法国、联邦德国、意大利、荷兰、比利时、卢森堡)为了加强政治、经济的联合成立了"共同市场"。1973年,英国、爱尔兰、丹麦加入,成员国由6个扩大为9个。1981年希腊加入,扩大为10个国家。1986年西班牙、葡萄牙参加,成员国增至12个。1995年1月1日,奥地利、芬兰和瑞典3国参加,成员国增至15个。欧洲经济共同体是一个国际联合组织,其共同目标是:在经济领域里逐步统一经济政策,建立工农业产品的统一市场,在共同体内实现资本和劳动力的自由流动,协调各成员国财政、金融、货币等方面的政策和立法,当时机成熟时,再从经济联盟发展为政治联盟。欧洲经济共同体成立后,在经济一体化方面的主要措施有:

①建立关税同盟,对内取消工业品关税,对外实行统一的进口关税。

②实行共同的农业政策,内部主要农产品统一价格,基本取消内部农产品关税,在成员国之间实现农产品自由流通。

③建立"欧洲经济和货币同盟"(European Economic and Monetary Union,EEMU),逐步统一财政、经济政策并逐步实现成员国货币的统一。

为了统一共同市场在政治和经济方面的步调,改善各成员国在货币政策上的不协调状态,使货币一体化,各成员国进行了积极的努力。20世纪60年代初,共同体就已提出缩小成员国货币汇率变动幅度、稳定货币金融的主张,以便于工业品和农产品共同市场的建成和发展。自1960年第一次美元危机之后,美元危机频频爆发,使欧洲国家特别是持有大量美元储备的欧共体国家的货币金融受到剧烈的冲击和严重的影响。欧共体国家深感有必要进一步统一货币政策,加强货币协作,建立一个比较稳定的欧洲货币区,从而摆脱美元的控制和影响。为此,1969年12月,在荷兰海牙召开的欧洲共同体首脑会议上,各国一致同意建立以统一货币为中心的经济和货币联盟,并于1971年2月9日正式宣告建立"欧洲经济和货币同盟",该同盟计划在10年内分3个阶段实现,其主要目标是:统一财政、金融政策,设立共同市场储备;协助成员国解决国际收支困难;逐步缩小成员国货币汇率波动幅度,达成货币的固定平价。到1980年年底实现上述目标,以抵制美元汇率变动的影响。该同盟国的计划由于遇到一系列挫折,因而没有实现,但它却有3个方面的贡献:

① 1974年6月28日创设了欧洲记账单位(European unit of account,EUA)。

② 1972年4月实行"蛇形浮动"汇率制,对内是固定汇率制,对外则是联合浮动制(蛇形浮动制是指共同体内的汇率波动幅度小于外部世界规定的汇率波动幅度,共同体内汇率

波动的轨迹犹如游动于外部世界汇率波动幅度隧道中的蛇）。

③ 1973 年 4 月 3 日建立了欧洲货币合作基金（European monetary cooperation fund）。

1977 年年底，欧洲共同体委员会主席詹金斯重新提起并敦促实现"欧洲经济和货币同盟"的上述目标，得到多数成员国的支持。1978 年 7 月在联邦德国不来梅和同年 12 月在比利时布鲁塞尔召开的首脑会议上，分别提出并通过了建立"欧洲货币体系"的方案。1979 年 3 月 13 日，在巴黎举行的欧洲共同体九国首脑第十三次理事会上，正式宣布"欧洲货币体系"于当日建立。由此可见，欧洲货币体系的建立是欧洲经济和货币同盟进程的一个新阶段，二者是一脉相承的。

3.3.3 欧洲货币体系的主要内容

1. 创设欧洲货币单位

欧洲货币单位（European Currency Unit，ECU）是欧洲货币体系的核心，是欧共体国家共同用于内部计价结算的一种货币单位，于 1979 年 3 月 13 日开始使用。ECU 实质上是一个"货币篮子"，由 12 个成员国货币组成，每种货币在 ECU 中所占的权重，主要根据各成员国的国民生产总值及其在欧共体内贸易额所占的比重平均加权计算。"货币篮"权重一般每 5 年调整一次，若货币篮中任何一种货币变动超过 25% 时可随时进行调整。ECU 是一种没有现钞、没有中央银行而又具有多种货币功能的特殊货币。ECU 的主要作用有：

①作为确定各成员国货币之间的中心汇率和波动幅度的标准。

②作为成员国之间经济往来的计账单位即结算货币。

③作为成员国货币当局的储备资产。ECU 不仅取代了共同体先前创设的只起计价作用的"欧洲记账单位"，而且作用与功能也大大向前发展了。ECU 创立以后，使用范围逐步扩大，除欧共体各官方机构外，西欧各商业银行和金融市场也开始办理以 ECU 计价结算的存款、放款、债券发行、国际贸易结算、旅行支票、信用卡等业务，其作用受到越来越多的国家的重视。

2. 实行汇率双重管理机制

在成员国货币之间实行固定汇率制，对非成员国货币则实行浮动汇率制。欧洲货币体系建立了汇率双重稳定机制：

一是建立了平价网体系。成员国货币之间规定有中心汇率和围绕中心汇率波动的上限与下限，原则上波动幅度不得超过中心汇率上下各 2.25%（意大利里拉为各 6%）。如果实际汇率超过规定幅度，有关国家就会采取措施，干预外汇市场，维持汇率稳定。

二是建立了货币篮体系，即各国货币与 ECU 的中心汇率所允许的最大偏离幅度。当成员国货币与 ECU 的偏离达到一定程度时，就要进行干预，为此欧洲货币体系确定了一套偏离界限指标。某种货币在 ECU 货币篮中的比重越大，它的波动幅度越小，对稳定货币篮承担的责任越大。为进一步稳定 ECU，欧洲货币体系还采用了早期报警系统，即规定了"偏离临界点"，临界点的计算公式为"0.75×最大偏离幅度"，即 0.75×[±2.25%×（1－该货币在欧洲货币单位中所占的比重)]。偏离临界点的作用就是要求各国货币当局，在其货币对 ECU 的中心汇率波动幅度达到"最大偏离幅度"的 75% 时，就应该采取措施进行干预。货币篮体系起到了平价网体系早期警报系统或进行干预的基准轴线的作用，从而减少了双边汇率调整的频率,也保持了 ECU 对其他货币汇率的稳定。这种双重稳定机制,通过外部干预可防止美元对欧洲货币汇率的冲击,通过内部干预可使欧洲货币之间的汇率保持在一定的幅度之内。同时,调整或干预首先由汇率先偏离 ECU 的国家承担,而这种国家的货币可能是硬货币,也可能是软货币,从而均摊了调节责任,纠正了以往总是给软币国家造成调节压力的缺陷。

欧洲货币体系中汇率波动幅度超过规定的界限就要采取措施进行干预,通常进行干预的办法有三种:

①通过各中央银行间的相互贷款来干预外汇市场,如抛出硬币以减弱对硬币的压力,收进软币以加强对软币的支持。

②在国内实行适当的货币政策与财政政策,如弱币国可提高利率、紧缩银根,强币国可降低利率、放宽信贷。

③以改变中心汇率为最后手段,即在干预难以奏效时,各国就必须重新确定中心汇率,以免整个体系崩溃。

3. 创建欧洲货币基金

1973 年 4 月 3 日,欧共体建立了"欧洲货币合作基金",以稳定汇率向成员国提供短期贷款以干预外汇市场。基金数额只有 28 亿欧洲计账单位,远不足以适应干预外汇市场的需要。欧洲货币体系成立后,决定建立欧洲货币基金,集中成员国黄金、外汇储备的 20% 作为共同基金,加上等值的本国货币,约合 540 亿欧洲货币单位存入这一新的基金,这大大增强了欧洲货币体系对外汇市场的干预力量,巩固了欧洲国家的货币地位。

3.3.4 《马斯特里赫特条约》

《马斯特里赫特条约》在欧洲货币体系的发展进程中是非常重要的里程碑,在整个欧洲货币史及整个国际货币体系发展史中具有重要意义。为进一步加强欧洲经济与货币的一体化,欧共体国家首脑于 1991 年 12 月 9 日和 10 日,在荷兰小镇马斯特里赫特举行会议,决定建立"货币与经济联盟",并于 1992 年 2 月 7 日由欧共体外长签署了这份《欧洲联盟条约》,也称《马斯特里赫特条约》(Maastricht Treaty,以下简称《马约》)。《马约》是在"德洛尔报告"基础上产生的。1989 年 4 月,欧共体首脑会议决定委托欧共体委员会主席德洛尔组成一个委员会,就欧共体的进一步货币合作提出方案,随后德洛尔向欧共体十二国财长提交了《关于欧洲经济共同体经济与货币联盟报告》,即"德洛尔报告",该报告于 1989 年稍后时候在欧共体马德里会议上获得通过。德洛尔报告为《马约》的签署做了理论上和文件上的准备。

《马约》分政治联合和经济与货币联盟两方面内容。货币联盟的最终目标是在欧共体建立一个负责制定和执行欧共体货币政策的中央银行并发行统一的货币。为实现这一目标,《马约》要求分为以下三个阶段:

第一阶段:1990 年 7 月 1 日—1993 年 12 月 31 日。主要任务是建立所有成员国货币加入欧洲货币体系的汇率机制,形成欧洲统一大市场,实现商品、人员和资本的自由流动,并建立相应的监督机制。

第二阶段:1994 年 1 月 1 日—1997 年。进一步实现各国宏观经济政策的协调,建立独立的不受政治干预的欧洲货币管理体系或欧洲中央银行体系(作为欧洲中央银行的前身），负责统一制定货币政策，进一步缩小成员国之间的汇率波动幅度。

第三阶段：1997年—1999年1月1日。在这段时间内最终建立统一的欧洲货币和独立的中央银行，即第三阶段的目标是最迟于1999年实现欧洲的统一货币。

三个阶段概括讲就是统一市场、建立中央银行和统一货币。而欧洲货币联盟各国能否同时实现预期目标，具有共同的条件或基础是非常重要的。为此《马约》规定了进入"第三阶段"的标准或趋同条件：

①低通胀率。通货膨胀率不能高于上一年欧共体三个最低国家平均水平的1.5%。

②低利率。政府长期债券的利率不能高于欧共体三个长期利率最低国家平均水平的2%。

③低赤字。上一年财政赤字占国内生产总值的比重必须小于3%。

④低公债。公共债务的累计额必须低于国内生产总值的60%。

⑤稳定的汇率。货币汇率必须维持在欧洲货币体系规定的幅度内，并且至少稳定两年时间。同时，各国中央银行的法则法规必须同《马约》规定的欧洲中央银行的法则法规相兼容。

如果欧共体内至少有7个成员国于1996年年底能达标，欧洲理事会将于1997年1月1日实行统一货币。如果到1997年12月31日，达标的国家仍然少于7个，或者欧共体理事会认为于1997年进入"第三阶段"不适宜，则改为于1999年1月1日起使已达标的国家先行进入"第三阶段"，其余国家待以后条件成熟时再加入。这就是说，到1999年1月1日不管有多少国家达标，"第三阶段"都将开始，以实现欧元的诞生。

3.4 欧元的建立与发展

3.4.1 适度货币区理论

适度货币区理论，最早于1961年由罗伯特·蒙代尔（Robert Mundell）提出。他认为生产要素流动性与汇率的弹性具有相互替代的作用，这是因为需求从一国转移到另一国所造成的国际收支调整要求，既可以通过两国汇率调整，也可以通过生产要素在两国间的移动来解决。在他看来，生产要素流动性越高的国家之间，越适宜组成货币区；而与国外生产要素市场隔绝越大的国家，则越适宜组成单独的货币区，实行浮动汇率制。

罗纳德·麦金农（Ronald I.Mckinnon）则强调以一国的经济开放程度作为适度货币区的确定标准。他以贸易品部门相对于非贸易品部门的生产比重作为衡量开放程度的指标，并认为如果一国的开放程度越高，越应实行固定汇率制，反之则实行浮动汇率制。在开放程度高的情况下，如果实行浮动汇率制，国际收支赤字所造成的本币汇率下浮将会带来较大幅度的物价上升，抵消本币汇率下浮对贸易收支的作用。

还有一些学者提出了不同的适度货币区的确定准则。如彼得·凯南（Peter Kenen）主张采用出口商品多样化准则，詹姆斯·伊格拉姆（James Ingram）强调国内外金融市场一体化准则等。

实行浮动汇率制后，根据有关适度货币区理论，罗伯特·赫勒（Robert Heller）对汇率制度选择的影响因素进行了总结。他认为，一国汇率制度的选择主要是经济方面因素决定的，这些因素包括：
①经济开放程度；
②经济规模；
③进出口贸易的商品结构和地域分布；
④国内金融市场的发达程度及其与国际金融市场的一体程度；
⑤相对的通货膨胀率。

这些因素具体与汇率制度选择的关系是：经济开放程度高，经济规模小，或者进出口集中在某几种商品或某一国家的国家，一般倾向于实行固定汇率制或盯住汇率制；经济开放程度低，进出口商品多样化或地域分布分散化，同国际金融市场联系密切，资本出入较为可观和频繁，或国内通货膨胀与其他主要国家不一致的国家，则倾向于实行浮动汇率制或弹性汇率制。

3.4.2 欧元的启动与发展

1999年1月1日，欧元正式建立。从启动之日到2002年6月30日，欧元只是以1∶1的汇率取代欧洲货币单位作为储备、投资、计价和结算货币，开始在货币市场、银行间同业拆借市场等经济活动中享有与信用卡、支票、电子货币等交易工具同等的功能，直到2002年1月1日欧元纸币和硬币才正式进入流通界。待各成员国货币与欧元混合流通或"双币流通"半年后，即在2002年7月1日，各成员国原来的本国货币退出历史舞台，欧元成为欧元区唯一的法定货币。也是从那时起，有着悠久历史的欧洲十几个国家的3亿多人口告别了使用了几个世纪的本国货币，欧洲货币与经济发展史由此翻开了新的一页。欧元启动时的汇率是1欧元等于1.164 852美元。

首批加入欧元区的国家有德国、法国、意大利、奥地利、卢森堡、比利时、爱尔兰、荷兰、芬兰、西班牙、葡萄牙11个国家。欧盟另外4个成员国——英国、丹麦、希腊、瑞典没有成为首批使用欧元的国家。瑞典和希腊是由于某些经济条件未达标，英国与丹麦主要是因为国民不支持而未能加入。希腊已于2002年成为欧元区正式成员，2005年塞浦路斯、马耳他、斯洛文尼亚已进入欧元区，至此欧元区成员达到15个。

1. 欧元启动具有划时代的意义

（1）欧元将极大消除汇率风险和降低交易成本，提供更加良好的国际贸易环境，有利于推动欧盟及世界贸易的发展。欧元区内货币统一，使其兑换费用和风险消失，将为欧元区各国节约大量的交易费用。同时，由于欧元区是统一的市场，价格具有统一性与透明度，在改善欧洲国家国际贸易环境的同时，也改善了世界贸易环境，改变了世界贸易格局，这也必将有利于促进世界贸易与经济的发展。

（2）欧元对欧洲人的心理影响是巨大的。欧元改变了欧洲民众的疑惑心理和传统习惯，大大增强了对欧洲统一的认同感，有了真正"欧洲公民"的感受。民众"欧洲意识"的增强，为加快欧洲一体化建设奠定了坚实的群众基础，对于欧盟在国际舞台上发挥更重要的作用具有重要的意义。

（3）欧元将对国际货币格局产生重要的长远影响。欧元的出现将对以美元为主的国际货币格局产生强烈冲击，美元、欧元、日元三足鼎立的国际储备格局将进一步明晰。稳定的国际储备货币格局不仅可以减轻储备管理的复杂性，使非国际货币发行国不易遭受或免遭单一储备货币贬值的风险损失,同时,"三足鼎立"也利于相互制约各储备货币发行国采取更合理的货币与经济政策。

(4)欧元的启动为国际货币体系改革提供了可供借鉴的宝贵经验。欧元的产生是区域经济与货币一体化的产物,而全球货币一体化将是国际货币制度完善的标志和改革的方向。欧元的实践为全球货币一体化的推进提供了范例。同时,欧元成功地在国家主权分立的背景下,通过协商实现了国别货币向区域货币的过渡与转换,不仅为未来亚洲、拉丁美洲等区域货币一体化的发展提供了蓝本,也为全球货币一体化的实施奠定了深厚的基础,同时也为分立的国家之间在经济社会诸多领域的政策协调整和友好合作提供了积极的示范作用。

2. 欧元的国际货币地位

欧元的国际货币地位可从表3-2、表3-3和图3-1中看出。从表3-2中看出,欧元作为国际储备货币,其占全球外汇储备的比重由1999年的17.9%上升到2019年的20.6%,上升了2.7个百分点。从表3-3中看出,以欧元形成的货币圈占比也由20世纪70年代初的14.1%提高到21世纪初的21.5%,提高了7.4个百分点。2020年8月8日,欧元与美元的比价是1欧元等于1.184 8美元。

表3-2 1999—2019年欧元发行之后全球外汇储备资产的币种结构占比表 (%)

年份	美元	欧元	其他货币
1999	71	17.9	11.1
2000	71	18	11
2001	71.5	19.2	9.3
2002	67.1	23.8	9.1
2003	65.9	25.2	8.9
2004	65.9	24.8	9.3
2005	66.9	24	9.1
2006	65.5	25	9.5
2007	64.1	26.3	9.6
2008	64	26.5	9.5
2009	62.2	27.7	10.2
2010	62.2	25.8	12.0
2011	62.7	24.4	12.9
2012	61.5	24.1	14.4
2013	61.3	24.2	14.5
2014	65.2	21.2	13.6
2015	65.8	19.1	15.1
2016	65.4	19.1	15.5
2017	62.7	20.2	17.1
2018	61.7	20.7	17.6
2019	60.9	20.6	18.5

资料来源:国际货币基金组织网站,https://data.imf.org/?sk=E6A5F467-C14B-4AA8-9F6D-5A09EC4E62A4。

表 3-3　主要货币形成的货币圈份额　　　　　　　　　　　　　（%）

时间（年）	美元区		欧元区		日元区		英镑区		其他	总额（10亿美元）
	美国	合计	欧元地区	合计	日本	合计	英国	合计		
1970—1974	33.8	54.5	14.1	27.3	8.7	8.7	4.4	7.2	2.2	3 675
1975—1979	29.0	50.5	15.2	30.9	10.5	11.9	4.1	5.3	1.3	7 074
1980—1984	30.8	51.8	12.7	25.4	10.7	12.7	4.5	6.4	3.6	10 729
1985—1989	30.2	48.9	12.6	22.0	14.8	15.3	4.3	5.8	8.0	15 753
1990—1994	26.2	45.9	13.5	28.0	16.0	16.3	4.2	5.7	4.1	24 101
1995—1999	27.6	50.3	14.8	26.2	14.9	16.7	4.4	4.9	2.0	29 946
2000—2004	30.2	48.6	21.5	30.1	12.3	14.4	4.8	5.1	1.7	34 929
2005—2007	26.8	48.4	22.2	33.4	9.0	9.6	5.0	6.7	1.9	49 046

资料来源：[日] 河合正弘. 国际货币体系与东亚货币金融合作 [M]. 长春：吉林大学出版社，2009。

注：根据 GDP 计算，按市场外汇汇率换算，以美元计价。

图 3-1　2000 年 1 月至 2020 年 7 月欧元兑美元汇率走势图

资料来源：欧洲央行网站。

至于欧元的发展前景、货币一体化能否长久维持下去，令许多人担忧，尤其是欧洲主权债务危机产生后，欧元区面临着一些问题和挑战，包括 2020 年 1 月 15 日的英国正式脱欧，这些都使欧元的未来前景受到一定影响。尽管欧元在前进的道路上会遇到欧元波动、各成员国经济发展不平衡、欧洲中央银行货币政策与成员国的经济利益冲突等问题，但我们相信欧元的发展前景是在曲折中不断前进的。

案例分析　英国脱欧对欧元的影响

从 2016 年英国举行全民脱欧公投之后，英国脱欧进程一波多折。尽管新首相鲍里斯·约翰逊曾经对脱欧时间表做过强硬表态，无协议脱欧的风险在上升，但近期英国下议院关于无协议脱欧法案及提前大选动议的投票结果显著降低了无协议脱欧的可能性，鲍里斯·约翰逊如果希望在 2019 年 10 月如期脱欧，那么重要的任务就是在 11 月欧盟峰会上达成脱欧协议。英国内部关于脱欧问题的分化，以及前首相特雷莎·梅对脱欧问题的尝试，都说明英国脱欧非常复杂，这种复杂性不仅影响到英镑的稳定性，还将波及欧盟及英国经济，最终对欧元可能产生难以忽视的影响。从影响机制看，英国脱欧对欧元将产生三个方面的影响。

1. 金融资本市场是英国脱欧事件影响欧元汇率的直接机制

2016年6月29日脱欧公投后第一次欧盟峰会召开，英国缺席，这是欧盟峰会40多年来首次在英国缺席的情况下举行，凸显英国脱欧事件的非同寻常，此举引发英国金融资本市场出现较大波动。特雷莎·梅虽然竭尽全力推动脱欧进程，但她力推的"脱欧"协议被议会连续否决，在这些事件演变过程中，英镑及欧元对美元汇率都出现较大的波动，欧元汇率波动与英镑脱欧问题的相关性备受关注。除了特殊说明之外，这里阐述的欧元汇率包括其他货币的汇率就是指对美元的汇率。综合来看，英国脱欧对英国、欧洲乃至全球金融资本市场的影响构成了对欧元汇率影响的直接机制。

英国脱欧是否顺利，金融资本市场会形成预期，在此基础上将通过资本跨境流动等渠道影响欧元汇率。如果脱欧协议无法通过议会的投票，或者英国无法与欧盟达成协议，那么脱欧前景就不明朗，无协议脱欧的可能性就增大。在此背景下，英国及欧洲主要金融资本市场可能对此形成不确定性预期，英镑及欧元汇率出现较大波动就在所难免。在特雷莎·梅执政期间及鲍里斯·约翰逊当前的执政过程中，都出现了这种情况。相反，如果英国与欧盟达成协议并顺利脱欧，那么市场按照协议会形成较为稳定的预期，金融资本市场按照脱欧进程在各个阶段会逐步消化相关的影响，能够较好地避免相关金融资本市场的过度反应，欧元汇率因此出现较大波动的可能性就较低。

当然，英国脱欧难以回避的问题是，欧元与英镑汇率走势是否会出现内在的一致性？这个问题的回答有赖于实践的检验，历史上英国也曾经进行公投，但与目前保守党内部因脱欧立场分裂的形势有差异，当时工党内部发生较大分歧，哈罗德·威尔逊领导的工党在1974年的竞选纲领中提出，如果当选将就英国的欧共体成员资格进行公投，公投于1975年6月5日举行，投票率为64%，其中67.2%的民众选择留下。虽然此次事件没有出现类似当下脱欧的问题，当时也没有诞生欧元，然而，英国1975年针对是否留在欧共体的公投，公投事件本身与当前具有一定的可比性，但当时并没有显示英镑与欧共体其他货币汇率的强波动相关性，预示当下欧元与英镑汇率并非有必然关系。

2. 宏观经济机制是英国脱欧事件影响欧元汇率的间接机制

汇率的决定因素非常复杂，金融资本市场波动对汇率具有直接的影响。然而，宏观经济波动对汇率也会存在这样那样的冲击。尽管宏观经济因素影响汇率的观点并不陌生，但英国脱欧如何通过宏观渠道影响欧元汇率的问题尚不明确。英国脱欧对英国经济及欧盟经济的积极及消极影响都客观存在，正反因素究竟哪个方面影响更大，目前尚没有共识，因而对英国及欧盟宏观经济的影响有待观察。从这个角度看，英国脱欧通过宏观经济层面对欧元汇率的影响更多局限于间接层面。

英国脱欧将对欧盟经济产生多重冲击，通过此链条引发贸易条件等因素变化，进而影响欧元汇率。英国属于欧盟成员国，英国脱欧会导致欧盟成员与英国关系的重新确认，不仅可能促使企业在英国与欧盟之间转移，也可能因此影响英国与欧盟的投资环境，增大企业生产投资的不确定性。作为欧盟成员国的英国享有欧盟与70多个国家和地区签订的40多份的贸易协议，如果英国"无协议脱欧"，那么"脱欧"后英国需与这些国家重新签署贸易协议，否则将面临关税等贸易壁垒。根据国际货币基金组织的预测，"无协议脱欧"是全球经济主要下行风险之一，可能严重扰乱供应链并提高贸易成本，对英国和欧盟经济可能产生持久的负面影响。

欧盟经济受到英国脱欧的负面影响，可能导致欧盟经济面临减速或者下行压力加大的问题。2016年以来欧盟还面临着难民涌入、民粹主义升温等问题，英国脱欧公投后不确定性进一步上升，欧盟经济前景不明朗，2008年金融危机以来欧盟经济政策所释放的红利可能面临逐步消退问题。在此背景下，欧洲企业或者公共部门债务风险可能再次上升，近年来暴露出来的金融银行系统性风险可能再次升级，这些都构成欧盟经济增长前景不确定性增大的判断。欧元在此背景下受到的影响不容低估，欧盟宏观经济问题引发的欧元汇率波动的风险值得关注。

当然，欧盟对于宏观经济稳定并非束手无策，经济减速可能倒逼欧盟政策部门采取相关的对冲措施，此举将倒逼欧洲央行采取更加宽松的货币政策，在此背景下，低利率及购买债券等宽松举措的出台，对欧元汇率可能产生扰动或者冲击。一方面，欧洲央行宽松货币政策的出台，货币供给增加伴随资本利率的下降，资本流出压力增大，客观上对欧元汇率形成贬值压力。另一方面，宽松货币政策有助于促进欧盟经济增长，促进社会对欧盟经济前景的积极预期，资本回流欧洲的动力增强，结果有助于欧元汇率的稳定或者升值。

3. "多米诺骨牌效应"是英国脱欧事件影响欧元汇率的综合机制

分析英国脱欧对欧元汇率的影响不应局限于事件本身，而应进一步理解其脱欧根源，研判其他国家是否会因此出现类似的事件。《里斯本条约》第50条指出，任何成员国都可以根据本国宪法的要求退出联盟。决定脱离欧盟的成员国应将退欧的意向通知欧洲理事会，根据欧洲理事会提供的指导方针，欧盟在考虑到这个国家与联盟未来关系框架的基础上与这个国家谈判并缔结协议，就它退出的问题作出安排。这表明除了英国可能脱欧之外，其他国家也有机会出现类似情形，这就是英国脱欧事件影响欧元汇率的综合机制，即是否会出现"多米诺骨牌效应"？

要回答上述问题，难以回避的是理解英国为何要脱欧的原因。尽管外界关于英国脱欧根源的认识并不一致，但普遍认为英国在欧盟未获得期望的回报，可能成为脱欧的重要原因。这表面上是英国在欧盟权利与义务不对等的问题，深层次体现为欧盟发展过程中面临着不平衡的挑战越发突出的难题。但这一问题不仅仅体现在英国与欧盟的关系上，近年来希腊债务危机持续震荡，欧元区债务高位运行局面未能逆转，南欧多国高福利造成的财政压力未能显著缓解，欧元区成员国外部收支失衡问题未能持续改善，部分成员国失业率居高不下，劳动力市场不灵活问题突出，诸多事实显示欧洲面临着深层次的结构矛盾，欧盟内在不平衡的挑战尤其突出。

欧盟亟待进行深层次结构性改革以解决潜在问题，欧债危机倒逼欧盟加速推进一体化改革，欧盟积极推动构建欧洲银行业联盟、推动欧洲财政联盟的谈判，虽然深化一体化改革从理论上有助于"欧联邦"的构建，由此将为欧盟不平衡所引发的挑战提供应对之策，提升欧洲经济整体竞争力。但类似欧洲财政联盟等谈判必然涉及各成员国的主权让渡问题，这注定这种改革的长期性与复杂性，欧洲短期经济结构改革路径亟待创新。在此背景下，当前欧洲央行宽松持续加码，可能使得欧洲经济更加仰仗央行的"放水"，促使成员国一体化改革的诉求减弱，客观上导致欧洲长期增长动力的缺失，无助于欧洲困局的解决。

在经济处于不断扩张的时期，欧盟不平衡的问题容易得到缓解，毕竟增量的蛋糕可以促使相关各方看到希望。但当前欧盟经济面临着放缓的迹象，不太平衡问题有可能越发突出。在此背景下，英国如果顺利脱欧，英国经济如果继续保持稳定发展，英国社会矛盾如果得到逐步缓解，那么不排除意大利、希腊等面临困境的国家也可能效仿英国诉诸脱欧手段。意大利、希腊等国家在金融危机以来都有过脱欧的动议，如果这些国家出现脱欧的类似情形，那么"多米诺骨牌效应"引发对欧元汇率的影响就值得高度关注。毕竟意大利及希腊等国家使用的就是欧元，它们的退出意味着欧元完整性将遭受冲击，那么欧元的潜在问题大幅升级的风险将值得重点关注。

资料来源：陈建奇. 英国脱欧对欧元的影响 [J]. 学习时报，2019年9月20日.

讨论题：英国脱欧对欧洲货币体系有何影响？

【本章思考题】

1. 试比较金币本位制与金块本位制的异同。
2. 试论述布雷顿森林体系产生与崩溃的主要原因。
3. 试论述牙买加货币体系的功效与缺陷。
4. 亚洲可否实现区域货币一体化？
5. 欧元国际货币地位逐渐增强的表现有哪些？

【在线测试题】

扫描书背面的二维码，获取答题权限。

第4章 汇率制度

【学习目标】

通过本章学习,学员应该能够:
1. 了解汇率制度的概念和内容;
2. 了解固定汇率制度、浮动汇率制度的概念以及分类;
3. 理解国家选择汇率制度的影响因素;
4. 了解人民币汇率制度的形成与发展;
5. 理解人民币的可兑换以及国际化。

开篇导读：全球疫情与人民币汇率及国际化

2020年年初,受新冠肺炎疫情的影响,国际金融市场巨震。疫情导火索叠加石油价格重挫,引发经济衰退担忧,全球股市接连熔断,美债收益率飙升。人民币汇率也呈现大起大落之势,从走弱到企稳,再到被动贬值,波动区间为6.84至7.13。但相较其他新兴市场货币,人民币表现相对稳健。

这一次人民币的贬值,实际上是由于美元的被动升值造成的,美元的升值主要源于油价的下跌。我们通过严谨的实证研究发现,人民币是英镑和欧元的避险货币;该避险属性虽然与参考美元和汇率干预有一定关系,但更重要的则是中国经济基本面强有力和有效政策的支撑。近期,虽然人民币兑美元略有贬值,但人民币兑英镑和欧元汇率收盘价却分别升值,这足以说明人民币的避险能力。未来随着疫情蔓延和油价回升,美元会再次贬值,人民币将成为受全球欢迎的避险货币。

决定人民币汇率变化的因素有短期和长期之分。短期因素,主要源于货币之间的互相参照作用。虽然各国股市剧烈波动,但是汇率的波动却不像股市和其他资产那样剧烈,这由于人民币、欧元、美元、英镑、日元之间是互相参照的。决定人民币汇率的长期因素,主要分为核心通胀率和非核心通胀率。过去,我们主要关注核心通胀率以及影响核心通胀率的巴萨效应,对非核心通胀率的关注度不够,非核心通胀率的变动源自外部冲击,而这次疫情主要影响的是非核心通胀率。因此,要维持人民币汇率稳定还要注重非核心通胀率的问题。

汇率服务实体经济是"硬道理",处理好币值稳定与汇市波动也是一门学问。改革开放数十年的人民币汇率总体还是有利于中国企业竞争力的。未来完善人民币汇率形成机制也将是动态的,不会是"一劳永逸"的。当前,我们还要完善人民币汇率中间价问题。同时,人民币已经显现出"隐性锚"的功能。对五大SDR篮子货币"隐形锚"指数研究显示,人民币"隐性锚"指数达到了26%,高于日元(8%)、英镑(6%)和欧元(22%),仅次于美元(38%),这说明在条件允许的情况下,未来人民币一定可以成为与美元、欧元"三足鼎立"的国际货币。

(资料来源:①全球疫情冲击之下,人民币汇率怎么走?,http://finance.sina.com.cn/wm/2020-04-23/doc-iircuyvh9363806.shtml。

②丁剑平:全球疫情蔓延与人民币汇率及国际化,https://finance.sina.cn/forex/hsxw/2020-05-06/detail-iirczymk0202163.d.html。)

4.1 汇率制度概述

4.1.1 汇率制度的含义

汇率制度（exchange rate regime）是指各国或国际社会对于确定、维持、调整与管理汇率的原则、方法、方式和机构等所进行的系统规定。货币汇率及其变动对一国经济的各方面都会产生不同程度的影响，如果没有必要的制度约束，不利于世界经济和贸易的发展。为了维护各国的共同利益，促进国际贸易和国际金融的持续发展，有必要在世界范围内形成各国共同遵守的汇率制度，即国际汇率制度。

4.1.2 汇率制度的内容

汇率制度的内容包括：

（1）确定汇率的原则和依据，如以货币本身的价值为依据，还是以法定代表的价值为依据等；

（2）维持与调整汇率的办法，如是采用公开法定升值或贬值的办法，还是采取任其浮动或官方有限度干预的办法；

（3）管理汇率的法令、体制和政策等，如各国外汇管制中有关汇率及其适用范围的规定；

（4）制定、维持与管理汇率的机构，如外汇管理局、外汇平准基金委员会等。

4.1.3 汇率制度的分类

1. 传统的分类

传统的分类方法是按照货币之间兑换的比率是否固定，将汇率制度分为固定汇率制度和浮动汇率制度两类。

2. IMF 的分类

国际货币基金组织（IMF）作为管理国际货币和汇率制度的官方机构，其有关汇率制度分类方法一直为成员国所沿用和遵守。IMF 的分类方法也是法定分类方法，即以一国政府对其汇率制度的公开承诺为依据进行的分类。但由于各国实际的汇率行为与其公布的汇率制度出现了偏差，因此，IMF 也公布了各国实际实施的汇率制度，即实际分类。IMF 每年会发布《汇兑安排与汇兑限制年报》，对各国名义汇率和实际汇率制度进行公布。

IMF 在 1997 年、1999 年和 2009 年对汇率制度分类进行了修改，之后逐年进行微调，汇率制度种类不断细化。其中，1999 年的法定分类基本也被看成是实际分类。1999 年的汇率制度分类包括：无法定独立货币的汇率安排（exchange arrangement with no separate legal tender）、货币局制度（currency board arrangement）、传统钉住汇率安排（conventional fixed arrangement）、水平区间钉住汇率制（pegged exchange rates within horizontal band）、爬行钉住（crawling pegs）、爬行区间汇率（crawling bands）、无事先确定路径的管理浮动制度（managed floating with no predetermination path for the exchange rate）和独立浮动（independent floating）。2009 年汇率制度分类修订后，新增了浮动（floating）和

自由浮动（free floating），以取代管理浮动和独立浮动；新定义了稳定安排制（stabilized arrangement）或类似钉住（peg-like）、类似爬行安排制（crawl-like arrangement）以及其他管理汇率制度（other managed arrangement）。

IMF 这一分类方案的基础是汇率弹性程度，以及各类正式和非正式的对汇率变化路径的承诺，同时与货币政策框架联系在一起。2019 年 IMF 对汇率种类进行了微调后，在 AREAER 中公布了共 10 种汇率制度：无独立法定货币制（exchange arrangement with no separate legal tender）、货币局制（currency board arrangement）、传统钉住制（conventional peg arrangement）、稳定安排制（stabilized arrangement）、爬行钉住制（crawling pegs）、类似爬行安排制（crawl-like arrangement）、水平区间钉住汇率制（pegged exchange rates within horizontal bands）、浮动制（floating）和自由浮动制（free floating）、其他管理安排制（other managed arrangement）。

（1）无独立法定货币制。国家完全放弃了自己的货币，而且不是和亲密的贸易伙伴共同使用一种货币，而是直接使用美元，即美元化制度（dollarization），如拉美的巴拿马。这种制度的缺点是没有了自己独立的利率和汇率政策来适应国内情况。美元化制度一般都是在公民对中央银行完全失去信心，也不期望中央银行将来会变好的情况下才实行的。

（2）货币局制。货币局制是指在法律中明确规定本国货币与某一外国可兑换货币保持固定的交换率，并且对本国货币的发行作特殊限制以保证履行这一法定义务的汇率制度。货币局制通常要求货币发行必须以一定的（通常是百分之百）该外国货币作为准备金，并且要求在货币流通中始终满足这一准备金的要求。这一制度中的货币当局被称为货币局，而不是中央银行。货币局制中，除了有政府承诺外，还有一个机制来维持固定汇率。目前，实行货币局制的有中国香港、阿根廷、波黑、文莱、保加利亚、爱沙尼亚、立陶宛和吉布提等国家和地区。

扩展阅读 4.1
香港联系汇率制
扫描此码 阅读文献

（3）传统钉住制。一国以一个固定汇率将其货币钉住另一种货币或钉住一篮子货币（货币锚或篮子是公开或事先告知 IMF 的），货币当局通过外汇买卖直接干预或者运用利率政策、外汇管理、道德规劝等间接干预维持固定平价。这一制度并不承诺永久保持平价，但汇率波动幅度限制在 $\pm 1\%$ 的范围内波动，或者即期外汇市场汇率波动幅度要小于 $\pm 2\%$，且至少 6 个月。这一制度下货币政策比无独立法定货币制和货币局制的情况要灵活。

（4）稳定安排制。稳定安排制又称为类似钉住（peg-like）制度，即无论是对单一货币还是对货币篮子，即期外汇市场汇率的波动幅度要保持在 $\pm 2\%$ 以内，且 6 个月以上。同时，这一结果是由政府官方干预形成的，但不意味着是国家当局的政策承诺。因此，这一制度不是浮动制度。

（5）爬行钉住制。爬行钉住是一国政府按预先宣布的固定范围对汇率做较小范围的定期调整或对选取的定量指标的变化进行定期的调整，使汇率逐步趋向目标水平的汇率制度安排。这种汇率制度特点是规定货币平价，但货币平价可以经常的或间隔一定时间的（如每个月）调整，调整的时间和幅度都是随意确定的。爬行钉住制在 20 世纪 60 年代以后引起了国际社会的广泛重视，自那时起，一些国家相继采用了这一制度，如智利（1965—

1970年，1973—1979年），韩国（1968—1972年）等。

（6）类似爬行安排制。该汇率制度要求汇率以统计意义上的趋势保持在2%以内波动幅度运行至少6个月，且无法被认定为浮动汇率制。通常，要求最小的变化率大于稳定化安排所允许的变化率。如果年变化率为1%以上，只要汇率是以一个充分单调合格持续的方式升值或贬值，也将被认定为类爬行安排制度。

（7）水平区间钉住汇率制。该制度要求一国汇率要围绕一个固定的中心汇率将货币价值维持在特定范围内（至少1%）波动，或汇率波动幅度超过2%。如同传统的钉住汇率制度一样，可以参考单一货币或参考货币篮，但要公开或事先告知IMF。如1999年前的欧洲货币体系汇率机制（ERM）中的汇率制度。

（8）浮动制。浮动制下的汇率在很大程度上由市场决定，不存在一个确定或可预设的汇率路径。这一制度下，汇率波动的幅度取决于经济冲击的程度，同时，允许直接或间接干预外汇市场，但这一干预应是防止汇率波动过度，而不能是以达到某一特定汇率水平为目标。若类似钉住制或类似爬行制明确其汇率稳定且不是官方行为的结果，也被归类为浮动制度。

（9）自由浮动制。自由浮动汇率由外汇市场决定，汇率干预只是偶然发生，且干预的目的是为了应对无序的市场状况，并且货币当局要向IMF提供干预信息和数据证明，此前6个月中的干预不超3次，且每次干预持续不超3个工作日。若无法向IMF提供证明，则被归类为浮动制。

（10）其他管理安排制。当一国汇率制度无法归类到以上九类汇率制度时，将被归类到其他管理安排制。在IMF历年分类中，1975年被称为独立浮动（independently floating）；1997年被归类为无事先确定路径的管理浮动制度（managed floating with no predetermination path for the exchange rate）；2009年将干预程度较高的一部分管理浮动汇率制度转为其他管理安排制。

IMF在2019年AREAER年报，将上述10种汇率制度划分为四大类：硬钉住（hard peg）制度（无独立法币制和货币局制），软钉住（soft peg）制度（传统钉住制、稳定安排制、爬行钉住制、类似爬行安排制和规定波动幅度的钉住汇率制），市场决定汇率制度（浮动制和自由浮动制）、其他制度（其他管理安排制）。硬钉住即为固定汇率制度，而软钉住则是部分国家名义上是钉住汇率制度，但因有通货膨胀倾向，而事实上实施的是类似于有弹性的汇率制度。世界各国汇率制度归类情况如表4-1所示。

表4-1 IMF的汇率制度

汇率制度分类		国家数量	实施国家数量占IMF成员比重		
类别	种类	2018	2013	2015	2018
硬钉住	无独立法定货币制	13	6.8	6.8	6.8
	货币局制	11	6.3	5.8	5.7
软钉住	传统钉住制	43	23.6	23	22.4
	稳定安排制	27	9.9	11.5	14.1
	爬行钉住制	3	1	1.6	1.6
	类似爬行安排制	15	7.9	10.5	7.8
	水平区间钉住汇率制	1	0.5	0.5	0.5

续表

汇率制度分类		国家数量	实施国家数量占 IMF 成员比重		
市场决定汇率	浮动制	35	18.3	19.4	18.2
	自由浮动制	31	15.7	15.7	16.1
其他制度	其他管理安排制	13	9.9	5.2	6.8

资料来源：International Monetary Fund. 2019. Annual Report on Exchange Arrangements and Exchange Restrictions 2018. Washington，DC：IMF.

4.2 固定汇率制度

4.2.1 固定汇率制度的含义

固定汇率制度（fixed exchange rate system）是一种将本国货币与外国货币之间的兑换率或汇率稳定在一定的水平上，并保持其变动幅度相对固定的汇率制度。这一定义包含着两层含义，一是货币之间相互兑换的比率是相对稳定的；二是汇率变动的幅度也是相对固定的。

4.2.2 固定汇率制度的分类

1. 金本位制下的固定汇率制度

金本位制就是以黄金为本位币的货币制度。在金本位制下，每单位的货币价值等同于若干重量的黄金（即货币含金量），金本位制于 19 世纪中期开始盛行。在历史上，曾有过三种形式的金本位制：金币本位制（gold specie standard）、金块本位制（gold bullion standard）、金汇兑本位制（gold exchange standard），其中金币本位制是最典型的形式。

（1）金币本位制度下的固定汇率制度。金币本位制度是金本位货币制度的最早形式。在金币本位制度下，各国都以法律形式规定每一单位金币所含有的黄金重量和成色。金币或货币含有的黄金重量和成色叫做含金量，也称为金平价（gold par）。两国货币含金量之比为铸币平价（mint parity）。铸币平价或两种货币含金量之比是决定两种货币兑换率的物质基础和标准。如 1925—1931 年，英国货币 1 英镑的重量为 123.274 47 格令，成色为 22 开金；美国货币 1 美元的重量为 25.8 格令，成色为 90%，则：

$$1 \text{ 英镑的含金量为 } 123.174\ 47 \times 22/24 = 113.001\ 6 \text{ 格令}$$
$$1 \text{ 美元含金量为 } 25.8 \times 90\% = 23.22 \text{ 格令}$$

英镑与美元的铸币平价为 113.001 6/23.22=4.866 5

这说明 1 英镑的含金量是 1 美元含金量的 4.866 5 倍，因此，1 英镑 =4.865 5 美元。

然而，由铸币平价决定的基础汇率，是法定汇率或名义汇率，而不是实际汇率。由于受外汇供求关系的影响，实际汇率有时要高于或低于铸币平价，与基础汇率略有差异。但是，实际汇率一定不会偏离铸币平价太远，或者说金本位下的汇率或由铸币平价决定的汇率是比较稳定的。

原因在于，在金本位制下，各国间债权债务可通过两种方式进行清算：一是非现金结算，即采用汇票等手段；二是现金结算，即直接运送黄金。因此，受供求关系影响的实际汇率就不会偏离铸币平价太远，总是在一定的界限或范围之内围绕铸币平价上下波动。而这个界限或范围是由黄金输送点（gold transport point）决定或左右的。如果由于汇率变动而使以外币结算方式进行交易的某一方不利时，交易的这方就可以采用直接运进黄金的办法来结算，这样也就约束了汇率的波动幅度。然而，运送黄金是需要费用的，如运费、包装费、保险费及运送期间的利息等。那么，铸币平价加上或减去黄金的费用就是英镑和美元两种货币的黄金输送点。

上例中，假定在英国和美国之间运送1英镑黄金的费用为0.03美元，当美国对英国有国际收支逆差，美国对英镑的需求增加时，促使英镑升值，若1英镑的汇价高于4.896 5（4.866 5+0.03）美元，美国债务人就会认为购买外汇不合算，而宁愿在美国购买黄金运送到英国偿还其债务，因为这样只需4.896 5美元。4.896 5美元就是美国对英国的黄金输出点，汇率的波动不可能走出这个点；反之，汇率的波动也不可能低于黄金输入点。

在金币本位制下，汇率波动的规则是：汇率围绕铸币平价，根据外汇市场的供求状况，在黄金输出点与输入点之间上下波动。当汇率高于黄金输出点或低于黄金输入点时，就会引起黄金的跨国流动，从而自动地把汇率稳定在黄金输送点所规定的幅度之内。可见，黄金输送点限制了汇率的波动幅度，在这种汇率制度下，只要各国不改变本国货币的法定含金量，各国货币之间的汇率就会长期稳定。

黄金的输出与输入使外汇市场上的供求趋于平衡，并使汇率在一定幅度内波动，这就是金币本位制下汇率波动的自动调节机制。这个自动调节机制由英国经济学家大卫·休谟（David Hume，1752）最早提出，又称为黄金—物价—国际收支调节机制。其原理是：当一国的国际收支持续发生逆差，外汇汇率涨至黄金输出点，造成黄金外流时，该国的货币供给减少，通货紧缩，物价下跌，进而提高其商品的国际市场竞争能力，于是出口增加，进口减少，促使国际收支达到均衡。反之，当一国的国际收支持续发生顺差，外汇汇率跌至黄金输入点，造成黄金内流时，该国的货币供给增加，通货扩张，物价上涨，进而降低其商品的国际市场竞争能力，于是出口减少，进口增加，促使国际收支达到均衡。换言之：国际收支的失衡引起黄金的外流与内流，而黄金的流动会引起物价水平的相对变化，导致出口与进口规模的相对增减，结果使两国间的国际收支自动达到均衡状态。

要特别指出的是，汇率围绕铸币平价，根据外汇市场供求状况，在黄金输出点与输入点之间上下波动的规则，只能在完全的金本位制度——金币本位制下发挥稳定汇率的作用。第一次世界大战爆发后，许多国家的货币发行不受黄金储备的限制，通货膨胀严重，现钞的自由兑换和黄金的自由流动等"货币纪律"遭到破坏，金币本位制陷于崩溃，各国相继实行金块本位制或金汇兑本位制。

（2）金块本位制和金汇兑本位制下的汇率制度。金块本位制是以金块办理国际结算的变相金本位制，亦称金条本位制。在该制度下，由国家储存金块，作为储备；流通中各种货币与黄金的兑换关系受到限制，不再实行自由兑换，但在需要时，可按规定的限制数量以纸币向本国中央银行无限制兑换金块。这种货币制度实际上是一种附有限制条件的金本位制。因此，在金块本位制下，黄金已经很少直接充当流通手段，金块的绝大部分由政府所掌握，其自由输入输出受到影响。

金汇兑本位制下，国内只流通银行券，银行券不能兑换黄金，只能兑换实行金块或金本位制国家的货币，国际储备除黄金外，还有一定比重的外汇，外汇在国外才可兑换黄金，黄金是最后的支付手段。实行金汇兑本位制的国家，要使其货币与另一实行金块或金币本位制国家的货币保持固定比率，通过无限制地买卖外汇来维持本国货币币值的稳定。在金汇兑本位制度下，日常生活中黄金不再具有流通手段的职能，输出、输入受到了极大限制。

在这两种货币制下，货币汇率由纸币所代表的金量之比决定，称为法定平价。实际汇率因供求关系而围绕法定平价上下波动。这时，汇率波动的幅度不再受制于黄金输送点。政府通过设立外汇平准基金来维护汇率的稳定，当汇率上升时出售外汇，汇率下降时买进外汇，以此使汇率的波动局限在允许的幅度内。但与金币本位制时相比，此时汇率的稳定程度已降低了。

在这两种本位制下，两国货币实际代表的含金量之比还是决定汇率的价值基础。但现钞的兑换和黄金的流动不再自由，因此金本位制度已经残缺不全，并失去了汇率稳定的基本条件。1929—1933年世界性的经济危机爆发后，残缺不全的金本位制度迅速瓦解。不久，各国普遍实行了纸币流通制度。

2. 纸币流通下的固定汇率制

按马克思的货币理论，纸币只是充当了由国家发行、强制流通和不可兑现的货币符号。在与黄金脱钩的纸币本位制下，纸币不再代表或代替金币流通，现钞不能自由兑换、黄金不能再进入流通，相应地，金本位制度下的黄金输送点和铸币平价也不复存在，金平价也不再成为决定汇率的基础，但货币交换的比例，即汇率依然有它的价值基础，而且受外汇市场供求状况的影响。

在实行纸币流通制度的早期阶段，各国一般都规定过纸币的金平价，即纸币名义上或法律上所代表的金量。纸币作为金的符号，执行金属货币的职能，因而也就代表了一定的价值。如果纸币实际代表的金量与国家规定的含金量一致，则金平价无疑是决定两国货币汇率的价值基础。但在现实生活中，由于纸币不能与黄金兑换，其发行又不受黄金准备限制，纸币发行总量往往超过由流通所需金量按金平价决定的数量，这就使得纸币实际代表的金量与国家规定的含金量相背离。因此，名义或法律上的金平价已不能作为决定两国货币交换比例的价值基础，取而代之的是纸币所实际代表的金量。

随着纸币流通制度的演进，纸币的金平价与其实际代表的金量相互脱节现象日趋严重，在这种情况下，纸币所实际代表的金量很难确定。与此同时，由于纸币代表一定的金量，一定金量的价值又可反映在一系列的商品上，人们更直观地把单位纸币所代表的价值视为单位货币同一定商品的交换比例，即商品价格的倒数或纸币的购买力。实际经验也表明，在两国社会生产条件、劳动力成本和商品价格体系十分接近的情况下，通过比较两国间的物价水平或比较两国纸币的购买力，可以较为合理地决定两国货币交换的汇率。在纸币流通制度下，纸币是价值的一种代表，两国纸币之间的汇率便可用两国纸币各自所代表的价值量之比来确定。因此，纸币所代表的价值量是决定汇率的基础。

同时，由于人为的制度安排，汇率的波动也是有一定规则的。在纸币流通制下，汇率以两国货币所代表的价值量为基础，随着外汇市场供求关系的变化而变化。特别是在货币与黄金相对分离，黄金—物价—国际收支运作的机制基本失灵的现实生活中，外汇市场供求的力量在很大程度上决定了汇率的实际水平。西方经济学家认为：当外汇供不应求时，外汇汇率上升；当外汇供过于求时，外汇汇率下降；当外汇供求相等时，外汇汇率达到均衡；实际汇率由外汇市场供给与需求的均衡点所决定。

4.2.3 固定汇率制的特点

1. 金本位制下固定汇率制的特点

（1）金本位制下是长期不变的固定汇率制度，即货币之间的兑换率保持长期固定，一般不调整相互兑换率。

（2）在金本位制下，金币用一定重量和成色的黄金铸造而成，因此，各国货币的铸币平价成为汇率确定的基础，而市场汇率则围绕铸币平价，以黄金输送点为上下限波动。

此外，在金块本位和金汇兑本位制下，流通的是由政府规定法定含金量的纸币，因此，汇率决定的基础是法定平价，市场汇率仍受市场供求关系影响，围绕法定平价上下波动。但波动的幅度与黄金输送点无关，而是以政府设立的外汇平准基金来维护汇率的稳定。

2. 布雷顿森林体系下固定汇率制的特点

布雷顿森林体系实行的是可调整的钉住汇率制，这一制度是"双挂钩制"，即美元与黄金挂钩，其他国家货币与美元挂钩。

布雷顿森林体系下固定汇率制的特点表现为以下两点。

（1）根据 IMF 协议，1 盎司黄金兑换 35 美元为官价，美国政府承担按此官价向各国政府或中央银行兑换黄金的义务，各成员国应公布各自货币按黄金或美元来表示的对外平价。

（2）各国央行或货币当局有义务维持市场汇率只能在法定汇率上下各 1% 的幅度内波动，如果汇率的波动超过这一幅度，各成员国政府就有责任对外汇市场进行干预，直接影响外汇的供给与需求，以保持汇率的相对稳定。

4.2.4 固定汇率制的优缺点

1. 固定汇率制的优点

（1）固定汇率制下的汇率波动较小。由此导致的国际市场价格波动小，外贸成本和对外投资损益的确定性增加，风险减小，使人们愿意缔结长期贸易契约和进行长期国际投资，促进国际商品流通和资金借贷，因此，固定汇率有利于国际贸易和国际投资发展。

（2）固定汇率制由于汇率稳定，不易引发投机活动，也不易导致货币战加剧，有助于缓解国际经济关系的矛盾。

（3）固定汇率有利于一国控制通货膨胀。固定汇率制下稳定的汇率水平，不会导致商品因汇率波动而带来的进口成本的变化。相比浮动汇率制度，固定汇率制度更有利于稳定物价水平。

此外，固定汇率制的实施有利于一国进行外债管理的简化，且风险较小，这尤其对于发展中国家更为有益。

2. 固定汇率制的缺点

（1）固定汇率制对于一国国际储备可能不利。在固定汇率制下，各国有义务维持本国货币汇率的稳定性，一旦汇率波动超出上下限，各国政府必然要动用本国外汇储备以维持汇率稳定，而这将造成该国外汇储备的流失。

（2）失去货币政策的独立性。与浮动汇率不同，固定汇率容易导致本币币值高估，削弱本地出口商品竞争力，引起难以维系的长期经常项目收支失衡，而一国货币当局又不能通过汇率浮动对国际收支失衡进行调节,也就是说,在固定汇率制下,各国无法独立地使用自己的相关政策,促使经济恢复平衡。

(3)容易引起国际性的通货膨胀传播。在固定汇率制度下,国外的通货膨胀可能会通过进口贸易渠道,引发本国商品和服务价格的上涨,而由于本国汇率固定,不能通过汇率波动来抵消进口物价的上涨,从而引发通货膨胀的国际性传播。如1971年至1972年发生的国际性的通货膨胀,就是同固定汇率制密切相关的。

此外,在固定汇率制下,汇率不会因国际收支失衡等进行调整,有可能会出现币值与汇率的背离,这对硬通货可能造成一定的冲击。

4.3 浮动汇率制

4.3.1 浮动汇率制的含义

浮动汇率制是指一国政府不规定本币与外币的黄金平价和汇率上下波动的界限,货币当局也不再承担维持汇率波动界限的义务,汇率随外汇市场供求关系变化而自由上下浮动的一种汇率制度。1972年以美元为中心的固定汇率制崩溃之后,各国相继采取了浮动汇率制度,但是在汇率"自由浮动"的程度上,浮动汇率有着不同的类型。

4.3.2 浮动汇率制的分类

1. 按政府是否干预分类

(1)自由浮动。自由浮动又称为清洁浮动(clean float),它是指政府不采取任何干预汇率的政策措施,完全听任外汇供求状况决定本国货币与外国货币之间的汇率或比价。这是浮动汇率最为典型的制度,也是一种理论假设,但在现实中很少有国家实施。

(2)管理浮动,又称"肮脏浮动"(dirty float),是指一国货币当局为使本国货币对外的汇率不致波动过大或使汇率向着有利于本国经济发展的方向变动,通过各种方式,或明或暗地对外汇市场进行干预。为此,货币管理当局经常采取的措施是在外汇市场上参与外汇买卖,以保持汇率稳定,通过调整银行利率和外汇管制来控制本国外汇市场的供求。目前,世界上实行浮动汇率制的国家大都采取此种制度,中国采取的汇率制度就是有管理的浮动汇率。

2. 按浮动形式分类

(1)单独浮动。单独浮动是指一国货币不与任何外国货币形成固定比价,其汇率根据外汇市场的供求状况实行浮动。采用这种浮动方式的有美国、日本、英国等58个国家。

(2)联合浮动。它是指几个国家出于发展相互经济关系的需要而达成协议,建立稳定的货币区,参加这个稳定货币区的成员国之间实行固定汇率,允许它在规定的范围内浮动,超过这个范围各国中央银行有义务进行干预,而对货币区以外国家的货币则实行联合自由浮动。这种浮动形式是由1973年3月欧洲共同体的六个国家(法国、联邦德国、荷兰、卢森堡、比利时、丹麦)以及非共同体的瑞典和挪威共同建立联合浮动集团开始实行的,它规定成员国货币之间仍保持固定汇率,其波动幅度限制在2.25%以内。当两个成员国之间的货币汇率超出这个限度时,两国中央银行就有义务进行干预。对于成员国货币与其他国家货币之间的汇率则任其受市场供求关系而自行上下浮动，不加干预，但其浮动幅度保持大致相同。英国的英镑和意大利的里拉虽曾一度加入这个联合浮动体系，但在 1992 年 9 月份的欧洲金融市场动荡中退出。

3. 按浮动的方式分类

（1）钉住汇率制，即将本币按固定比价同一种货币或特别提款权或其他组合（复合）货币单位相联系，并随之浮动。根据锚定货币不同，又有钉住某一种货币（pegged to a single currency）和钉住"一篮子"货币（pegged to a basket of currencies）之分。

①钉住某一种货币。因历史、地理等诸方面原因，有些国家的对外贸易、金融往来主要集中某一工业发达国家，或主要使用某一外国货币。为使这种贸易、金融关系得到稳定发展，免受相互间汇率频繁变动的不利影响，这些国家通常使本币钉住该国家的货币。例如，一些美洲国家的货币钉住美元浮动；一些前法国殖民地国家的货币钉住法国法郎浮动等。

②钉住"一篮子"货币。"一篮子"货币通常是由几种世界主要货币或由与本国经济联系最为密切的国家的货币组成的。特别提款权（SDRs）是一种最有名的一篮子货币，它最初由美元、日元、英镑、马克和法国法郎五种货币按不同的比例构成，其价格随着这五种货币的汇率变化每日都进行调整，由国际货币基金组织逐日对外公布。其他"一篮子"货币的货币构成都是由实行钉住政策的国家自由选择和调整的。

这种浮动有两个特点，一是保值；二是波动幅度小，汇率走势稳定。实行这种汇率制度的主要目的是为避免本国货币受某一国货币的支配。如我国 2005 年 7 月实行的汇率制度就是钉住"一篮子"货币形式的有管理的浮动汇率制度。

（2）弹性浮动制，即汇率波动不受幅度的限制，以独立自主的原则进行汇率调整。

①根据一套指标浮动，指标因国而异，但大都是以本国的外汇储备、国际收支状况、消费物价指数及与本国贸易关系密切的有关国家物价变动的情况等作为调整本国货币汇率浮动的依据。目前，实行这种制度的国家有智利、厄瓜多尔、尼加拉瓜三个国家。

②较灵活的管理浮动，指一国政府对汇价的制定与调整有一定程度的干预。但这种浮动方式常常达不到预期效果，从而使汇率处于持续的波动之中。采用这种浮动方式的有中国、新加坡、韩国等 32 个国家。

（3）汇率目标区制，即一国货币的汇价钉住某一种货币或一组货币浮动，但与钉住货币之间的汇率规定了上下浮动幅度。

①钉住某一货币浮动。它的最大特点在于允许有一定的波动幅度，这个幅度必须维持在所钉住货币汇率的 2.25% 范围内（超过这个幅度即为较高弹性），这与"钉住某一货币"型不同，后者是不存在汇价波动的幅度问题，即使有波动，其幅度也非常小，一般不超过上下限的 1.0%。

②联合浮动（joint float）或整体浮动，是指几个国家出于发展相互经济关系的需要而达成协议，建立稳定的货币区，参加这个稳定货币区的成员国之间实行固定汇率，允许它在规定的范围内浮动，超过这个范围各国中央银行有义务进行干预，而对货币区以外国家的货币则实行联合自由浮动。这种浮动形式是由 1973 年 3 月欧洲共同体的六个国家（法国、联邦德国、荷兰、卢森堡、比利时、丹麦）以及非共同体的瑞典和挪威共同建立联合浮动集团开始实行的，它规定成员国货币之间仍保持固定汇率，其波动幅度限制在 2.25% 以内。

当两个成员国之间的货币汇率超出这个限度时，两国中央银行就有义务进行干预。

4.3.3 浮动汇率制的特点

（1）汇率波动频繁且幅度变化剧烈。在浮动汇率制下，汇率价格由市场供求决定，各国不需要维持汇率稳定，因此，汇率波动频繁且幅度变化剧烈。有时波动幅度一周之内能达到 10% 以上，若是此时出现政治或经济形势的变动，汇率的波幅更大。

（2）国际储备货币呈多元化趋势发展。在浮动汇率制下，国际贸易和金融交易计价结算仍以美元为主，美元是主要国际储备货币，但随着美元危机的频繁爆发，以及西欧、日本等国家经济实力的迅速增强，美元地位有所下降，而欧元、日元等货币的国际货币地位逐步加强，且在各国外汇储备中的占比逐渐增加。另外，IMF 于 1969 年创建的特别提款权（SDR），逐步成为国际储备的重要构成之一。储备货币多元化的格局逐步形成。

（3）多种汇率制安排并存。2019 年 IMF 的《汇兑安排与汇兑限制年报（AREAER）》中公布的 2018 年 192 个国家和地区实际实施的汇率制度共 10 种：无独立法定货币制（13 个，6.8%）、货币局制（11 个，5.7%）、传统钉住制（43 个、22.4%）、稳定安排制（27 个、14.1%）、爬行钉住制（3 个、1.6%）、类似爬行安排制（15 个、7.8%）、规定波动幅度的钉住汇率制度（1 个、0.5%）、其他管理安排制（13 个、6.8%）、浮动制（35 个、18.2%）和自由浮动制（31 个、16.1%）。除固定汇率制（硬钉住）外，中间汇率和浮动汇率占了 87.5%。

4.3.4 浮动汇率制的优缺点

1. 浮动汇率制的优点

（1）可以促进自由贸易，提高资源配置的效率。在浮动汇率制度下，各国可以根据市场供求不断调整汇率，使得一国的国际收支自动达到均衡，一国就可以避免在固定汇率制下为维持国际收支平衡而采取的直接管制措施，从而避免了资源配置的扭曲，提高经济效率。

（2）浮动汇率制下，各国货币当局没有义务维持货币的固定比价。当本币汇率下跌时，不必动用外汇储备去购进被抛售的本币，这样可以避免这个国家外汇储备的大量流失，使更多的外汇能用于本国的经济建设。

（3）有利于国内经济政策的独立性。浮动汇率制使各国可以独立地实行自己的货币政策、财政政策和汇率政策。在浮动汇率制下，通过汇率杠杆对国际收支进行自动调节，在一国发生暂时性或周期性失衡时，一定时期内的汇率波动不会立即影响国内的货币流通，一国政府不必急于使用破坏国内经济平衡的货币政策和财政政策来调节国际收支。

（4）避免国际性的通货膨胀传播。在浮动汇率制下，国外通货膨胀只能促使本国货币的汇率上升，从而抵消国外通货膨胀对国内物价的直接影响，将外国的通货膨胀隔绝在外。在浮动汇率制下，若一国国内物价普遍上升，通货膨胀严重，则会造成该国货币对外货币汇率下浮，该国出口商品的本币价格上涨便会被汇率下浮抵消，出口商品折成外币的价格因而变化不大，从而贸易伙伴国就少受国外物价上涨的压力。

（5）在浮动汇率制下，汇率因国际收支、币值的变动等频繁调整，不会使币值与汇率严重背离，某些硬通货受到巨大冲击的可能性减少。

2. 浮动汇率制的缺点

（1）不利于国际贸易和国际投资。汇率波动导致国际市场价格波动，使人们普遍产生不安全感。外贸成本和对外投资损益的不确定性加大，风险加大，使人们不愿意缔结长期贸易契约和进行长期国际投资，使国际商品流通和资金借贷受到严重影响。浮动汇率导致汇率的不确定性和不稳定性，会阻碍国际贸易和国际投资的发展。

（2）浮动汇率易引发投机活动，导致汇率的不稳定。在这种制度下，汇率变动频繁且幅度大，为低买高抛的外汇投机提供了可乘之机。如1974年6月，德国最大的私人银行之一赫斯塔特银行因外汇投机损失2亿美元而倒闭，其他如美国富兰克林银行、瑞士联合银行等也都曾因外汇投机而导致信用危机。这种为牟取投机暴利而进行的巨额的、频繁的投机活动，加剧了国际金融市场的动荡。

（3）浮动汇率易导致货币战，加剧国际经济关系的矛盾。浮动汇率可能导致竞争性贬值，各国都以货币贬值为手段，输出本国失业，或以它国经济利益为代价扩大本国就业和产出，这就是以邻为壑的政策。例如，从1980年第四季度起，美元汇率上浮，到1983年9月，美元对10大工业国的币值平均上升了46%。实行高汇率使美国的通货膨胀率急剧下降，1979—1980年通货膨胀率高达12%～13%，1983年则降为3.9%。据估算，1981—1983年美元汇率上浮使美国通货膨胀率下降45%。当然，高汇率也不利于美国的出口，其间美国同西欧各国贸易逆差扩大，这又迫使美国加强贸易保护措施，使其与西欧和日本的矛盾和摩擦加剧。浮动汇率制度助长各国在汇率上的利己主义或各自为政，削弱金融领域的国际合作，加剧国际协调的矛盾。

（4）浮动汇率制会引起一国出现通货膨胀倾向。在浮动汇率制下，当本币贬值时，进口成本上升，物价上涨，并有可能陷入"物价上涨—本币汇率下降"的恶性循环；当本币升值时，进口成本因价格刚性而不容易下降或下降不足，则物价上涨。因此，浮动汇率制更容易招致通货膨胀。

（5）对发展中国家不利。外汇汇率上升时，发展中国家进口工业制成品价格将随之上涨，而这些产品又是发展中国家经济建设所必需，进口成本上升。外汇汇率下跌时，出口初级产品价格下跌，而初级产品需求弹性小，不会在价格下跌时使外贸收入增加，贸易收支得不到改善。浮动汇率还加剧了外债管理的难度，增大了风险。

4.4 汇率制度的选择

4.4.1 汇率制度的选择理论

1. 经济论

美国经济学家罗伯特·赫勒提出了"经济论"。这一理论认为，一国汇率制度的选择主要是由经济方面的因素决定的。这些因素有：经济开发程度、经济规模、进出口贸易的商品结构和地区分布、国内金融市场的发达程度及其与国际金融市场的联系程度、相对的通货膨胀率等。如果一国的对外开放程度高，经济规模小，进出口的商品结构单一（集中在某几种商品）或进出口的地区相对集中，则该国倾向于实行固定汇率制或钉住汇率制。相反，对外开放程度低，进出口商品多样化或进出口的地区分布多元化，国内通货膨胀率较高的国家,则倾向于实行浮动汇率制。

2. 依附论

发展中国家的经济学家,也集中讨论了发展中国家的汇率制度选择问题,提出了汇率选择的"依附论"。这一理论认为,由于发展中国家由于经济实力弱,外汇严重不足,外汇市场机制很不健全,出口产品单一,而且主要是初级产品,贸易地区集中,因此仍采取固定汇率制。而钉住哪一种货币则主要取决于该国的经济、政治、军事的依附关系。例如,一国的贸易主要与美国进行,并接受美国的经济援助或军事保护,则该国货币钉住美元,如巴拿马、安提瓜和巴布达等国;和法国有传统殖民地联系的非洲国家,如贝宁、喀麦隆、加蓬等国则钉住法国法郎。

4.4.2 影响汇率制选择的因素

由于汇率的特定水平及其调整对经济有着重大影响,并且不同的汇率制度本身也意味着政府在实现内外均衡目标的过程中需要遵循不同的规则,所以选择合理的汇率制是一国乃至于国际货币制度面临的非常重要的问题。影响汇率制度的主要因素如下:

1. 经济规模

经济规模较大和经济实力较强的国家往往选择弹性较大的浮动汇率制。经济规模小和经济实力较弱的发展中国家倾向于选择钉住汇率制,这主要是由于小国经济结构单一,对外依存度高,承受风险能力较差。张三宝和周宇(2014)对不同汇率制度国家的经济规模对比发现,选择固定汇率制国家的平均 GDP 规模为 290.4 亿美元,而选择自由浮动制国家的平均 GDP 规模为 17 171.5 亿美元,选择固定汇率制国家的经济规模远小于选择自由浮动汇率制国家的经济规模。

2. 经济开放度

一国经济开放度越高,汇率变化对国内经济的影响也就越大,加上经济开放度较高的国家经济规模往往较小,抵御冲击的能力较弱,因此为了防止由汇率变动对经济带来的冲击,简单而又有效的办法就是采用固定汇率。例如,中国香港就采取钉住美元的联系汇率制。

3. 经济发展水平

经济发展水平较高的国家往往选择弹性较大的浮动汇率制,而经济实力较弱的发展中国家倾向于选择钉住汇率制,原因在于,经济发展水平较高的国家,金融业相对发达,对资本管制较好,出于货币政策独立性的考虑,往往选择实施自由浮动汇率制[1]。

4. 通货膨胀率差异

长期来看,一国通货膨胀率差异较小时,适宜采用固定汇率制度;反之,若通货膨胀率差异大,则适宜采用浮动汇率制度。短期来看,低通货膨胀率的国家,适宜采用固定汇率制度,而通货膨胀率较高的国家,则适宜采用浮动汇率制度[2]。

5. 政府的信誉

通常,一国货币稳定且信誉程度较高时,则较适宜采用浮动汇率制度;反之,当政府

---

[1] 资料来源:张三宝,周宇.全球汇率制度选择的主要特征及启示[J].新金融,2017(6):19-25.
[2] 资料来源:沈国兵.汇率制度的选择:文献综述[J].世界经济,2003(12):15-24+80.

的信誉较低时，如通货膨胀，则选择钉住汇率制度较好①。

6. 金融发展水平

金融市场发育程度较高或金融国际化程度较高的国家，需要采取弹性较大的汇率制度。反之，若金融发展水平较低，与全球金融市场分割程度较大，则适宜选择钉住汇率制度。

4.4.3 汇率制度的选择方案

汇率制度的选择是复杂的，但至少要明确两个方面的内容：影响汇率决定的因素以及选择标准。从国际汇率制度选择的实践看，一国的具体情况，如整体经济发展状况、市场开放与发展程度等是主要考虑因素，但总的趋势更加灵活。张三宝和周宇（2014）总结了世界排名靠前和靠后的经济体的汇率制度选择情况，如表4-2所示，世界排名前10大经济体中，基本选择了浮动汇率制度，实行自由浮动汇率制度的国家为6个，仅有1个国家选择了其他管理汇率制度；而在世界后10大经济体中，有5个国家无本国法定货币，实施货币局制的有2个，固定汇率制度占70%。

表4-2 世界部分经济体的汇率制度选择

排名	前十国家	汇率制度	排名	后十国家	汇率制度
1	美国	自由浮动	1	图瓦卢	无独立法定货币
2	中国	爬行限副浮动	2	基里巴斯	无独立法定货币
3	日本	自由浮动	3	马塞尔群岛	无独立法定货币
4	德国	自由浮动	4	帕劳	无独立法定货币
5	英国	自由浮动	5	密克罗尼西亚联邦	无独立法定货币
6	法国	自由浮动	6	圣多美和普林西比	传统钉住
7	巴西	管理浮动	7	汤加	水平限幅浮动钉住
8	意大利	自由浮动	8	多米尼克	货币局制
9	印度	管理浮动	9	科摩罗	传统钉住
10	俄罗斯	其他管理	10	圣文森特和格林纳丁斯	货币局制

资料来源：张三宝，周宇. 全球汇率制度选择的主要特征及启示 [J]. 新金融，2017（6）：19-25.

随着国际金融环境的变化，以及各国经济的发展，汇率制度的选择将更加灵活，且呈动态转化变化。IMF对中国以及其他部分国家汇率制度归类变化如表4-3所示。

表4-3 中国与部分经济体的汇率制度

国家	法定分类	实际分类	
		2017年	2018年
中国	管理的浮动	稳定	类似爬行
孟加拉国	浮动	稳定	类似爬行
老挝	管理的浮动	稳定	类似爬行

---

① 资料来源：Aizenman J., Hausmann R. Exchange rate regime and financial market imperfections. NBER working paper No.7738, 2000.

续表

国家	法定分类	实际分类	
		2017 年	2018 年
阿富汗	管理的浮动	浮动	类似爬行
海地	浮动	其他管理	类似爬行
埃及	浮动	浮动	稳定
印尼	自由浮动	浮动	稳定
缅甸	管理的浮动	其他管理	稳定
阿塞拜疆	自由浮动	其他管理	稳定
乌兹别克斯坦	管理的浮动	类似爬行	稳定
捷克共和国	浮动	稳定	浮动
塔吉克斯坦	管理的浮动	稳定	其他管理

资料来源：International Monetary Fund. Annual Report on Exchange Arrangements and Exchange Restrictions 2018. Washington，DC：IMF，2019.

4.5 人民币汇率制度

4.5.1 人民币汇率制度概述

人民币汇率，是指人民币与外国货币之间的比价。人民币汇率制度是指人民币汇率制定的理论政策依据、确定的原则、采取的措施以及汇价制度的运作。中国人民银行根据前一日银行间外汇交易市场形成的价格，每日公布人民币对美元交易的中间价，并参照国际外汇市场的变化，同时公布人民币对其他主要货币的汇率。

外汇指定银行和经营外汇业务的其他金融机构，根据中国人民银行公布的汇率和浮动范围，确定对客户的外汇买卖价格，办理外汇买卖业务。国家主要运用经济手段，如货币政策调节外汇供求，来保持汇率的相对稳定。现行人民币汇率涉及的币种包括澳大利亚元、比利时法郎、加拿大元、丹麦克朗、新加坡元、日元、欧元等。

4.5.2 人民币汇率制度发展历程

1. 1949 年至 1952 年的单一浮动汇率制：人民币汇率波动频繁

1949 年初，人民币汇价首先在天津产生，其他地区以天津口岸的汇率为标准，根据当地具体情况公布各自的人民币汇率。1950 年 3 月全国财政经济会议后，国内金融、物价日趋稳定，而国际市场物价上涨，为保障外汇资金安全，加速进口物资，汇率政策由"奖出限入"变为"进出口兼顾"，人民币汇率转为持续升值。1950 年 7 月 8 日开始实行全国统一的人民币汇率，由中国人民银行公布。

人民币没有同黄金挂钩，而是根据人民币对美元的出口商品比价、进口商品比价和华侨日用生活费比价三者加权平均来确定。这段时期，人民币汇率确定的依据是综合物价指数，实行"鼓励出口、兼顾进口、照顾侨汇"的政策，人民币汇率的安排主要是钉住美元，以国内外物价对比法为基础。从 1950 年 3 月 31 日的 42 000 元人民币/美元，调至 1952

年 12 月 26 170 元人民币 / 美元，升幅调整达 15 次之多。

2. 1953 年至 1972 年的单一固定汇率制：人民币汇率相对稳定

这一阶段是我国进入社会主义建设时期，国民经济与对外贸易都取得了显著的发展，人民币汇价的制定则坚持稳定的方针，实行固定汇率，由中国人民银行规定。这时世界经济是以美元为中心布雷顿森林体系时期，在这一体系下，资本主义国家的货币实行固定汇率制度，汇率不常变动，因此人民币汇率亦保持稳定，实质上实行固定汇率制，在近 20 年时间里基本保持为 1 美元 =2.461 8 元人民币。在指令性计划经济体制下，人民币汇率刚性是一种必然选择。

3. 1973 年至 1980 年的以"一篮子"货币计算的单一浮动汇率制：人民币钉住汇率

1973 年 3 月以美元为中心的布雷顿森林体系崩溃，西方货币纷纷实行浮动汇率，汇率波动日益频繁。人民币汇率采取了钉住"一篮子"货币的浮动汇率制度。这一时期，以促进对外贸易的发展和平等互利的原则，人民币汇率不断调整上升。1972 年人民币汇率偏离 2.46 元人民币 / 美元后，人民币快速升值，并于 1979 年达到 1.49 元人民币 / 美元的水平，汇率高估现象不断趋向严重。国务院 1979 年 3 月 13 日批准设立国家外汇管理局，统一管理外汇，并取代中国人民银行对外公布人民币汇率。

4. 1981 年至 1993 年的双重汇率制：人民币汇率不断向下调整

1979 年改革开放后，我国的汇率体制从单一汇率制转为双重汇率制。经历了官方汇率与贸易外汇内部结算价并存（1981—1984 年）以及官方汇率与外汇调剂价格并存（1985—1993 年）两个汇率双轨制时期。这一时期美元与人民币平均汇率变化如图 4-1 所示。

图 4-1　1981—1993 年美元兑人民币平均汇率变化（单位：元人民币 / 百美元）

数据来源：中经网统计数据库。

从 1981 年起，人民币实行两种官方汇率：一种是官方汇率，指钉住"一篮子"货币（或单一货币）的有管理的浮动汇率；另一种是基于外汇留成的外汇调剂市场的调剂汇率。1981—1984 年，还存在着人民币内部结算汇率①，它适应于进出口贸易结算和外贸单位经济效益核算，1985 年 1 月 1 日，才停止使用。

贸易内部结算价的采用，解决了外贸部门出口换汇成本过高以至于出口亏损的问题，加上当时国内物价较为平稳，而美元汇率因采取扩大财政赤字、紧缩通货等政策处于升值状态，西方国家经济走向复苏，我国的贸易收支明显好转，外汇储备明显增加。但实行内

---

① 1981 年 1 月 1 日起，内部结算价为 1 美元兑 2.80 元人民币，这是根据 1978 年全国平均换汇成本 2.53 元人民币 / 美元加上 10% 的出口利润计算出来的，并且一直到取消内部结算价为止都没有变动。

部结算价也暴露了一系列问题,它影响了非贸易部门的积极性,一定程度上使外贸亏损增大,在对外经济中陷入被动,造成了外汇管理的混乱,更加重了国家的财政负担。因此,实行内部结算价注定成为一个过渡时期的应急措施。

外汇调剂价就是在官方市场外,企事业单位相互间进行额度买卖、调剂余缺的外汇市场所形成的汇率。中国银行 1980 年 10 月开办了外汇调剂和额度借贷业务,允许留成单位将闲置的外汇按国家规定的价格卖给或借给需要外汇的单位,实现余缺调剂。最初的价格以美元兑人民币的内部结算汇率(1 美元兑 2.80 元人民币)为基础,并在 10% 的浮动幅度内,由买卖双方议定。外汇调剂市场汇率主要按供求决定,但整个市场处于国家管理之中,必要时国家可采取行政手段进行干预。作为一种特定历史条件下产生的计划汇率向市场汇率过渡的形式,双轨制存在有一定的必然性。不过,随着国内经济体制改革的深入,特别是外贸体制改革的不断深入及对外开放步伐的加快,官方汇率和外汇调剂市场汇率的并存,造成了人民币的两种对外价格和核算标准,不利于外汇资源的有效配置,不利于市场经济的进一步发展。

5. 1994—2004 年的以市场为基础、单一的有管理的浮动汇率制:人民币小幅升值

1994 年 1 月 1 日,人民币官方汇率与外汇调剂价并轨,我国开始实行以市场供求为基础的、单一的、有管理的浮动汇率制,人民币官方汇率由 1993 年 12 月 31 日的 5.80 元人民币/美元下浮至 1994 年 1 月 1 日的 8.70 元人民币/美元。这一制度改变了以行政决定或调节汇率的做法,发挥市场机制对汇率的调节作用。国际货币基金组织(IMF)对人民币汇率制度的划分也从"管理浮动制"转为"钉住单一货币的固定钉住制"。在新体制下,人民币汇率不再由官方直接制定,而是由外汇指定银行根据市场供求制定汇率。

1998 年以来,美元兑人民币汇率几乎保持在 8.277 0~8.280 0 的波动区间(见图 4-2)。但此后由于亚洲金融危机爆发,为防止亚洲周边国家和地区货币轮番贬值使危机深化,中国作为一个负责任的大国,主动收窄了人民币汇率浮动区间,在国内通货紧缩和外汇储备充足的前提下保持了货币稳定的态势,由银行间统一外汇市场形成,并接受国家对外汇市场的干预,这对亚洲金融稳定和世界经济发展起到了重要作用。

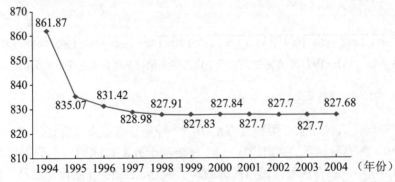

图 4-2 1994—2004 年美元兑人民币平均汇率变化(单位:元人民币/百美元)

数据来源:中经网统计数据库。

6. 2005—2014 年以市场为基础,参考"一篮子"货币的有管理的浮动汇率制:持续、缓慢升值

2005 年 7 月 21 日起,我国开始实行以市场供求为基础、参考"一篮子"货币进行调节的、有管理的浮动汇率制度。人民币汇率不再钉住单一美元，而是选择若干种主要货币组成一个货币"篮子"，参考"一篮子"货币计算人民币多边汇率指数的变化。中国人民银行于每个工作日闭市后公布当日银行间外汇市场美元等交易货币对人民币汇率的收盘价，作为下一个工作日该货币对人民币交易的中间价格，美元对人民币的交易价在中间价上下0.3%的幅度内浮动，非美元货币对人民币的交易价在中间价3%的幅度内浮动。此次汇改开启了人民币兑美元等主要货币长达10年的单边升值模式，对提升人民币国际地位有着重要意义。2008年国际金融危机发生，人民币对美元汇率保持了基本稳定，成功应对了国际金融危机的挑战。2010年6月19日，央行决定进一步推进人民币汇率形成机制改革，增强人民币汇率弹性，人民币汇率开始呈现有涨有跌的双向波动。2012年4月16日中国人民银行扩大人民币汇率波动区间：从±0.5%扩大到±1%，当年我国首次出现1998年以来的年度"经常项目顺差、资本项目逆差"的国际收支格局，央行基本退出了外汇市场干预。2014年3月17日人民币汇率波动区间再次扩大：由±1%扩大到±2%，由此人民币汇率由单边升值转向双向波动。2005—2014年美元兑人民币平均汇率变化如图4-3所示。

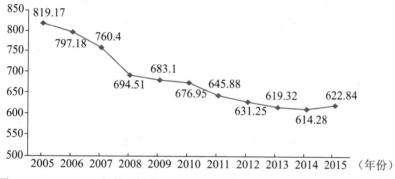

图4-3　2005—2014年美元兑人民币平均汇率变化（单位：元人民币/百美元）

数据来源：中经网统计数据库。

7. 2015年至今的人民币汇率的完善：出现贬值趋势

进入2015年后，由于美元进入升值空间，美联储升息预期不断加大，加上中国经济进入新常态，资本外流压力明显，人民币面临较大的贬值风险。为增强人民币兑美元汇率中间价的市场化程度和基准性，2015年8月11日中国人民银行决定完善人民币兑美元汇率中间价报价：第一，做市商在对人民币兑美元中间价报价时主要参考上一交易日的汇率收盘价；第二，8月11日当天央行一次性将人民币兑美元汇率中间价贬值1136个BP。"8·11汇改"后人民币汇率进入贬值区间，2015年8月11日，人民币汇率中间价为1美元兑人民币6.229 8元，较上一个交易日贬值1 136点，下调幅度达1.9%，为历史最大单日降幅。同年8月13日人民币兑美元中间价再次下调704点至6.401 0点，创2011年8月以来新低。"8·11汇改"优化了人民币汇率中间价形成机制，是我国汇率市场化改革进程中的重要一步，对推动人民币加入SDR和人民币国际化进程提供了助力。

2016年2月央行正式发布了以"上一交易日收盘价+一篮子货币汇率变化"计算人民币汇率中间价的定价机制。2017年5月26日，为缓解贬值压力，"逆周期因子"被引入人民币汇率中间价的计算中，形成了现行的"上一交易日收盘价+"一篮子"货币汇率变化＋逆周期因子"共同决定的汇率中间价形成机制，2018年1月，"逆周期因子"调整至中性。此后，人民币汇率单边贬值预期逐步改变，人民币汇率波动弹性不断增强。2005年8月以来的人民币兑美元中间价变化如图4-4所示。

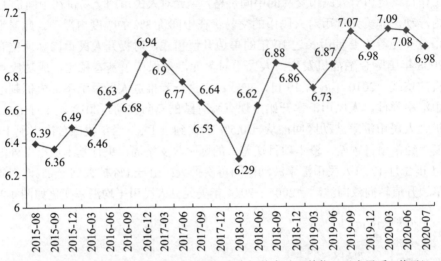

图4-4　2015-08—2020-07 美元兑人民币汇率中间价变动（单位：元人民币/美元）

数据来源：中经网统计数据库。

2005年人民币汇率形成机制改革以来，人民币汇率制度不断完善，从人民币兑主要货币平均汇率看，人民币呈贬值趋势变化，人民币/美元、人民币/欧元、人民币/百日元的月平均汇率（期末值）从2015年8月的7.02、5.12、6.31上升为2020年7月末的8.03、6.56、7.01，累计变化幅度为14.39%、28.13%和11.09%，如图4-5所示。

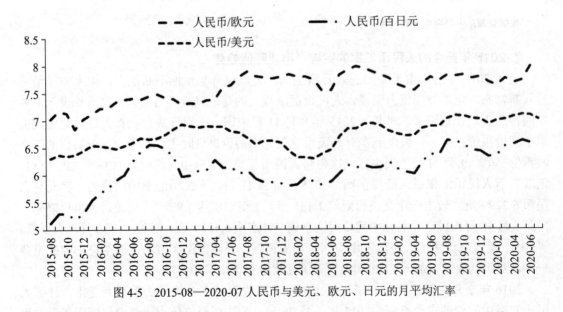

图4-5　2015-08—2020-07 人民币与美元、欧元、日元的月平均汇率

数据来源：中经网统计数据库。

4.5.3 深化人民币汇率制度改革

人民币汇率制度的改革包括两个方面，一是中间汇率形成机制的市场化，二是围绕中间汇率上下波动幅度的逐渐扩大。为加快推进人民币汇率制度改革，下一步可以重点研究扩大每日的浮动幅度上，如将现行上下 2% 的浮动幅度提高到上下 5%，可能不至于产生太大的冲击（张礼卿，2018）。

在全球化背景下，我国人民币汇率形成机制不断改革完善，不仅适应了中国对外开放的需求，改善了我国国际收支双顺差的局面，有效应对了金融危机的冲击，保持了经济的健康稳定发展，也加快了人民币国际化进程。综合来看，人民币汇率形成机制改革坚持市场化方向和改革的自主性，同时坚持改革的渐进性和可控性，与我国市场经济改革相适应、与对外开放总进程相匹配。

受到 2020 年年初爆发的新冠肺炎疫情影响，国际货币基金组织（IMF）已将 2020 年全球 GDP 增速预测从 1 月份的 3.3% 下调至 -3%，为 20 世纪 30 年代"大萧条"以来最严重的经济衰退。新冠肺炎疫情对我国经济社会发展也带来了前所未有的冲击。但是，在党中央的坚强领导下，生产生活秩序很快恢复，我国的经济社会运行也在常态化疫情防控中逐步趋于正常。2020 年 5 月 10 日中国人民银行发布 2020 年第一季度《中国货币政策执行报告》中，指出未来要继续推进汇率市场化改革，完善以市场供求为基础、参考"一篮子"货币进行调节、有管理的浮动汇率制度，保持人民币汇率弹性，发挥汇率调节宏观经济和国际收支自动稳定器的作用。加强宏观审慎管理，稳定市场预期，保持人民币汇率在合理均衡水平上的基本稳定。加快发展外汇市场，为基于实需原则的进出口企业提供汇率风险管理服务。引导企业树立"风险中性"的财务理念，通过外汇衍生品管理汇率风险。稳步推进人民币资本项目可兑换，完善人民币跨境使用的政策框架和基础设施，支持人民币在跨境贸易和投资中的使用。

4.5.4 人民币的可兑换

1. 货币的可兑换

货币的可兑换性（convertibility）是一个历史性的概念，在不同的社会经济条件下，货币自由兑换具有不同的含义和表现方式。19 世纪 60 年代美国经济学家特里芬（B. Triffin）将货币自由兑换定义为一项制度模型，这一制度可将国家干预的害处降低至最低限度，使主权国家能维持相互有利的关系。具体来说，是指在国际贸易和支付体系中保持高度的多边主义、稳定性和自由性三种理想的标准，且应通过这三种标准之间的协调达到自由兑换性的目的。美国的麦金农教授（R. I. Mckinnon）也有过相关的定义，他认为货币自由兑换是指在日常的包括贸易融资的经常项目内，国内居民想购买没有特别限制的国外商品劳务时，可以自由地卖出国内货币以获取外汇。

IMF 定义的货币可兑换是指居民和和非居民将本国货币兑换成外币，并在实际或金融交易中使用外币的能力。这意味着对国际交易的支付以及以此为目的将当地货币兑换为外币是没有限制的。而货币自由兑换则是指经常项目可兑换和资本项目可兑换。

完全的货币自由兑换，可以简单地概括为，"一国货币持有者可以为任何目的而将所持有的货币，按市场汇率兑换成他国货币的过程"。

2. 实现人民币完全自由兑换的条件

（1）完善的金融市场。完善的金融市场尤其是外汇市场，是货币能否实现自由兑换的一个重要前提。完善的金融市场具体包括健全的市场体系、较齐全的市场运作工具、良好的市场参与者尤其是金融机构等。

（2）合理的汇率制度安排与适当的汇率水平。如果一国实行多重汇率制度，且通过人为的因素影响汇率的决定，则这种制度下的汇率就无法反映实际的外汇供求关系，此时汇率就会出现高估或低估。一旦高估本币汇率，就会对国际贸易产生不利影响，也不利于吸引国际资本流入；反之，过度低估本币汇率，又会对进口造成危害，影响必需品的进口，进而影响该国的经济发展。不合理的汇率制度与不恰当的货币汇率水平，无法使一国货币自由兑换顺利进行。

（3）充足的国际清偿手段。这里的国际清偿手段主要指外汇储备，外汇储备多寡是一国国力的象征，也是一国国际清偿力大小的体现。如果一国持有充足的外汇储备，就可随时应付可能发生的兑换要求，可以抵御短期货币投机风潮；反之，就有可能无法平衡国际收支短期性失衡，更难以抵御外部突发性事件对贸易和支付的冲击，使一国实现货币自由兑换失去根本的基础。

（4）稳健的宏观经济政策。经济政策是宏观调控的重要工具，尤其是财政政策和货币政策。如果一国财政政策、货币政策不当或失误，并由此造成国际收支严重失衡，就会扰乱国内经济的稳定和发展，引发通货膨胀，导致国际收支恶化，不利于兼顾内部平衡与外部平衡。

（5）微观经济实体对市场价格能做出迅速反应。货币自由兑换与微观经济实体如银行、企业等关系密切，只有微观经济实体能对市场价格做出迅速反应，才会加强对外汇资源的自我约束能力，自觉参与市场竞争，提高在国际市场上的竞争能力。而要做到这一点，一国必须实现货币自由兑换。

4.5.5 实现人民币国际化的策略

1. 人民币国际化的影响

人民国际化具有以下重要意义：

（1）降低外汇结算成本。货币国际化程度的提高，该货币在国际贸易中被人们接受的程度将逐步地扩大，有利于本国企业降低结算的成本。对本国之外的企业，由于规模效应，结算的成本也会下降。例如，2011年12月25日，中国人民银行公布了"中日加强合作发展金融市场"的内容，其中涉及促进人民币与日元在两国跨境交易中的使用，包括便利人民币与日元在贸易结算中的使用，以降低两国进出口商的汇率风险与交易成本。

（2）降低持有外汇储备的成本。当本币国际化后，在对外贸易及各种交易中本币支付和结算的比例会显著增加，特别是当本币成为国际储备货币以后，货币发行国可以减少外汇储备的持有量，从而减少为管理巨额外汇储备产生的成本。

（3）降低外汇交易风险。货币国际化程度越高，其用于贸易结算的比例也越高，本国的对外贸易受国际外汇市场波动的影响就越小，本国经济被动地受国际外汇市场的影响程度也会越低。随着本国货币国际化程度的提高，在国际外汇市场上该货币产品的深度和广度也会得到相应的提高，外汇风险的管理和对冲将变得更加便利。

（4）提高国际货币体系的稳定性。全球性金融危机的爆发使得更多国家越来越明显地认识到当前国际货币体系存在严重问题，美国多年来的双赤字和积累至今的巨额债务，使国际货币体系处于危机频发的深渊中。欧元的成功推出及其在国际储备货币占比的稳步上升，表明欧元代表欧洲作为主要的国际货币的地位已经基本形成，国际储备货币的分散化对国际货币体系的稳定发挥了一定的作用。日元曾经有潜力成为代表亚洲的主要国际货币，但日元的国际化并没有人们预想的那样成功。世界主要经济体的货币国际化将对国际货币体系的稳定发挥起到积极的作用。作为全球第二大经济体的中国，今后几十年在世界经济中的比重还会不断上升，人民币的国际化将是一个必然的趋势，对国际货币体系的稳定将产生深远的影响。

（5）提升地区经济稳定性。研究显示，东南亚金融危机爆发后不久，亚洲货币与美元的相关性有所减弱，同时与日元的相关性有所上升。然而，如上所述，日本经济的持续低迷及今后在亚洲和世界经济地位的下降趋势，使日元国际化难以进一步推进。因此，日元对亚洲地区的影响力将难以进一步上升。随着中国经济的稳步增长，中国经济在亚洲经济的地位和影响力将持续上升，人民币国际化也将对亚洲经贸的稳定和发展起到积极作用。亚洲经济的稳步发展对中国经济也将产生日益深远的影响。

货币国际化能给货币发行国带来巨大的利益，但也是有一定代价和成本的。在货币没有区域化、国际化的情况下，不管中央银行投放多少基础货币，它都只是在货币发行国境内流通。而当货币区域化和国际化启动以后，便有部分货币在境外流通，这部分流出境外的货币虽然暂时对国内物价不发生作用，但由于其准确数据难以被掌握，数量增减也难以被货币当局所控制，这就必然会增加中央银行对货币供应量调控的难度，中央银行很难准确把握对货币供应量的调控方向和力度。货币国际化对母国经济持续增长也可能会产生某种负面效应。我国是一个人口众多、就业压力长期存在的国家，为了缓解就业压力、保持经济快速增长，必须在刺激内需的同时不断拓展外需。人民币国际化的最终目标是成为国际储备货币之一。作为国际储备货币，人民币必须能够为其他国家提供国际清偿力，这就要求我国的国际收支必须保持逆差，否则其他国家将难以储备人民币资产。而国际收支长期保持逆差则意味着出口减少和进口增加，其结果必然会是外需的减少和国内部分市场的丧失，这对增加国内就业、保持国内经济持续快速增长可能会产生一定的负面效应。

2. 人民币国际化的实现途径和策略

中国人民银行发布的《人民币国际化报告（2019）》显示，人民币已连续八年为中国第二大国际收付货币，全球第五大支付货币、第三大贸易融资货币、第八大外汇交易货币、第六大储备货币。全球已有60多个央行或货币当局将人民币纳入外汇储备。超过32万家企业和270多家银行开展跨境人民币业务，与中国发生跨境人民币收付的国家和地区达242个。人民币作为支付货币功能不断增强，作为投融资和交易货币功能持续深化，作为计价货币功能有所突破，作为储备货币功能逐渐显现。但在人民币国际化进程中，资金流动更加频繁，汇率、利率的波动有可能被放大，国际游资也会借机大肆炒作，发生大规模系统性风险的概率大幅增加。因此，对于人民币国际化发展，可以考虑以下途径与策略：

（1）审慎决策人民币国际化下一步的方向和策略，特别是重视人民币国际化与利率市场化、汇率弹性扩大与资本账户开放之间的关系与顺序问题。"8·11"汇改以后，人民币中间价和基于市场的汇价是一致的,但是离岸市场波动被进一步放大。人民币汇率面临两难选择,经济下行和强势美元要求人民币贬值,但又要防止贬值带来的资本外流的冲击和人民币作为储备货币的避险货币的要求。资本账户开放要与汇率制度改革相互配合,坚持"渐进、可控、协调"的原则。

(2) 对国内宏观金融风险进行防范。根据"三元悖论",开放经济体的货币当局在货币政策独立性、保持汇率稳定和资本自由流动等宏观金融政策目标中只能三者中选其二。随着资本项下的进一步开放,需要稳健的资本市场和健康的金融机构来保障宏观经济的稳定运行。按照国际货币基金组织的要求,SDR 货币"篮子"里面的任意一种货币的汇率变动不能和篮子当中其他任何一个货币有系统性关联。这也就意味着,加入 SDR 以后,人民币的汇率变动不能再和美元关联。在宏观审慎政策框架下,应以市场化方式,重点管理汇率和资本流动风险,全力防范和化解系统性金融危机。

(3) 加强对跨境资金流动的监控。人民币跨境贸易结算、境外直接投资业务和资本市场开放,给国际游资进入和流出开放了新的渠道。随着美国退出量化宽松政策导致全球绝大部分货币兑美元贬值,跨境资金撤离新兴市场国家对全球新兴市场经济体正在产生着重大的影响和冲击。

(4) 在国际贸易、跨境投资、对外援助项目中,积极争取以人民币作为计价货币。人民币在中国跨境国际收支中所占比例提高迅速,并逐步应用于大宗商品交易中。以自贸区、粤港澳大湾区、"一带一路"为使用人民币跨境支付新的增长点,适度扩大涉外贸易投资规模,推动跨境人民币结算,提高人民币支付货币功能和投融资功能。

扩展阅读 4.3
后疫情时期人民币国际化机遇与政策建议
扫描此码
阅读文献

(5) 人民币加入 SDR 后,SDR 在全球储备中占比逐渐增强。此时,要加强与同 IMF 成员国沟通,加深我国对外货币合作,以双边贸易互换为主要抓手,持续推动人民币的储备货币功能的发挥。

案例分析 中美贸易摩擦对人民币汇率的影响

2017 年 8 月 14 日特朗普签署行政备忘录,指示对中国发起贸易调查,8 月 18 日美国发起对华 301 调查,其后美国对中国发起贸易战。2018 年 9 月 18 日美国政府正式宣布自 9 月 24 日起,对约 2 000 亿美元进口自中国的产品加征 10% 的关税。2019年 5 月 6 日,特朗普突然表示,将从 5 月 10 日起对中国原征收 10% 关税的 2 000 亿美元的进口商品加征关税至 25%,且短期内将对另外 3 250 亿美元商品征收 25% 的关税。2019 年 10 月 12 日,第十三轮中美经贸高级别磋商(10 日和 11 日)初步达成第一阶段协议,特朗普在白宫表示,美中经贸磋商取得了实质性的第一阶段成果,美国将暂缓下周 15 号的对华加征关税。中国商务部表示将不得不同步进行反制。

中美贸易战开始后,美国特朗普政府采用重振本土制造业、缩减进口需求、对中国征收高额关税等措施,使得市场逐渐认可并接受了贸易战的持久性。为了应对美国发起的贸易战,除了同步加征关税进行反制外,中国政府还采取了诸如提高出口退税率、提高关键出口行业财政扶持力度以及制造业技术升级等措施,以促进对外贸易均衡,维持金融稳定,为实体经济发展创造良好的金融环境。

(资料来源:中美贸易摩擦时间线:起因、经过和最新动向,2019年10月30日,环球外汇,http://www.cnforex.com/comment/html/2019/10/30/9a601197d75a4c98643c7dbe288526cf.html.)

讨论题:中美贸易摩擦对人民币汇率会产生怎样的影响?应如何应对?

【本章思考题】

1. 什么是汇率制度?
2. 什么是固定汇率制度?其有什么特点?
3. 什么是浮动汇率制度?其有什么特点?
4. 简述固定汇率制度与浮动汇率制度的区别。
5. 影响一国汇率制度选择的主要因素有哪些?
6. 人民币汇率制度的主要内容是什么?
7. 谈谈你对于人民币国际化的理解与认识。

【在线测试题】

扫描书背面的二维码,获取答题权限。

第5章　国际收支及其调节

【学习目标】

通过本章学习，应该能够：

1. 了解国际收支和国际收支平衡表的概念、联系与区别；
2. 掌握国际收支平衡表的基本内容和记账规则；
3. 掌握国际收支平衡表的差额分析；
4. 掌握国际收支平衡表的失衡与调节；
5. 理解与分析中国国际收支平衡表和管理。

开篇导读

中国国际收支保持基本平衡的总体格局

2019年，中国国际收支总体平衡，并且表现出较强的稳健性和适应性。

1. 经常账户顺差持续处于合理区间，顺差规模与GDP之比维持在2%以下

2019年，中国经常账户顺差1 413亿美元，与GDP之比为1.0%，2018年为顺差255亿美元。经常账户顺差有所回升是货物贸易顺差增加、服务贸易逆差收窄、投资收益状况改善等变化的综合体现。受经济发展和结构优化调整影响，中国经常账户进入更加均衡的发展阶段。

2. 非储备性质的金融账户运行平稳，近三年来持续呈现小幅顺差态势

2019年，非储备性质的金融账户顺差378亿美元，延续上年净流入态势。一方面，外国来华投资结构有所优化。2019年，来华直接投资和证券投资资金净流入分别为1 558亿美元和1 474亿美元，合计占来华各类投资的比重为119%，而2017年和2018年的年均占比为71%。另一方面，中国市场主体对外投资理性有序。2019年，对外直接投资977亿美元，较上年有所下降；对外证券投资894亿美元，总体处于近几年的平均水平。直接投资和以中长期资产配置为目的的证券投资，是当前中国非储备性质的金融账户主要顺差来源，其他投资等波动性较大的资金流动规模相比2015年和2016年明显降低，说明中国跨境资金流动保持平稳的基础增强。

3. 外汇储备规模保持稳定

2018年以来，外汇储备余额始终保持在3.1万亿美元左右。2019年年末，中国外汇储备余额31 079亿美元，较2018年年末增加352亿美元。

近年来，虽然国际经济金融形势复杂多变，不确定性因素增大，但是中国经济长期稳中向好态势不会改变、改革开放的潜力和空间依然较大、国际收支的市场调节机制增强，这些根本性因素发挥着主导作用，推动经常账户继续处于合理区间，有利于跨境资本流动总体平稳，从而使中国国际收支能够保持基本平衡。这充分说明中国经济内外部平衡和稳定的基础稳固，不会随着市场环境的短期波动而轻易发生改变。因此，中国国际收支将继续保持基本平衡的总体格局。

资料来源：张沛. 外管局：怎么看我国国际收支情况？[N]. 金融时报，2020年3月30日.

5.1 国际收支平衡表的概念和基本内容

5.1.1 国际收支的概念

国际收支（balance of payments，BOP）随着国际经济贸易的不断发展，其含义也在不断发展变化，主要有狭义国际收支和广义国际收支两种概念。

1. 狭义国际收支概念

狭义国际收支是指一国在一定时期内（通常为一年）与其他国家之间所发生的到期债权债务关系进行清算的外汇收支总和。狭义国际收支概念强调以现金收付为基础，只反映到期立即结清和以现金进行支付的国际经济贸易活动。狭义国际收支概念最初由17世纪的贸易收支逐渐演变为第一次世界大战后的外汇收支。第二次世界大战后，随着国际经济贸易的不断发展，国际收支的概念从狭义的概念演变为广义的概念。

2. 广义国际收支概念

2009年国际货币基金组织（IMF）颁布的《国际收支和国际投资头寸手册（第六版）》中，对国际收支的定义是：国际收支是指某个时期内居民与非居民之间经济交易的汇总统计表。具体来看，国际收支是指在一定时期内一国居民与非居民之间所发生的全部对外经济交易往来的系统货币记录。

国际收支广义概念，需要从以下几方面来理解：

（1）国际收支是一个流量概念。国际收支是反映一定时期内（通常为一年）一个经济体（国家或地区）与其他经济体（国家或地区）之间经济交易活动所引起的货币收支的综合，它是一个流量概念。它与国际投资头寸存量概念不同。国际投资头寸是指在一定时点上一个经济体对其他经济体的资产和负债的综合。它主要是反映某一时点上一国的对外金融资产和负债交易，同时还反映因汇率、价格变化所引起的计价调整等。国际收支与国际投资头寸二者既有联系也有区别。国际收支的范围要比国际投资头寸范围广，国际投资头寸表只反映国际收支平衡表中的金融账户内容。

（2）国际收支是记录一国居民与非居民之间的交易。居民是指在一国经济领土内具有经济利益的经济单位，具体是指在一国经济领土内从事经济活动交易在一年或一年以上的政府、企事业单位和个人。居民与公民不同，居民是一个经济概念，公民是一个法律概念，只有居民与非居民之间的经济交易才记录到国际收支中。

非居民是指外国派驻本国的使领馆外交人员或跨国公司派驻本国的企业和人员。国际机构，如联合国、国际货币基金组织、世界银行、世界贸易组织等，不是任何国家的居民，而是所有国家的非居民。"一国的经济领土"是指该国政府所管辖的地理领土和该国在世界其他地方的飞地。前者包括该国的陆地、领空、领海和国际水域下的大陆架，后者包括本国的使领馆等。

（3）国际收支是以全部经济交易为基础，而不是以支付为基础。按照国际货币基金组织规定，国际收支中的全部经济交易活动是按照权责发生制以所有权变更为依据，只要经济交易的所有权发生变更，无论此时是否进行了支付，都应计入国际收支中。因此，国际收支是以交易为基础，而不是以支付为基础。

因此，根据2009年国际货币基金组织颁布的《国际收支和国际投资头寸手册（第六版）》中的定义，目前中国和世界上大多数国家普遍使用广义的国际收支定义。

5.1.2 国际收支平衡表的概念

1. 国际收支平衡表的概念

国际收支平衡表是指按复式记账原理，采用借贷记账法，运用货币计量单位，系统记录一国在一定时期内（通常为一年）与其他国家所发生的全部经济交易往来的统计报表。每笔经济交易必须用"借"和"贷"（或"资产"和"负债"）为记账符号，用价值完全相等的两个账目进行记录。它反映了一国国际收支各个账户的具体构成和综合。

2. 国际收支与国际收支平衡表的联系与区别

国际收支从动态角度反映了一国在一定时期内全部对外经济交易往来的货币收付活动。国际收支平衡表从静态角度用统计报表方式反映一国在一定时期内全部对外经济交易往来的货币收支结果及其对比。二者既有联系也有区别。

5.1.3 国际收支平衡表的基本内容

2009年国际货币基金组织（IMF）颁布的《国际收支和国际投资头寸手册（第六版）》，对国际收支平衡表账户构成做了统一规定，以便于各个国家更好地编制国际收支平衡表，并进行相互比较。国际收支平衡表的账户，构成了国际收支平衡表的基本内容，包括：经常账户、资本和金融账户、错误与遗漏三大账户。

1. 经常账户

经常账户（current account）是指本国居民与外国非居民之间进行经济交易而经常发生的账户。它在整个国际收支平衡表中占有重要地位和较大比重。经常账户包括货物账户、服务账户、初次收入账户、二次收入账户四项。

（1）货物账户。货物账户是指进口和出口账户，它是经常账户中最重要的账户。同时，国际收支交易采用市场价格计价，按照IMF规定，无论进口还是出口，一律采用离岸价（FOB）计算，而不是到岸价（CIF）计算。

（2）服务账户。服务账户是经常账户中的又一较重要账户。随着国际服务交易的发展，近年来服务交易范围和种类不断增加。服务账户包括：加工服务；维护和维修服务；运输；旅行；建设；保险和养老金服务；金融服务；知识产权使用费；电信、计算机和信息服务；其他商业服务；文化和娱乐服务和别处未提及的政府服务。其中：金融服务，包括银行等金融机构提供服务收取的手续费；知识产权使用费，包括专利的使用费和特许费等；别处未提及的政府服务，包括海外使领馆工作人员的政府开支等。

（3）初次收入账户。初次收入账户是居民与非居民机构或企事业单位之间的初次收入。初次收入包括：①雇员报酬；②投资收益；③其他初次收入。其中，雇员报酬是指一国向非居民在生产或流通过程中提供的工资、薪金和其他福利等报酬；投资收益是指一国对外投资获得的利润、利息、股息和红利等收益；其他初次收入包括租金、补贴等。初次收入是居民和非居民之间的对等交易。

（4）二次收入账户。二次收入账户也是单方面转移（unilateral transfer），它不是居民和非居民之间的对等交易。二次收入包括：①政府转移，包括政府间的经济援助、军事援助、战争赔款、赠予等；②个人转移，包括侨民汇款、捐赠、遗产继承等。

2. 资本和金融账户

资本和金融账户（capital and financial account）是指本国与外国资本或金融资产输出和输入的账户，它反映的是以货币表示的债权债务在国际间流动所记录的账户，包括：资本账户和金融账户两项。

（1）资本账户（capital account），是指居民与非居民之间的资本转移和非生产、非金融资产的取得和处置活动，包括：①资本转移，如固定资产所有权的转移、同固定资产买卖相联系的资金转移、债务注销等；②非生产、非金融资产的取得和处置活动，如土地、矿产权、林业权、水资源等自然资源有形资产的取得和处置，专利、商标、版权等无形资产的取得和处置等。

需要注意的是：资本账户记录的是无形资产所有权的收支活动，而经常账户项下的服务记录的是无形资产使用权的收支活动。资本账户是通过借贷活动来表现的。

（2）金融账户（financial account），是指居民与非居民之间对外金融资产和负债的所有权变更的交易记录。它反映金融资产的净额变化或金融负债的净额变化，具体内容如下：

①直接投资（international direct investment），是指一国居民企业对另一国居民企业进行的长期投资，主要包括：一是跨国公司或跨国银行在海外设立新企业或新银行的投资；二是通过股权或投票权进行的投资，可以控股或参与企业经营活动。

②证券投资（portfolio investment），是指居民与非居民之间进行有价证券的投资活动。居民或非居民不可以参与企业的经营活动，主要包括股权证券和债务证券投资。

③金融衍生工具投资（financial derivative instruments），是指居民与非居民之间通过期货、期权等金融衍生工具进行投资。

④其他投资（other investment），是指上述投资交易中未包括的金融交易，如货币和存款、国际信贷、贸易信贷、担保、其他等。

扩展阅读5.1
国际投资头寸表及其应用
扫描此码 阅读文献

⑤储备资产（reserve assets），是指一国货币当局持有的用于国际支付和平衡国际收支的资产总和，包括：黄金储备、外汇储备、在基金组织的储备头寸、特别提款权和其他储备资产。

金融账户包括非储备性质金融账户和储备资产账户，其中非储备性质金融账户包括直接投资、证券投资、金融衍生工具和其他投资四部分。

金融账户不是以借贷来表示，而是以资产负债来表示，这样便于直观地比较国际投资头寸表中金融资产和金融负债存量的对应关系。国际投资头寸表的结构与国际收支平衡表中的金融账户结构完全一致。

3. 错误与遗漏账户

错误与遗漏（errors and omissions）是由于统计上出现偏差或计价标准不同，为了轧平国际收支平衡表中借方与贷方总额而人为设立的平衡账户。虽然从理论上看国际收支平衡表是按照复式记账原理来编制，每笔业务交易同时分录借贷双方且数额相等，总体是平衡的。但是由于统计上数据来源的不同或计算口径的不同、出现错漏、资本外逃等原因，使得国际收支平衡表的借贷双方不平衡，出现差额，这就需要人为设立该账户以抵消上述统计上出现的偏差，从而达到国际收支平衡表借贷双方的平衡。

5.2 国际收支平衡表的记账规则和差额分析

5.2.1 国际收支平衡表的记账规则和实例

1. 国际收支平衡表的编制原理

国际收支平衡表编制，是从宏观视角反映一个国家整体对外经济交易活动，并反映一国的经济实力和国际地位。因此，国际收支平衡表编制具有重要意义。

（1）采用复式簿记编制方法。国际收支平衡表的编制方法是采用复式簿记原理，遵循"有借必有贷，借贷必相等"的会计记账原则，系统记录每笔国际经济交易。每笔国际经济交易由两个金额相等、方向相反的会计分录组成，贷方分录合计金额与借方分录合计金额相等。

（2）采用权责发生制确定。国际收支平衡表中的记录时间采用权责发生制来确定，即以经济所有权变更为标准进行记录。反映经济所有权变更的流量是在所有权转移的时点记录，而服务是在提供时记录。无论在交易中是否发生现金收付活动，只要所有权发生了转移，都应记录下来。

（3）采用市场价格计价。国际收支平衡表采用统一计价原则，所有交易均采用市场价格计价。如果没有市场价值时，则按照等价交易或等价物的市场价值或面值来计值。国际投资头寸表也是按统计期末市场价格对外金融资产和金融负债来计值。

2. 国际收支平衡表的记账原则

国际收支平衡表按照会计记账原则，贷方记录用正号表示，借方记录用负号表示，借方总额与贷方总额必须相等。编制国际收支平衡表应遵循的记账原则如下：

（1）凡是引起本国从国外获得的外汇收入交易记入贷方，凡是引起本国从国外获得的外汇支出交易记入借方。贷方记录实际资源出口、应收初次收入、接受国外的资金无偿援助以及对外金融资产减少或对外金融负债增加。借方记录实际资源进口、应付初次收入、对国外无偿援助以及对外金融资产增加或对外金融负债减少。

（2）凡是引起外汇供给的交易计入贷方，凡是引起外汇需求的交易计入借方。引起外汇供给的交易包括：货物和服务的出口、资本流入、获得外汇贷款（负债增加）引起的外汇供给或外汇收入交易。引起外汇需求的交易包括：货物和服务的进口、资本流出、偿付对外债务引起的外汇需求或外汇支出交易。

（3）储备资产账户记账原则与之不同。同上述两点不同，储备资产账户记账原则与之相反。储备资产减少计入贷方，储备资产增加计入借方。储备资产的贷方净额表示储备资产的净减少额，储备资产的借方净额表示储备资产的净增加额。

（4）错误与遗漏记账原则正好相反。错误与遗漏账户是为平衡上述账户误差而设立的，如果经常账户、资本和金融账户贷方总额大于借方总额，则应计入错误与遗漏账户的借方。反之，如果经常账户、资本和金融账户贷方总额小于借方总额，则应计入错误与遗漏账户的贷方，从而使国际收支平衡表达到平衡。

3. 国际收支平衡表的记账实例

我们以 G 国为例，假设有 8 笔经济交易来说明国际收支账户复式簿记原理。

【例 5-1】 G 国企业出口价值 800 万美元商品。

对 G 国来说，出口创汇增加本国外汇收入，则 G 国经常账户中的贸易项下应贷记 800 万美元。同时，进口商用它本国的银行存款支付货款，计入金融账户项下的其他投资借方。因此，这笔交易记录如下：

借：外国银行的存款　　　　　　　　　　　　800 万美元
　贷：货物出口　　　　　　　　　　　　　　800 万美元

【例 5-2】 G 国居民家庭到国外旅游半年，其费用是该居民家庭在海外的银行存款 20 万美元。

G 国居民家庭国外旅游支出记入服务项下的借方，G 国居民家庭在外国银行的存款资产减少，应记入金融账户项下的其他投资贷方。因此，这笔交易记录如下：

借：服务进口　　　　　　　　　　　　　　20 万美元
　贷：在外国银行的存款　　　　　　　　　　20 万美元

【例 5-3】 为应对新冠疫情危机，G 国政府向外国提供无偿援助动用外汇储备 3 000 万美元，无偿提供医用物资援助 5 000 万美元。

由一国政府向另一国政府单方面无偿提供实际资源或金融产品时，需要在另一方进行抵消性记录，建立转移账户以达到平衡。G 国政府向外国政府的单方向转移，应记入二次收入政府转移借方。官方储备减少和实际资源减少应记入贷方。因此，这笔交易记录如下：

借：政府转移　　　　　　　　　　　　　　8 000 万美元
　贷：官方储备　　　　　　　　　　　　　　3 000 万美元
　　　货物出口　　　　　　　　　　　　　　5 000 万美元

【例 5-4】 为应对新冠疫情危机，海外侨民向 G 国捐助医用物资 2 000 万美元。

海外侨民向 G 国捐助医用物资 2 000 万美元，应记入货物进口的借方。同时，因捐物属于单方面转移，应在二次收入个人转移项下记入贷方记录。因此，这笔交易记录如下：

借：货物进口　　　　　　　　　　　　　　2 000 万美元
　贷：个人转移　　　　　　　　　　　　　　2 000 万美元

【例 5-5】 外商以价值 6 000 万美元的设备投资 G 国，兴办合资企业。

外商以价值 6 000 万美元的设备投资 G 国，使 G 国进口的实际资源增加应记入借方。兴办合资企业则属于金融账户中的直接投资项下的贷方。因此，这笔交易记录如下：

借：货物进口　　　　　　　　　　　　　　6 000 万美元
　贷：外国对 G 国的直接投资　　　　　　　　6 000 万美元

【例 5-6】 G 国某企业动用其在海外存款 500 万美元，用以购买外国某公司的股票。

由于海外资产增加记入借方，海外资产减少应记入贷方。因此，这笔交易记录如下：

借：证券投资　　　　　　　　　　　　　　500 万美元
　贷：在外国银行的存款　　　　　　　　　　500 万美元

【例 5-7】 G 国某企业在海外投资获得的利润为 200 万美元，其中 150 万美元用于当地企业再投资，50 万美元结售给 G 国银行兑换成本币。

G 国某企业在海外投资获得的利润为投资收益，应计入经常账户项下投资收益贷方。

150万美元再投资应计入金融账户的直接投资借方。50万美元结汇是官方储备资产增加，应计入官方储备借方。因此，这笔交易记录如下：

借：对外直接投资　　　　　　　　　　　　150万美元
　　官方储备　　　　　　　　　　　　　　　50万美元
贷：投资收益　　　　　　　　　　　　　　　200万美元

【例5-8】 G国向外国提供了5 000万美元的10年期国际银团贷款。

该笔国际银团贷款意味着G国长期资本外流，应记在金融账户下其他投资的借方。由此产生了外国在G国银行的5 000万美元存款。这笔存款作为资本内流，应记在金融账户下其他投资的贷方。因此，这笔交易记录如下：

借：其他投资　　　　　　　　　　　　　　5 000万美元
贷：其他投资　　　　　　　　　　　　　　5 000万美元

根据以上每笔的经济交易和会计分录，G国编制的国际收支平衡表如表5-1所示。

表5-1　G国八笔经济交易编制的国际收支平衡表　　　　单位：万美元

项目	贷方	借方	差额
货物	800+5 000	2 000+6 000	-2 200
服务		20	-20
初次收入	200	200	
二次收入	2 000	8 000	-6 000
经常账户合计	8 000	16 020	-8 020
直接投资	6 000	150	5 850
证券投资		500	-500
其他投资	20+500+5 000	800+5 000	-280
官方储备	3 000	50	2 950
资本与金融账户合计	14 520	6 500	8 020
总计	22 520	22 520	0

表5-1编制的国际收支平衡表和记账方法，不仅有助于我们正确掌握国际收支账户的复式簿记原理，而且有助于我们理解国际收支平衡表中各账户之间的关系。

表5-2是2019年中国的国际收支平衡表，我们可以了解与掌握最新中国国际收支平衡表的变化情况。

表5-2　2019年中国国际收支平衡表　　　　单位：亿美元

项目	行次	2019年 差额	贷方	借方
一．经常账户	1	1 413	29 051	-27 638
A.货物和服务	2	1 641	26 510	-24 793
a.货物	3	4 253	23 990	-19 737
b.服务	4	-2 611	2 444	-5 055
1.加工服务	5	154	157	-3
2.维护和维修服务	6	65	102	-37

续表

项目	行次	2019年 差额	2019年 贷方	2019年 借方
3. 运输	7	-590	462	-1 052
4. 旅行	8	-2 188	358	-2 546
5. 建设	9	51	144	-93
6. 保险和养老金服务	10	-62	48	-110
7. 金融服务	11	15	39	-24
8. 知识产权使用费	12	-278	66	-344
9. 电信、计算机和信息服务	13	80	349	-270
10. 其他商业服务	14	194	692	-498
11. 个人、文化和娱乐服务	15	-31	10	-41
12. 别处未提及的政府服务	16	-21	16	-37
B. 初次收入	17	-330	2 358	-2 688
1. 雇员报酬	18	31	143	-112
2. 投资收益	19	-372	2 198	-2 570
3. 其他初次收入	20	11	18	-7
C. 二次收入	21	103	259	-157
1. 个人转移	22	-1	40	-41
2. 其他二次收入	23	102	219	-117
二. 资本和金融账户	24	567	—	—
A. 资本账户	25	-3	2	-5
B. 金融账户	26	570	-1 987	2 558
a. 非储备性质的金融账户	27	378	-2 180	2 558
1. 直接投资	28	581	-977	1 558
2. 证券投资	29	579	-894	1 474
3. 金融衍生工具	30	-24	14	-37
4. 其他投资	31	-759	-323	-437
b. 储备资产	32	193	—	—
1. 货币黄金	33	0	—	—
2. 特别提款权	34	-5	—	—
3. 在基金组织的储备头寸	35	0	—	—
4. 外汇储备	36	198	—	—
5. 其他储备资产	37	0	—	—
三. 净误差与遗漏	38	-1 981		

注：

1. 本表根据国际货币基金组织颁布的《国际收支和国际投资头寸手册（第六版）》编制。

2. 金融账户下，对外金融资产的净增加用负值列示，净减少用正值列示。对外负债的净增加用正值列示，净减少用负值列示。金融账户下不用借和贷表示，而用资产和负债表示。

3. 净误差与遗漏用借和贷表示。

资料来源：国家外汇管理局，《2019年中国国际收支报告》。

5.2.2 国际收支平衡表的差额分析

国际收支平衡表全面反映了一国在一定时期内所有对外经济往来的系统记录情况。因此，分析国际收支平衡表无论对编表国还是非编表国都具有重要意义。

对于编表国的意义：

（1）有利于使其全面掌握本国国际收支的差额状况，并根据差额找出问题的原因并采取相应的对策；

（2）有利于使其充分掌握本国的外汇资金来源与运用情况，促使其根据外汇资金运用方向及外汇储备增减变化，及时制定外汇管理政策；

（3）有利于使其准确了解本国的国际经济地位，制定出符合本国国力的对外开放政策和发展战略。

对于非编表国的意义：

（1）有利于使其了解编表国的国际收支状况及其经济实力，并可预测该国国际收支发展的大致趋势；

（2）有利于掌握编表国的国际资本流动和储备资产变动情况，并可预测该国货币汇率的基本动向；

（3）有利于使其获得较为完整的各国国际经济交易信息，以便于制定出符合全球经济发展变化的本国对外经济的发展战略。

一国国际收支平衡表的差额分析包括：

1. 注重各个账户差额分析

分析国际收支平衡表，重点是分析国际收支平衡表中各个账户的差额，理解各个账户之间的关系。

（1）经常账户差额。经常账户差额由货物、服务、初次收入和二次收入账户差额构成，其中贸易账户差额是最重要的经常账户差额。

①贸易账户差额。贸易账户差额是指包括货物与服务在内的进出口之间的差额。它综合反映一国的产业结构、劳动生产率状况和产品的国际竞争力，在一国国际收支中占有较重要的比重。同时，货物商品收支数据通过海关易于收集。因此，贸易账户差额是分析一国国际收支状况的重要依据。

②经常账户差额。经常账户差额综合反映实际资源在一国与他国之间的转让净额。经常账户差额主要有三种表现：一是经常账户盈余意味着本国对外国的收入大于支出，本国对外国的债权总量增加；经常账户赤字意味着本国对外国的支出大于收入，本国对外国的债权总量减少。二是经常账户差额表现为储蓄与投资的差额。当私人储蓄大于私人投资时，则一国经常账户盈余；当私人储蓄小于私人投资时，则一国经常账户赤字。三是经常账户差额反映了一国国民收入与国内吸收之间的差额。经常账户盈余表明一国国民收入大于国内支出，经常账户赤字表明一国国民收入小于国内支出。因此，经常账户差额是国际货币基金组织非常重视的一个衡量指标，也是各国分析国际收支状况和制定产业政策的重要依据。

（2）资本和金融账户差额。资本和金融账户差额由资本账户差额和金融账户差额组成。资本和金融账户差额主要有三种表现：一是通过资本和金融账户差额可以看出一个国家资本市场的开放程度和金融市场的发达程度，对一国货币政策和汇率政策的调整提供有益的借鉴。二是资本和金融账户与经常账户相等但方向相反。假设不存在统计误差和遗漏的情况下，根据复式记账原理，经常账户差额与资本和金融账户差额相等，但方向相反，即国际收支平衡表差额等于零。这说明经常账户出现盈余或赤字时，它与资本和金融账户的赤字或盈余是相对应的，二者相反。如果一国经常账户盈余说明一国金融资产净流出或储备资产增加；相反，如果一国经常账户赤字说明一国金融资产净流入或储备资产减少。因此，资本和金融账户差额可以准确反映出一国经常账户的状况和融资能力，并会出现"一顺一逆"情况。三是资本和金融账户具有非常复杂的经济含义，应当综合分析多种变化因素的影响，从而更好地分析一国的国际收支状况。

2. 注重综合账户差额分析

综合账户差额也称总差额（overall balance），是指经常账户差额与资本和金融账户差额之和剔除储备资产账户后的差额。综合账户差额运用很广泛，通常人们所说的国际收支顺差或逆差就是指综合账户差额的顺差或逆差。

综合账户差额为正，储备资产增加；反之，综合账户差额为负，储备资产减少。因此，综合账户差额是衡量一国可以通过动用或获取储备资产来弥补国际收支不平衡的一个重要指标，也是反映一国国际金融地位的重要指标。

对国际收支平衡表差额进行分析，不仅包括对上述各个账户差额的静态分析，还包括对各个账户差额的影响因素及其成因的分析，以及在此基础上进行总差额的综合分析，从而全面分析一国对外经济交易活动收支状况，为制定出一国内外均衡的经济金融政策提供理论依据。

3. 注重比较和动态分析

对一国国际收支收支平衡表的分析，除了静态分析外，还有横向比较分析和纵向动态分析。

（1）横向比较分析，是指一国与其他国家或不同国家在相同时期内国际收支状况的比较分析。在开放经济条件下，通过国际收平衡表的横向比较，有利于掌握一国在国际经济金融中的经济实力和所处的国际金融地位，以制定符合本国实际的国际金融政策与对外经济发展战略，从而提升本国的国际竞争力。

（2）纵向动态分析，是指一国在较长时期内国际收支状况的动态分析。通过动态分析，可以看出一国国际收支状况大体变动的趋势和特点，分析一国本期的国际收支是否平衡。如果本期国际收支不平衡，可以分析并找出问题的症结所在，提出合理的解决方案，以实现未来一国国际收支的大体均衡。

5.3 国际收支失衡的成因和调节

5.3.1 国际收支失衡的表现和成因

按照复式记账原理编制的国际收支平衡表，其借贷双方余额总是相等平衡的。这种平衡只是账面上的平衡，而不是真正经济意义上的国际收支平衡。因此，分析国际收支平衡表是否平衡，必须明确国际收支失衡的真正含义和判断依据。

1. 国际收支失衡的判定标准

一般来说，国际经济交易按其性质分为自主性交易和调节性交易两种。

（1）自主性交易。自主性交易亦称事前交易，是指经济实体出于某种经济目的而主动进行的交易。这类交易完全是为着某种经济动机而自发进行的交易。例如，私人、企业或政府机构等出于某种经济目的，以其自主独立的经济活动为基础而进行的货物或服务的输出与输入等。自主性交易的内容，实际上就是国际收支平衡表中经常账户与资本和金融账户所记录的交易。

（2）调节性交易。调节性交易亦称事后交易或补偿性交易，是指为弥补自主性交易的差额而被动进行的交易。例如，当一国的自主性交易发生逆差时，需要以外汇储备来弥补差额，这就是调节性交易。

（3）国际收支失衡的判定。把国际经济交易分成自主性交易与调节性交易后，国际收支的均衡与否就有了判定依据。国际收支失衡是指自主性交易借贷双方不相等，需要用调节性交易来弥补；国际收支平衡是指自主性交易借贷双方相等，不需要用调节性交易来弥补。

因此，判断一国国际收支是否平衡，主要是看其自主性交易的借贷双方是否相等。如果在一国的国际经济交易中，其自主性交易借贷双方相等，不需要调节性交易来调节，说明该国国际收支是平衡的。反之，如果在一国的国际经济交易中，其自主性交易借贷双方不相等，需要用调节性交易来调节，说明该国国际收支是不平衡的。

2. 国际收支失衡的表现

国际收支平衡是相对的，国际收支失衡是绝对的，国际收支失衡表现在以下几个方面：

（1）贸易账户收支的失衡，是指包括货物与服务在内的进出口之间收支的不平衡。

（2）经常账户收支的失衡，是指包括货物、服务、初次收入和二次收入收支的不平衡，其中前两项构成经常账户收支的主体。

（3）资本和金融账户收支的失衡。资本和金融账户收支失衡是由诸多因素影响的，包括：影响国内和国外资产的收益率和风险的各种因素，如利息率、投资回报率、汇率预期和税收方面的规定等。

（4）综合账户收支的失衡，是指经常账户与资本和金融账户中剔除官方储备账户后的不平衡。由于综合账户差额必然导致官方储备的反方向变动，可以用它来衡量国际收支对一国储备资产造成的压力。因此，综合账户差额是全面衡量和分析国际收支状况的重要指标。

3. 国际收支失衡的成因

导致一国国际收支失衡的主要成因如下：

（1）结构性失衡，是指一国的经济结构发生变化，从而使一国的产业结构不能适应世界市场需求变化和国际分工结构变化的调整而引起的国际收支失衡。例如，未来以新能源汽车为主，原来以汽油为主的汽车业可能会受到影响，这将使以出口汽油汽车为主要外汇收入来源国家的国际收支受到影响，如果该国产业结构不能很好地适应这种需求变化并进行相应调整，就会出现国际收支结构性失衡。

（2）货币性失衡，是指由于一国的价格、利率或汇率等货币性因素发生变化而引起的国际收支失衡。例如，一国由于通货膨胀，物价普遍上涨，使其商品成本相对高于其他国家，这会使该国商品出口减少，进口增加，导致该国经常账户收支发生逆差，此时就会出现国际收支货币性失衡。

（3）收入性失衡，是指由于一国国民收入水平发生变化而引起的国际收支失衡。一国国民收入往往受经济增长率高低、经济周期等影响。当一国国民收入增加时，会增加该国货物与劳务的进口，使进口增长大于出口增长，从而会使国际收支出现逆差；反之，当一国国民收入减少时，会引起该国国内需求减弱，使进口减少，从而减少国际收支逆差，这样就会出现国际收支收入性失衡。

（4）周期性失衡，是指一国处于经济周期的不同阶段而引起的国际收支失衡。例如，在经济繁荣时期，本国需求增加，会使本国进口大于出口，从而使本国经常账户收支出现逆差；在经济萧条时期，由于本国需求减少，会使本国进口减少，从而使本国经常账户收支逆差额减少或是顺差。这种由于周期性变化使得国际收支不平衡交替出现的现象，就是国际收支周期性失衡。

（5）季节性、偶然性失衡。季节性失衡是指由于生产和消费过程中由于受到季节性影响而引起的国际收支失衡。例如，生产西服服装出口企业，常常受季节性影响，在春季和秋季西服出口量就大，会使该国国际收支顺差；相反，在夏季和冬季相对出口量会减少，使该国国际收支顺差额减少。

偶然性失衡是指由于突发性事件而引起的国际收支失衡。例如，突发的自然灾害、新冠疫情等，在短期内会使出口减少，生活必需品、医用物资进口增加，从而短期内会引起国际收支逆差。

由季节性和偶然性失衡引起的国际收支失衡往往是暂时性失衡，而由结构性失衡和收入性失衡引起的国际收支失衡往往是长期或恒久性失衡。

5.3.2 国际收支失衡的调节

各国宏观经济政策目标之一就是实现本国国际收支平衡。因此，针对国际收支失衡的表现和成因，各国都通过加强国际收支的调节与管理来实现一国内外的收支均衡。

1. 国际收支自动调节

国际收支调节机制包括两种：

（1）国际收支的自动调节机制。国际收支的自动调节机制是指通过市场机制的自发作用所实现的国际收支自行调节。例如，在金本位制下，国际收支的自动调节机制是通过大卫·休谟提出的"物价—现金流机制"实现的，即通过黄金输出入来实现国际收支自动平衡。在纸币流通的固定汇率制下，通过外汇储备影响国内货币供应量变化，进而通过利率、收入、价格三种机制自发地调节国际收支；在纸币流通的浮动汇率制下，通过外汇市场的供求关系影响汇率，进而通过汇率机制自发调节国际收支。

（2）国际收支的主动调节机制。国际收支的主动调节机制是指一国政府通过改变其宏观经济政策和加强国际协调与合作，采取某种政策或手段主动地调节国际收支。目前，各国都是采用国际收支主动调节机制来调节国际收支失衡。

2. 国际收支的调节政策

（1）货币政策，是指一国中央银行通过调节货币供给量和利率，进而影响宏观经济的需求管理政策，从而实现国际收支平衡。例如，当一国国际收支出现逆差时，中央银行通过提高法定存款准备金率或再贴现率或在公开市场上抛售政府债券方式，实行紧缩性货币政策，抑制消费和投资，减少进口，以改善贸易收支状况。通过提高利率，吸引资本内流，改善资本和金融账户，进而逐步改善国际收支逆差状况。反之，当一国国际收支出现顺差时，中央银行通过降低法定存款准备金率或再贴现率或在公开市场上买入政府债券方式，实行扩张性的货币政策，鼓励消费和投资，增加进口。另外，通过降低利率，会使资本外流，资本和金融账户顺差减少，从而逐步减少国际收支顺差。

（2）财政政策，是指一国政府通过财政开支增减和税率高低变化来实现对国民经济的需求管理，从而实现国际收支平衡。例如，当一国国际收支出现逆差时，政府通过缩减财政开支或提高税率方式，实行紧缩性财政政策，抑制总需求，从而减少进口。同时，总需求减少，会降低物价水平，有利于出口，最终减少国际收支逆差状况。反之，当一国国际收支出现顺差时，政府通过增加财政开支或降低税率方式，实行扩张性财政政策，刺激总需求，增加进口减少出口，从而逐步减少国际收支顺差。

（3）汇率政策，是指一国政府通过货币法定升值或货币法定贬值方式，提高或降低本币与外币的兑换比率，从而改善国际收支失衡状况。例如，当一国国际收支出现逆差时，政府可以实行货币贬值政策，有利于出口，从而改善该国国际收支逆差状况。反之，当一国国际收支出现顺差时，政府可以实行货币升值政策，有利于进口，从而减少该国国际收支顺差。

（4）直接干预政策，是指一国政府采用相应的行政管理手段，对国际经济交易实行直接行政控制，从而实现国际收支平衡，主要有贸易和金融等管制政策。贸易管制是通过贸易保护政策，实行关税壁垒和"奖出限入"政策，以鼓励出口限制进口，来改善贸易收支。金融管制主要是通过实行外汇管制和外汇干预措施，来改善外汇收支。

（5）国际经济合作政策，是指一国政府通过与其他国家或国际经济组织合作，采用一致的经济金融政策，以保证各国国际收支大体均衡。一般而言，一国的顺差就是另一国的逆差，顺差国和逆差国都应对国际收支不均衡的调节负有责任。因此，目前世界上许多国家都在力求采用国际经济合作与协调，从根本上解决国际收支失衡问题。

（6）其他政策配合。一国政府还可以通过国际信贷政策、产业政策、供给政策、国民收入政策等与之配合使用，同时国际收支调节政策和国际收支调节手段也可配合使用，从而调节国际收支失衡，以保证国际收支平衡。

5.4 中国国际收支平衡表分析与管理

5.4.1 中国国际收支的发展演变

中国国际收支状况是随着对外经济交往的不断扩大和外汇管理体制的改革而不断发展变化的。中国国际收支的发展演变可分为以下几个阶段。

1. 新中国成立初期至 1978 年：实行"统收统支、以收定支"的分配体制

从新中国成立初期开始，中国对外贸、外汇实行严格管制。在外汇方面，实行的是"统收统支、以收定支"的分配体制，所有的外汇资金收付、资金调拨、进出国境均由国家计划管理，与其他国家资本项目往来也非常有限。在这一阶段中国尚未编制国际收支平衡表，反映国际收支状况的只能是当时的"国家外汇收支表"。

2. 1979—1993 年：实行外汇留成制度

1979 年，随着中国经济体制改革和不断地对外开放，中国对外交往日益增多，中国对外汇体制进行了改革，实行外汇留成制度。1980 年中国相继恢复了在国际货币基金组织和世界银行的合法席位，并按照国际货币基金组织的要求，开始编制国际收支平衡表。1985 年 9 月国家外汇管理局正式对外公布了 1982—1984 年中国的国际收支平衡表。1987 年开始，中国每年定期公布上一年的国际收支平衡表。

扩展阅读 5.2
改革开放 40 年来我国国际收支的发展
扫描此码　阅读文献

3. 1994—2000 年：实行外汇结售汇制度

1994 年，中国实行新的外汇管理制度，人民币汇率并轨，实行银行结售汇制度，并建立了全国统一的银行间外汇市场，实现了人民币以市场供求为基础的、有管理的浮动汇率制。1996 年 12 月 1 日人民币实现了在经常项目下有条件的可兑换。随着中国新的外汇管理制度改革的不断深入，中国国际收支状况也有了显著改善。

4. 2001—2004 年：入世过渡期外汇管理体制改革

2001 年 12 月 11 日，中国正式加入世界贸易组织。按照完善社会主义市场经济体制和履行加入世界贸易组织承诺的要求，中国不断深化外汇管理体制改革。围绕促进国际收支平衡的目标，大力推进贸易和投资便利化，进一步简化经常项目真实性审核手续，支持企业"走出去"，拓宽资金流出渠道。积极培育和发展外汇市场，稳步推进人民币汇率机制改革。同时，加强对短期资金流入和结汇的管理，防范对外金融风险，加强国际收支管理，促进经济全面协调可持续发展。

5. 2005 年至今：深化外汇管理体制改革，建立国际收支的市场调节机制和监管体制

2005 年 7 月 15 日，人民币汇率实行以市场供求为基础、参考"一篮子货币"进行调节的、有管理的浮动汇率制度。2006 年 12 月，随着入世五年过渡期结束，以及 2008 年美国金融危机和 2010 年欧洲主权债务危机的爆发，国际金融风险增大。2015 年 8 月 11 日，人民币汇率实行中间价报价。中国不断深化外汇管理体制改革，加强对跨境资本流动的监测和管理，以防范金融危机。2018 年以来，中国加快对外开放步伐，不断改善营商环境，提出推进贸易和投资便利化以及金融开放的诸多措施，稳步推进人民币汇率机制改革，建立国际收支的市场调节机制和监管体制。

5.4.2　近年来中国国际收支账户分析

国际收支状况是反映一国对外经济往来的晴雨表，对一国经济政策的制定具有重要的参考价值。研究和分析 2005 年以来中国国际收支账户的变化及趋势，对于制定中国对外经济政策和提高国际竞争力以及促进内外均衡发展具有重要的意义。2005—2019 年中国国际收支平衡表详见表 5-3 和图 5-1。

表 5-3　2005—2019 年中国国际收支平衡表

单位：亿美元

项目	2005	2006	2007	2008	2009	2010	2011	2012	2013	2014	2015	2016	2017	2018	2019
一、经常账户差额	1 324	2 318	3 532	4 206	2 433	2 378	1 361	2 154	1 482	2 360	3 042	2 022	1 951	491	1 413
A. 货物和服务	1 246	2 089	3 080	3 488	2 201	2 230	1 819	2 318	2 354	2 213	3 579	2 557	2 170	1 029	1 641
a. 货物贸易差额	1 243	2 068	3 028	3 445	2 355	2 381	2 287	3 116	3 590	4 350	5 762	4 889	4 759	3 952	4 253
b. 服务贸易差额	3	21	52	44	−153	−151	−468	−797	−1 236	−2 137	−2 183	−2 331	−2 589	−2 922	−2 611
1. 加工服务	133	144	199	233	215	251	263	256	232	213	203	184	179	172	154
2. 维护和维修服务	0	0	0	0	0	0	0	0	0	0	23	32	37	46	65
3. 运输	−130	−134	−120	−119	−230	−290	−449	−469	−567	−579	−467	−468	−560	−669	−590
4. 旅行	75	96	74	47	−40	−91	−241	−519	−769	−1 833	−2 049	−2 057	−2 193	−2 370	−2 188
5. 建设	10	7	25	60	36	94	110	86	68	105	65	42	36	49	51
6. 保险和养老金服务	−67	−83	−98	−114	−97	−140	−167	−173	−181	−179	−38	−88	−74	−66	−62
7. 金融服务	0	−7	−3	−3	−3	−1	1	0	−5	−4	−3	11	18	12	15
8. 知识产权使用费	−52	−64	−78	−97	−106	−122	−140	−167	−201	−219	−209	−228	−239	−302	−278
9. 电信、计算机和信息服务	1	12	22	31	33	64	89	108	95	94	131	127	75	65	80
10. 其他商业服务	34	49	32	6	40	89	72	87	99	282	189	147	169	191	194
11. 个人、文化和娱乐服务	0	0	2	2	−2	−2	−3	−4	−6	−7	−12	−14	−20	−24	−31
12. 别处未提及的政府服务	−1	1	−3	−3	1	−2	−3	−1	0	−10	−15	−20	−18	−27	−21
B. 初次收入差额	−161	−51	80	286	−85	−259	−703	−199	−784	133	−411	−440	−100	−514	−330
1. 雇员报酬	15	20	43	64	72	122	150	153	161	258	274	207	149	82	31
2. 投资收益	−176	−71	37	222	−157	−381	−853	−352	−945	−125	−691	−650	−254	−614	−372
3. 其他初次收入	0	0	0	0	0	0	0	0	0	0	7	3	4	18	11

第5章 国际收支及其调节

续表

项目	2005	2006	2007	2008	2009	2010	2011	2012	2013	2014	2015	2016	2017	2018	2019
C.二次收入差额	239	281	371	432	317	407	245	34	-87	14	-126	-95	-119	-24	103
1.个人转移	/	/	/	/	/	/	/	/	/	/	/	/	-25	-4	1
2.其他二次收入	/	/	/	/	/	/	/	/	/	/	/	/	-93	-20	102
二、资本和金融账户	-1 553	-2 355	-3 665	-4 394	-2 019	-1 849	-1 223	-1 283	-853	-1 692	-912	272	179	1 111	567
A.资本账户	41	40	31	31	39	46	54	43	31	0	3	-3	-1	-6	-3
B.金融账户	-1 594	-2 395	-3 696	-4 425	-2 058	-1 895	-1 278	-1 326	-883	-1 691	-915	276	180	1 117	570
a.非储备性质的金融账户	912	453	911	371	1 945	2 822	2 600	-360	3 430	-514	-4 345	-4 161	1 095	1 306	378
1.直接投资	904	1 001	1 391	1 148	872	1 857	2 317	1 763	2 180	1 450	681	-417	278	1 070	581
2.证券投资	-47	-684	164	349	271	240	196	478	529	824	-665	-523	295	1 067	579
3.金融衍生工具	0	0	0	0	-49	0	0	0	0	0	-21	-54	4	-62	-24
4.其他投资	56	136	-644	-1 126	803	724	87	-2 601	722	-2 788	-4 340	-3 167	519	-770	-759
b.储备资产	-2 506	-2 848	-4 607	-4 795	-4 003	-4 717	-3 878	-966	-4 314	-1 178	3 429	4 437	-915	-189	193
1.货币黄金	0	0	0	0	0	0	0	0	0	0	0	0	0	0	0
2.特别提款权	0	2	-1	0	-111	-1	5	5	2	1	-3	3	-7	0	-5
3.在国际货币基金组织的储备头寸	19	3	2	-12	-23	-21	-34	16	11	10	9	-53	22	-7	0
4.外汇储备	-2 526	-2 853	-4 609	-4 783	-3 821	-4 696	-3 848	-987	-4 327	-1 188	3 423	4 487	-930	-182	198
5.其他储备资产	0	0	0	0	0	0	0	0	0	0	0	0	0	0	0
三、净误差与遗漏	229	36	133	188	-414	-529	-138	-871	-629	-669	-2 130	-2 295	-2 130	-1 602	-1 981

资料来源：国家外汇管理局，《2005—2019年中国国际收支报告》。

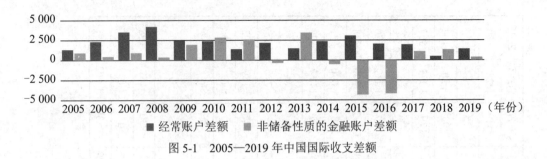

图 5-1 2005—2019 年中国国际收支差额

数据来源：国家外汇管理局。

总体来看，2005—2019 年，中国经常账户差额一直是顺差，非储备性质的金融账户差额总体也是顺差，但在 2012 年、2014—2016 年为逆差，尤其是 2015 年和 2016 年逆差额增大为 4 345 亿美元和 4 161 亿美元，具体分析如下：

1. 经常账户差额分析

2005—2019 年，经常账户差额连续多年保持顺差。但从 2015 年开始，经常项目顺差额逐年减少，2018 年为 491 亿美元，2019 年为 1 413 亿美元，详见表 5-3 和图 5-2。

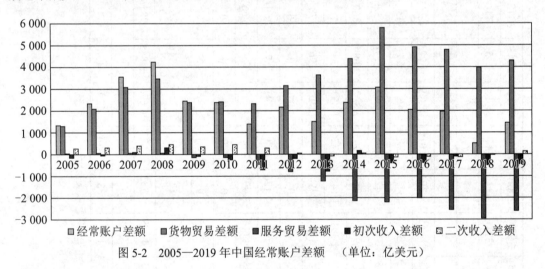

图 5-2 2005—2019 年中国经常账户差额 （单位：亿美元）

数据来源：国家外汇管理局。

（1）经常账户持续多年顺差，总体保持基本平衡。从表 5-3 和图 5-2 看出，2005—2008 年中国经常账户顺差从 1 324 亿美元扩大到 4 206 亿美元。2009 年，由于受到全球金融危机的影响，全球贸易大幅萎缩，国际市场需求下滑。许多国家经济受到金融危机冲击的影响，为保持国内货币的流动性，纷纷收回资本，减少了对中国的进口贸易，导致中国出口减少，出口增速回落，2009 年经常账户顺差规模开始出现下降现象。2014—2015 年，全球经济延续缓慢复苏态势，经常账户顺差小幅增加至 2015 年的 3 042 亿美元。2019 年中国经常账户顺差 1 413 亿美元，占 GDP 的 1.0%。造成经常账户差额变化的主要原因是货物贸易账户差额和服务贸易账户差额的变动，初次收入账户和二次收入账户差额的变化对经常账户影响微乎其微。

总之，受全球经济发展和结构优化调整影响，中国经常账户进入更加均衡的发展阶段。在此过程中，由于国际大宗商品价格、部分进出口产品需求的周期性变化，经常账户差额会出现小幅波动，但不会改变其基本平衡的总体态势。

（2）货物贸易账户持续顺差，顺差规模在波动中有所变化。2005—2019 年，中国货物贸易账户均表现为顺差，但顺差规模处于波动性变化中。2005—2008 年货物贸易账户表现出顺差规模扩大，2009—2011 年货物贸易账户顺差规模缩小，2012—2015 年货物贸易账户顺差规模再次扩大，2016—2019 年货物贸易账户顺差规模再次收缩。2018 年货物贸易账户顺差为 3 952 亿美元，2019 年贸易账户顺差为 4 253 亿美元，比 2018 年顺差略有增加。2019 年，中国外贸依存度（即进出口总额 /GDP）为 32%，比 2018 年下降 1.9 个百分点。

其中，2005—2008 年货物贸易顺差规模迅速增长，由 1 243 亿美元快速增长到 3 445 亿美元，增长了 2.77 倍。这一时期货物贸易的快速增长主要得益于中国加入 WTO 的促进作用，以及全球经济保持较快增长，国际市场需求旺盛。同时，中国还具有劳动力价格低廉、资源密集、生产成本低的优势，使得出口的价格相对较低，有利于商品出口。另外，由于这一时期中国政府鼓励出口，主要靠出口拉动经济，所以中国货物贸易多年保持巨额顺差。2009—2011 年货物贸易账户顺差规模缩小，主要是美国金融危机和欧债危机的影响，全球经济下行，各国为应对危机减少进口需求，从而使中国货物贸易顺差额减少。2016 年以来由于受到原油价格下跌、大宗商品熊市以及美国加息美元走强等因素多重影响，中国货物贸易增速放缓，货物贸易顺差规模再次下降，从 2016 年的 4 889 亿美元下降到 2018 年的 3 952 亿美元，2019 年略有增加为 4 253 亿美元。中国目前面临全球贸易扩张乏力及中国出口份额下降的双重压力，而中美贸易摩擦则加速了这个过程，可能会导致中国货物贸易顺差进一步缩小。

（3）服务贸易账户由顺差转为逆差，且逆差规模持续扩大。中国服务贸易发展不平衡，项目过于集中。服务贸易收支主要集中在旅行、运输、知识产权使用费和其他商业服务。

2005—2008 年服务贸易账户小额顺差，2009 年服务贸易账户开始由顺差转变为逆差，2014 年服务贸易逆差持续扩大达 2 000 亿美元以上，2018 年服务贸易逆差 2 922 亿美元，2019 年服务贸易逆差 2 611 亿美元，较 2018 年逆差额下降了 10.64%。2009 年开始的服务贸易逆差持续扩大，对货物贸易顺差形成了巨大的侵蚀，这也是全球金融危机爆发后，导致中国经常账户顺差额减少的另一个原因。同时，服务贸易逆差扩大也说明中国服务贸易整体上仍缺乏比较优势。中国服务贸易账户逆差主要来源于运输、旅行、保险及专利使用费和特许费账户，其中旅行账户逆差快速增长是导致服务贸易账户逆差的主因，2018 年旅行账户逆差 2 370 亿美元，2019 年旅行账户逆差 2 188 亿美元，比 2018 年略下降了 7.68%。在支出方面，随着国民收入水平的进一步提高，中国居民消费结构呈现多元化发展态势，消费导向不仅局限于货物贸易范畴，服务贸易所占比重逐渐增长，因私出境旅游、留学、海外购物等支出不断扩大，导致服务贸易账户逆差增加。此外，表现服务贸易账户顺差的项目主要有：加工服务、建设、计算机和信息服务与金融服务项目。

> 扩展阅读 5.3
> **我国知识产权使用费对外支出位居世界前列**
> 扫描此码 阅读文献

（4）初次收入和二次收入波动性逆差，但影响作用微弱。2005—2019 年初次收入账户表现为逆差和顺差兼具的状况。2005—2006 年连续逆差，2007—2008 年连续顺差，2009—2013 年连续逆差，而且逆差迅速扩大，2014 年为顺差，2015—2019 年再次连续逆差。2007—2008 年初次收入账户顺差主要是投资收益账户顺差导致的，而这其中大部分是国家外汇储备取得的收益。2009—2013 年，在全球经济不景气的情况下，中国海外务工人员的劳务收入增幅放缓，同时对外商投资企业的收益支出增加，因此这一时期初次收入账户表现为连续逆差。2015—2019 年初次收入再次表现为逆差，投资收益账户逆差对其影响最大，由此反映出中国对来华投资支付的利润、利息和股息、红利大大超过了中国对外投资获得的投资收益。2018 年，初次收入账户逆差 514 亿美元，2019 年初次收入账户逆差 330 亿美元，比上年下降了 35.8%。2005—2012 年二次收入账户表现为顺差，2013 年为逆差，2014 年为顺差，从 2015 年开始持续为逆差，2018 年二次收入账户逆差 24 亿美元，2019 年二次收入账户顺差 103 亿美元。

（5）中美贸易额分析。自中国加入 WTO 以来，中美经贸往来日益密切，贸易额不断攀升，从 2002 年的 972 亿美元到 2019 年的 5 409 亿美元，平均增速达到 12%，尤其是 2002—2008 年期间，中美贸易额始终保持两位数的增长速度。中美经贸合作共同推动全球经济增长和贸易发展，为世界经济的繁荣与稳定作出贡献。中美贸易表现出的特点如下：

①中美货物贸易总量不断增长，双方商贸往来联系日益密切。根据国家外汇管理局统计数据，中美货物贸易在中国贸易总额中占重要地位，出口和进口占比也都处于稳定水平，2019 年分别为 18.85% 和 5.4%。在全球化程度极高的今天，中美之间的货物贸易往来已经密不可分。同时，中美两国货物贸易具有较强互补性。中美作为世界最大的发展中国家和最大的发达国家，经济处于不同的发展阶段，在全球价值链中的角色分工不同。近年来，随着中国逐步承接全球加工制造业的转移，对美机电产品出口显著增加，占对美出口的比重由 2001 年的 33% 上升至 2019 年的 48%。2019 年，对美出口的机电产品、纺织和服装等，合计占对美出口比重近 6 成。一直以来，中国自美进口集中在机电产品、飞机、汽车、医疗设备等高技术和资本密集型产品以及大豆等农产品。2019 年，上述行业自美进口合计占自美进口比重超 6 成。两国发挥各自比较优势，双边贸易呈现优势互补。

②中美两国服务贸易发展迅速。据美国经济分析局统计数据显示，2001—2019 年，中美服务贸易额增长超过 7 倍，美国对中国的服务贸易顺差增长了 20 倍。2015 年中国超过加拿大，成为美国服务贸易顺差的第一大来源国。2019 年，中美服务贸易额占美国服务贸易总额的 5.2%，美国对中国的服务贸易顺差占美国服务贸易顺差的比重超过 15%。

③近年来中美两国出现贸易摩擦。2018 年以来，中美两国出现贸易摩擦。2019 年受中美加征关税影响，中美贸易在中国和美国贸易总额中的占比均有所下降，分别为 12% 和 13%。关于中美贸易摩擦，2018 年 9 月 24 日，中国国务院新闻办公室发表《关于中美经贸摩擦的事实与中方的立场》白皮书；2019 年 6 月 2 日，中国国务院新闻办公室发表《关于中美经贸摩擦的中方立场》白皮书。这两个白皮书，阐明了中方的立场，说明了事实和原因。只有中美两国合作才能实现共赢，这符合各国的利益。针对中美贸易摩擦，中国政府积极和美国政府协商，中美双方进行了十三次高级别经贸会谈，最终于 2020 年 1 月 15 日在美国华盛顿签署了"中美第一阶段经贸协议"，从而迈出了实质性一步。

2. 资本和金融账户差额分析

2005—2019 年以来，中国非储备性质的金融账户除个别年份外基本保持顺差，在一些新兴经济体出现本币大幅贬值和资本外流的背景下，2019 年中国非储备性质的金融账户顺差 378 亿美元，连续第三年呈现净流入。总体来看，虽然国际经济金融环境复杂严峻，但人民币汇率双向浮动弹性增强，国际收支自主平衡的能力进一步提升。由于中国资本账户 2005—2013 年年均顺差 40 亿美元，2014 年为 0，2016 年开始为逆差且数额较小，所以我们主要分析中国金融账户差额（见表 5-3 和图 5-3）。

图 5-3 2005—2019 年中国金融账户差额状况

数据来源：国家外汇管理局。

（1）直接投资差额基本保持顺差。2005—2015 年直接投资差额基本维持在顺差且差额稳步扩大，2016 年直接投资差额转为逆差，2017—2019 年恢复顺差且顺差有扩大的趋势。2018 年，中国直接投资顺差 1 070 亿美元，较上年扩大 3.85 倍。2019 年，中国直接投资顺差 581 亿美元，比上年减少了 489 亿美元，但与近五年平均水平相当。其中，中国对外直接投资 977 亿美元；境外对中国直接投资 1 558 亿美元（见表 5-3 和图 5-4）。

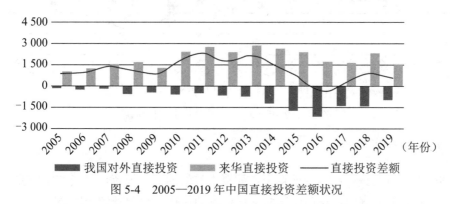

图 5-4 2005—2019 年中国直接投资差额状况

数据来源：国家外汇管理局。

（2）证券投资总体波动性顺差，近年顺差增大。2005—2014 年中国证券投资的总体趋势为稳步增长，2015 年受美联储加息等事件影响大幅度下降，近三年内又逐渐稳定增长，总体仍呈现较大规模净流入。2018 年，中国证券投资账户净流入 1 067 亿美元，较上年多流入 2.6 倍。2019 年中国证券投资账户净流入 579 亿美元，较上年减少了 488 亿美元，但比 2017 年净流入规模仍增长近 1 倍。证券投资双向投资流量维持高位，体现了中国资本市场有序开放、市场基础设施日臻完善和境内外金融资产价格相对变化等共同作用的结果，提升了中国金融市场的流动性和活力（见表 5-3 和图 5-5）。

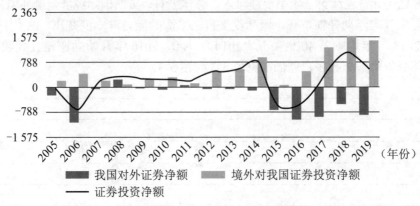

图 5-5　2005—2019 年中国跨境证券投资流动净额

数据来源：国家外汇管理局。

（3）中国其他投资除个别年份外，总体呈现逆差。2005—2018 年中国其他投资除个别年份外（2009、2010、2013、2017 年），总体呈现逆差。2018 年，中国其他投资项下净流出 770 亿美元；2019 年，中国其他投资项下净流出 759 亿美元，比上年少净流出 11 亿美元（见表 5-3 和图 5-6）。

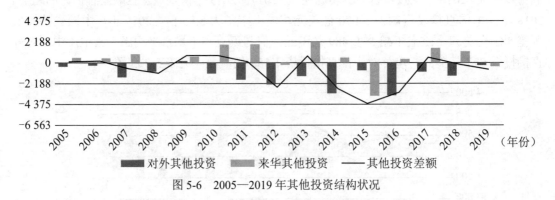

图 5-6　2005—2019 年其他投资结构状况

数据来源：国家外汇管理局。

总体来看，直接投资和以中长期资产配置为目的的证券投资，是当前中国非储备性质的金融账户主要顺差来源，说明中国跨境资金流动保持平稳的基础在增强。

3. 中国的外汇储备变动分析

中国外汇储备资产总体稳步增长，但近年有所下降。从 2005 年外汇储备余额的 8 818.72 亿美元，增加到 2014 年外汇储备余额的 38 430.18 亿美元，增长 4.36 倍。2015 年受到美国加息和全球资本流动变化的影响，中国外汇储备资产近年来有所下降。2019 年中国外汇储备资产额为 31 079 亿美元，比 2018 年增加 352 亿美元（见图 5-7）。

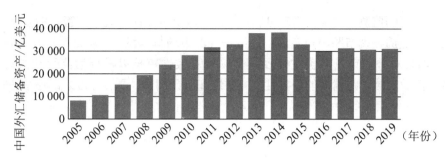

图 5-7　2005—2019 年中国外汇储备资本变动

数据来源：国家外汇管理局。

4. 净误差与遗漏变动分析

从表 5-3 看出，2002—2008 年中国净误差与遗漏一直在贷方为正，2008 年为 188 亿美元。2009 年以来，中国净误差与遗漏一直在借方为负，由 2009 年的 414 亿美元扩大到 2014 年的 669 亿美元。2015 年开始，中国净误差与遗漏急剧扩大，连续三年超过 2 130 亿美元以上。2018 年净误差与遗漏有所减缓为 1 602 亿美元，2019 年净误差与遗漏为 1 981 亿美元。这说明有资本外逃现象出现，因此，从 2016 年开始，中国加强对跨境短期资本流动的监管。

5.4.3　中国国际收支管理

由于近年来国际经济金融形势复杂多变，各种风险和不确定性因素增加，国内经济也面临着诸多挑战，使中国国际收支形势面临的复杂性、不确定性不断增加。因此，需要我们密切关注国内外经济金融形势变化，及时分析各种因素变化对中国国际收支的影响，完善宏观和微观调控政策，逐步改善中国国际收支状况，防范跨境流动性风险，以保证国家金融安全。

1. 深化外汇管理改革，推动金融市场双向开放

第一，促进跨境贸易投资自由化、便利化和高质量发展，推进跨境金融区块链服务平台建设，适应我国经济和金融市场对外开放需要，进一步优化支持贸易方式创新的外汇管理政策，增强外汇管理服务实体经济的能力。

第二，优化金融服务和营商环境，促进外商来华直接投资稳定增长，积极支持国内有能力、有条件的企业开展真实合规的对外投资。

第三，稳妥有序推进资本项目可兑换，推进境内股票、债券市场开放，加快金融市场互联互通和双向开放。

第四，建立健全开放的、有竞争力的外汇市场，增加外汇市场深度，扩大交易主体，丰富交易工具，完善外汇市场基础设施建设，以满足不同主体的避险需求。

第五，深入推进"放管服"改革，支持自贸试验区、海南自由贸易港、粤港澳大湾区等外汇管理改革先行先试。

2. 维护外汇市场稳定，防范跨境资本流动风险

（1）发挥市场在汇率形成机制中的决定性作用，保持人民币汇率在合理均衡水平上的基本稳定。

（2）完善外汇市场"宏观审慎＋微观监管"两位一体的管理框架，完善跨境资本流动宏观审慎管理的监测、预警和响应机制,丰富跨境资本流动宏观审慎管理的政策工具箱,以市场化方式逆周期调节跨境资金流动,维护外汇市场基本稳定,防范系统性金融风险。

(3) 加强对外汇市场各类主体及其交易行真实性审核以及行为监管和微观审慎监管,保持外汇微观监管跨周期的稳定性、一致性和可预期性,严厉打击外汇违法违规活动。

(4) 完善外汇储备经营管理,提升运营管理现代化水平,保障外汇储备资产安全、流动和保值增值。

5.5 国际收支调节理论

5.5.1 弹性分析理论

1. 弹性分析理论的主要内容

弹性分析理论(The Theory of Elasticity Approach)产生于 20 世纪 30 年代,由英国经济学家马歇尔(A. Marshall)提出,后经英国经济学家琼·罗宾逊(J. Robinson)和美国经济学家勒纳(A. P. Lerner)等人发展而成。弹性分析理论也称为弹性分析法,强调在收入不变的条件下汇率变动对国际收支的影响。它主要研究货币贬值对贸易收支的影响以及对贸易条件的影响,并围绕进出口商品的供求弹性进行分析。其研究内容主要包括:

(1) 前提假定条件。弹性分析理论的前提假设条件如下:

①假设利率、国民收入、偏好、产品价格等其他条件不变,只考虑汇率变动对进出口商品数量和总价值的影响;

②贸易商品的供给几乎具有完全弹性;

③未充分就业和收入不变,进出口商品的需求就是这些商品及其替代品的价格水平的函数;

④没有资本流动,国际收支等于贸易收支。出口总值等于出口价格乘以出口数量,进口总值等于进口价格乘以进口数量,进出口值都用外币表示。

因此,在上述前提下,货币贬值能否改善贸易收支状况取决于商品的需求和供给弹性。

(2) 马歇尔—勒纳条件。该理论将商品的进出口弹性分为:出口商品的需求弹性、出口商品的供给弹性、进口商品的需求弹性、进口商品的供给弹性四种。

进出口商品的供求弹性是指进出口商品的供求数量对进出口商品价格变化的反应程度。弹性越大,说明进出口商品价格在较大程度上影响进出口商品的供求数量;弹性越小,说明进出口商品价格变化对进出口商品供求数量的影响较小。假定供给具有完全弹性,即在非充分就业、生产资源闲置且可以使出口供给弹性无限大的前提下,贬值效果取决于需求弹性。

需求弹性是指价格变动所引起的进出口需求数量的变动。如果数量变动大于价格变动,则需求弹性大于 1;相反,数量变动小于价格变动,则需求弹性小于 1。只有当进口商品需求弹性绝对值与出口商品需求弹性的绝对值总和大于 1,本币贬值才能改善贸易收支;反之,当进口商品的需求弹性绝对值与出口商品的需求弹性绝对值之和小于 1,本币贬值会使国际收支进一步恶化;当进口商品的需求弹性绝对值与出口商品的需求弹性绝对值之和等于 1,则本币贬值对国际收支不发生影响。这也被称之为"马歇尔—勒纳条件"

（Marshall-Lerner Condition）。

（3）货币贬值对贸易收支的影响。在上述假定条件下，弹性分析理论认为汇率变动通过对国内外产品之间的相对价格的影响而引起供给和需求的变化，从而影响国际收支。一国政府可以通过本币贬值，使出口价格下降，有利于出口，改善贸易收支。同时，进一步得出货币贬值改善贸易收支的"马歇尔—勒纳条件"条件：当进口商品的需求弹性绝对值与出口商品的需求弹性绝对值之和大于1，进出口商品的供给弹性趋于无穷大时，本币贬值才可以有效改善贸易收支，进而改善国际收支。

（4）J曲线效应。本币贬值能否立即引起进出口商品的数量变化，从而改善国际收支，还需要看J曲线效应。J曲线效应是指本币贬值的短期内，贸易收支会进一步恶化，经过一段时间后，本币贬值才可以改善贸易收支。由于其运行轨迹像英文大写字母J，也被称之为"J曲线效应"（J-Curve Effect）。这说明通过本币贬值改善贸易收支有一个时滞期，大约为6～12个月。因此，"J曲线效应"表明：在短期内，即使"马歇尔—勒纳条件"条件成立，本币贬值也不能马上引起贸易收支改善，反而可能会导致贸易收支恶化。只有经过6～12个月的时滞期，本币贬值才会改善贸易收支状况。

2. 弹性分析理论的评价

（1）弹性分析理论的贡献。弹性分析理论正确地指出了只有在一定的进出口商品供求弹性的条件下，货币贬值才有利于改善贸易收支，纠正了货币贬值一定有利于改善贸易收支效果的片面看法。同时，弹性分析理论指出了货币贬值对不同国家的影响不同，工业发达国家的进出口商品大多是高弹性的工业制成品，货币贬值改善贸易收支的作用较大；相反，发展中国家的进出口商品大多是低弹性商品，货币贬值改善贸易收支的作用则不大，发展中国家只有改变进出口商品的结构，由出口低弹性的初级产品向出口高弹性的制成品转变，才能改善一国国际收支状况。

（2）弹性分析理论的局限性。弹性分析理论的局限性表现在三个方面：一是这一理论是一种局部均衡分析，只考虑货币贬值对进出口贸易的影响，而假定"其他条件不变"。实际上其他条件并非不变，货币贬值也会影响非贸易商品价格等，从而使整个国民收入和支出都会发生变动。二是这一理论是一种静态分析，忽视了汇率变动效应的"时滞"问题，即"J曲线效应"。三是这一理论把国际收支仅局限为贸易收支，未考虑劳务进出口和国际资本流动，而这两个因素在现代国际收支中具有重要的地位和作用。

5.5.2 吸收分析理论

1. 吸收分析理论的主要内容

吸收分析理论（The Theory of Approach）是20世纪50年代初美国经济学家亚历山大（S.S.Alexander）提出来的，这一理论强调收入和吸收在国际收支中的关键作用，是以凯恩斯的国民收入方程式 $Y=C+I$（国民收入=消费+投资）为前提，这是假定在封闭型经济条件下，如果引入对外贸易即实行开放型经济，则 $Y=C+I+X-M$（X与M分别表示出口与进口），并由此导出 $X-M=Y-(C+I)$（国际收支=总收入-总支出）。亚历山大把总支出称为总吸收（A），因此，吸收分析理论也被称为支出分析理论。

吸收分析理论认为，一国的国际收支差额（B）就是国民收入（Y）与国内吸收（A）的差额，即 $B=Y-A$。如果总吸收等于总收入就是国际收支平衡；如果总吸收大于总收入就是国际收支逆差；如果总吸收小于总收入就是国际收支顺差。因此，国际收支失衡可以通过变动总收入和总吸收来进行调节。例如，国际收支逆差是总吸收大于总收入，调节国际收支逆差的方法就是增加收入或减少支出，或是二者兼用。

吸收分析理论在强调一国最终要通过改变总收入或总吸收来调节国际收支的同时，也重视货币贬值对国际收支的影响。该理论认为货币贬值对国民收入和国内吸收会产生影响，其货币贬值发挥作用的效果取决于货币贬值对实际国民收入所引起的变化和对国内吸收的直接影响等。在"非充分就业"的情况下，货币贬值刺激国外对出口商品的需求，使闲置资源转向出口部门，从而扩大出口，改善国际收支。同时，出口增加引起国民收入和国内吸收的增加，只要国内吸收的增加小于国民收入的增加，国际收支就会得到改善。在"充分就业"的情况下，由于没有闲置的资源来扩充生产，国民收入不能增加，因而货币贬值只能通过压缩国内吸收来改善贸易收支。国内吸收减少，可以促使进口商品的国内需求下降，从而减少进口，增加出口商品的数量，达到扭转国际收支逆差的目的。但国内吸收减少会减少对非贸易商品的需求，这就需要采用支出转换政策使非贸易商品的供需相等，以保持内部平衡。

2. 吸收分析理论的评价

（1）吸收分析理论的贡献。吸收分析理论把国际收支同国内经济联系起来，为实施通过调整国内经济来调整国际收支的政策奠定了理论基础。这一理论具有强烈的政策配合含义以及较强的应用性，即货币贬值要通过货币政策和财政政策的配合来压缩国内需求，从而改善国际收支。吸收分析理论把国际收支调节的重点放在国内需求水平上而不是相对价格的水平上，这是它同弹性分析理论的主要区别。同时，吸收分析理论建立在一般均衡分析的基础上，这比建立在局部均衡分析基础上的弹性分析理论有所进步。

（2）吸收分析理论的局限性。吸收分析理论只以国际收支的贸易项目为主要研究对象，忽视了国际资本流动在国际收支中的重要作用。同时，这一分析将货币贬值作为出口增加的唯一原因，并作为其理论的假设前提，没有考虑本币贬值后相对价格变动对贸易收支的影响，这也与实际情况不符。

5.5.3 货币分析理论

1. 货币分析理论的主要内容

货币分析理论是 20 世纪 60 年代随着货币主义的兴起而出现的国际收支调节理论。这一理论的代表人物是美国经济学家蒙代尔（A. Mundell）和加拿大经济学家约翰逊（H. G. Johansen）。

货币分析理论（the theory of monetary approach）认为，国际收支是与货币供求相联系的一种货币现象。如果货币需求大于货币供给，只能依靠从国外取得资金来满足货币需求，从而使国际收支平衡。随着国外资金流入和货币供给增加，货币供给会大于货币需求，国际收支就会出现顺差。随着国际收支顺差的出现，人们会扩大商品进口和国外投资，这会使资金流向国外，国内的货币供给就会减少，国际收支会逐渐出现逆差。而国际收支失衡会通过储备资产的变化来调节。因此，国际收支顺差或逆差是一国货币市场供求失衡的反映，国际收支失衡从根本上说是一种货币现象。

货币分析理论并不强调货币贬值的作用，而是强调货币政策的运用。只要货币金融当局调节货币供给达到适当水平，国际收支才会趋于平衡。

2. 货币分析理论的评价

（1）货币分析理论的贡献。货币分析理论强调了国际收支顺差或逆差将会引起货币存量的变化，从而影响一国的经济活动。这一理论考虑了资本流动因素对国际收支的影响，比前述两种理论有很大进步。

（2）货币分析理论的局限性。货币分析理论局限性表现在三方面：一是它把货币因素看成是国际收支决定性的因素，而把收入水平、支出政策、贸易条件和其他实物因素看成是次要的，这就颠倒了国际经济的因果关系；二是它忽视了短期国际收支不平衡所带来的影响，在相当长的时期内，货币需求函数是相对稳定的，但在短期内货币需求并不是很稳定；三是它用外汇储备变动替代国际收支差额也存在明显的不足。

案例分析

国际收支结构的变化和国际比较

国际收支结构是国家经济运行状况、国际竞争能力的综合体现，与一国经济发展阶段紧密相联。从国际经验看，在大国崛起的过程中，特定的国际收支结构映射着经济增长阶段及其发展潜力。一些发达国家通过出口战略实现了其国际竞争力的提升，保持了大国地位。一些发展中国家通过大力吸引外资，促进了本国经济增长。各国国际收支结构的变化特征及其国际比较表现如下：

1. 主要发达国家国际收支的变化特征：总体进入债权国，甚至是债权减损国阶段

从近十几年的国际收支差额结构来看，发达国家可以分为两种模式：一种是以美国、英国为代表的"经常账户逆差＋非储备性质金融账户顺差"模式。美国和英国从20世纪80年代开始持续实行这种模式，其经常账户的逆差主要来自于货物、服务贸易和收益；非储备性质金融账户的顺差主要来自于证券投资和包括存贷款、贸易信贷和其他应付款等的其他投资。美国和英国呈现债权减损国特征。另一种是以德国、日本、新加坡和韩国为代表的"经常账户顺差＋非储备性质金融账户逆差"模式。德国于20世纪90年代初统一后，长期保持货物贸易顺差和服务贸易逆差，非储备性质金融账户逆差主要来自于证券投资和其他投资；日本经常账户顺差主要来自于货物贸易和投资收益，非储备性质金融账户逆差主要来自于直接投资；韩国于2008年美国金融危机后出现这种模式，投资收益由逆差转为顺差，逐渐向年轻的债权国转变；新加坡于20世纪90年代开始进入这种模式，其非储备性质金融账户逆差主要来自于证券投资和其他投资，其直接投资持续保持顺差。

2. 主要发展中国家国际收支的变化特征：总体处于债务国阶段

由于发展中国家经济发展方式不同，发展中国家国际收支差额结构大致分为两种模式：一种是以阿根廷、巴西、墨西哥、印度为代表的"经常账户逆差＋非储备性质金融账户顺差"模式。阿根廷于2013年开始进入这种模式，呈现成熟债务国特征；巴西于美国金融危机后开始进入这种模式，呈现从年轻债务国向成熟债务国转变特征；墨西哥于1989年开始进入这种模式，处于年轻债务国阶段；印度一直保持这种模式，呈现典型的年轻债务国特征。另一种是以马来西亚、泰国、印度尼西亚为代表的"经常账户顺差＋非储备性质金融账户逆差"模式。这些国家于1997年亚洲金融危机后从过去的"经常账户逆差＋非储备性质金融账户顺差"模式转变为"经常账户顺差＋非储备性质金融账户逆差"模式，这三个国家总体呈现债务偿还国特征。

中国国际收支结构变化具有独特特征，由原来"经常账户顺差＋非储备性质金融账户顺差"模式向"经常账户顺差收窄＋非储备性质金融账户顺差或逆差互现"的合理均衡模式转变。随着国内外经济金融环境的变化、复杂性因素不断增大、中美贸易摩擦等，这些变化将对中国国际收结构产生重要的影响，也会影响中国的经济增长模式。

[资料来源：陈卫东，梁婧，范若滢．从国际收支的变化和国际比较理解中国经济增长模式 [J]. 国际金融研究，2019（3）：13-23.]

讨论题：分析中国国际收支结构的变化与经济增长模式的关系？

【本章思考题】

1. 简述国际收支和国际收支平衡表的概念及其二者的区别。
2. 简述国际收支平衡表的主要内容。
3. 简述国际收支平衡表的记账原则。
4. 国际收支平衡表失衡判定的依据是什么？
5. 简述国际收支平衡表失衡的成因。
6. 简述国际收支的调节政策。
7. 试分析近年来中国国际收支平衡表及其变动特点。
8. 简述中国国际收支的管理。
9. 简述国际收支理论。

【在线测试题】

扫描书背面的二维码，获取答题权限。

第6章 国际储备与管理

【学习目标】

通过本章学习,应该能够:
1. 了解国际储备和国际清偿力概念的联系与区别;
2. 掌握国际储备的构成;
3. 理解影响国际储备规模的因素;
4. 掌握适度国际储备规模的确定;
5. 掌握外汇储备的币种结构与优化;
6. 掌握外汇储备的投资方式与优化;
7. 理解与分析中国国际储备与管理。

开篇导读

全球国际储备简析

一国国际储备是保证该国对外支付和弥补国际收支逆差的重要保障,是应付突发事件和维持本国汇率稳定的重要手段,也是一国经济实力的体现。因此,各国非常重视国际储备管理。国际货币基金组织规定,国际储备构成包括黄金储备、外汇储备、在基金组织的储备头寸和特别提款权四种。2019年全球黄金储备余额为16.92万亿美元,比上年增长20.24%。其中,美国占比为0.75%,德国占比为0.31%,中国占比为0.18%;2019年全球外汇储备余额为122万亿美元,比上年增长3.4%。其中,中国占比为25.48%,日本占比为10.29%,英国占比为1.13%,美国占比为0.34%,德国占比为0.30%;2019年全球在基金组织的储备头寸额为1.25万美元,比上年增长10.63%;2019年全球特别提款权为2.5万亿美元。在国际储备构成中,2019年全球外汇储备余额占国际储备余额的比例为87.82%。因此,国际储备主要以外汇储备为主。

外汇储备包括外汇储备规模的确定和外汇储备结构管理。而确定一国适度外汇储备规模非常重要,它既能保证一国对外支付和弥补国际收支逆差,又能避免宝贵资源浪费。在此基础上,实现一国外汇储备币种结构和外汇储备资产投资结构的优化,可以提高一国国际地位和国际竞争力。2019年中国外汇储备余额为31 079.24亿美元,比上年增长了10.45%,排在全球第一位。中国外汇储备币种构成主要以美元为主,占60%左右。中国外汇储备资产投资包括持有美国国债和机构债,以及进行"一带一路"投资等。

6.1 国际储备概述

6.1.1 国际储备的含义和特点

1. 国际储备的含义

国际储备(international reserve)是指一国政府和货币当局为了弥补国际收支逆差、

保持汇率稳定和进行国际支付而持有的国际间普遍可以接受的资产。因此，国际储备也称官方储备或自有储备。

国际储备和国际清偿力不同。国际清偿力（international liquidity）是指一国政府弥补国际收支逆差和干预外汇市场的能力。国际清偿力包括国际储备和借入储备，国际清偿力范畴大于国际储备范畴。因此，国际储备是反映一国现实的对外清偿力，而国际清偿力则是反映一国现实的对外清偿力和潜在的对外清偿力。

2. 国际储备的特点

（1）普遍性。国际储备资产应该是各国能够普遍承认和接受的资产，国际储备的货币都是完全可自由兑换的货币。

（2）流动性。国际储备资产应该具有充分的流动性，能够在各种形式的金融资产之间进行自由兑换，货币当局能够在国际间自由调拨储备资产。

（3）稳定性。国际储备资产的货币价值必须相对稳定，不能因汇率、利率的变化而发生大幅度的贬值或损失，从而保证其作为官方储备资产的价值稳定和保值增值。

6.1.2 国际储备的构成

按照国际货币基金组织的规定，国际储备构成包括黄金储备、外汇储备、在基金组织的储备头寸和特别提款权四种。

1. 黄金储备

黄金储备是成员国政府持有的储备黄金，它是货币性黄金。而用于交易目的的商业用黄金属于非货币性黄金，为一般商品，不包括在黄金储备中。

在国际金本位制下，黄金是最重要的国际储备货币，发挥着计价货币、交换媒介和储藏手段的作用。在布雷顿森林体系下，美元与黄金挂钩，各国货币与美元挂钩，黄金仍是各国重要的国际储备货币。1978年4月1日《国际货币基金协定》中明确提出"黄金非货币化"，黄金作为货币的职能作用得到削弱，但是没有完全消失。由于黄金具有实体价值，所以黄金储备具有最后清偿手段的职能。各国货币当局在动用黄金储备时，不是直接以黄金进行支付，而是将黄金当作特殊商品出售，换成可自由兑换外汇，用于弥补国际收支逆差。目前，黄金储备在整个国际储备中所占比例一般在10%左右。2019年，黄金储备占全球国际储备的比例为12.18%。

2. 外汇储备

外汇储备是成员国政府持有的国外可自由兑换货币，包括银行存款和其他金融资产。外汇储备是目前国际储备的主体，它占国际储备的比例一般在90%左右，从这个意义上说外汇储备就是国际储备。2019年，外汇储备占全球国际储备的比例为87.82%。当前国际储备最显著的特点就是国际储备日趋外汇化，外汇储备日趋多元化。

3. 在基金组织的储备头寸

在基金组织的储备头寸（IMF reserve position）也称普通提款权（general drawing rights），是指成员国政府可以自由提取使用的资产，包括成员国向基金组织认缴份额中的外汇部分、基金组织为满足成员国借款而使用的成员国货币、基金组织向成员国的借款，具体内容如下：

（1）成员国向基金组织认缴份额中的外汇部分。国际货币基金组织规定，成员国政府认缴份额的 25% 必须以外汇或黄金缴纳，其余 75% 用本国货币缴纳。当成员国政府出现国际收支困难时，有权向国际基金组织申请使用外汇贷款，用于弥补国际收支逆差。

（2）基金组织为满足成员国借款而使用的成员国货币。国际货币基金组织规定，成员国政府认缴份额的 75% 用本国货币缴纳。这部分份额，可以有权以本国货币抵押方式向基金组织申请贷款，用于弥补国际收支逆差。

（3）基金组织向成员国的借款。国际基金组织资金紧张时，可以向成员国借款，以作为该国在国际货币基金组织的债权。

因此，这三个方面内容构成成员国在基金组织的储备头寸。2019 年，在基金组织的储备头寸占整个国际储备的比例为 0.9%。

4. 特别提款权

特别提款权（special drawing right，SDR）是国际货币基金组织创设的一种储备资产和记账单位，是按照成员国缴纳份额无偿分配给成员国的一种资产使用权利，是一种账面资产。它可用于成员国之间和成员国同基金组织之间的支付，是对普通提款权的补充。

特别提款权是国际货币基金组织于 1969 年创设的一种储备资产，也称为"纸黄金"。特别提款权是按一篮子国际货币计价，国际货币基金组织每 5 年对其进行一次调整。2019 年，特别提款权占全球国际储备的比例为 1.8%。

因此，在国际储备构成中，主要以外汇储备为主，次之是黄金储备，普通提款权和特别提款权所占比例较小。全球国际储备构成及占比见表 6-1。

表 6-1 2005—2019 年全球国际储备构成与占比

年份	全球国际储备总额（百万美元）	黄金储备（百万美元）	黄金储备占比/%	外汇储备（百万美元）	外汇储备占比/%	在基金组织的储备头寸（百万美元）	在基金组织的储备头寸占比/%	特别提款权（百万美元）	特别提款权占比/%
2005	4 904 035	509 383.2	10.39	4 394 652	89.61	40 821.48	0.83	28 634.43	0.58
2006	5 937 583	620 126.6	10.44	5 317 456	89.56	26 337.86	0.44	27 439.53	0.46
2007	7 573 131	804 563.1	10.62	6 768 568	89.38	21 701.46	0.29	29 061.12	0.38
2008	8 257 205	838 964.6	10.16	7 418 241	89.84	38 662.22	0.47	29 050.09	0.35
2009	9 610 467	1 067 344	11.11	8 543 122	88.89	63 248.91	0.66	314 631.2	3.27
2010	11 050 733	1 393 953	12.61	9 656 780	87.39	84 078.29	0.76	314 631.2	2.85
2011	12 201 011	1 536 442	12.59	10 664 569	87.41	150 822.3	1.24	297 284.7	2.44
2012	13 102 115	1 688 713	12.89	11 413 402	87.11	158 616.5	1.21	297 284.7	2.27
2013	13 394 558	1 240 642	9.26	12 153 916	90.74	150 094.8	1.12	293 805.6	2.19
2014	13 266 675	1 251 271	9.43	12 015 404	90.57	118 360.3	0.89	274 951.4	2.07
2015	12 424 142	1 125 185	9.06	11 298 957	90.94	87 883.75	0.71	260 696.2	2.10
2016	12 303 836	1 237 404	10.06	11 066 432	89.94	106 201.2	0.86	234 631	1.91
2017	13 214 354	1 410 722	10.68	11 803 632	89.32	96 641.84	0.73	251 718.3	1.90
2018	13 203 597	1 406 923	10.66	11 796 675	89.34	113 277.9	0.86	249 447.4	1.89
2019	13 891 146	1 691 646	12.18	12 199 501	87.82	125 320.7	0.90	250 445.8	1.80

数据来源：国际货币基金组织。

6.1.3 国际储备的作用

国际储备是反映一国国际金融实力和国际地位的重要标志，它在国际经济活动中发挥着重要作用。

1. 调节一国的国际收支失衡

国际储备的首要作用，在于它在一国国际收支发生困难时发挥着缓冲器的作用。当该国出现国际收支逆差时，可以动用国际储备来弥补逆差。即使该国出现根本性的国际收支失衡，也可通过国际储备减弱因紧急调整所带来的经济剧烈波动的不利影响。

2. 维持一国货币汇率的稳定

国际储备额的大小，反映着一国的国际支付能力，直接决定着该国货币币值大小，从而影响本币的汇率。各国政府和中央银行所持有的外汇储备可以通过干预一国外汇市场，来维持本国货币币值的稳定。当一国货币发生贬值或贬值过快时，该国政府或中央银行可以通过抛售外汇买进本币，使本国货币汇率稳定。同时，各国政府或中央银行还可以通过调节储备资产的构成，来避免和防止国际游资对本国货币的冲击。因此，充足的国际储备是建立一国本币信誉和维持其汇率稳定的重要保证。

3. 保证一国对外借款的信用

国际储备是一国对外借款和进行国际融资的信誉保证。一国拥有的国际储备资产是吸引外资流入的一个重要条件，也是国际金融机构和国际银团提供贷款时评估其国家风险的指标之一。当一国对外贸易状况恶化、外汇储备不足时，其外部筹资能力会受到不利影响。外汇储备数量多少不仅是投资者的信心指标，而且代表着一国的还本付息能力。国际储备是债务国到期还本付息最可靠的物质与信用保证。因此，一国国际储备资产的充足程度，是保证该国争取外国政府贷款、国际金融机构信贷或在国际资本市场上进行融资的重要前提条件之一。

4. 提高一国的经济实力和国际地位

一国货币的高估或低估能为该国取得国际竞争的某种利益，也可以增强本国的出口竞争能力。而要达到这些目的，就必须要求一国政府持有充足的国际储备。掌握充足的国际储备能在客观上保证本国货币在国际上的信誉，尤其对于国际储备货币发行国更是如此。

6.2 国际储备规模管理

国际储备管理是宏观经济管理的重要方面，与货币政策、外汇政策、金融政策紧密相关。进行国际储备管理的根本目的，就是使有限的国际储备更好地服务于国家经济发展的需要。一国国际储备管理包括国际储备规模管理与国际储备结构管理两个方面。

6.2.1 国际储备规模管理的定义

1. 国际储备规模管理的定义

国际储备规模管理是指通过有关管理规定和营运安排，使一国的国际储备数量保持在适度合理的水平上。适度的国际储备规模，既能满足国家经济增长和对外支付的需要，又不会因国际储备过多造成储备资源的浪费。因此，国际储备规模管理具有十分重要的意义。

2. 国际储备规模管理的意义

（1）有利于保持国际收支平衡。国际储备作为调节国际收支的手段，其数量适度与否至关重要。只有一国保有一定数量的国际储备规模，才能发挥调节国际收支的作用，弥补国际收支逆差和应对意外事件的需要。因此，需要加强国际储备规模管理。

（2）有利于保持储备货币币值稳定。各国为避免汇率变动造成外汇储备资产贬值的损失，往往会加强对国际储备规模管理，以保证汇率稳定。

（3）有利于维护国家对外清偿能力。一国保有一定数量的国际储备规模，可以满足国家对外支付和偿债的需要。因此，应加强国际储备规模管理，保持适度国际储备规模。

6.2.2 影响国际储备规模的因素

影响一国国际储备规模的因素如下：

1. 一国对外贸易状况

一国对外贸易状况包括该国对外贸易在国民经济中的地位和作用、贸易条件和出口商品在国际市场上的竞争力等。一国对外开放程度和对外贸易依赖程度越大，其对外贸易的规模就越大，所需要的国际储备规模就会越多；相反，则需要较小的国际储备规模。一个在贸易条件上处于不利地位而其出口商品又缺乏竞争力的国家，则需要较多的国际储备规模；相反，则需要较少的国际储备规模。因此，对外贸易状况是影响一国国际储备规模的首要因素，它直接影响着一国国际收支状况。

2. 汇率制度

不同的汇率制度对一国国际储备规模有一定的影响。在固定汇率制下，各国为维持汇率稳定，需要持有大量国际储备量。在浮动汇率制度下，汇率可以自由波动，各国不必保有更多的国际储备量来承担调节国际收支失衡和稳定汇率的义务。但需要指出的是，汇率制度对国际储备的需求量是不稳定的，国际储备需求量取决于各国货币当局干预外汇市场的政策。

3. 外汇管制的程度

在实行较严格外汇管制的条件下，进口用汇和资本流动将受到限制，这在一定程度上控制了居民的私有用汇，限制进口，所需国际储备规模就小；相反，如果一国放松外汇管制，则会需要较大的国际储备规模。

4. 货币地位

这里的货币地位是指一国货币是否拥有国际储备货币的地位。如果一国货币拥有国际储备货币的地位，则可以通过增加本国货币的对外负债来弥补国际收支逆差，从而不需要较大的国际储备规模；相反，则需要较大的国际储备规模。

5. 一国的国际信誉

如果一国获取国际信贷的信誉较高，有较强的对外筹措资金的能力，则该国所需国际储备量就少些；相反，则需要较大的国际储备规模。

6. 金融市场的发育程度

发达的金融市场能够为国家、企业或部门与个人提供方便的金融资产，并能对物价、利率、汇率等经济信息提供较为真实的信号，便于国家、企业或部门与个人进行正确的投资交易决策。因此，金融市场越发达，政府保有的国际储备规模就越小；反之，则需要较大的国际储备规模。

7. 持有储备的机会成本

一国政府的储备资产，往往以存款的形式存放在外国银行，这会产生机会成本。如果动用储备进口物资所带来的国民经济增长和投资收益率高于国外存款的利息收益率，其差额就是持有储备的机会成本。因此，持有储备的机会成本越高，则国际储备的保有量就越低；反之，则国际储备的保有量就越高。

8. 各国的协调合作程度

如果各国在经济和金融领域里协调合作越好，则需要国际储备规模就越小；反之，则需要国际储备规模就越大。

此外，一国国际收支的调节机制、出口商品的供求弹性、外债的规模等，都是影响国际储备需求量的因素，在确定最适度国际储备规模的时候，都应适当对其加以考虑。

6.2.3 适度国际储备规模的确定

1. 适度国际储备规模的确定

由于不同的国家在不同的发展阶段对于国际储备水平的要求各不相同，一国的国际储备规模并不存在一个确切的衡量标准。根据影响一国国际储备规模的因素考虑，各国在确定国际储备规模时，通常是确定出国际储备规模水平变动的上限和下限，从而将国际储备规模的变动控制在适宜的区间内。

一般来讲，一国的国际储备规模水平应根据该国的经济发展水平来确定其下限，即保证该国最低限度进出口贸易总量所必需的储备资产量，这被称为经常储备量。同时，也应考虑其上限，即该国经济发展最快时可能出现的对外最大支付所需要的储备资产量，这被称为保险储备量。在上限和下限之间，便构成了一国适量的国际储备规模区间。在这个区间内的任何一个水平线上，都可能是一国所持有的最佳储备量。但应该注意的是，最适度储备量是一个区间值，要根据各种因素的变动和科学的估算方法来确定，并不是一成不变的。

2. 确定适度国际储备规模的常用方法

一般来说，确定适度国际储备规模的常用方法如下：

（1）一国国际储备量与国民生产总值之比。这一比例反映了一国的经济规模对于国际储备量的需求。国际储备量要适应国民生产总值的变化，两者之间基本上呈正比例变化关系。根据这一比例关系，可大致估算出一国的国际储备量。一般来说，一国国际储备量与国民生产总值之比应以 10% 左右为宜。

（2）国际储备量与月平均进口额之比。这是最常用的指标。一般认为，一国的国际储备量大约相当于 3 个月的进口用汇额是较为适宜的。这也是国际货币基金组织常用的"三个月进口货价法"。

（3）国际储备量与外债总额之比。国际储备与外债比例关系，反映了一国的对外清偿能力和国际信誉，其常用的指标如下：

①外债负债率，是指一国外债余额与当年国内生产总值的比率。国际公认的安全线为 20%。

②外债债务率，是指一国外债余额与当年货物与服务贸易出口外汇收入额的比率。它

是用来衡量某一特定时期内，一国的外汇收入是否足以支付全部外债。国际公认的安全线为100%。

③外债偿债率，是指一国当年外债还本付息额与当年货物与服务贸易出口外汇收入额的比率。它是用来衡量某一特定时期内，一国外汇收入是否足以支付当年外债本息。国际公认的安全线为20%。

④短期外债率，是指一国一年以内到期的短期外债余额占全部外汇储备余额的比率。国际公认的安全线为100%。

需要指出的是，上述常用方法会因各国具体情况不同而有所变化，应视各国实际情况和不同阶段来决定。

6.3 国际储备结构管理

6.3.1 国际储备结构管理的定义与意义

1. 国际储备结构管理的定义

国际储备结构管理是指一国如何最佳地分布国际储备资产，使黄金储备、外汇储备、在基金组织的储备头寸和特别提款权四种形式的国际储备资产持有量之间保持适当的比例关系。国际储备资产管理遵循安全性、流动性和盈利性"三性"原则。

在国际储备结构管理中，由于在基金组织的储备头寸和特别提款权占比较小且由国际货币基金组织负责管理，各国货币当局黄金储备管理相对简单，所以各国货币当局重点管理的国际储备资产是外汇储备资产，而外汇储备又占国际储备的90%左右，因此我们重点考察外汇储备结构管理。

外汇储备结构管理是指对外汇储备中各种形式的储备货币占外汇储备总额的比例、整个储备资产的保值与增值等方面所做的有关规定和营运安排。外汇储备结构管理，对于保证外汇储备资产币种构成合理、安全保值、及时兑现以及获取收益等具有重要的意义。

2. 外汇储备结构管理的意义

（1）保证储备货币币种构成合理。在实行多元储备体系下，需要科学测算和合理安排每种储备货币所占比例是否合理，这对保证外汇储备充分发挥着至关重要的作用。

（2）促使外汇储备资产安全保值。外汇储备资产的安全保值是指储备资产既能可靠存放，又能保持原有的价值。各国在确定外汇储备资产存放的国家及银行、币种或信用工具时，需要充分了解相关国家外汇管理、银行资信、信用工具种类、主要货币汇率变动趋势等情况。只有加强外汇储备结构管理，才能达到防范风险和安全保值的目的。

（3）保证外汇储备资产及时兑现。外汇储备资产及时兑现是指储备资产能灵活调拨随时兑现。各国在安排外汇储备资产时，应将外汇储备资产按短、中、长不同期限进行投资，并能保证资金自由进出入相关国家。只有加强外汇储备结构管理，才能实现这一目的。

（4）促使外汇储备资产获取收益。外汇储备资产的盈利性是指储备资产在保值的基础上获有较高的收益。外汇储备资产需要进行有效的投资，实现其资产保值增值获取收益。要分析各种金融工具的收益性与风险性，适当分散储备资产投资。只有加强外汇储备结构管理，才能实现外汇储备资产收益较大和风险较小。

6.3.2 外汇储备的币种结构及其优化

外汇储备币种结构是指外汇储备中的各种储备货币在外汇储备总额中所占的比例。一国外汇储备中储备币种的选择、储备货币之间比例的确定及其优化要考虑以下几个重要因素。

1. 储备货币币别与本国对外贸易结构所需币别大体一致

保持储备货币币别与对外贸易用汇币别结构大体一致，这既适应了储备货币流动性的要求，满足了国家经济建设用汇的需要，也可以减少货币兑换汇率风险。同时，要根据本国对外贸易的结构及其他金融支付的要求来选择储备货币的币种，要在分析外贸商品流向、数量以及贸易支付习惯等因素的基础上，合理分布外汇储备资产。这是考核外汇储备结构是否合理的重要标志之一。

2. 储备货币币别与本国对外投资和外债还本付息的币别大体一致

本国对外投资是实现储备资产盈利性的需要，同时储备资产的作用之一是保证国家对外支付能力和国际信誉。因此，要保持储备货币币别与本国对外投资和外债还本付息的币别大体一致，这是衡量外汇储备币种结构是否优化的标志之一。

3. 储备货币币别与外汇市场上储备货币的汇率与利率走势需求的币种大体一致

多种储备货币可以按各种货币汇率、利率的走势以及不同货币间升值与贬值相互抵消的可能加以合理搭配，从而保证外汇储备不受损失并获得相应的收益。

4. 储备货币币别要满足本国汇率政策执行和干预外汇市场的需要

如果本国货币在外汇市场上受到某种储备货币的冲击，不利于本国货币的稳定时，一国货币当局需要动用储备货币，干预外汇市场，以保证本国货币汇率的稳定。为适应这种需要，需要事先考虑各种储备货币的适度存量。

5. 储备货币的币种选择要考虑储备货币发行国的经济、金融状况以及国际金融市场的发展状况

一般来讲，如果储备货币发行国的政治、经济、金融状况良好，其汇率走势趋于上浮，就应该提高此种货币在储备中的比例；反之，则相反。

衡量一国外汇储备中某种货币的比例是否适当，并没有一个固定的标准。这就要求一国货币当局必须根据本国经济发展的需要，在复杂多变的外汇市场上，运用多种手段和工具，适时调整外汇储备中各种储备货币的比例，以最大限度地避免外汇风险并获取收益。

从实践来看，在全球主要外汇储备货币币种构成中，主要以美元储备货币为主，如表 6-2 所示。2005—2019 年，美元占外汇储备的比重由 2005 年的 66.51% 下降到 2019 年的 60.90%，欧元占外汇储备的比重由 2005 年的 23.89% 下降到 2019 年的 20.58%，日元占外汇储备的比重由 2005 年的 3.96% 上升到 2019 年的 5.7%，英镑占外汇储备的比重由 2005 年的 3.75% 上升到 2019 年的 4.62%，人民币在 2016 年 10 月 1 日加入特别提款权，人民币占外汇储备的比重由 2016 年的 1.07% 略上升到 2019 年的 1.95%。2020 年 3 月，美元占外汇储备的比重为 61.99%，欧元占外汇储备的比重为 20.05%，日元占外汇储备的比重为 5.7%，英镑占外汇储备的比重为 4.43%，人民币占外汇储备的比重升到 2.02%。因此，可以看出，虽然美元储备货币占比有所下降，但美元储备货币仍占绝大比重。欧元储备货币占比也略有下降，但是排在第二位。日元和英镑储备货币占比上升，人民币作为新晋储备货币占比也在上升，这有利于人民币的国际化。同时，我们也要看到外汇储备的多元化，各国应合理安排外汇储备的币种构成，以实现自身利益最优化。

表 6-2　2005—2019 年全球主要外汇储备货币币种构成　　　　　　　　　（%）

年份	美元	欧元	人民币	日元	英镑
2005	66.51	23.89	—	3.96	3.75
2006	65.04	24.99	—	3.46	4.52
2007	63.87	26.13	—	3.18	4.82
2008	63.77	26.21	—	3.47	4.22
2009	62.15	27.70	—	2.90	4.25
2010	62.24	25.76	—	3.66	3.94
2011	62.69	24.44	—	3.61	3.84
2012	61.49	24.07	—	4.09	4.04
2013	61.27	24.21	—	3.82	3.99
2014	65.17	21.21	—	3.55	3.70
2015	65.75	19.14	—	3.75	4.72
2016	65.36	19.14	1.07	3.96	4.34
2017	62.73	20.17	1.23	4.90	4.54
2018	61.74	20.67	1.89	5.20	4.42
2019	60.90	20.58	1.95	5.70	4.62

数据来源：国际货币基金组织。

6.3.3　外汇储备资产投资方式及其优化

外汇储备资产投资方式是指投资在外币现金、外币存款、外币短期证券和外币长期证券等资产在外汇储备中的地位及其占外汇储备资产的比重。

外汇储备资产的形式不同，其流动性、安全性及盈利性也不相同。一般来讲，短期的外汇储备资产，其流动性强，风险性较小，但收益水平低；而长期的外汇储备资产，其流动性较差，风险性也较大，但收益水平较高。如何确定不同形式外汇储备资产的比例，应根据本国的实际需要而定。一般来说，在考虑外汇储备资产合理投资分布时，要重视其变现能力，在确保储备资产能够充分满足国家对外支付的基础上，可将其划分为不同等级，并确定各等级的合理投资比例。外汇储备资产投资方式一般可以分为以下三种：

1. 一线储备

一线储备主要是指一国经常性对外支付所需的外汇储备，这部分储备资产必须随时可以变现使用。这类储备的形式应为现金、活期存款、短期存款、短期债券、商业票据等。一线储备的数量要以满足国家对外支付需要为标准，应在全部外汇储备资产中占有相当比例。因此，一线储备侧重于考虑流动性。

2. 二线储备

二线储备主要是作为补充性的流动资产，用于一国在发生临时性或突发性事件时对外支付的保证。这类储备资产主要投资于中期存款、中期国库券和债券等。因此，二线储备既考虑流动性，也考虑盈利性，二者兼顾。

3. 三线储备

三线储备主要是用于长期投资部分的储备资产,包括各种形式具有较高收益的定期存款、长期有价证券等。三线储备资产的流动性较差,风险相对较高,但其收益性较好。因此,三线储备侧重于考虑盈利性。

外汇储备管理是一项非常复杂的工作,各国要根据影响外汇储备的变动因素,及时调整其储备货币币种结构,以实现外汇储备资产投资方式的最优化。

从实践来看,各国政府和货币当局进行外汇储备资产投资时,其中一项重要投资选择就是购买美国国债,主要因为美国国债投资回报率相对较高且稳定。从表6-3中可以看出,日本购买美国国债由2019年5月的11 010亿美元增加到2020年5月的12 602亿美元,增长了14.46%,排在全球第一位;中国购买美国国债由2019年5月的11 102亿美元减少到2020年5月的10 837亿美元,减少了2.39%,排在全球第二位;英国购买美国国债由2019年5月的3 231亿美元增加到2020年5月的3 935亿美元,增加了21.79%,排在全球第三位;爱尔兰购买美国国债由2019年5月的2 707亿美元增加到2020年5月的3 235亿美元,增长了19.51%,排在全球第四位;巴西购买美国国债由2019年5月的3 057亿美元减少到2020年5月的2 644亿美元,减少了15.62%,排在全球第五位;此外,2020年5月依次往下排位的国家是:卢森堡、瑞士、开曼群岛、比利时、印度。

表6-3　2019年5月至2020年5月主要国家持有美国国债额　　单位:亿美元

国家	2019年5月	2019年12月	2020年1月	2020年3月	2020年5月
日本	11 010	11 549	12 116	12 717	12 602
中国	11 102	10 699	10 786	10 816	10 837
英国	3 231	3 349	3 751	3 990	3 935
爱尔兰	2 707	2 817	2 714	2 715	3 235
巴西	3 057	2 818	2 833	2 644	2 644
卢森堡	2 296	2 546	2 552	2 461	2 627
瑞士	2 313	2 375	2 381	2 446	2 431
开曼群岛	2 161	2 319	2 207	2 077	2 161
比利时	1 905	2 074	2 065	2 061	2 121
印度	1 569	1 620	1 643	1 565	1 699
新加坡	1 504	1 479	1 607	1 515	1 421
法国	1 251	1 275	1 338	1 549	1 302
沙特阿拉伯	1 790	1 798	1 829	1 591	1 235
韩国	1 173	1 219	1 211	1 108	1 173
加拿大	1 005	1 155	1 207	1 080	1 059

资料来源:美国财政部网站,https://ticdata.treasury.gov/Publish/mfh.txt。

6.4　中国国际储备与管理

1978年,中国实行了改革开放政策,中国外贸体制和外汇管理体制改革不断深入,国际储备在国民经济中的重要性日益增强。1980年,中国恢复了在国际货币基金组织和世界银行的合法席位，按照规定缴纳了应缴份额，享有在基金组织的储备头寸和特别提款权。作为国际货币基金组织的成员国，按照国际货币基金组织规定，中国国际储备构成也包括黄金储备、外汇储备、在基金组织的储备头寸和特别提款权四种。

6.4.1 中国国际储备构成

1. 黄金储备

黄金储备是一国重要的国际储备资产，它在稳定国民经济、平衡国际收支、维持汇率水平、抵御外部冲击等方面发挥着特殊作用。1981年中国正式对外公布黄金储备和外汇储备，其中在国家黄金库存中划出400吨（约合1 267万盎司）黄金作为国家黄金储备，并以历年贸易和非贸易外汇收支的结存以及中国银行可动用的外汇头寸作为国家外汇储备。从1981年至2001年，中国国际储备中的黄金储备，只是作为整个国家黄金库存总量的一部分，多年来一直没有变化。但是从2001年中国加入世贸组织后有了变化，中国黄金储备不断增加。

从图6-1中可以看出，中国黄金储备规模呈阶梯式增长。2005年至2019年年末，中国黄金储备规模从2005年的600吨（1 929万盎司）升至2019年的1 948吨（6 264万盎司），增长了3.25倍。2018年年末，中国黄金储备规模为1 852吨，2019年黄金储备规模比2018年增长了5.2%。2019年年末，中国黄金储备占全球黄金储备的比例为0.18%，位居全球第六位。目前，中国已成为世界第一大黄金生产国，同时也是黄金消费大国。

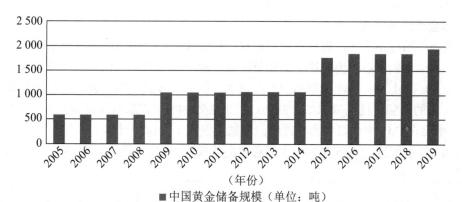

图6-1 2005—2019年中国黄金储备规模变动

数据来源：国家外汇管理局。

2. 外汇储备

外汇储备是一国重要的国际储备资产，中国外汇储备占整个国际储备的比例在90%以上。改革开放之初，中国外汇储备数额有限，1993年中国外汇储备余额仅有201.38亿美元。1994年中国实行新的外汇体制改革以来，中国外汇储备才大幅度增长，2006年中国外汇储备首次跃居全球第一位，一直延续至今。

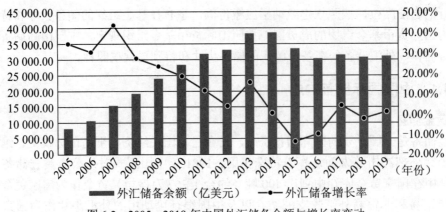

图 6-2　2005—2019 年中国外汇储备余额与增长率变动

数据来源：国家外汇管理局。

从图 6-2 中看出，中国外汇储备自 2005 年起稳步增长，从 2005 年的 8 818.72 亿美元，增加到 2014 年的 38 430.18 亿美元，增长了 4.36 倍。2015 年受到全球资本流动变化和美国加息的影响，中国外汇储备下降为 33 303.62 亿美元，且近年来均有下降的趋势。2018 年年末，中国外汇储备余额 30 727 亿美元，较 2017 年年末下降 672 亿美元，这主要是受汇率、价格等非交易价值变动的影响。2019 年，中国外汇储备余额上升为 31 079.24 亿美元。2020 年 7 月中国外汇储备余额为 31 544 亿美元。根据 IMF 2019 年的统计，中国外汇储备规模占全球外汇储备规模的比例为 25.48%。

3. 基金组织的储备头寸

基金组织的储备头寸，也称普通提款权。储备头寸是一国在国际货币基金组织的自动提款权，其数额的大小主要取决于该成员国在国际货币基金组织认缴的份额。IMF 执行董事会于 2010 年 11 月 6 日就份额和治理改革"一篮子"方案达成一致。根据该方案，中国在基金组织的份额占比由原来的 2.398% 增加到 6.394%，投票权也从原来的 3.806% 升至 6.07%。中国在 IMF 中的影响力超过欧洲国家，仅次于美国和日本，排在全球第三位。

从图 6-3 中可见，2015 年年末中国普通提款权为 45.47 亿美元，随后稳定在 74.8 亿~

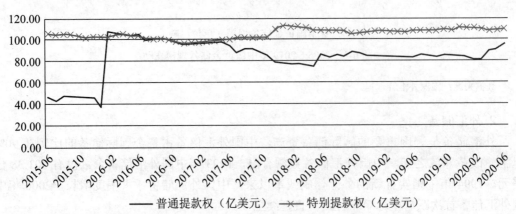

图 6-3　2015-06—2020-06　中国普通提款权与特别提款权变动

数据来源：国家外汇管理局。

107.25亿美元左右，2019年年末，中国在基金组织的普通提款权为84.44亿美元。2020年6月，中国在基金组织的普通提款权增加到96.10亿美元。根据IMF 2019年的统计，中国在基金组织的储备头寸占全球储备头寸的比例为6.74%。

4. 特别提款权（special drawing right，SDR）

特别提款权是国际货币基金组织根据成员国认缴的份额无偿进行分配，用于偿还国际货币基金组织债务、弥补成员国政府之间国际收支逆差的一种账面资产。会员国在发生国际收支逆差时，可用它向基金组织指定的其他会员国换取外汇，以偿付国际收支逆差或偿还基金组织的贷款。它是国际货币基金组织普通提款权以外的一种补充，所以称为特别提款权。发行特别提款权旨在补充黄金及可自由兑换货币以保持外汇市场的稳定。目前，特别提款权由美元、欧元、人民币、日元和英镑五种货币组成的一篮子储备货币决定。2015年11月30日，国际货币基金组织正式宣布人民币2016年10月1日加入特别提款权。2016年10月1日，特别提款权的价值是由美元、欧元、人民币、日元、英镑这五种货币所构成的一篮子货币的当期汇率确定，其所占权重分别为41.73%、30.93%、10.92%、8.33%和8.09%，如表6-4所示。

表6-4　2016年特别提款权权重占比

货币	比重（%）	2016年10月1日开始的5年期固定数量单位
美元	41.73	0.582 52
欧元	30.93	0.386 71
人民币	10.92	1.017 4
日元	8.33	11.900
英镑	8.09	0.085 946

数据来源：国际货币基金组织网站。

从图6-3中可见，2015年年末中国特别提款权为102.84亿美元，于2016年年末下降至96.61亿美元，到2019年年末，中国特别提款权又上升为111.26亿美元。2020年6月，中国特别提款权为109.54亿美元。2019年根据IMF的统计，中国特别提款权占全球特别提款权的比例为4.44%。

6.4.2　中国外汇储备结构分析

1. 中国外汇储备币种结构变化分析

目前，国际储备体系多元化，形成了以美元、欧元和日元为主的多元化国际储备体系，外汇储备占国际储备中的主要部分。中国也顺应国际储备体系的发展需要，建立了多元化的外汇储备货币体系。

从图6-4中可以看出，根据国家外汇管理局统计数据，在中国外汇储备货币结构中，美元占比从1995年的79%下降至2014年的58%；非美元货币占比从1995年的21%上升至2014年的42%。而从全球外汇储备货币结构来看，美元占比从1995年的59%上升至2014年的65%，非美元货币占比从1995年的41%下降至2014年的35%。由此可见，中国外汇储备货币结构日益分散，比全球储备货币结构更为多元化。

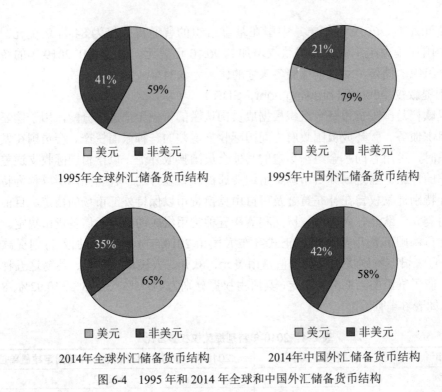

图 6-4　1995 年和 2014 年全球和中国外汇储备货币结构

资料来源：国际货币基金组织、国家外汇管理局。

2. 中国外汇储备资产投资结构分析

中国外汇储备以实现资产"流动性、安全性、保值增值性"为经营管理原则，以"规范化、专业化、国际化"为经营管理发展方向。面对复杂多变的国际金融市场，中国外汇储备实行多元化和分散化投资，实现了稳定收益，2005 年至 2014 年年均收益率为 3.68%。以中国持有美国证券投资为例，中国购买美国证券包括国债、机构债、公司债和股权。其中，中国购买美国国债占中国持有美国证券投资比例由 2005 年的 41.48%提高到 2019 年的 47.27%；购买美国机构债占中国持有美国证券投资比例由 2005 年的 34.35% 上升到 2019 年的 46.9%；购买美国公司债占中国持有美国证券投资比例由 2005 年的 22.62% 下降到 2019 年的 0.4%；购买美国股权占中国持有美国证券投资比例由 2005 年的 1.54% 上升到 2019 年的 5.43%（见图 6-5）。2020 年 5 月，中国持有美国国债占比为 37.46%，持有机构债占比为 49.88%，持有公司债占比为 4.18%，持有股权占比为 10.62%。由此可见，中国持有美国证券投资主要以国债和机构债为主，2020 年 5 月两者合计占比约为 87%。

同时，中国也积极推行"一带一路"投资与企业"走出去"战略，并且收到了一定效果。中国外汇储备投资将风险防范放在经营管理工作的首位，将"保值增值"和"不发生重大操作风险事件"作为底线。同时，实现了 24 小时全球不间断经营，大幅提升了外汇储备跨时区、跨市场的投资运营能力，做到与国际金融市场同时、同步操作，以避免汇率和利率变动风险，达到风险防范的目的。

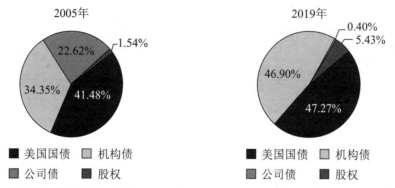

图 6-5　2005 年和 2019 年中国持有美国证券投资构成

数据来源：美国财政部。

6.4.3 中国外债规模与结构分析

一国国际储备与一国外债紧密相关，国际储备越充足，一国对外支付和偿债能力越强。当前中国外债规模合理，结构持续优化，外债主要指标均在国际公认的安全线内，中国外债风险总体可控。总体来看，中国外债余额的增长符合中国经济发展以及持续扩大对外开放进程的需要。

1. 中国外债规模分析

近年来，中国外债总量有所增加，但衡量外债规模的四个指标均在国际安全线以下，总体指标稳健，主要表现在以下几方面：

（1）中国外债负债率分析。外债负债率是指一国外债余额与当年国内生产总值的比率。国际公认的安全线为 20%。从表 6-5 中看出，2005 年中国外债余额为 2 965 亿美元，2019 年中国外债余额为 20 573 亿美元，增长了 6.94 倍。与此同时，中国国内生产总值也在不断增长，由 2005 年的 185 896 亿元增加到 2019 年的 990 865 亿元，增长了 5.33 倍，成为世界第二大经济体。而中国外债负债率则由 2005 年的 13% 降到 2008 年的 8.5%，2014 年又提高到 17%，此后又有所下降，2019 年为 14.3%，均低于国际公认的安全线 20% 以下，风险可控。

> 扩展阅读 6.1
> **2019 年中国外债增长放缓，结构优化风险可控**
> 扫描此码　阅读文献

表 6-5　2005—2019 年中国外债负债率和债务率

年份	外债余额（十亿美元）	外债余额比上年增长（%）	国内生产总值（十亿元人民币）	国内生产总值比上年增长（%）	负债率（%）	外汇收入（十亿美元）	外汇收入比上年增长（%）	债务率（%）
2005	296.54	12.8	18 589.6	11.3	13.0	836.8	27.8	35.4
2006	338.59	14.2	21 765.7	12.7	12.3	1 061.7	26.9	31.9
2007	389.22	15.0	26 801.9	14.2	11.0	1 342.1	26.4	29.0
2008	390.16	0.2	31 675.2	9.6	8.5	1 581.7	17.9	24.7
2009	428.65	9.9	34 562.9	9.2	8.4	1 332.9	−15.7	32.2

续表

年份	外债余额（十亿美元）	外债余额比上年增长（%）	国内生产总值（十亿元人民币）	国内生产总值比上年增长（%）	负债率（%）	外汇收入（十亿美元）	外汇收入比上年增长（%）	债务率（%）
2010	548.94	28.1	40 890.3	10.6	9.0	1 876.8	40.8	29.2
2011	695	26.6	48 412.4	9.5	9.2	2 086.6	11.2	33.3
2012	736.99	6.0	53 412.3	7.7	8.6	2 248.3	7.7	32.8
2013	863.17	17.1	58 801.9	7.8	9.0	2 425	7.9	35.6
2014	1 779.9	—	64 356.3	7.4	17.0	2 545.1	5.0	69.9
2015	1 382.98	−22.3	68 885.8	7.0	12.5	2 360.2	−7.3	58.6
2016	1 415.8	2.4	74 639.5	6.8	12.6	2 197.9	−6.9	64.4
2017	1 757.96	24.2	83 203.6	6.9	14.3	2 422.9	10.2	72.6
2018	1 982.75	12.8	91 928.1	6.7	14.3	2 651	9.4	74.8
2019	2 057.28	3.8	99 086.5	6.1	14.3	2 643.4	−0.3	77.8

资料来源：国家外汇管理局。

（2）中国外债债务率分析。外债债务率是指一国外债余额与当年货物与服务贸易出口外汇收入额的比率。它是用来衡量某一特定时期内，一国的外汇收入是否足以支付全部外债。国际公认的安全线为100%。从表6-5中看出，2005年中国外汇收入余额为8 368亿美元，2019年中国外汇收入余额为26 434亿美元，增长了3.16倍。而中国外债债务率则由2005年的35.4%降到2008年的24.7%，2014年又提高到69.9%，此后又有所放缓，2019年又提高为77.8%，但均低于国际公认的安全线100%以下，风险可控。

（3）中国外债偿债率分析。外债偿债率是指一国当年外债还本付息额与当年货物与服务出口外汇收入额的比率。它是用来衡量某一特定时期内，一国外汇收入是否足以支付当年外债本息。国际公认的安全线为20%。从表6-6中看出，中国外债偿债率由2005年的3.1%降到2013年的1.6%，此后又有所上升，2019年为6.7%，均低于国际公认的安全线20%以下，风险可控。

表6-6　2005—2019年中国外债偿债率

年份	2005	2006	2007	2008	2009	2010	2011	2012	2013	2014	2015	2016	2017	2018	2019
偿债率（%）	3.1	2.1	2.0	1.8	2.9	1.6	1.7	1.6	1.6	2.6	5.0	6.1	5.5	5.5	6.7

资料来源：国家外汇管理局。

（4）中国短期外债率分析。短期外债率是指一国一年以内到期的短期外债余额占全部外汇储备余额的比率。国际公认的安全线为100%。从表6-7中可以看出，中国短期外债率由2005年的21%降到2013年的17.7%，此后又有所上升，2019年为38.8%，均低于国际公认的安全线100%以下，风险可控。

2. 中国外债期限结构分析

外债按期限可分为中长期外债和短期外债。从表6-7中看出，2005年中长期外债余额为1 249亿美元，2014年提高到4 817亿美元，2019年又提高到8 520亿美元，2019年是2005年的6.82倍；2005年短期外债余额为1 716.4亿美元，2014年增加到12 982亿美元，2019 年略降为 12 053 亿美元，2019 年是 2005 年的 6.83 倍。与此同时，中长期外债占总外债的比例由 2005 年的 42.1% 降到 2013 年的 21.6%，此后又缓慢升到 2019 年的 41.4%；短期外债占总外债的比例由 2005 年的 57.9% 上升到 2013 年的 78.4%，此后又缓慢降到 2019 年的 58.6%。2019 年中长期外债与短期外债期限结构比例为 4∶6，因此，中国外债期限结构基本合理，外债结构持续优化。

表 6-7　2005—2019 年中国长期与短期外债的结构与增长

年份	外债余额（十亿美元）	中长期外债			短期外债			短期外债与外汇储备的比例（%）
		余额（十亿美元）	比上年增长（%）	占总余额的比例（%）	余额（十亿美元）	比上年增长（%）	占总余额的比例（%）	
2005	296.54	124.9	0.5	42.1	171.64	23.7	57.9	21.0
2006	338.59	139.36	11.6	41.2	199.23	16.1	58.8	18.7
2007	389.22	153.53	10.2	39.4	235.68	18.3	60.6	15.4
2008	390.16	163.88	6.7	42.0	226.28	-4.0	58.0	11.6
2009	428.65	169.39	3.4	39.5	259.26	14.6	60.5	10.8
2010	548.94	173.24	2.3	31.6	375.7	44.9	68.4	13.2
2011	695	194.1	12.0	27.9	500.9	33.3	72.1	15.7
2012	736.99	196.06	1.0	26.6	540.93	8.0	73.4	16.3
2013	863.17	186.54	-4.9	21.6	676.63	25.1	78.4	17.7
2014	1 779.9	481.7	—	27.1	1 298.2	—	72.9	33.8
2015	1 382.98	495.57	2.9	35.8	887.41	-31.6	64.2	26.6
2016	1 415.8	549.76	10.9	38.8	866.04	-2.4	61.2	28.8
2017	1 757.96	612.72	11.5	34.9	1 145.24	32.2	65.1	36.5
2018	1 965.21	693.6	13.2	35.0	1 271.61	11.0	64.7	41.4
2019	2 057.28	851.97	22.8	41.4	1 205.31	-6.5	58.6	38.8

资料来源：国家外汇管理局。

2019 年第三季度，中国外债余额位居世界第 13 位，相较于同等经济规模国家，中国外债绝对规模并不大，并在风险可控范围内。随着中国金融市场双向开放不断推进，国际投资者对中国市场的认可度会进一步提升，中国经济潜力足、韧性强、回旋空间大、政策工具多的基本特点没有改变，国际收支总体平衡的基础依然坚实，预计未来中国外债仍将保持风险可控的态势。

6.4.4　中国外汇储备管理

在国际储备中，由于在基金组织的储备头寸和特别提款权由国际货币基金组织负责管理，各国黄金储备在一定时期比较稳定且管理相对简单，所以各国国际储备管理主要是外汇储备管理。中国外汇储备规模占整个国际储备规模的 90% 以上，所以我们应加强对外汇储备规模和结构的管理。

扩展阅读 6.2
中国外汇管理改革发展 40 年
扫描此码　阅读文献

1. 加强中国外汇储备规模管理

外汇储备是中国改革开放和对外经济发展的客观反映,是国际收支运行的实际结果。随着中国经济发展进入新常态,中国国际收支在波动中逐渐趋向平衡,中国外汇储备也告别了高速增长阶段,甚至在一个时期内会有所下降。因此,对于新时期外汇储备规模的变化,需要进行客观理性的分析和判断。

(1)中国外汇储备规模变化具有明显的阶段性特征。进入 21 世纪以来,中国外汇储备经历了两个发展阶段。第一个阶段是 2000 年至 2014 年 6 月,随着国际资本大量流入新兴市场经济体,中国外汇储备快速增长,从 2000 年初的 1 547 亿美元,增加到 2014 年 6 月的历史最高点 3.84 万亿美元,年均增幅在 26% 以上。第二个阶段是 2014 年 7 月以来,随着美国加息和国际资本开始从新兴市场经济体流出,中国外汇储备开始出现回落。2019 年中国外汇储备余额为 31 079 亿美元。

(2)中国外汇储备能够满足国家经济金融发展的需求。一国持有多少外汇储备才合理,国际上并没有公认的衡量标准。2011 年,IMF 结合各国危机防范的资金需求,提出了外汇储备充足性的综合标准。从实际情况看,外汇储备规模是一个连续变量,受多种因素影响。因此,对外汇储备合理水平的衡量需要综合考虑一国的宏观经济条件、经济开放程度、利用外资和国际融资能力、经济金融体系的成熟程度、国际支付和清偿能力等多方面因素。就中国而言,根据各国公布的外汇储备规模数据统计,截至 2019 年年末,中国外汇储备规模占全球外汇储备规模的 25.48%,远远高于日本的 10.29% 和其他国家。因此,无论采用何种标准来衡量,中国外汇储备都能够满足国家经济金融发展的客观需求,能够很好地维护国家经济金融安全。

(3)外汇储备对促进国民经济发展发挥了重要作用。一是外汇储备是中国宏观经济稳健运行的重要保障。外汇储备在维持国际支付能力、防范金融风险、抵御危机冲击等方面发挥了重要作用。在全球流动性宽裕时,市场主体出售多余的外汇资金,可推动外汇储备规模增长。在全球流动性紧缩时,市场主体增持外汇资产、减少境外负债的行为,可导致外汇储备规模下降。外汇储备实际上发挥了"蓄水池"和"稳定器"的作用,避免了跨境资金大进大出,为经济结构调整和产业转型升级争取了宝贵的时间。二是外汇储备服务了对外开放战略。近年来,外汇储备拓展多元化渠道,开辟了包括委托贷款、股权注资等各类渠道,向商业银行、政策性银行等金融机构和实体经济部门提供外汇资金,形成了权责清晰、目标明确、层次丰富、产品多样的外汇储备运用机制,支持"一带一路"建设,切实服务实体经济发展。三是合理运用外汇储备实现了"藏汇于民"。2016 年年末中国对外资产中民间部门持有外汇占比首次过半,2017 年年末占比达 53%,为 2004 年公布国际投资头寸数据以来的最高水平。这反映出中国对外经济金融交往正从以官方部门对外投资为主,转向以官方部门与民间部门对外投资并驾齐驱发展。

(4)外汇储备规模将在波动中逐步趋于稳定。外汇储备规模变动具有一定的周期性,由于近年来国际经济金融形势复杂多变,外部环境不确定性因素增大,跨境资本流出增大,使中国外汇储备规模有所下降。但是由于中国经济金融基本面继续保持稳中向好发展态势,经常账户收支更趋平衡并保持在合理区间,人民币资产已成为全球金融资产配置中的重要组成部分,从而吸引境外投资者投资中国境内市场,使金融账户的外汇供给稳健提升,促进中国外汇储备的多元化布局,有利于外汇储备规模在适度合理区间保持平稳。

2. 加强中国外汇储备结构管理

（1）加强对外汇储备和外债规模的定量分析。新时期要重视适度货币量、适度外汇储备量、适度外债量的研究，通过定性与定量的综合分析，确定合理适度的外汇储备规模。要处理好外汇储备规模同外债规模之间的关系，权衡利弊，择优决策。

（2）加强外汇储备多元化和分散化经营。将外汇储备资产进行资产配置优化组合，实现风险对冲，保障外汇储备资产总体安全和盈利。要积极把握市场机会，灵活运用投资策略。要研究驱动的投资决策，建立涵盖外汇储备经营管理的前中后台，实现规范专业的投资操作。要建立一整套外汇储备投资管理体系，实现新时期外汇储备多元化和分散化经营。

（3）实现外汇管理从事前审批向事中、事后监管转变。随着金融市场开放双向进行，为提高服务效率，新时期要求外汇管理由原来的事前审批向事中和事后监管转变，以更好地满足投资者需求。

（4）实现外汇管理统筹便利化和防范风险相结合。针对进一步扩大开放，新时期外汇管理部门应简化程序，通过信息化手段，提供一站式全方位服务，使投资便利化。同时，应加强外汇储备货币汇率的预测和风险防范，实现外汇储备货币币种结构合理和投资效益最大化。

案例分析：人民币在全球外汇储备资产中占比上升

IMF 数据显示：2020 年第一季度，美元在外汇储备中占比上升至 61.9%；欧元和日元在外汇储备中的占比分别稳定在 20% 及 5.6%；人民币在外汇储备中的占比为 2.02%，创历史新高；澳元在外汇储备中的占比为 1.55%；加元在外汇储备中的占比为 1.78%。

人民币在全球中央银行外汇储备资产中的占比上升，反映出 2016 年 10 月 1 日人民币纳入 IMF 特别提款权货币篮子后，全球外汇储备管理机构对持有人民币资产的兴趣不断增加。IMF 自 2016 年 10 月份开始在官方外汇储备货币构成季度调查中单独列出人民币资产，以反映全球人民币外汇储备持有情况。据不完全统计，已有 60 多个货币当局将人民币纳入外汇储备。这给人民币国际化提供了重大历史机遇。

2020 年上半年人民币汇率走势总体稳定，主要由四个因素影响：一是中国基本面稳步复苏。目前，国内新冠疫情防控成果不断巩固，相关支持政策及时出台，生产生活有序恢复，社会经济在全球范围内率先复苏。二是美元可能维持弱势。由于欧美多地先后复工复产，投资者对全球经济复苏的预期舒缓了美元避险需求。同时，美联储无限制量化宽松货币政策也会制约美元走强。三是中国国际收支总体平衡。一方面，中外利差保持高位，人民币资产估值吸引国外资本流入；另一方面，尽管全球贸易大幅收缩，但 2020 年 6 月中国贸易顺差达到 1 213 亿美元，中国外汇储备也稳定在 3.1 万亿美元。四是市场预期稳定。2020 年年初以来，国内银行代客结汇顺差持续扩大，4 月份和 5 月份银行代客售汇和代客远期售汇明显下降，这在一定程度上反映出企业对人民币的预期较为稳定。因此，一系列利好因素是人民币汇率总体稳定、双向浮动弹性提升、应对外部冲击能力增强的基础,从而使人民币资产正逐步成为全球资产的"避风港"。

随着中国经济总量占世界经济总量的份额进一步增加,人民币资产估值洼地及美元相对弱势,将对人民币汇率稳定构成坚实支撑。未来人民币在全球外汇储备中的比重将会进一步提升,人民币储备货币功能将进一步增强,这将有助于人民币的国际化。

资料来源:姚进. 在全球外汇储备资产中占比升至2.02%,创历史新高——人民币资产逐步成为"避风港"[N]. 经济日报,2020-07-06.

讨论题:如何理解人民币作为国际储备货币地位的提升?

【本章思考题】

1. 如何理解国际储备与国际清偿力的含义?
2. 简述国际储备的构成。
3. 什么是普通提款权和特别提款权?
4. 简述影响国际储备规模的因素。
5. 如何确定适度储备规模?
6. 衡量外债的指标有哪些?
7. 简述外汇储备币种结构及其优化。
8. 简述外汇储备投资结构及其优化。

【在线测试题】

扫描书背面的二维码,获取答题权限。

第7章 国际资本流动

【学习目标】

通过本章学习，应该能够：
1. 了解国际资本流动的定义和类型；
2. 掌握国际资本流动的成因；
3. 掌握国际资本流动的影响；
4. 掌握国际资本流动的管理；
5. 理解与分析中国国际资本流动与管理。

开篇导读

QFII、RQFII 取消限额　加速中国金融市场进一步开放跨境资本流入

　　为进一步扩大中国金融市场对外开放，经国务院批准，国家外汇管理局决定取消合格境外机构投资者（Qualified Foreign Institutional Investors，QFII）和人民币合格境外机构投资者（RMB Qualified Foreign Institutional Investors，RQFII）（以下合称"合格境外投资者"）投资额度限制。合格境外投资者制度是中国金融市场开放最重要的制度之一。自 2002 年实施 QFII 制度、2011 年实施 RQFII 制度以来，来自全球 31 个国家和地区的超过 400 家机构投资者通过此渠道投资中国金融市场，在分享中国改革开放和经济增长成果的同时，也积极促进了中国金融市场健康发展。

　　多年来，国家外汇管理局一直坚持在有效防范风险的前提下，积极主动推进金融市场对外开放，持续推动合格境外投资者制度改革，已于 2018 年取消相关汇兑限制。全面取消合格境外投资者投资额度限制，这是国家外汇管理局在合格境外投资者外汇管理领域的又一重大改革举措。凡是具备相应资格的境外机构投资者，只需进行登记即可自主汇入资金开展符合规定的证券投资，境外投资者参与境内金融市场的便利性将再次大幅提升，中国债券市场和股票市场也将更好、更广泛地被国际市场所接受，并吸引更多国际资本流入。

　　全面取消合格境外投资者投资额度限制，是国家外汇管理局深化金融市场改革开放，服务全面开放新格局的重大改革，也是进一步满足境外投资者对中国金融市场的投资需求而主动提出的改革举措。因此，加强国际资本流动管理十分重要。

资料来源：https://www.thepaper.cn/newsDetail_forward_4389155.

7.1　国际资本流动的定义和类型

7.1.1　国际资本流动的定义

1. 国际资本流动的含义

国际资本流动（international capital flows）是指资本在不同国家间的转移，即资本从一个国家转移到另一个国家。国际资本流动是不同货币的交换。国际资本流动是各国进行国际经济交易产生的必然结果。它与国际货物和服务交换所引起的货币流动在形式上都是一样的，但两者在性质上不同。货物买卖实现了货币所有权的转移，资本实现了不可逆转的流动。而国际资本流动通过货币资本的国际转移，仅仅是实现了货币使用权的国际让渡，并未发生货币所有权的国际转移。因此，国际资本流动是指货币资本在不同国家间的转移，包括与投资相关的商品资本和生产资本，而不包括实物流动资本。

2. 国际资本流动与国际收支的关系

一国在一定时期内同其他国家间的资本流动，主要反映在该国国际收支平衡表中的资本和金融账户中。资本和金融账户内容十分丰富，它包括资本流动的方向、资本流出和资本流入的总额和差额、资本流动的种类等。从资本流动的方向看，可以分为资本流入和资本流出。资本流入是指外国资本流入本国。在国际收支平衡表中表现为：外国在本国资产的增加和外国对本国的债务减少或本国对外国债务的增加和本国在外国的资产减少。资本流出是指本国资本流至外国或境外。在国际收支平衡表中表现为：外国在本国资产的减少和外国对本国的债务增加或本国对外国债务的减少和本国在外国的资产增加。

国际资本流动与国际收支之间相互影响。一方面，国际资本流动影响国际收支状况。如果一国国际收支经常账户出现顺差，可用资本和金融账户的净流出抵减；如果一国国际收支经常账户为逆差，可用资本和金融账户的净流入弥补。在此情况下，国际资本流动有利于实现一国的国际收支平衡。相反，如果一国国际收支经常账户出现顺差，而同时又有大量资本流入，会使国际收支顺差额进一步扩大；如果一国国际收支经常账户为逆差，而同时又有大量资本流出，会使国际收支逆差额进一步扩大。这时国际资本流动会加剧国际收支不平衡。由此可见，国际资本流动对一国国际收支会产生直接的影响。另一方面，一国国际收支状况也会影响国际资本流动。如果一国持续国际收支逆差，则会使该国货币汇率下降，该国资本持有者为避免汇率下跌造成的损失，会将资本抽逃国外，从而导致该国资本流出。相反，如果一国持续国际收支顺差，则会使该国货币汇率上升，外国资本持有者为获取汇率上升带来的收益，会将资本流入该国，从而导致该国资本流入。由此可见，国际收支状况也是影响资本在国际间流动的重要因素。

7.1.2 国际资本流动的类型

国际资本流动按照期限的长短可分为短期资本流动和长期资本流动两大类。

1. 短期资本流动

短期资本流动是指期限为一年或一年以内的资本流动。短期资本流动主要通过各种信用工具来进行。这些信用工具包括短期政府债券、商业票据、银行承兑汇票、银行活期存款凭单、大额可转让定期存单等。短期资本流动包括贸易性资本流动、银行性资本流动、保值性资本流动和投机性资本流动四种。

（1）贸易性资本流动，是指国际间贸易往来的资金融通与国际贸易结算所引起的货币资本流动。一般来说，这种资本流动是从商品进口国向商品出口国转移，具有明显的不可逆转的特点。

（2）银行性资本流动，是指各国经营外汇业务的银行和其他金融机构之间的资金调拨而引起的资本流动。这种资本流动主要是银行和金融机构之间调剂资金余缺而产生的流动，包括套汇、套利、掉期、头寸调拨以及同业拆放等。

（3）保值性资本流动，亦称资本逃避（capital flight），是指资本持有者为了避免资本贬值风险、保证资本安全而在国际间进行的资本转移。引起这种资本流动的原因是国内政局动荡、经济状况恶化、国际收支失衡以及严格的外汇管制等。

（4）投机性资本流动，是指各种投机者利用国际金融市场价格的涨落差异以及对市场行情变动趋势的预测进行投机活动，赚取投机利润而引起的资本流动。具体来说，投机者为了赚取投机利润利用国际金融市场上汇率、利率及黄金、证券等的价格波动，通过低价买进高价卖出或买空卖空等方式而引起的资本在国际间转移。投机性短期资本也被称作国际游资或热钱（hot money），这种资本的大规模流动会对一国金融市场造成巨大的影响。

2. 长期资本流动

长期资本流动是指期限在一年以上或未定期限的资本流动。长期资本流动包括国际直接投资、国际证券投资和国际信贷三种。

（1）国际直接投资（international direct investment），也称对外直接投资（foreign direct investment，FDI），是指一国企业对另一国企业进行的投资。国际直接投资通常有四个途径：一是一国投资者在另一国（东道国）开办新企业，如设立子公司、附属机构，或与他国投资者在东道国创办合营企业或独资企业等；二是并购现有的外国企业，包括兼并和收购外国企业；三是一国投资者收购东道国企业的股份达到一定比例的投资，如美国商务部规定，美国公司拥有外国企业10%以上的有投票权的股份，或外国公司拥有美国企业10%以上的有投票权的股份，即为直接投资；四是再投资，即一国投资者不将其在国外投资所获的利润汇回国内，而是作为保留利润对其所投资企业或在东道国其他企业进行再投资。

（2）国际证券投资（international portfolio investment），是指一国投资者在国际证券市场上购买外国政府和企业发行的中长期债券，或购买外国企业发行的股票所进行的投资。证券投资是以获取利息、股息、红利等形式获取投资收益，不能获得外国公司或企业的实际管理控制权，也称作间接投资。国际证券投资方式主要包括股权证券和债务证券两种。

（3）国际信贷（international credit），是指一年以上的中长期国际贷款，包括政府贷款、国际金融机构贷款、出口信贷、外国银行贷款等。

①政府贷款，是指一国政府向另一国政府提供的优惠性的贷款。这种贷款具有经济援助性质，从政府预算中支出，需经议会批准。政府贷款一般期限较长，利息较低，贷款限定用途，贷款受两国政治关系因素影响较大。

②国际金融机构贷款，主要是指国际货币基金组织、世界银行及其所属的国际开发协会、国际金融公司等机构以及地区性金融机构提供的贷款。国际金融机构贷款多为优惠贷款和有特殊条件的贷款。

③外国银行贷款，是指国际商业银行提供的贷款。外国银行贷款可以分为双边贷款和银团贷款两种形式：双边贷款是由两家银行签订贷款协议，由一国的贷款银行向另一国的借款银行提供贷款；银团贷款是由一家银行牵头，组织多家银行参加，按照同一贷款协议共同向同一借款人提供的贷款，也称辛迪加贷款。外国银行贷款资金使用自由，不受限制。

④出口信贷，是指一国出口方银行向本国出口商或外国进口方银行提供的一种优惠性

贷款。一国提供出口信贷的目的，是支持和扩大本国大型成套设备等商品的出口，增强本国商品的国际竞争能力。出口信贷根据贷款对象的不同，又分为卖方信贷和买方信贷两种。

⑤混合贷款，是指将出口信贷或政府贷款与商业银行贷款相结合发放的一种贷款方式。混合贷款可以100%使用信贷资金，不像出口信贷或政府贷款资金使用受到限制。

⑥项目贷款，是指对某一特定项目所发放的贷款，并以项目本身的经济效益作为还款来源。项目贷款包括"有限追索权"的贷款和"无追索权"贷款，一般以"有限追索权"的项目贷款为主。

7.2 国际资本流动的成因与影响

7.2.1 国际资本流动的成因

1. 主要成因

资本在不同国家或地区间转移的根本原因在于国际经济交易和世界经济发展的不平衡。各国为了不同的经济目的，对国际资本形成了不同的需求。因此，国际资本流动是国际经济交易的必然结果，主要表现在：一是大量过剩资本的存在以及寻求获取高额利润的本性，这是导致资本输出的主要原因；二是经济不发达国家及某些经济发达国家为弥补国内建设资金不足和发展本国经济的需要，这是导致资本输入的主要原因，即世界经济发展的不平衡是导致国际资本流动的主要原因。

2. 长期资本流动的成因

（1）世界生产力的发展和国际分工的不断深化。一是世界生产力的发展。生产力发展水平较高、工业比较发达的国家，需要将过剩资本输出获取高额利润；而许多落后贫穷的国家也需要发展经济的资金，从而形成了长期资本流动。二是国际分工的深化。在经济全球化和金融全球化下，国际分工加强了各国之间经济的相互联系和相互依存，使生产和资本国际化得到了进一步发展，越来越多的国家使用国际直接投资、国际证券投资等，从而形成了长期资本流动。

（2）各国的相对优势。根据所有权优势、内在化优势、区位优势等理论，不论是发达国家还是发展中国家，进行国际直接投资都需要具有相对竞争优势。这种相对竞争优势包括：由一国企业所独有而别国企业所没有的所有权优势，如生产工艺和技术、管理技能、发明创造能力等；一国企业利用其所有权优势直接到国外去投资生产的能力，即内在化优势；能使企业发挥其所有权优势的国外投资的区位优势，如资源、政策等。因此，发达国家国际直接投资的相对优势是拥有雄厚的资本、先进的技术、先进的管理技能、全球性的通信网络和善于进行国际间资源调配。发展中国家国际直接投资的相对优势是生产方式灵活，以劳动密集型产品为主，产品价格低，市场竞争力较强。

（3）其他成因。一是利润驱动。这是各种资本输出方式形成的共同动因。由于各国的利率及投资利润率的差别，从而引起资本从低利率和利润率较低的国家流向高利率和利润率较高的国家。二是生产要素驱动。利用国外较充裕和低廉的生产要素以满足本国资源不足和降低生产成本的需要，是发达国家和发展中国家国际直接投资的共同动机之一。三是市场驱动。市场驱动现象尤其在贸易保护主义盛行的情况下，是绕过贸易壁垒用以保持既有市场、开拓新市场的有效手段。四是防范风险的驱动,即为了使资本避免风险而进行的资本流动。上述四个动因,都会引起资本流动。

3. 短期资本流动的成因

(1) 规避投资风险。一是各国经济发展的不一致性,使得这些国家资产因风险类别的差异,能有效抵消资产组合中的其他资产风险,从而对投资者具有较大的吸引力。二是针对国际间投资活动所存在的汇率风险和利率风险,需要投资分散化,以规避汇率和利率风险。三是国家风险的出现,也使得投资者尽可能避免将资金全部投向某一国家,以规避国家风险。通过规避及降低投资风险的投资活动,可引起短期资本流动。

(2) 增加收益。国际资金流动中,各国货币汇率的变化也会带来额外的收益。汇率变动中所蕴含的风险与收益是并存的,这使得投资者不再被动地从事相关投资活动,而是主动地利用不同市场中的汇差和利差进行套汇和套利活动,获得投机收益,从而引起短期资本流动。

(3) 逃避管制。由于某国政局不稳、币值不稳或实行资本管制等,会引起资本抽逃到较为稳定和安全的国家,这就是资本逃避。资本逃避时,会出现货币的买卖行为,从而会引起短期资本流动。

7.2.2 国际资本流动的影响

国际资本流动会对各国和世界经济产生不同的经济影响,主要表现在以下几方面:

1. 国际资本流动对资本输入国的经济影响

(1) 对资本输入国的积极影响。一是有利于提高本国吸引与利用全球资金的能力。可以更有效合理地解决国内建设资金不足问题,提高国家的经济效益。二是有利于通过金融资源的国际竞争来改善资源配置。三是有利于为本国居民创造更多的金融投资机会和就业机会。四是有利于弥补国际收支逆差,保证对外的支付能力。

(2) 对资本输入国的消极影响。一是会给本国经济发展带来许多不确定因素,在开放经济的条件下,很容易遭受国际金融动荡的影响和冲击。二是会冲击民族工业的发展,某些国内行业或市场容易被外国资本控制。三是会对外资产生依赖性,一旦国外资本大量撤离,会给国家经济带来严重的不良后果。四是会引起汇率超调,从而容易导致国际收支危机。

2. 国际资本流动对资本输出国的经济影响

(1) 对资本输出国的积极影响。一是有利于解决过剩资本的出路问题。二是有利于促进商品输出,开拓国外市场。三是有利于利用国外资源,促进本国经济发展。

(2) 对资本输出国的消极影响。一是要承担利润难以汇回和债务危机等相应风险。二是会相对减少国内就业机会。三是会相对减少政府税收。

3. 国际资本流动对世界经济的影响

(1) 对世界经济发展的积极影响。一是有利于经济资源在世界范围内得到合理有效的配置。不同的生产要素通过资本流动在不同国家间转移,有利于世界经济资源的合理开发和有效再分配,有利于把生产要素从生产效率低的国家转移到生产效率高的国家,有利于促进整个世界经济效率的提高和世界经济总量的增加。二是有利于国际分工细化,促使各国的相互依存度增加。资本自由流动,使国际分工协作得以实现,从而有利于促使各国加强经济合作，有利于国际经济环境的改善。因此，国际资本流动可以促进国际贸易和技术转移，使各国获得比较利益。三是有利于国际间的货币余缺得到调节。通过资本流动，可以使国际金融市场和国际金融工具得到长足发展，可以加速区域经济一体化和经济全球化的发展。

（2）对世界经济发展的消极影响。一是资本自由流动会对一国宏观经济政策的实施产生冲击，从而影响一国经济的稳定。二是会导致一国发生货币替代，影响一国对经济的宏观调控。货币替代是开放经济中所特有的一种货币性扰动，表现为货币自由兑换前提下外币在价值尺度、交易媒介和价值储藏等方面全面或部分地取代本币。货币替代也是因追求资本安全和利益最大化而采取的一种由外币代替本币的现象。如果国内居民在本国货币和外国货币之间互相替代，那么来自国外的扰动将影响国内的货币环境，将使得国内的宏观经济管理更为困难。三是会导致国际金融市场的不稳定。资本自由流动和资本市场的不断开放，为国际游资和投机者提供了更方便的投机机会与条件，也使整个国际金融领域潜伏着巨大的风险。国际投机资本往往利用国际金融市场价格波动进攻一国的证券市场和外汇市场，从而造成一国金融市场的混乱，影响国际金融市场的稳定。四是会导致世界两极分化的局面越来越严重。不同国家经济发展水平不一样，资本与金融账户的开放将不可避免地导致那些竞争力较差国家的国内储蓄外流，它们要想获得经济发展所需的资金，必然要比发达国家付出更大的代价。如果这种情况持续存在，最终将导致不同国家之间的经济发展出现两极分化。

因此，国际资本流动是一柄双刃剑，各国需要权衡利弊，趋利避害，加强国际资本流动管理，以有效防范国际资本流动风险。

7.3 国际资本流动管理

7.3.1 对国际资本流动的两种不同观点

由于国际资本流动对世界各国经济的影响不尽相同，世界各国对待国际资本流动的态度也大不一样，主要有以下两种不同的观点。

1. 赞成资本自由流动的观点

这一观点认为，各国政府对资本不应进行干预，应允许资本自由流动。其好处是：①有利于资源开发；②有利于资源更合理有效地进行再分配；③有利于由效率较低的地区或部门向效率较高的地区或部门转移；④有利于提高各部门资源的使用效率，从而有利于促进全球经济效益的提高。因此，国际资本流动有利于促进世界经济的发展，各国政府不应加以干预，应允许资本自由流动。

2. 反对资本自由流动的观点

这一观点认为，由于世界经济发展的不平衡，各国政府、企业和个人各有其不同的经济目的，如果资本自由流动，不一定能产生最佳的经济效果，也不一定能达到各种资源的有效分配和合理运用。相反，由于一些复杂性或不稳定因素的影响，会使有关国家金融市场波动。而投机性资本的短期流动会使金融市场波动剧烈，资本大量外逃，这会对一国国际收支和经济发展产生不利的影响。因此，对资本流动要采取适当措施加以管制。

7.3.2 国际资本流动的管理政策

国际资本流动的管理方法很多，不同国家在不同时期针对不同种类的资本流动，会采取不同的管制方法和政策。

1. 实行外汇管制

实行外汇管制是指一国货币当局对资本实行直接控制。国家外汇管理机构，批准有利于本国经济发展的资本流入，限制不利于本国发展的资本流动，发挥国际资本流动的积极作用。例如：2019 年 7 月中国颁布的加快金融业开放的"新 11 条"，允许外资金融机构控股进入国内等；禁止某些交易、规定资本停留的最低期限；限制居民的资本转移和非居民的短期资本汇出等。又如：2019 年 3 月 15 日中国颁布的《外商投资法》，为外商投资进入中国提供了良好的营商环境，有利于吸引外资流入。

2. 运用货币政策

各国政府可运用货币政策来干预国际资本流动。

（1）法定存款准备金率、利率、再贴现率政策。例如：提高存款准备金比率、利率、再贴现率，吸引资本流入；降低存款准备金比率、利率、再贴现率，可使资本外流。

（2）冲销干预政策。冲销干预是指中央银行通过公开市场操作，将官方外汇市场干预所导致的国内基础货币变动的影响抵消。一般来说，可通过在公开市场上买卖政府债券来操作：中央银行买入政府债券，使市场上资金增加；中央银行卖出政府债券，使市场上资金回笼。通过公开市场冲销干预政策，避免资本流入对国内市场造成的不利影响。

3. 运用财政政策

各国政府可运用财政政策来干预国际资本流动。可通过增加或减少政府支出，提高和降低税率，出口退税或出口补贴，提高或降低关税，来吸引或限制资本流动。例如：采用征税和提高关税的办法来限制资本流动；相反，通过降低税率的办法吸引资本流入。

4. 运用汇率政策

采取相对灵活的汇率制度，实现资本流动。当市场汇率波动剧烈时，货币当局可通过外汇市场干预，保证市场汇率稳定。官方外汇市场干预是指货币当局用外汇买卖本国货币，以使本币汇率稳定。在外汇市场上具体操作就是抛出外汇、买入本币，来限制投机性资本流动，以达到本国货币汇率稳定的作用。

5. 国际信贷

通过限制贷款用途，实行"专款专用"，来限制国际资本流动。例如，出口信贷把贷款和出口商品相联系，并规定只能购买贷款国商品或技术，这就是限制性贷款。通过限制贷款用途，来达到限制国际资本流动的目的。

7.4 中国国际资本流动与管理

7.4.1 中国国际资本流动的现状与特点

由于受到国际金融危机和美国货币政策变化等因素的影响，全球国际资本流动速度加快，规模不断扩大，这对中国国际资本流动也产生了影响，如表 7-1 和图 7-1 所示。

表 7-1　2005—2019 年中国国际资本流动状况及构成　　　　单位：亿美元

年份	直接投资	证券投资	金融衍生品	其他投资	净资本流动
2005	904	-47	N/A	56	912
2006	1 001	-684	N/A	136	452
2007	1 391	164	N/A	-644	911
2008	1 148	349	N/A	-1 126	370
2009	872	271	N/A	803	1 945
2010	1 857	240	N/A	724	2 822
2011	2 317	196	N/A	87	2 600
2012	1 763	478	N/A	-2 601	-360
2013	2 180	529	N/A	722	3 430
2014	1 450	824	N/A	-2 788	-514
2015	681	-665	-21	-4 340	-4 345
2016	-417	-622	-54	-3167	-4 161
2017	278	295	4	519	1 095
2018	1 070	1 067	-62	-770	1 306
2019	581	579	-24	-759	377

数据来源：国家外汇管理局。

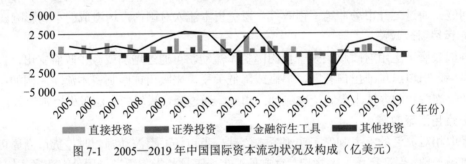

图 7-1　2005—2019 年中国国际资本流动状况及构成（亿美元）

数据来源：国家外汇管理局。

中国国际资本流动的现状和特点如下：

1. 国际资本流动规模扩大，流动速度加快

从表 7-1 和图 7-1 可看出，在国际金融危机初期，由于经济环境仍相对稳定，且中国正处于经济稳步发展进程中，国际投资者认同中国宏观经济基本面良好，满足了投机者选择目的国的需要。因此，自 2008 年全球金融危机以来，中国国际资本流动规模迅速增长，仅 2009 年与 2008 年相比，国际资本流动规模就增至四倍左右。2009—2011 年，国际资本流动逐年增长，始终保持资本净流入态势。2012 年由于各发达经济体通过持续实施量化宽松货币政策使经济企稳复苏，国际资本开始流出中国，从 2011 年的 2 600 亿美元国际资本净流入变为 2012 年的 360 亿美元净流出，由于外商直接投资的增加使得国际资本重新流回中国。

2014 年，随着美国退出量化宽松货币政策，并在 2015 年 12 月首次加息的影响下，美元逐渐走强，人民币承受贬值压力预期，很大程度上使短期国际资本净流出不断增大，

2015年和2016年中国资本净流出分别为4 345亿美元和4 161亿美元。随着2016年12月中国加强外汇管理，中国资本又转为净流入，2018年资本净流入1 306亿美元，2019年资本净流入377亿美元。

2. 中国资本流动的构成与流向发生变化

一直以来，中国以外商直接投资（FDI）为主，证券投资、金融衍生投资较少，其他投资波动剧烈。首先，中国直接投资一直为净流入，除2016年FDI首次出现净流出外。2017年、2018年和2019年FDI又恢复净流入分别为278亿美元、1 070亿美元和581亿美元。2019年3月15日中国颁布了《外商投资法》，加大了对外开放步伐，这会吸引更多外国资本流入。其次，证券投资一直占比较少，但近年来证券投资增大。2015年和2016年证券投资出现净流出，但从2017年开始证券投资和直接投资规模相当，2017年、2018年和2019年证券投资净流入分别为295亿美元、1 067亿美元和579亿美元。这是由于中国逐步融入国际证券市场，特别是近几年中国证券市场发展很快，中国实行了QFII（合格境外机构投资者）的制度，极大促进了国外资本进入中国市场。再次，其他投资指除直接投资、证券投资以及金融衍生品以外的所有金融交易，按交易方式分为贸易信贷、贷款、货币和存款及其他资产和负债四个部门，均与经常项目有关。随着国际贸易的发展和金融市场的一体化程度越来越深化，中国在包括贸易信贷等其他投资方面的资本流动也迅猛发展。但其他投资从全球金融危机以来，表现出较强的波动性。

> 扩展阅读7.1
> **证券市场成为境外投资者投资我国的重要渠道**
> 扫描此码　阅读文献

3. 银行渠道仍是跨境资本流动最重要的渠道

在2008年国际金融危机中，银行渠道资本流动对各国的冲击远大于证券投资和直接投资渠道，主要表现在三方面：一是银行渠道的资金流出主要体现在跨境借贷的大幅萎缩，资金流出呈现幅度大、速度快、持续时间长的特点。例如，2008年三季度前，发达国家的银行渠道资金流入量维持在每季度1万亿美元以上。美国雷曼兄弟破产后，银行渠道的资金迅速转为流出，峰值超过每季度2万亿美元。2009年三季度后，全球避险情绪有所缓解，但银行渠道资金流入量持续萎缩，并显著低于危机前水平。二是证券投资渠道呈现较强的顺周期性。证券投资渠道资金流出主要体现在境外投资者减持国内股票和债券资产。金融危机期间，新兴市场资金季度流出峰值接近1 000亿美元，但持续时间较短。随着市场情绪好转，证券投资渠道资金从流出转为流入，完全抵消了危机的负面冲击。三是直接投资渠道受周期性影响有限，资金流动变化相对较小。直接投资资金关注中长期回报，主要受结构性因素影响，如竞争力、产业链、税收制度和地理位置等，受周期性影响较小。

> 扩展阅读7.2
> **我国银行业对外资产负债结构分析**
> 扫描此码　阅读文献

当银行渠道资金持续流出时，证券投资和直接投资渠道在发达国家和新兴市场中的作用略有不同。发达国家的证券投资渠道资金流入恢复较快，对银行渠道资金的持续流出起到部分抵消作用。而新兴市场则与之不同，直接投资渠道保持季均约1 000亿美元的资金流入，它是跨境资本流动重要的缓冲因素。2015年新兴市场面临跨境资本流出压力，银行和证券投资渠道均转为资金流出,其中银行渠道资金流出最为显著,季度流出峰值接近800亿美元,而直接投资渠道维持了稳定的资金流入,起到了一定的缓冲作用。

4. 中国国际资本流动总体趋于均衡

中国人民银行2017年第一季度的《中国货币政策执行报告》中显示,随着中央银行不断对宏观审慎政策进行优化,采取逆周期调节策略,中国国际资本流动日趋均衡。同时,随着中国金融领域开放措施日益完善,各项经济金融指标特征良好,中国经济基本面企稳向好,因而跨境资本流动总体平稳,投资结构也日渐优化。虽然在美联储加息预期的背景下,人民币持续承受贬值压力,在一定程度上造成短期国际资本的外流。然而2020年以来,随着美联储又实行无限制量化宽松货币政策,国际投资者认为其对美国等发达经济体的利好预期过高,进而转向中国等各项经济指标、基本面表现良好的新兴经济体。与此同时,中国"一带一路"的建设、亚投行、金砖国家开发银行、丝路基金的运作都使得中国金融领域的开放逐渐成熟,国际资本流动更加均衡。此外,中国外汇管理制度的完善促进了人民币波动逐渐稳定,中国国际资本逐渐形成"有进有出,总体平稳"的特征。

7.4.2 从国际收支视角分析中国的国际资本流动

第5章国际收支平衡表中,非储备性质金融账户主要包括:直接投资、证券投资和其他投资。通过分析国际收支平衡表中的这三个项目,可分析中国国际资本流动。

> 扩展阅读7.3
> 《外商投资法实施条例》
> 扫描此码 阅读文献

1. 中国的直接投资分析

2005—2019年,中国直接投资差额基本保持顺差,表现如下:

(1)中国对外直接投资总体保持持续增长的趋势,近年有所下降。2005—2016年中国对外直接投资一直保持持续增长的趋势,2016年中国对外直接投资金额达到最高点2 164亿美元;自2017年起,中国对外直接投资有所减少,2019年中国对外直接投资977亿美元,较上年下降32%,如图7-2所示。

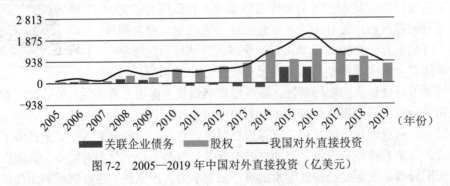

图7-2 2005—2019年中国对外直接投资(亿美元)

数据来源:国家外汇管理局。

从投资形式看,2005年对外股权投资基本保持增加的态势,但在2018年对外股权投资为1 129亿美元,较上年减少42%。2019年对外股权投资下降为894亿美元,较上年减少25%。另外,2019年对境外关联公司贷款净流出128亿美元,较上年下降58%。表明受国际环境不稳定、不确定因素影响增多,境内企业对外长期投资和资产配置趋于谨慎。

（2）外国来华直接投资呈现先增长后下降，近年有较大净流入。2005—2013 年外国来华直接投资一直保持持续增长的趋势。2013 年外国来华直接投资金额达到最高点 2 909 亿美元，自 2014 年起，外国来华直接投资有所减少。2019 年，外国来华直接投资净流入 1 558 亿美元，较上年下降 34%。根据联合国贸发会议报告，2019 年中国吸引直接投资规模稳居发展中国家首位和世界第二位。从投资形式看，外国来华股权和债权直接投资均呈现先增长后下降的状态，并在 2018 年均有所回升。2018 年，来华股权投资净流入 1 859 亿美元，2019 年来华股权投资净流入 1 313 亿美元，比上年略有所下降。其中，来华股权投资总体维持在较高水平，表明外资仍保持对我国经济发展前景的信心。2018 年接受境外关联公司贷款 495 亿美元，增长 92%，呈现较大净流入；2019 年接受境外关联公司贷款净流入 246 亿美元，反映外商投资企业在利用国内和国际两个市场、两种资源方面较为灵活，如图 7-3 所示。

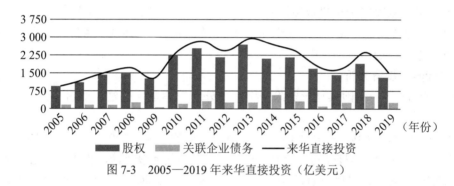

图 7-3　2005—2019 年来华直接投资（亿美元）

数据来源：国家外汇管理局。

2. 中国证券投资分析

2005—2019 年，中国证券投资总体波动性顺差，近年顺差增大（见图 7-4）；主要表现在以下几方面：

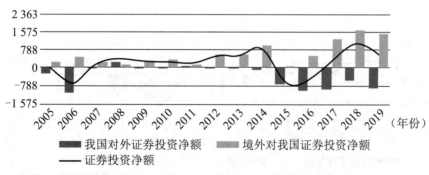

图 7-4　2005—2019 年中国跨境证券投资流动净额（亿美元）

数据来源：国家外汇管理局。

（1）中国对境外证券投资波动性增长，但近年有所下降。中国对境外证券投资自 2005 年起波动性增长，在 2016 年达到最高，2017 年以来有所下降。2019 年，中国对外证券投资净流出 894 亿美元，较上年上升了 67.1%。其中，股权投资 293 亿美元，较上年增长了 66%；债券投资 601 亿美元，较上年增长 68%，主要是由于境内金融机构对境外债券市场的投资增加，以及中国居民配置 H 股资产的需求增加。

（2）境外对中国证券投资波动性增长，近年净流入额逐年增加。2005—2014 年境外对中国证券投资呈波动性增长，2015 年起受到美国加息以及全球资本流动变化的大环境影响，加之 2015 年下半年中国股市遭受重创，境外对中国证券投资有着断崖式下跌，但随着中国经济环境的逐渐稳定，境外证券投资净额也逐步增长。2018 年，境外对中国证券投资净流入 1 604 亿美元，较上年增长 29%。其中，境外对中国股权投资净流入 607 亿美元，增长近七成；债券投资净流入 997 亿美元，增长 13%。2019 年，境外对中国证券投资净流入 1 474 亿美元，较上年略降 8%。其中，境外对中国债券投资净流入 1 025 亿美元，小幅增长 3%，占来华证券投资净流入的七成；股权投资净流入 449 亿美元，下降 26%。股权投资净流入下降主要原因是 2019 年居民企业赴港上市或 H 股增发筹资下降，通过陆股通等投资渠道吸收的来华投资净流入仍处高位并有明显增长。这说明中国证券市场吸引力不断提升，境外投资者参与的积极性和便利性显著提高，也体现了 A 股纳入明晟（MSCI）新兴市场指数等积极信号的影响。

3. 中国其他投资分析

2005—2019 年，中国其他投资除个别年份外，总体呈现逆差（见图 7-5），主要表现在以下几方面：

（1）中国对境外其他投资大体上呈波动性增加的态势。2005—2019 年中国对境外其他投资净流出呈波动性增长趋势。2018 年，中国对外其他投资净流出 1 418 亿美元，较上年增长 40.7%。其中，对境外贷款增加 818 亿美元，主要是银行对境外子行和分支机构的贷款；在境外存款增加 150 亿美元，反映了境内主体积极参与国际经济活动的效果。同时，在出口增长的带动下，出口应收等贸易信贷资产增加了 653 亿美元。而其他应收资产则表现为下降了 224 亿美元。2019 年，中国对外其他投资净流出为 323 亿美元，较上年下降 77.2%。其中，境外存款净流出 863 亿美元，同比增长 4.8 倍；收回境外贷款净流入 331 亿美元；出口应收等贸易信贷资产净流入 368 亿美元；其他应收资产净流出 132 亿美元。

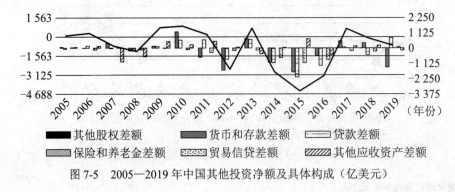

图 7-5　2005—2019 年中国其他投资净额及具体构成（亿美元）

数据来源：国家外汇管理局。

（2）中国吸收其他投资净流入呈增长趋势，近年有所下降。2005—2013 年中国吸收其他投资净流入呈增长趋势，2015年来华其他投资大规模流出，2016年起逐渐恢复顺差并在2017年有增长趋势。2018年，中国吸收其他投资净流入1 214亿美元，较上年减少21%。其中，借入贷款321亿美元，较上年减少36%，说明中国企业根据市场环境变化主动调整了跨境贷款规模；吸收货币和存款增加514亿美元，外币和人民币存款分别增加362亿和152亿美元；贸易信贷负债增加408亿美元，上年为减少12亿美元，主要是由于2018年进口较上年增长16%，使得进口应付款增加较快；其他应付负债减少31亿美元，较上年少降34%。2019年，中国吸收其他投资净流出437亿美元。其中，中国获得境外贷款净流入425亿美元，同比增长32%；境外存款净调出557亿美元，与上年基本持平；受进口下降等影响，企业进口应付等贸易信贷负债净流出288亿美元；其他应付负债净流出35亿美元，同比增长12%。由于中国长期国际资本流动总体比较稳定，下面重点分析中国短期国际资本流动。

7.4.3 中国短期国际资本流动的途径、测算和分析

1. 中国短期国际资本流动的途径

中国短期国际资本主要通过经常账户、资本和金融账户以及地下通道三种途径在中国流动，如图7-6所示。

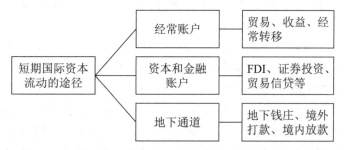

图7-6 中国短期国际资本流动的途径

资料来源：国家外汇管理局。

（1）经常账户。由国际收支平衡表可以看到经常账户中包括货物与服务、初次收入账户与二次收入账户。在货物与服务账户下，主要通过虚假贸易行为以及虚报贸易价格等方式实现短期国际资本的流入与流出，包括进出口贸易、价格虚报，预支货款或延期支付货款，跨境关联交易以及核销差额等。进出口贸易与价格虚报多与贸易公司挂钩，通过伪造贸易单据或高报与低报进出口商品价格等方法来使得短期国际资本得以流入。预支货款或延期支付货款的方法使得短期国际资本进入或短期停留中国，以通过在利率、汇率或短期投资的方式获得短期收益。

随着经济全球化的不断深入，中国跨境关联交易的数量和形式也不断增加，短期国际资本通过跨国公司母公司的关联性来实现短期内资金的流动。例如，在制造业中中国境内子公司作为来料加工生产车间，从母公司进口原材料，加工完成后产品外销，从而实现了跨境公司控制资金方向，达到短期国际资本在中国流动的目的，这也成为中国对外贸易和国际收支顺差的主要因素。短期国际资本还可以通过核销差额途径进入中国，中国规定单

笔 5 000 美元以下的出口多收汇或者少收汇产生的差额可以由经办人直接核销，这便给了短期境外资本通过出口收汇核销制度进入中国境内的机会。在初次收入和二次收入账户下，短期国际资本的进入方式主要通过个人外汇、职工报酬、捐赠名义、侨汇以及转移支付等方式，虽然自 2017 年 7 月各大银行已开始执行新换汇制度，但目前中国对捐赠款数额并未加以限制，因而短期国际资本会通过以上方式流动。

（2）资本和金融账户。短期国际资本可以通过直接投资、证券投资、其他投资这三个子项目途径流入，主要包括外商直接投资、短期外债等形式进入。对于外商直接投资渠道，中国有相关法律为了加强资本流动监管力度，规定外资企业进入中国投资需在资本专项账户登记，对结汇业务与资本汇出也需通过批准审核。然而，仍旧存在一些名不副实的外商直接投资，如一些国际资本进入中国境内后，将部分资金用于投资实体项目，剩余资金通过其他方式进入中国证券市场或房地产等投资市场，而流出的途径则可以通过注销外资公司来实现短期资本的撤离，但该方法可操作性不强，因而通过 FDI 途径流出的短期资本规模并不大。短期国际资本还会通过短期外债的形式流动。

（3）地下通道。短期国际资本通过地下渠道流入，隐蔽性强且难追踪。主要通过地下钱庄、非法携带外币出入境等方式进行账外交易，不向银行结汇或登记，对外汇来源和外汇占款都不造成影响。然而大量分布在境外的地下钱庄协助非法携带外币人员进出中国境内，"游资"以这种方式进出中国境内。地下钱庄从事的非法跨境汇款、买卖外汇以及资金支付结算业务使短期国际资本规避资本管制，在中国境内流动。

总体来说，短期国际资本通过贸易渠道在中国流动较容易实现，主要通过进出口贸易虚报、价格虚报、预支货款或延期支付货款、跨境关联交易等方式，60% 的短期资本通过贸易途径实现。而在中国外商直接投资须通过审核，虽然有部分短期资本采用此手段流入中国，但鉴于流出操作的复杂性与难以重复利用的特点，仅有 25% 的短期资本通过 FDI 形式在中国流动。此外，通过国内本土企业向外资企业提供贸易信贷、进口货款延期付汇、企业出口货款预收外汇、个人外汇、转移支付、地下通道等途径流动的短期资本占 15% 左右。

2. 短期国际资本流动的测算

本书使用间接测算法衡量短期国际资本流动。间接测算法由世界银行在其 1985 年的工作报告中提出。间接测算法是通过计算"资金来源"与"资金运用"之间的差额来对短期国际资本流动的规模进行估计。其中，外债增加项与 FDI 被视为"资金来源"，而外汇储备增加量与贸易顺差则被视为"资金运用"。研究文献中采取较多的间接法测算公式如下：

$$短期国际资本流动 = 外汇储备增加量 - 贸易顺差 - 外商直接投资$$

尽管间接测算法得到的结果中可能会包括部分长期隐蔽性资本的净流动，导致计算出来的短期国际资本流动比实际情况高估，并且没有考虑经常账户中可能会存在的虚报等非法短期资本的流动情况，但总体来说比直接测算法更为准确。

3. 中国短期国际资本流动分析

利用上述间接测算法公式，对中国 2005 年 6 月至 2019 年 8 月短期资本流动规模进行计算，结果如图 7-7 所示。从图 7-7 中不难发现，自金融危机以来，中国短期国际资本无论从流向还是规模上都发生了较大变化。

图 7-7　2005-06—2019-08 中国短期国际资本流动（月度）

数据来源：根据 Wind 资讯、国家外汇管理局、国家统计局数据计算整理得出。

中国短期资本流动大致经历以下几个阶段：

（1）短期资本净流入：2005 年 6 月至 2008 年 9 月。这一阶段由于中国经济两位数增长，吸引国际资本向新兴市场流入，这一时期中国短期资本以净流入为主。

（2）短期资本流入流出剧烈波动：2008 年 10 月至 2014 年 7 月。受美国金融危机影响，2008 年下半年短期国际资本大规模流出，但在 2009 年起情况再次发生逆转，短期资本重新流入处于快速发展的中国，且当时人民币升值预期，成为国际游资避险的选择之一，因而出现了一波国际热钱流入现象。而随着金融危机波及全球和欧债危机产生，中国短期资本流动净流入与净流出交替出现，总体来看仍处于平衡状态。

（3）短期资本净流出：2014 年 8 月至 2019 年 12 月。这一时期，中国短期国际资本流动总体上处于持续净流出状态，但流出规模在逐渐缩减。2014 年 9 月开始，中国短期国际资本开始出现净流出状态，2016 年年底中国短期国际资本流动净流出额为 2 295 亿美元，是自金融危机后净流出规模最大的一次。这是由于 2015 年 12 月以来，受美联储 9 次加息的影响，国际资本流向美国成为短期资本流出中国的原因之一。2016 年 12 月以来，国家外汇管理局加强对短期资本流动的监管，2019 年短期资本净流出额减少为 1 981 亿美元。因此，应加强对中国国际资本流动的监管，尤其是对短期资本流动的管理。

7.4.4　加强中国国际资本流动管理

1. 将短期资本流动性风险管理纳入宏观审慎监管框架

（1）建立监测短期资本流动性风险的指标体系。要加强对中国短期资本流动可能产生的风险进行监测与计量，建立识别和监测短期资本流动性风险的指标体系，对国际短期资本进出中国的异常动向进行有效观测。同时，将短期资本流动性风险管理纳入宏观审慎监管的制度安排中，并与微观审慎监管相协调，研究干预短期资本流动性风险的工具。

（2）采取措施降低短期资本流动性风险的发生概率。对短期资本流动性风险的累积进行限制，开发早期预警系统，降低短期资本流动性风险爆发的可能性或强度。重点要对系统重要性跨境金融机构短期资本流动性风险发生的可能性进行预判，并由监管当局提供方向性指导和支持。

（3）从宏观的角度建立相关监管主体之间的分工协作监管机制。做好短期资本流动性风险爆发的应对准备，对其可能造成的破坏范围和程度进行预估，尽可能减轻其对金融、经济体系造成负的外部效应。注重培养金融机构灵活协调短期资金匹配的能力,要能从宏观全局的角度建立各个监管主体之间的分工合作监管机制,建立相应的应急预案,应对国际游资的流出或是流入所造成的不利冲击,不断强化金融体系抵抗短期资本流动性风险冲击的能力。

2. 加强资本和金融账户流出的监控

短期流动资本由于其自身带有灵活性和投机性的特点,无论是其流出还是流入都会对一国的金融乃至经济造成一定的影响。因此,应做到:一是加强对资本项目中资本流出的监控,以避免风险。要加强对经常账户下贸易项目的监控,特别是重点关注其短期资本的流出流入,注意辨别短期资本的流出动作是否与时局密切相关;要对资本与金融账户中的外商直接投资(FDI)项目保持密切关注。对来华投资外商的准入资格进行严格审查,看其是否有对国际经济形势过度敏感而导致从别国大规模撤资的突发性行为,对于有频繁性从一国撤资记录的外商要重点关注并且进行登记备案,随时进行监控;与现有的外资准入政策相呼应,对于外资准出政策的制定也要根据相关法律落实到位,使其更具可操作性。二是加快研究制定短期流动性注入工具,对货币政策操作进行灵活的调节。要把公开市场操作、常备借贷便利等工具根据实际情况进行组合、搭配使用,对存款准备金率视情况进行机动调节,确保获得充足而稳定的流动性,将市场利率控制在适当水平;中央银行可以考虑特别设立一个金融维稳基金,以防止短期流动性调节工具无法发挥作用时能够向金融市场注入流动性,起到平稳投资者信心的预期效果,保证金融乃至经济的平稳运行。

3. 审慎对待短期资本项目的开放

目前,中国应当以抑制短期资本的频繁流动作为重要目标之一,并且要以审慎的态度对待短期资本项目的开放,具体应做到:一是建立短期资本的动态平衡机制。对于短期资本项目的各子项目的开放顺序,要在对效率与风险进行权衡的基础上,努力建立短期资本流出项目与流入项目的动态平衡机制,最大限度减少短期资本的流入流出对国内金融市场的冲击。二是对短期跨国资本进行监控。以资本监控作为政策导向,对短期跨国资本在中国国内流转的时间根据其申报用途的不同进行具体规定,也可以根据维持国际收支平衡的需要对出入中国国内的短期涉外资金汇入汇出本金和再投资收益时间适时进行调整。三是制定对短期跨国资本的征税政策。外汇管理当局可以依据短期跨国资本流入中国境内的时间长短设定不同的保证金缴款数额,或者对短期跨国资本流动征税,根据交易种类和交易期限的不同分别制定不同档的税率,以此来抑制短期资本的频繁流动。

4. 建立有效短期资本流动性风险监测与反应机制

由于当前国际经济与金融复杂多变,不确定性因素增大,资本投资性流动增强,这会对国内金融市场流动性造成一定的影响和冲击,所以相关监管部门应当建立有效的短期资本流动性风险监测与反应机制。一是要深入研究中国短期资本的来源与去向,不断提升对跨境短期流动性资本进出量的统计分析,优化对涉外投资企业的定时、定点监控,做到随时随地掌握其在涉及跨国收支、结售汇以及企业经营风险等方面的现状与流向。二是要建立和完善外债外资的监测体系。外汇管理局要通过有效的监控体系对涉外资金和债权债务进行调配,达到降低外汇管理局监管成本和提高监测效率的目的。三是要建立与完善相关各部门的协作机制。要及时共享各自负责的相关领域信息,在面对诸如由于国际短期资本从国内金融市场成规模撤离等突发状况时,要有共同解决机制,充分发挥联席会议的作用,使得建立的协作机制真正能够运转起来,以维持国内金融市场的正常运行,保证国内金融业持续稳健发展。

因此,可通过加强中国国际资本流动管理,营造良好的营商环境,为贸易投资提供便利化服务,加速中国金融市场双向开放,加强跨境资本流动监管和金融风险防范,以保证中国经济稳健安全的发展。

案例分析 欧盟外商投资审查新规的主要内容及其对我国的影响

1. 欧盟调整外资审查法规的有关背景

为回应欧盟部分成员国的强烈要求,保障欧盟单一市场的公平竞争及本地关键核心技术,增强欧盟对外谈判议价能力,欧委会 2017 年 9 月 13 日向欧盟提议设立新的外商投资审查框架。

(1)保障欧盟单一市场的公平竞争。欧盟非常重视维护内部市场整体的公平外资审查机制。此外,在欧盟 28 个成员国中仅有 13 个国家设有正式审查机制,但成员国外资审查规定存在一定差异且缺乏外资准入政策的协商机制。各成员国外资审查规定的差异性和欧盟层面外资监管条例的缺失,可能导致某一成员国在接受外资的同时忽略了相关交易对其他成员国的潜在负面影响,欧盟内部的公平性因此易受到冲击。

(2)保护关键核心技术,维护自身发展利益。欧洲在技术创新上整体落后于美国和中国,尤其在人工智能、网络应用等新兴领域,缺少全球领军企业。外资企业收购欧洲高新技术和制造企业,可能影响当地技术战略布局,削弱其竞争优势。欧委会主席容克在 2017 年度的《盟情咨文》中强调,欧盟不是一个天真的自由贸易伙伴,须捍卫其战略利益。欧委会贸易专员塞西莉娅也表示,新外资审查框架有助于更好地保护欧盟利益和监测外商投资。为保护国内关键技术,2016 年德国政府否决了中国宏芯基金(FGC)收购德国半导体设备生产商爱思强(Aixtron)案。

(3)中国对欧投资激增,加重了欧盟的担忧情绪。近年来,中资企业"走出去"的步伐不断加快,对欧投资迅速增长。截至 2017 年年底,中国对欧盟直接投资存量达 860.1 亿美元。欧盟已经成为中国企业"走出去"对外投资和海外并购的重要目的地。这导致欧盟部分成员国的担忧情绪上升,它们担心中国会进一步削弱欧盟的市场竞争力和技术优势。

(4)有助于提升欧盟层面谈判议价能力。尽管欧洲一体化进程已取得重大进展,但由于各国经济发展状况、价值观等存在差异,欧盟与成员国之间一直存在着利益博弈,由成员国层面让渡到欧盟的职权范围相对有限,导致欧盟在外贸谈判中与成员国相互掣肘,制约了其整体谈判能力。欧盟设立更加严格的外资审查框架,有助于提升其有关职权,增强其对外谈判议价能力。

(5)部分成员国强烈要求欧盟收紧外资监管政策。2017 年年初以来,欧盟部分国家已多次向欧盟提出应收紧外商投资审查政策。2017 年 2 月,德国、法国和意大利经济部长联合向欧委会致函,呼吁欧盟重新审视相关政策,以应对欧洲科技企业纷纷被外国投资者收购的情况。与此同时,欧盟投资者在其他国家收购企业通常会面临很多障碍,并未遵循互惠互利的原则。2017 年 7 月,德、法、意三国再次联合致函欧委会,强烈建议在欧盟层面建立统一的外资投资审查机制。

2.《法规》的主要内容及最新进展

（1）主要内容。2019年4月正式生效的欧盟《外国投资者对欧盟直接投资的法规》（简称《法规》），设立了新的外商直接投资审查框架，加强了对外资的审核力度，限制欧盟以外企业的对欧投资和并购交易。《法规》确立了欧委会与成员国之间的双层监管合作机制。总体来说，《法规》的核心内容主要有三个方面：一是侧重审查外商投资是否会影响欧盟关键基础设施、技术、原材料的供应安全，以及投资方是否受政府控制，是否会引起敏感信息泄露或国土安全纠纷；二是引入"反规避"条款，打击境外投资者通过在欧盟设立空壳公司开展收购业务，规避外资审查程序；三是建立欧盟与成员国之间的监管合作与信息共享机制，及时传递敏感收购信息。具体内容如下：

①成员国可从安全或公共秩序角度建立、维持或修订外资审查制度。成员国在审查外商投资交易时，可评估交易对本国关键基础设施、技术和原材料供应安全性、敏感信息传递渠道和敏感信息安全性等方面造成的影响，以及投资者是否受第三国政府控制（如提供大额资金支持）。新规并未穷尽式列举审查清单，而是建立了可供成员国选择的、相对宽泛的审查框架。同时，《法规》对成员国的外资审查机制设定了最低程序要求：一是审查机制透明化，启动外资审查的条件、理由及执行程序应对外公布；二是不能出现国别歧视；三是明确审查和公布决定的时限；四是允许投资者就审查决定寻求司法救济；五是注意保护投资者提供的信息，尤其是商业机密信息。

②欧委会有权审查可能危及欧盟整体利益的外商投资交易，以维护欧盟安全和公共秩序。重点审核领域包括太空、运输、能源和电信领域的外资项目。如果相关项目可能有损于欧盟利益，欧委会有权启动审查程序，接受外商投资的东道国则需及时提供相关信息。欧委会将在合理期限内向其出具审查结论和意见。尽管欧委会的意见不具有强制约束力，即成员国仍有最终决定权，但成员国须对欧委会的意见予以充分重视。必要时，相关国家需向欧委会说明不采纳意见的原因。

③建立欧委会与成员国之间的监管合作和信息共享机制。《法规》要求各成员国建立外资审查机制并向欧委会报告，同时每年还需定期向欧委会和其他成员国报告外商投资交易信息，尤其是敏感交易信息。此外，如果相关交易可能影响欧盟或其他成员国的安全或公共秩序，欧委会及其他成员国均可就此发表意见，并要求接受投资的成员国及时提供外商投资交易的相关信息。

（2）最新进展。《法规》已于2019年4月起正式生效。根据安排，各成员国需在法案生效后的18个月内做出必要制度安排，以便执行新的外资审查机制。目前，相关筹备工作正在顺利进行中，包括2017年设立了有关专家组与成员国定期交流信息和总结适当的经验做法。此外，据路透社报道，欧盟正寻求对中国制定更具防御性的战略方案，并强化外交手段，限制中国公司对欧盟公司的投资收购能力。与此同时，德法等主要成员国均加强了外资投资审查力度。德国政府2018年12月投票通过修订后的《对外贸易和支付条例》，除扩大了审查法规适用范围、延长了审查期限外，还将政府启动审查机制的外商收购股权比例从此前的25%降至10%，并赋予其一票否决权；同时，《法规》还着力防范任何形式滥用或规避审查的交易。法国2019年5月22日正式实施的《推动企业增长与转型行动计划法》，扩大了需经法国财长批准的受保护产业和战略性资产的清单范围。根据该法，对未经事先批准而完成的投资，财长将有权禁止或暂缓相关交易,还有权对违反外商投资法规的行为处以不同程度的罚款。英国 2018 年 7 月下旬发布《国家安全与投资白皮书》,赋予相关监管部门对可能存在国家安全隐患的外资收购交易更大的审查权限,并相应修订了《2002 年企业法》,扩大政府对外资审查的范围,且将审查门槛从 7 000 万英镑大幅下降至 100 万英镑。

3. 欧盟收紧外资投资政策对中国的影响

欧盟是中国境外投资的重要目的地之一,其投资审查制度变化必然会对中国在欧投资并购交易产生重大影响,不利于双方开展经济投资合作。一是加大外资审查力度,或削弱企业投资意愿。新框架强化了对非欧盟投资者的威慑力,企业对欧投资将面临更多监管壁垒,对欧投资意愿可能下降,且增加了中国进入欧盟某些战略领域的难度;同时,为企业对外投资提供融资安排和咨询服务的金融机构,尤其是欧盟境内的中资银行,其业务也将因此受到较大冲击。二是增加了对欧投资交易的复杂性与不确定性,交易成本上升。新审查机制下,各方意见的汇集将导致审查程序复杂化,不确定性上升;同时,审查周期延长,投资者除完成常规投资并购步骤,还需投入更多时间和资金应对各国审查程序。即使交易结束,企业还可能面临一系列的后续审查,交易成本将比此前明显增加。

因此,为降低欧盟外资审查政策变化带来的潜在不利影响,中国应密切跟踪欧盟外资审查政策动向,充分把握政策内容,立足欧洲、及时调整、积极应对,营造公平有效的对外投资环境,推动构建全方位、多元化的对外投资新格局。

资料来源:李芳,陈雪.欧盟外商投资审查新规的主要内容和对我国的影响及应对措施[J],国际金融,2020(3).

讨论题:结合中国实际,分析欧盟外商投资审查新规对中国对欧投资的影响。

【本章思考题】

1. 简述国际资本流动的定义。
2. 国际资本流动的类型有哪些?
3. 简述国际资本流动的成因。
4. 简述国际资本流动的影响。
5. 简述国际资本流动的管理。
6. 试分析中国国际资本流动的现状与特点。
7. 如何加强中国国际资本流动的管理?

【在线测试题】

扫描书背面的二维码,获取答题权限。

第8章　国际金融市场

【学习目标】

通过本章学习，应该能够：

1. 了解国际金融市场的概念；
2. 掌握当代国际金融的类型与特点；
3. 了解国际金融市场的形成与发展；
4. 掌握国际外汇市场的含义、参与者和特点；
5. 理解国际货币市场、国际资本市场和国际黄金市场的定义、种类；
6. 理解欧洲货币市场的定义、特点、类型和业务创新。

开篇导读

重大事件冲击与国际金融市场

新冠肺炎疫情影响下，从2020年2月下旬起，全球金融市场出现了新一轮动荡。截至2020年3月20日，与2019年年底相比，美国道琼斯工业平均指数、日本日经225指数、德国DAX指数、英国富时100指数与法国CAC40指数分别下跌了32.8%、30.0%、32.6%、31.2%与32.3%。尤其是美国股市，在3月9日、3月12日、3月16日与3月18日都发生了熔断。美股在十天之内发生了四次熔断，这是有史以来从未发生过的现象。当前美国股市的下跌速度，已经超过了2001年互联网泡沫破灭与2008年美国次贷危机爆发时期。

本轮全球金融市场动荡的触发因素是外部重大事件的冲击，包括新冠肺炎疫情的全球扩展与原油价格大幅下跌，而深层次原因则包括美国企业大规模举债回购股票、机构投资者加杠杆投资于被动投资型产品、对冲基金的交易策略放大了金融市场脆弱性等。

本轮全球金融动荡在治理难度与对全球经济的冲击方面，要比2008年全球金融危机更严重。全球金融动荡将会导致中国面临短期资本外流加剧、出口行业外需萎缩、国际环境更加复杂等冲击，但也会增强中国经济的全球影响与人民币资产的吸引力。

国际金融市场通过价格发现等功能为各国投融资者提供了便利，但也会因投机行为而形成金融风险。因此，国际金融市场的稳定是促进世界经济发展的重要前提。重大事件的冲击往往会引发国际金融市场的动荡。此轮国际金融市场动荡即是因新冠肺炎疫情蔓延和原油价格大幅下跌这两个重大事件触发形成的。中国政府应审慎应对金融动荡可能造成的短期冲击，保持中国经济平稳增长，加快国内结构性改革。

（资料来源：张明.当前全球金融动荡对中国影响几何[J].人民论坛，2020（10）：80-83）

8.1 国际金融市场概述

8.1.1 国际金融市场概念

金融市场是资金的供求双方进行金融资产或衍生金融工具交易的场所。如果金融市场上金融资产交易的供求双方是本国居民,则为国内金融市场。如果供求双方涉及其他国家的非居民,则是国际性的金融资产交易,即为国际金融市场。

国际金融市场有广义和狭义之分。广义的国际金融市场是指在国际范围内进行资金融通、证券买卖及相关的金融业务活动的场所,由经营国际间货币信用业务的一切金融机构所组成。它是国际货币金融领域内各种金融商品交易市场的总和,包括货币市场、外汇市场、资本市场、黄金市场和金融期货期权市场等;而狭义的国际金融市场则仅指从事国际资金借贷和融通的市场,因此也可以称为国际资金市场。

国际金融市场与国内金融市场的不同点在于:前者主要是非居民之间进行金融业务的场所,具有国际性特征,很少受到市场所在地的政府或金融当局的控制,有的市场甚至不受任何国家的金融管理部门的监管。

8.1.2 国际金融市场的类型

1. 传统的国际金融市场

传统国际金融市场又称为在岸国际金融市场,主要经营居民与非居民之间的交易,并受市场所在国政府政策与法令管辖的金融市场。传统的国际金融中心有着共同的特点:首先,它们都以强大的工业、对外贸易和资金实力为基础,加上优良的金融服务和相对完善的银行制度,由地方性金融市场发展成为全国性的金融市场、进而逐渐发展为国际金融市场;其次,这些传统的国际金融中心只经营所在国货币的信贷业务,并都受所在国政府的法律和金融条例或惯例的制约;最后,经营的主体包括居民和非居民,居民主要是国内投资者,而非居民主要是外国筹资者。

2. 新型的国际金融市场

新型国际金融市场或境外市场又称为离岸国际金融市场,是指第二次世界大战后形成的欧洲货币市场(Euro-currency market),它是在传统的国际金融市场基础上形成的,主要经营非居民与非居民之间的交易。目前,世界上的离岸金融市场有三个中心:加勒比离岸中心,包括巴哈马、开曼群岛、巴拿马;远东离岸中心,包括新加坡和中国香港;中东离岸中心,包括巴林和贝鲁特。它们占离岸金融市场总资产的 90% 以上,并且在跨国银行的全球战略中占有主要地位。

新型的国际金融市场有着不同于传统国际金融市场的特点:首先,在经营对象上,除了市场所在国的货币外,新型国际金融市场经营的是主要西方国家的货币,这为借款人选择货币提供了便利。其次,其借贷活动不受任何国家政府政策与法令的管制,并可享受税收方面的优惠待遇。最后,只要所处国家或地区政治稳定、地理方便、通信发达、政策优惠等,就可能形成新型国际金融市场。因此,新型国际金融市场为国际金融市场的资金扩大与地域分散创造了有利条件,在世界范围内形成了国际金融市场网络,可以说它是真正意义上的国际金融市场。此外,国际金融市场还可以按照经营业务不同分为国际外汇市场、国际货币市场(短期国际资本市场)、国际资本市场(长期国际资本市场)、国际黄金市场。

8.1.3 国际金融市场的形成和发展

1. 传统国际金融市场的形成和发展

第一次世界大战以前,英国经济居于世界首位,政局稳定,银行业发展迅速,英镑是当时的国际储备货币,从而使英国伦敦成为世界上最大的国际金融市场。第一次世界大战后,美国取代了英国头等强国的地位。受1929年世界经济危机影响,英国于1931年宣布放弃金本位制,继而实施外汇管制,并组建英镑集团,进而演化成英镑区。英镑作为国际结算货币与储备货币的地位急剧下降,削弱了伦敦作为国际金融中心地位的作用,但仍发挥重要作用。

第二次世界大战后,英国经济受到严重破坏,而美国利用第二次世界大战积累的巨额资本迅速强大并成为新的世界经济霸主,美元也成为最重要的国际结算货币与储备货币,美国纽约市场集中了大量的国际借贷和资本流动,继伦敦之后,纽约成为世界上最大的国际金融市场。西欧各国经济遭受战争破坏情况与英国相似,只有瑞士免受战争之苦,并且瑞士法郎自由兑换,自由外汇交易和黄金交易非常活跃,加速了苏黎世金融市场的迅速发展。在这一阶段,纽约、伦敦和苏黎世"三足鼎立",成为世界三大国际金融市场。

2. 欧洲货币市场的形成与发展

20世纪60年代以后,美国国际收支出现巨额逆差,大量美元流到美国境外,美国及其他主要西方国家的跨国公司为了逃避金融管制,纷纷把美元资金转移,形成了"欧洲美元",也促成了以伦敦为中心的欧洲美元市场的建立。随后,出现了欧洲英镑、欧洲德国马克、欧洲法国法郎等,欧洲美元市场演变并发展为欧洲货币市场(详细内容参见8.5部分)。

8.1.4 国际金融市场的作用

国际金融市场对世界经济发展有着积极的作用。

(1)促进了生产和资本的国际化。国际金融市场满足了跨国公司的经营需求,为国际资金运用、调拨和国际债务结算提供了便利,也为扩大国际投资和国际贸易创造了条件。

(2)调节了国际收支的不平衡。国际金融市场为各国资金融通提供了便利场所,当一国国际收支出现逆差时,该国可以利用国际金融市场的贷款来弥补。

(3)促进经济全球化发展。国际金融市场的存在能够为闲置资金提供投资渠道,从而为资金短缺的国家提供国际融资渠道。各国资金余缺的调剂,有利于优化国际分工,促进经济全球化发展。

国际金融市场在对世界经济发展形成有利影响的同时,也产生了一些不稳定因素。首先,国际金融市场容易形成金融风险。国际金融市场在为各国投融资提供便利的同时,容易引发投机行为,最终导致国际金融市场出现风险。其次,可能为债务危机提供场所。在为发展中国家提供资金的同时,国际金融市场也带来了债务危机风险,如19世纪80年代发生的拉美债务危机。

8.2 国际外汇市场

第二次世界大战后，随着世界经济的迅速发展，外汇市场发生了巨大的变化，不仅形成了包括伦敦、巴黎、纽约、东京、新加坡、中国香港、苏黎世、阿姆斯特丹、卢森堡、马尼拉、开曼群岛和巴林等诸多国际金融中心，而且世界各地营业时间相互衔接，使得外汇交易可以在全球 24 小时不间断地进行。外汇市场及其交易活动的影响越来越大，所以受到人们的普遍关注。

8.2.1 外汇市场的含义

外汇市场（foreign exchange market）是指由经营外汇业务的银行、各种金融机构以及公司企业与个人组成，进行外汇买卖和调剂外汇余缺的场所或网络。外汇市场是世界上最大的金融交易市场，每天成交额超过 1.2 万亿美元，高峰期甚至能超过 3 万亿美元，其规模已远远超过股票、期货等其他金融商品市场。

在外汇市场进行外汇交易的主要是经营外汇业务的银行，它们不仅是外汇买卖的主要中介人，而且为了规避风险和获得收益，外汇银行也自行参与外汇买卖。外汇银行每天的外汇交易量都是相当大的，这样不可避免地要出现买进与卖出外汇之间的不平衡情况。如果买进多于卖出，则为"多头"（long position）；如果卖出多于买进，则为"空头"（short position）。外汇银行为了避免因汇率波动造成损失，在其经营外汇业务时，常遵循"买卖平衡"的原则，即对每种外汇，如果出现"多头"，则将多余部分的外汇卖出；如果出现"空头"，则将短缺部分的外汇买进。

8.2.2 外汇市场的参与者

外汇市场的参与者主要有一般的外汇交易者、外汇经纪商、从事外汇交易的商业银行（外汇银行）和中央银行。

1. 外汇交易者

非银行客户及个人是主要的外汇交易者。非银行客户及个人主要是指因从事国际贸易、投资及其他国际经济活动而出售或购买外汇的非银行机构及个人。非银行客户及个人有的为了实施某项经济交易而买卖外汇，如经营进出口业务的国际贸易商，到外国投资的跨国公司，发行国际债券或筹借外币贷款的国内企业等；有的为了调整资产结构或利用国际金融市场的不均衡进行外汇交易，如买卖外国证券的投资者，在不同国家货币市场上赚取利差、汇差收益的套利者和套期保值者，赚取风险利润的外汇投机者等。除此之外，还有其他零星的外汇供求者，如国际旅游者、留学生、汇出或收入侨汇者，提供或接受外汇捐赠的机构和个人等。在上述各种外汇供求者中，跨国公司较为重要，因为跨国公司的全球经营战略涉及许多种货币的收入和支出，所以它们进入外汇市场非常频繁。

2. 外汇经纪商

外汇经纪商是指介于外汇银行之间、外汇银行和其他外汇市场参与者之间，进行联系、接洽外汇买卖，从中赚取佣金的经纪公司或个人。外汇市场的信息量大而且瞬息万变，交易者只有随时掌握最新信息，才能迅速达成交易并从中获取收益。对于业务繁重的外汇银行来说，有效地处理和利用这些信息较为困难，而外汇经纪商拥有庞大的信息网络和专业化的信息处理技术，并在世界许多外汇市场设有分支机构且彼此之间联系紧密，其为外汇银行以更快的速度和更为有利的价格达成交易提供了可能。

外汇经纪商一般只是通过提供咨询、信息、买卖代理及其他服务而赚取一定比例的佣金，而不直接为自己买卖外汇。由于外汇经纪人与外汇买卖活动无直接利害关系，从事外汇交易的银行才会对外汇经纪商的诚实与公正给予高度的信任。

3. 外汇银行

外汇银行又叫外汇指定银行，是指根据《外汇法》由中央银行指定可以经营外汇业务的商业银行或其他金融机构。外汇银行大致可以分为三类：专营或兼营外汇业务的本国商业银行，在本国的外国商业银行分行及本国与外国的合资银行，经营外汇业务的其他金融机构。

在外汇交易过程中，外汇银行充当着重要角色。许多外汇银行拥有遍布全球的机构网络，承担着绝大部分的跨国资金调拨、借贷以及国际收支结算等多种任务，因而它们在外汇交易中发挥着核心作用，成为决定外汇市场汇率的主要力量。在外汇市场上，外汇银行的主要交易包括两个方面：一是受客户委托从事外汇买卖，其目的是获取代理佣金或交易手续费；二是以自己的账户直接进行外汇交易，以调整自己的外汇头寸，其目的是减少外汇头寸可能遭受的风险，以及获得买卖外汇的差价收入。

4. 中央银行

各国中央银行也是外汇市场的重要参加者，它代表政府对外汇市场进行干预。一是中央银行以外汇市场管理者的身份，通过制定法律、法规和政策措施，对外汇市场进行监督、控制和引导，保证外汇市场上的交易有序进行，并使之符合本国经济政策的需要。二是中央银行直接参与外汇市场的交易，主要是依据国家货币政策的需要主动买进或卖出外汇，以影响外汇汇率走向。中央银行的外汇买卖活动实际上充当外汇市场的最后交易者，即因汇率不能充分调整（即达不到均衡汇率的水平）而导致的外汇超额供给或需求都由中央银行购进或出售，进而维持外汇市场的稳定。

8.2.3 国际外汇市场的新特点

1. 外汇市场具有时间的连续性

由于全球金融中心的地理位置不同，全球各大外汇市场因时间差的关系，成为昼夜不停的全天24小时连续运作的巨大市场。从全球市场来看，每天以伦敦为主的欧洲外汇市场最早开始营业（北京时间下午3、4点左右），然后是纽约等北美市场开市（北京时间晚上8、9点左右），至纽约等北美汇市收市时（北京时间早晨4、5点左右），大洋洲、亚洲市场陆续开始交易，每天在东京、香港等亚洲市场即将收盘时（北京时间下午3、4点左右），伦敦等欧洲外汇市场又重新开市了。如此周而复始，世界外汇市场形成了一个遍布全球各地的相互有机联系的巨大网络，随着计算机和网络技术的广泛应用，世界各地的外汇市场都能畅通无阻地进行交易，一个外汇市场的汇率变动会立即波及其他市场。

2. 外汇市场"有市无场"

外汇买卖是通过没有统一操作市场的行商网络进行的，现代化通信设备和电子计算机大量应用于这个由信息流和资金流组成的无形市场。各国外汇市场之间已形成一个迅速、发达的通信网络，任何一地都可通过电话、计算机、手机等设备在全球联通的网络来进行外汇交易，完成资金的划拨和转移。这种没有统一场地的外汇交易市场被称为"有市无场"。尽管外汇市场"有市无场"，但它具备信息公开、传递迅速的特点。

3. 外汇市场的公平性

外汇交易不收取佣金或手续费，而只设定点差作为交易的成本，相对而言，成本较为低廉。可以进行双向交易，交易者可以先买后卖，进行多头交易，也可以先卖后买，进行空头交易。而股票市场则只能是"先买后卖"进行单向交易。在外汇市场上，汇价波动表示两种货币价值量的变化，也就是一种货币价值的减少与另一种货币价值的增加。没有机构或个人能够操纵市场，国际外汇市场与期货或股票市场相比，是最公平的市场。

8.2.4　主要国际外汇市场

外汇市场作为国际金融市场的重要组成部分，目前，世界上大约有30多个国际外汇市场，其中最重要的有伦敦外汇市场、纽约外汇市场、欧洲大陆外汇交易市场、新加坡外汇市场、中国香港外汇市场等，它们各具特色，并分别位于不同的区域。国际清算银行每三年对外发布全球外汇市场的交易额，从最近报告的全球外汇市场交易总额看（见表8-1），英国伦敦外汇市场是全球规模最大的，其次是美国纽约外汇市场，排在其后前五位的是新加坡外汇市场、中国香港外汇市场和日本东京外汇市场。下面对这五大外汇市场进行介绍。

表8-1　2019年4月全球OTC日均外汇交易额　　　　　单位：万亿美元

国家/地区	交易总额	占比	即期	直接远期	外汇掉期	货币掉期	外汇期权
英国	3.576	0.431	1.144	0.542	1.646	0.078	0.167
美国	1.37	0.165	0.476	0.246	0.579	0.007	0.063
新加坡	0.64	0.077	0.154	0.098	0.336	0.007	0.045
中国香港	0.632	0.076	0.112	0.059	0.417	0.022	0.023
日本	0.376	0.045	0.098	0.061	0.195	0.006	0.015
瑞士	0.276	0.033	0.064	0.030	0.161	0.000	0.020
法国	0.167	0.02	0.023	0.020	0.118	0.003	0.004
中国内地	0.136	0.016	0.043	0.005	0.084	0.000	0.003
德国	0.124	0.015	0.019	0.007	0.096	0.001	0.002
其他	1.003	0.121	0.247	0.114	0.602	0.02	0.02

数据来源：Bank for International Settlements. Triennial Central Bank Survey，2019.

1. 伦敦外汇市场

伦敦外汇市场是无形外汇市场，完全通过电话电报或网络完成交易，有250多家外汇指定银行（包括英国的商人银行、清算银行和外国银行设在伦敦的分行），90多家外汇经纪商，其中有些经纪商还在中国香港和新加坡设有分支机构。

19世纪以来，由于伦敦在国际金融和贸易方面所处的中心地位，英镑作为国际结算中的主要支付货币和伦敦票据兑换业务的发展，促成了伦敦外汇市场的形成，并成为世界最重要的外汇市场。两次世界大战后，随着英国经济实力的日渐衰落，英镑作为国际支付货币的地位逐渐下降和外汇管制的加强，使伦敦外汇市场的作用受到影响。1951年12月11日，英国政府重新开放外汇市场，英格兰银行根据国际货币基金组织的有关规定，将英镑对某些特定外币的汇价定出最高最低价，这些外汇指定银行可随市场供求情况在这一幅度内自由定价成交，并依照外汇管制条例规定，进行远期外汇买卖。英国政府于1979年10月全部取消外汇管制，这对伦敦金融市场也产生了重大影响。

尽管英镑作为国际贸易支付手段和国际储备货币的地位已被美元代替，但伦敦外汇市场交易类型齐全、交易结构完备，拥有十分现代化的通信网络设备，因此，其交易规模长期居世界各大外汇市场之首。根据国际清算银行数据，伦敦是全球外汇交易量最大的金融中心，1986—2019年日平均交易额如图8-1所示，2019年日均交易额3.576万亿美元，比1986年增长了38.7倍。

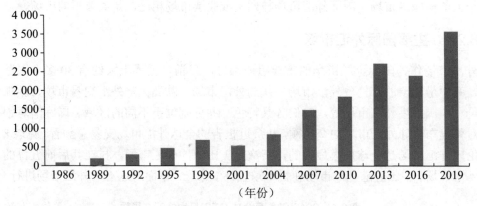

图8-1　1986—2019年伦敦外汇市场外汇日均交易额（十亿美元）

数据来源：国际清算银行外汇交易数据库。

2. 纽约外汇市场

第二次世界大战后，随着美国经济实力的增强和对外贸易、资本输出的迅速发展，美元取代英镑成为关键货币，加之美国实行的外汇开放政策，纽约国际金融市场的地位不断提高，交易量占国际外汇交易量的18%，仅次于伦敦，是世界最重要的外汇市场之一。

纽约外汇市场是最复杂的，同时也是最具特色的外汇市场。由于美国对经营外汇业务不加限制，政府不专门指定外汇专业银行，因此，几乎所有的美国银行和金融机构都可以经营外汇业务，如商业银行、储蓄银行、投资银行、人寿保险公司和外汇经纪商等，其中又以商业银行为主。目前，纽约外汇市场主要包括180多家美国商业银行，200多家外国银行在纽约的分支机构、代理行以及代表处。此外，纽约外汇市场交易活跃，但和进出口贸易相关的外汇交易量较小，因为在美国的进出口中大多数以美元计价结算，当美国从国外进口商品、劳务时，支付的是美元，美元和外币的兑换发生在出口国；当美国出口商品和劳务时，收的是美元，美元和外币的兑换由进口商进行，发生在进口国。在纽约外汇市场上，外汇交易的相当部分和金融期货市场密切相关，美国的企业除了因进行金融期货交易而同外汇市场发生关系外，其他外汇业务较少。最后，纽约是世界美元交易的清算中心。世界各地的美元买卖，包括欧洲货币市场和亚洲美元市场的交易，最终都必须在美国，特别是在纽约商业银行的账户上收付、划拨和结算。纽约外汇市场的大商业银行，通过在海外分支机构及其广泛的国际联系，承担着国际结算和资本流动的主要结算任务。2019年4月纽约的外汇交易额位于伦敦外汇市场之后，日平均交易额1.37万亿美元，比1986年增长了22.2倍，1986—2019年日平均交易额如图8-2所示。

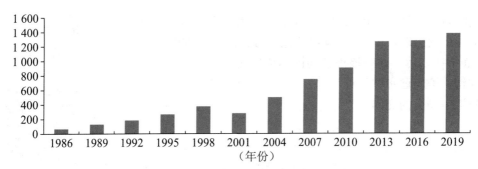

图 8-2　1986—2019 年纽约外汇市场外汇日均交易额（十亿美元）

数据来源：国际清算银行外汇交易数据库。

3. 新加坡外汇市场

新加坡外汇市场是 20 世纪 70 年代随着新加坡成为一个新型国际金融市场而发展起来的。新加坡外汇市场地理位置适中，时区差距优越，上午可与中国香港外汇市场、东京外汇市场、悉尼外汇市场进行交易，下午可与伦敦、苏黎世、法兰克福等欧洲外汇市场进行交易，中午还可同中东的巴林外汇市场、晚上同纽约外汇市场进行交易，使其成为亚太地区乃至全球的重要外汇市场。1978 年 6 月，新加坡取消了外汇管制，促进了新加坡外汇市场的进一步发展。

新加坡外汇市场由经营外汇业务的本国银行、经批准可经营外汇业务的外国银行和外汇经纪商组成，其中外资银行的资产、存放款业务和净收益都远远超过本国银行。新加坡外汇市场是无形市场，大部分交易都由外汇经纪商办理，并通过其国际联络网把新加坡和世界各个金融中心联系起来。在市场上交易的币种不受限制，但以美元为主，约占交易额的 85%。新加坡是全球第三大外汇交易市场，1989—2019 年日平均交易额如图 8-3 所示。

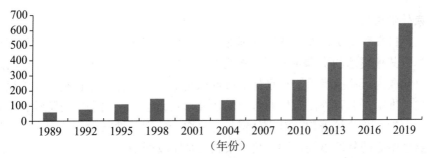

图 8-3　1989—2019 年新加坡外汇市场外汇日均交易额（十亿美元）

数据来源：国际清算银行外汇交易数据库。

4. 中国香港外汇市场

中国香港外汇市场是 20 世纪 70 年代以后发展起来的亚太地区的重要国际性外汇市场。20 世纪 70 年代以来亚洲美元市场的兴起，使中国香港金融业务获得了新的发展。1973 年中国香港取消了外汇管制，国际资本大量流入，经营外汇业务的金融机构不断增加，外汇市场越来越活跃。

中国香港外汇市场和伦敦、纽约外汇市场一样是一个无形市场，没有固定的交易场所或正式的组织，是一个由从事外汇交易的银行、其他金融机构以及外汇经纪商组成，电话、电传等通信工具连接起来的网络。20世纪70年代以后，随着该市场的国际化以及港币和英镑脱钩同美元挂钩，美元逐步取代英镑成为市场上交易的主要外币。中国香港外汇市场上的交易可以划分为两大类。一类是港币和外币的兑换，其中以和美元的兑换为主。因为香港的进出口贸易多以美元计价结算，对美元的供求远远高于其他外币。加之港币在国际支付中使用不多，即使人们需要其他外币，一般也要先以港币换取美元，再以美元兑换所需外币。另一类是美元兑换其他外币的交易。2019年4月中国香港外汇市场以6 321亿美元位居国际外汇市场的第四位，1989—2019年中国香港外汇市场日均交易额如图8-4所示。

扩展阅读 8.1
香港人民币离岸金融中心

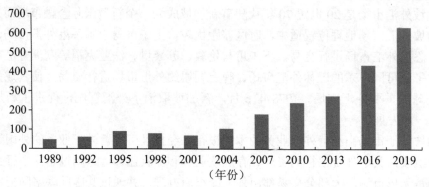

图8-4　1989—2019年中国香港外汇市场外汇日均交易额（十亿美元）

数据来源：国际清算银行外汇交易数据库。

5. 东京外汇市场

历史上，日本曾是实行外汇严格管制的国家，外汇交易受到多方限制，外汇市场的产生和发展都较其他发达的资本主义国家更为缓慢。20世纪50年代后，日本逐渐放松了外汇管制，日元成为可兑换货币，东京外汇市场原则上不再实行外汇管制，外汇交易也逐步实行自由化，推动了东京外汇市场业务量的迅速增长。但是，由于历史延续的原因和日本一向以实行保护贸易政策著称，对于外贸一直采取一些限制性条款，使得东京外汇市场与其他国际金融中心的外汇市场相比，交易限制还是比较严格的。

进入20世纪80年代，在国际金融自由化浪潮的冲击下，日本政府采取了一系列金融自由化措施，如1980年修改了第二次世界大战后初期制定的《外贸和外汇管理方法》，修改后的《外贸与外汇管理方法》放宽了银行外汇业务的限制，使所有银行都可以在国内经营一般外汇业务。1985年东京外汇市场更是迎来了交易货币、交易种类多样化的质的飞跃，从此东京外汇市场达到了与纽约外汇市场并列的自由程度，成为国际性的外汇交易市场。2019年4月日本东京外汇日均交易额为3 755亿美元，1986—2019年东京外汇市场日均交易额如图8-5所示。

扩展阅读 8.2
中国外汇市场

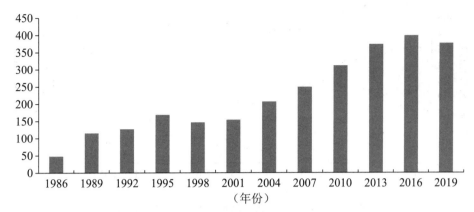

图8-5　1986—2019年东京外汇市场外汇日均交易额（十亿美元）

数据来源：国际清算银行外汇交易数据库。

8.3 国际资本市场

根据资金借贷期限，国际资本市场可以分为短期资本市场和长期资本市场。短期资本市场是指经营期在1年以内（含1年）的金融工具的交易市场，即国际货币市场。长期资本市场是指经营期在1年以上的国际性中长期资金借贷和证券投资业务的国际金融市场，即通常所说的国际资本市场。

8.3.1 短期国际资本市场

短期国际资本市场，也即国际货币市场，其参加者主要是商业银行、中央银行、各国政府的财政部门、货币机构、跨国公司、票据承兑公司、贴现公司、证券公司、跨国银行以及国际金融机构等。其利率为短期利率，以伦敦同业拆放利率或纽约优惠利率为基准。国际货币市场主要包括：银行同业拆借市场、银行短期借贷市场、贴现市场和短期票据市场。

1. 银行同业拆借市场

银行同业拆借市场也称同业拆放市场。银行同业拆借，是指商业银行为弥补交易头寸的不足或准备金的不足而在相互之间进行的借贷活动。

银行同业拆借市场交易量大，能敏感地反映资金供求关系和有关国家政府的货币政策意图，可以影响整个货币市场的利率。因此，它是货币市场中非常重要的子市场之一。该市场期限一般为1～7天，也可长达半年。伦敦银行同业拆放市场是典型的拆放市场。银行同业拆放市场的利率，以伦敦银行同业拆放利率（London interbank offered rate，LIBOR）影响最大，它已成为影响国际金融市场的关键利率，是制定国际贷款利率的基础。2000—2020年美国与日本的6个月LIBOR如图8-6所示，美国的LIBOR自2016年前急速上升，而日本的LIBOR则持续下跌，并于2019开始出现负数。此外，新加坡同业拆借利率（SIBOR）、中国香港同业拆借利率（HIBOR）和美国联邦基金利率（federal funds rate），也经常作为国际信贷基准利率而使用。

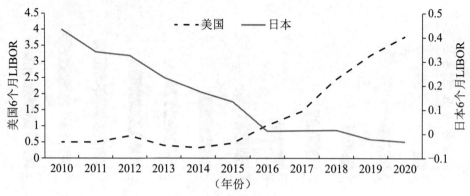

图 8-6　2010—2020 年美国与日本的 6 个月 LIBOR

数据来源：EPS 全球统计数据 / 分析平台。

2. 银行短期借贷市场

银行短期借贷市场，是指商业银行与企业、跨国公司及中央银行等客户之间资金存放活动的场所。商业银行一方面吸收客户的闲置资金，另一方面向他们提供 1 年期以下的贷款，以满足他们临时性、流动性的资金需求。银行短期借贷利率一般按银行同业拆放利率加上一定幅度的差价确定。

3. 贴现市场

贴现，是指银行购买未到期票据，但要扣除自贴现日至该票据到期日利息的业务活动。贴现市场由贴现行、商业票据行、商业银行和作为"最后贷款者"的中央银行组成。贴现交易的对象，除政府短期债券外，主要是商业承兑汇票、银行承兑汇票和其他商业票据。贴现市场上的私人金融机构为取得资金的再融通，还可以持短期票据到中央银行办理再贴现。

4. 短期票据市场

短期票据市场，是指进行短期信用票据交易的市场。在这个市场进行交易的短期信用票据主要如下：

（1）国库券。国库券是指国家政府为满足季节性财政需要而发行的短期政府债券。在美国，国库券分为 3 个月、6 个月和 1 年三种，而以 3 个月为多。美国的国库券是一种不标明利息的债券，采取按票面金额以折扣方式用投标方法进行交易，偿还时则按票面金额偿还。国库券是美国证券市场上信用最好、流动性最强、交易量最大的交易票据。它不仅是美国人而且也是外国政府、银行或个人的重要投资对象。

（2）商业票据。商业票据是指一些大的工商企业和银行控股公司为筹措短期资金，发行的有固定到期日的短期借款票据。商业票据的期限不超过 9 个月，而以 1～2 个月为多。这种票据由发行人担保，可以转让，利率水平取决于市场供求状况、发行人信誉、银行借贷成本，票据的面值和期限等不同，利率一般低于银行优惠利率，稍高于政府国库券。

（3）银行承兑汇票。银行承兑汇票主要是指由进出口商签发，经银行背书承兑保证到期付款的汇票。这种汇票的期限一般为 30～180 天，以 90 天为最多，且面值无限制。同商业票据不同，银行承兑汇票除可在承兑银行贴现外，还可在二级市场上买卖，买卖时按面值打一定折扣，买价与面值的差额为持票人利润。

（4）可转让定期存款单。可转让定期存款单最先于 1961 年出现在纽约，它是商业银行和金融公司吸收大额定期存款而发给存款者的存款单。这种存款单不记名并可在市场上自由出售。因此，投资于存款单，既获定期存款利息，又可随时转让变为现金，很受投资者欢迎。发行定期存款单，是银行获取短期资金的稳定来源。最初，可转让定期存款单均系大额，面值最少为 10 万美元，最多达 100 万美元。为吸收更多资金，从 20 世纪 60 年代末开始，银行也发行面值为数十、数百美元的存单，可转让定期存款单的利率也发展为浮动利率。

8.3.2 长期国际资本市场

长期国际资本市场，也即通常的国际资本市场，其市场的资金供应者主要是各种金融机构如商业银行、储蓄银行、投资公司、人寿保险公司以及跨国公司、跨国银行、各国的货币当局、国际金融组织、私人投资者等，资金需求者主要是各国政府、跨国公司、国际金融机构等。国际资本市场的利率是中长期利率，并且为复利，基准利率是伦敦同业拆放利率，各种融资工具可根据自己的条件，在基准利率的基础上，再加一个附加利率。长期国际资本市场主要包括银行中长期信贷市场、国际债券市场和国际股票市场。

1. 银行中长期信贷市场

在银行中长期信贷市场中，银行信贷资金的使用一般不受地域和用途的限制，在资金使用上比较自由。银行信贷的期限一般为 1～10 年，其中，中期一般为 3～5 年，长期一般为 5～10 年。贷款人主要是发达国家的大商业银行，借款人则包括各国公司、政府机构、国际机构、金融机构等。信贷方式有独家银行贷款（sole bank loan）与银团贷款两种类型。独家银行贷款是一种最简单的国际信贷方式，是一国的一家银行向另一国的政府、银行、公司发放的贷款，也称为双边贷款（bilateral loans）。这类贷款一般涉及金额较小，最多不超过 1 亿美元，贷款成本较低，期限为 3～5 年。

银团贷款（consortium loan），也称辛迪加贷款（syndicated loan），是由一家银行出面负责组织，有多家银行参加，组成一个贷款银团向某一借款人提供的巨额贷款。这类贷款一般数额大、期限长。美国的银团贷款主要来源于银行和其他金融机构，自 2018 年以来，美国银团贷款增长迅速，如图 8-7 所示。

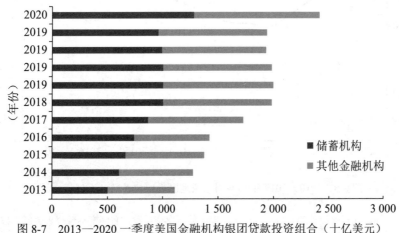

图 8-7　2013—2020 一季度美国金融机构银团贷款投资组合（十亿美元）

数据来源：Federal Reserve System Database，https：//www.federalreserve.gov。

2. 国际债券市场

国际债券（international bond）是指一国政府、企业、金融机构等为筹措外币资金而在国外发行的以外币计值的债券，主要应用于大型工程项目筹资需求等。债券市场的债券发行人主要有：政府和政府机构、私人部门（主要是工商企业、金融企业等），以及国际金融机构。

国际债券又可分为外国债券和欧洲债券两种，其中，外国债券是指外国借款人在一国债券市场上发行的债券，这种债券以债券发行市场所在国货币为面值货币，如外国借款人在美国以美元发行的扬基债券（Yankee bond）、在日本以日元发行的武士债券（Samurai bond）以及外国金融机构在我国境内发行的熊猫债券（Panda bond）等。欧洲债券是指由借款人在本国之外的资本市场发行，且不以发行所在国的货币为面值的国际债券。

扩展阅读 8.3
中国在法国发行欧元债券

3. 国际股票市场

国际股票市场是各国进行股票发行和交易的市场。国际股票的发行和交易分别通过一级市场和二级市场实现。其中，一级市场是国际性的证券交易所或证券交易网络发行股票的市场，而二级市场是已发行的国际股票在投资者之间转让买卖的场所或交易网络。二级市场主要分为交易所市场和场外市场，其中，交易所市场是指在集中的建筑物内进行股票交易的市场，而场外市场是指通过电话、电报、电传等方式进行股票交易而形成的网络。伦敦、纽约、东京、法兰克福、中国香港等是世界著名的国际股票交易中心，这些股票市场已经形成全球化的交易市场，部分股票交易市场交易额如图 8-8 所示。

扩展阅读 8.4
人民币 A 股进入新兴市场指数

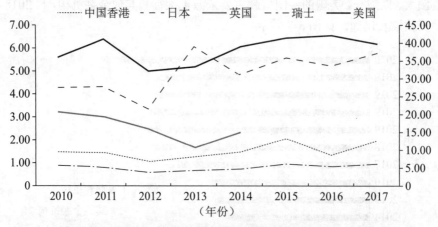

图 8-8 2010—2017 年部分国家或地区股票交易额（万亿美元）

注：左侧坐标轴代表中国香港、日本、英国、瑞士的股票交易额，右侧坐标轴代表美国股票交易额。
数据来源：根据国际货币基金组织数据库、EPS 全球统计数据/分析平台整理计算。

8.4 国际黄金市场

8.4.1 黄金市场的定义

国际黄金市场（international gold market）是不同国家的交易者进行黄金买卖的场所，是国际金融市场的特殊组成部分，它和其他专业性金融市场有着密切的联系。黄金市场具有悠久的历史，早在19世纪初期，在典型的金本位制度下，黄金作为国际本位货币，可以自由地输入输出。金本位制度崩溃后，国际黄金市场仍以各种方式发展起来，且规模不断扩大。在经历布雷顿森林体系后，黄金的流通手段职能大大降低，但仍是世界绝大多数国家的国际储备资产。

国际黄金市场的交易方式有现货交易、期货交易、期权交易。现货交易是交易双方成交后于两个工作日内进行交割的交易方式，如伦敦、苏黎世等黄金市场。期货交易是交易双方签订黄金买卖合同并交付保证金后，在未来指定日期办理交割的交易方式，如纽约、芝加哥黄金市场等。而期权交易则是指黄金交易双方签订期权合同，买方付出一定的期权费或保险费，获得在合同规定的日期或期限内选择是否按照协定价格买进或卖出一定数量黄金的权利。此外，还以通过黄金借贷、黄金互换、黄金抵押贷款、黄金远期合约等方式进行交易。

8.4.2 黄金市场的供求

黄金市场主要的交易对象有金块、大金锭、金条和金币、黄金券等。而交易的参与者有：从事黄金交易的商行、大银行、投资者；各国的中央银行及国际金融机构；开采或销售黄金的企业或集团公司；对工业用黄金有需求的企业以及为保值或投机目的而参与黄金买卖的个人。

黄金开采成本、各国央行和货币基金组织的黄金储备是黄金供给的重要影响因素。首先，黄金开采取决于黄金的储量和开采条件，而黄金本身是不可再生资源，开采量逐渐减少，由此黄金供应量势必降低。其次，各国银行和货币基金组织的黄金储备也是黄金供应的来源，黄金是各国的重要储备之一，当一国试图稳定金价或稳定汇率时，其央行将会在国际市场大量出售黄金，从而导致金价下降。此外，某些国家为缓解国内经济困境，也会出售黄金，如苏联1975—1976年出售黄金400吨，用以解决农业歉收所引发的问题。除了各国储备黄金外，国际货币基金组织是世界第三大官方黄金持有者，仅次于美国和德国。IMF可能会将黄金直接出售给会员国的央行，也可能在公开市场上出售，此举也会影响黄金供给。

黄金的需求主要来源于黄金交易的需求者，并受到如汇率、石油价格、通货膨胀预期、重大事件等影响。第一，汇率影响了黄金的需求，当一国货币出现贬值趋势时，人们出于保值心理会降低该种货币的持有量而增加黄金的持有量，从而增加黄金的市场需求。第二，当一国出现物价上涨趋势，人们在通货膨胀预期影响下，会认为该种货币购买力下降，势必会降低黄金的持有量。第三，石油价格的影响。石油价格的波动往往会带动金融市场其他产品的波动，如20世纪70年代的两次石油危机导致石油价格暴涨，引发金价大幅度上升。

第四，重大事件的影响。国际上发生的一些重大事件往往影响人们对黄金的消费需求，以及避险需求等，从而改变人们对黄金持有的预期。例如，2020年上半年受新冠肺炎疫情影响，黄金消费需求下降，但是避险需求却大幅增加，从而刺激黄金价格上涨。

8.4.3 黄金市场的价格

1934年1月至1971年12月，黄金官价一直维持在每盎司35美元。1960年10月，第二次世界大战后第一次美元危机爆发，国际金融市场上大量的美元被抛售，同时人们抢购大量黄金。伦敦黄金市场黄金价格1盎司黄金兑换41美元，高出黄金官价18.6%。1971年12月十国集团达成《史密森协议》，确定美元兑黄金贬值7.89%，黄金官价提升到每盎司38美元。1973年2月，美元第二次贬值，黄金官价再提高到42.22美元，美元对黄金贬值10%，同时美元和黄金停止兑换。随着布雷顿森林体系的崩溃，黄金市场价格随市场波动，20世纪70年代，受到两次石油危机和美国滞胀的影响，黄金价格曾创下每盎司850美元的纪录。

2001年黄金价格曾跌至每盎司260美元，但此后一直上升，到2007年11月，黄金价格达到每盎司845美元，但之后又下跌。经历金融危机后，2009年9月8日黄金价格第一次突破每盎司1 000美元的价格。之后，在欧债主权危机和全球股市暴跌等影响下，国际金融市场不确定性增强，国际市场黄金价格再次大幅上升，同年9月22日现货价格逼近每盎司黄金1 300美元，而黄金期货（12月份交割）价格创造了每盎司黄金1 296.50美元的纪录。2020年新冠肺炎疫情爆发，黄金价格再次受到影响，在3月份出现短暂下跌后，黄金价格开始上升，8月5日黄金价格达到每盎司2 048.15美元。黄金作为重要的投资工具之一，其价格走势一直与美元汇率相反。2008年全球金融危机爆发以来，美元贬值时有发生，再加上国际市场石油价格的变化，通货膨胀压力的增强，导致黄金市场中黄金避险买入交易量增大。而2020年受到疫情影响，黄金避险的需求大幅增加，再加上欧美等国量化宽松政策的影响，黄金价格持续上升（见图8-9）。

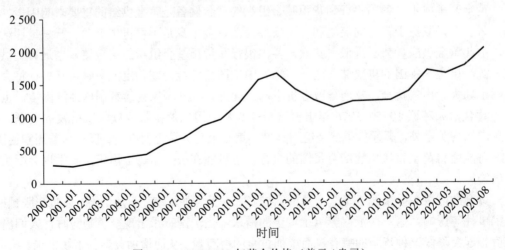

图8-9 2000—2020年黄金价格（美元/盎司）

数据来源：World Gold Council 数据库。

8.4.4 主要国际黄金市场

目前，世界上有40多个黄金市场，分布在世界各地的不同时区，主要包括如伦敦、苏黎世、纽约、中国香港、新加坡等地黄金市场。随着通信技术和电子技术的快速发展，这些市场已经形成全球性的黄金市场。

1. 伦敦黄金市场

伦敦黄金市场没有实际的交易场所，但高度开放。1804年，伦敦取代荷兰阿姆斯特丹交易所成为世界黄金交易的中心。1919年伦敦金市正式成立，第二次世界大战前，伦敦黄金市场交易量约占全世界交易量的80%，是世界唯一可以成吨买卖黄金的市场。第二次世界大战后，随着英国政治和经济地位的下降，英镑大幅贬值，英国被迫实行外汇管制，伦敦黄金市场关闭。1954年3月伦敦黄金市场重新开放，但仅局限于境外居民指定货币交易，且设立专门账户。1979年10月，英国废除外汇管制，黄金市场恢复自由交易市场地位。1982年伦敦黄金期货市场开业。1986年3月，受到黄金抢购风潮的影响，部分黄金交易被迫转移至苏黎世黄金市场。

伦敦黄金市场黄金的供应者主要是南非，交易主要以现货交易为主（"合格交货"的金条纯度为99.5%，重量为400盎司，交货与支付必须在两个工作日内完成）。伦敦黄金市场的正式营业时间是周一至周五的9：00—17：00，但交易商通常在7：15—19：15之间进行非正式交易。图8-10给出了2010年1月至2020年8月伦敦金银市场协会（LBMA）的上午价和下午价，这一价是整个黄金市场的重要基准。作为世界黄金定价中心，伦敦黄金市场的价格一直影响着纽约和中国香港黄金市场的交易。

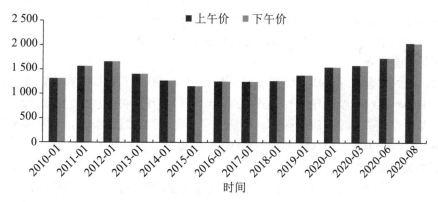

图8-10　2010—2020年伦敦金银市场协会（LBMA）的黄金价格（美元/盎司）

数据来源：World Gold Council 数据库。

2. 苏黎世黄金市场

苏黎世黄金市场兴起于第二次世界大战后，当时伦敦黄金市场因战争关闭，而苏黎世黄金市场因其永久中立国的优势和健全的金融制度逐步接受了伦敦的黄金交易。苏黎世黄金市场以现货交易为主（交货和支付必须在两个工作日内完成），从事金币交易，是世界最大的金币市场。

瑞士本身没有黄金供给，但它提供了特殊的银行制度和辅助性的黄金交易服务体系，为黄金买卖创造了一个既自由又保密的环境，这也使得其成为世界主要的黄金储藏地之一，也是世界上最大的私人黄金存储与借贷中心。瑞士信贷银行（Credit Suisse）、瑞士联合银行（Union Bank of Switzerland）和瑞士银行（Swiss Bank Corporation）组成了苏黎世黄金总库（Zurich Gold Pool），与伦敦金商不同，这三大银行不仅充当经纪人，还掌握大量黄金储备，进行黄金自营交易。苏黎世黄金市场没有正式的组织机构。除黄金总库成员以外，交易商可以独立地讨价还价。合同一般以美元标价，也可以用其他货币。

苏黎世黄金市场对金条规格（成色和重量）的要求与伦敦黄金市场相同，因此，苏黎世黄金价格与伦敦市场价格可以相互标价。苏黎世黄金市场的营业时间是：周一至周五的9：30—12：00和14：00—16：00。苏黎世黄金市场没有金价定盘制度，银行的个别头寸是不公开的，联合清算系统对银行的不计名头寸进行加总，并每天按这些头寸的变动设定一个价格。这个联合定价被当作苏黎世黄金的官方价格。

3. 中国香港黄金市场

中国香港黄金市场在1910年非正式开业，从1974年1月政府撤销黄金进口管制后获得迅速发展。中国香港市场的营业时间是周一至周五的9：30—12：30和14：00—16：00以及周六的10：30～12：00，中国香港是唯一在星期六营业的黄金市场。对于中东和远东的交易者来说，当纽约市场已关闭而伦敦和苏黎世黄金市场还没开张时，中国香港是唯一的黄金市场。此外，欧洲黄金市场的开盘价以中国香港市场收盘价为基础。

中国香港黄金市场由香港金银贸易市场、本地伦敦市场和期货市场构成。中国香港金银贸易市场是香港传统的黄金市场，以黄金现货交易为主，兼营黄金期货交易，是有形市场。黄金交易以港币计价，买卖单位为100司马两，成色为99%。本地伦敦市场形成于20世纪70年代，以外资金商占主体，是无形市场，交易以美元计价，成色为99.5%，重量为400盎司，交收地点设在伦敦现货市场。期货市场开业于1980年8月，以美元计价，买卖单位为100盎司，成色为99.5%，交收地点在中国香港。

4. 纽约黄金市场

目前，纽约黄金市场已成为世界交易量最大和最活跃的黄金期货市场，也是世界黄金期货交易中心。纽约黄金市场没有正式的组织结构和公开竞价制度，它由进行场外交易的市场交易者组成，买卖没有时间限制。市场上可买卖任意数量的黄金，但是最常见的交易数量是400盎司和100盎司（纯度皆为99.9%）的金条。

5. 新加坡黄金市场

新加坡黄金市场成立于1969年，也没有正式的组织机构和公开竞价制度。新加坡市场是伦敦黄金市场和远东其他国家（尤其是印度尼西亚）之间的转口港。1989年新加坡进口的227吨黄金中，只有约28吨用来满足国内需求。最流行的交易标准重是1 000克（32.150 74盎司）、纯度为99.9%的金条。所有实物黄金的买卖都以新加坡交易价格标价。

8.5 欧洲货币市场

8.5.1 欧洲货币市场的定义

欧洲货币是理解欧洲货币市场概念的关键。欧洲货币又称境外货币或离岸货币，是指在货币发行国境外存放、交易的货币的总称。这里需要注意：第一，欧洲货币是一种境外货币。一般而言，在美国的境外银行（包括美国银行在国外的分行存放的美元资金）称为欧洲美元，在英国境外银行所存放的英镑资金称为欧洲英镑。依此类推，这些货币都是欧洲货币。第二，欧洲货币是一种多货币体系。欧洲货币发端于欧洲美元，后来又出现了欧洲英镑、欧洲瑞士法郎等其他欧洲货币。随着欧洲货币的进一步发展，在亚洲、北美和南美等地也出现了境外货币，如在东京存放的美元、在香港存放的欧洲英镑、在纽约存放的日元等，它们可以称为亚洲美元、亚洲英镑、美洲日元等，但习惯上也统称为欧洲货币。第三，欧洲货币并非是一个地域性的概念。欧洲货币中的"欧洲"不是一个地理概念，只是说明境外货币最早产生于欧洲。目前，欧洲货币已扩展到亚洲、北美和南美。第四，欧洲货币仍需回到货币发行国进行清算。欧洲货币的交易尽管在境外进行，但仍然是货币发行国的对外债权债务的组成部分，仍需回到货币发行国进行清算。

一般来说，欧洲货币市场又称离岸金融市场或境外市场，是指在一国境外进行该国货币存储与贷放的市场。1981年12月3日，美国联邦储备委员会通过《国际银行业务设施法案》，允许美国银行和在美国的外国银行在美国国内经营欧洲货币市场业务。美国的离岸市场开始运作，但与国内美元在账户上严格分开。于是欧洲货币市场的概念重新定义为：欧洲货币市场是世界各地离岸金融市场的总称，该市场以欧洲货币为交易货币，各项交易在货币发行国境外进行，或在货币发行国境内通过设立"国际银行业务设施"进行，所有业务活动不受任何国家法规、政策和税制的限制，是一种新型的国际金融市场。

欧洲货币市场始于欧洲美元市场，后来逐渐发展成为其他欧洲货币的市场，现在已成为一个全球性市场。在欧洲货币的交易中，欧洲美元所占的比重最大。

8.5.2 欧洲货币市场的形成和发展

欧洲货币市场是20世纪50年代末期国际金融领域中的新生事物，它的出现标志着国际金融市场的发展进入了一个新的历史阶段。欧洲货币市场形成和迅速发展的主要原因如下：

1. 东西方之间的冷战

在20世纪50年代初，苏联政府鉴于美国在朝鲜战争中冻结了中国存放在美国银行的全部资产，便把它们的美元资金从美国转存在伦敦和巴黎的一些银行，形成了欧洲美元市场的雏形。但是，由于当时欧洲美元的数量十分有限，所以并未引起人们极大的关注。

2. 英镑危机

1957年英镑发生危机。英国政府为维持英镑汇率的稳定，加强外汇管制，限制本国银行向英镑区以外的企业发放英镑贷款，目的就是防止外国人用英镑兑换美元。为此，英国各大商业银行为了逃避外汇管制和维持其在国际金融领域中的地位，纷纷转向经营美元业务，将吸收来的美元存款贷放给外国客户，从而形成了一个在美国境外大规模经营美元存款和贷款业务的短期资金市场。

3. 美国一系列金融法令的逆效应

20世纪60年代以后，美国国际收支逆差不断增加，美国政府被迫采取了一系列措施来限制资金外流。这些限制措施促使美国企业与金融机构加强海外的借贷活动以规避政府的管制，因而美国一系列金融管制的逆效应推进了境外美元存贷业务的发展与扩大。

4. 西欧一些国家实施限制资本流入的措施

20世纪60年代以后，随着美元在国际货币体系中的地位不断削弱，西德马克、瑞士法郎、日元等货币日益坚挺，大量国际游资流向这些国家。为减缓通货膨胀的压力，维持本国货币汇率的稳定，如瑞士、日本货币当局采取了一些措施，对外国居民存入本国的货币进行限制，有时甚至会倒收利息。为避免这类损失，一些跨国公司和银行纷纷将这些货币转存于其他国家，从而促成了"欧洲日元""欧洲瑞士法郎"等其他欧洲货币及其市场的产生与发展。

5. 欧洲货币市场本身具有的内在优势

欧洲货币市场由于不受任何国家国内金融法规的制约，因而存款利率高，贷款成本低，从而吸引了大量的存款者和借款者。此外，1985年以后，西欧国家先后放松外汇管制，实行货币的自由兑换，从而使借款者和贷款者可以更加自由地选择币种，更加方便地调拨资金，为欧洲货币市场营运提供了宽松的环境和有利的条件，欧洲货币市场的业务范围也得以进一步扩展。

8.5.3 欧洲货币市场的特点

欧洲货币市场是完全国际化的市场，一经产生就迅速发展成为国际金融市场的主体和核心，是与其自身所具有的特点密不可分的。

1. 资金规模大、币种多

欧洲货币市场的资金来自世界各地，融资类型多样，数额极其庞大，各种可自由兑换货币应有尽有，可以满足各种类型借款人的不同需要。

2. 不受任何国家金融法规和税制的限制

传统的国际金融市场，必须受所在国家政策、法令的约束。但欧洲货币市场是一个超国家或无国籍的资金市场，不受任何国家金融法规和税制的限制，是最自由的市场。

3. 建立了独特的利率体系

欧洲货币市场利率体系的基础是伦敦银行同业拆放利率，后者同各国利率有一定的联系，但同时还受欧洲货币市场上供求关系的影响。由于欧洲货币市场竞争十分激烈，导致其存款利率略高于货币发行国国内的存款利率，而贷款利率则略低于其国内贷款利率。存款利率略高，是因为国外存款的风险比国内大。贷款利率略低，是因为欧洲银行享有所在国的免税和免缴存款准备金等优惠条件，贷款成本相对较低。尽管存贷利差很小，但因经营规模较大，所以信贷利润仍相当丰厚。

4. 资金调度灵活、手续简便

欧洲货币市场具有发达的银行网络，资金不受任何限制，调度十分灵便，手续简单，所以周转极快。与传统的国内、国际金融市场相比，具有很强的竞争能力。

5. 交易额大，是批发交易市场

欧洲货币市场上的单笔交易金额大都超过了100万美元，几亿美元的交易也很普遍。这是因为欧洲货币市场的经营以银行间交易为主，银行同业间的资金拆放占很大的比重，且该市场上的存款人和借款人一般都是大客户。因此，欧洲货币市场是批发交易市场。

6. 借贷关系发生在非居民间

欧洲货币市场的借贷关系是外国投资者和外国筹资者之间的关系，即非居民与非居民之间的借贷关系。

8.5.4 欧洲货币市场的类型

1. 欧洲货币短期借贷市场

欧洲货币短期借贷市场是指经营1年以内（含1年）欧洲货币短期存贷业务的市场。它是欧洲货币市场的基础部分，其余两个市场都是在此基础上发展起来的。欧洲货币短期借贷市场具有以下特点：

（1）期限短。欧洲短期借贷市场存款期限一般以1天、7天、30天、90天居多，少数为半年或1年。交易期限短有利于短期资金余缺的调剂，大银行和大公司一般都利用该市场来调整它们的短期资金头寸。

（2）额度大。欧洲短期借贷市场属于批发交易市场，存贷款金额的起点较高，每笔欧洲美元存款的最低额为5万美元，而欧洲美元的贷款通常以100万美元为单位。由于借贷起点高，市场的参加者多为大银行和大企业，个人或与银行关系生疏的客户很难进入市场。

（3）借款条件灵活。该市场借贷条件灵活，在借款期限、币种、金额、地点等方面都由借贷双方协商确定，客户可根据需要灵活选择。

（4）存贷利差小。欧洲货币短期借贷市场存款利率略高于国内金融市场利率，而贷款利率一般低于国内市场利率，存贷款的利差较小。

（5）手续简便。欧洲短期借贷市场业务主要由银行向熟悉的较大客户提供，一般全凭信用，无须交纳担保品，也不签订合同，只通过电话或电传进行，事后以书面确认。

（6）市场规模代表整个欧洲货币市场容量。欧洲货币市场80%以上的资产和负债不超过两年，所以欧洲货币短期借贷市场的规模，基本上可以代表整个欧洲货币市场的规模。

2. 欧洲货币中长期借贷市场

欧洲货币中长期借贷市场是在欧洲短期借贷市场的基础上逐步发展起来的。欧洲货币中长期借贷市场的特点如下：

（1）贷款期限长、额度大。欧洲货币中长期借贷市场的借贷期限从1年以上到5年、10年甚至更长。贷款额度多为1亿美元以上，多者可达10亿美元甚至更多。

（2）银团贷款居多。一般由十多家、甚至数十家银行联合提供贷款，在满足巨额信贷需求的同时，也分散了银行经营风险。

（3）利率一般以伦敦同业拆借利率为基础，再加上一个附加利率。

（4）需签订贷款协议。与欧洲货币短期借贷业务不同，欧洲货币中长期借贷的双方必须签订贷款协定，而且有的协定还需借款国的官方机构予以担保。

3. 欧洲债券市场

欧洲债券是一种境外债券，不在面值货币国家发行。例如，A国的机构在B国或C国的债券市场上以D国的货币为面值发行债券，即为欧洲债券。因此，欧洲债券是指在欧洲货币市场上发行的，以市场所在国境外货币为面值的国际债券。在欧洲债券市场上，以美元为面值货币的欧洲美元债券一直独占鳌头，其他经常被选择为面值货币的还有欧元、日元、英镑等。

欧洲债券市场的特点如下:

(1) 市场容量大。由于欧洲债券实质上是向世界范围内的投资者发行,所以其市场容量远远大于任何一个外国债券市场。

(2) 发行手续简便,成本低。欧洲债券发行一般采取非正式发行方式,不需要任何国家批准,也不受任何国家金融法规约束,自由灵活。同时,欧洲债券的发行不缴注册费、发行费,因此发行成本较低。

(3) 债券发行不记名,保护了投资者利益。多数欧洲债券是不记名的,投资者的投资情况及收入可以保密,有利于避税,对许多投资者有较大的吸引力。

(4) 安全性高。欧洲债券的发行者主要是国际金融组织、各国政府、跨国公司和大企业集团,这些机构一般资产庞大、实力雄厚、信誉良好、还款有保证、信用风险小、安全性高。

(5) 选择空间大,流动性强。欧洲债券发行者可根据投资需要、利率和汇率的变化,自由选择发行市场、债券面值和筹资货币;投资者可以根据需要灵活选择债券种类,投融资双方的选择余地都很大。欧洲债券市场拥有一个极富活力的二级市场,持券人可随时出售债券获取现金。

8.5.5 离岸金融中心类型

离岸金融(offshore finance)是指设在某国境内与该国金融制度无联系,不受该国金融法规管制的金融机构所进行的资金融通活动。例如,日本某银行吸引的美元存款就称为离岸美元。离岸金融市场(offshore finance market)是主要为非居民提供境外货币借贷或投资、贸易结算、外汇黄金买卖、保险服务及证券交易等金融业务和服务的一种国际金融市场,亦称境外金融市场。

离岸金融业务的发展始于20世纪60年代,当时的一些跨国银行为避免国内对银行发展和资金融通的限制,开始在特定的国际金融中心经营所在国货币以外的其他货币的存放款业务。20世纪70年代以来,离岸金融市场获得迅猛发展,从伦敦、巴黎、法兰克福、苏黎世、卢森堡等欧洲地区扩展到新加坡、巴拿马、巴哈马等地。20世纪80年代以来,在纽约、东京等地出现了新的离岸金融中心。到了20世纪90年代,离岸金融市场已遍布世界各地。

扩展阅读8.5
伦敦离岸人民币市场
扫描此码 阅读文献

目前,世界上已出现40多个离岸金融市场。按离岸金融市场的业务经营和管理来划分,大致可分为内外混合型离岸金融市场、内外分离型离岸金融市场和避税港型离岸金融市场。这些市场的业务特点不一。

1. 内外混合型离岸金融市场

该类市场是最早出现的离岸金融市场,是指离岸金融市场业务和国内金融市场业务不分离,目的在于发挥两个市场的资金和业务的互补作用。该市场的主要特征有:市场的主体包括居民和非居民;交易的币种是除东道国货币以外的可自由兑换货币;该市场的业务经营非常自由,不受东道国国内金融法规的约束,国际和国内市场一体化。因此,又称为一体化离岸金融市场。典型代表如伦敦离岸金融市场。

2. 内外分离型离岸金融市场

此类市场将境内业务和境外业务分开，禁止非居民经营在岸业务和国内业务，因此又称为分离型离岸金融市场。它是专门为非居民业务交易而创立的金融市场，具有同国内金融市场相分离的特征，表现为东道国金融管理部门对境外资金的流入不实行国内的税制、利率限制和存款准备金制度约束，并且给予金融和税收的优惠。典型的代表如纽约、东京、新加坡离岸金融市场。

3. 避税港型离岸金融市场

这类市场不进行实际的离岸业务交易，各银行只是在这个不征税的地区设置名义机构，并通过这一机构将境内与境外的交易进行记账，因此也称"走账型"或"簿记型"离岸金融市场。典型代表如加勒比海的开曼群岛和巴哈马，以及西欧的海峡群岛、英属维尔京群岛等。

案例分析

全球负利率债券规模创纪录对全球金融市场稳定的影响

2008年全球金融危机以来，发达经济体经济增长乏力，为刺激经济增长，全球范围内主要发达国家不断下调基准利率，欧洲许多国家进入实施负利率时代。随着负利率政策的实施和推进，负利率逐渐传导到债券市场，带动全球负利率债券规模迅速增长。截至2019年10月底，全球负利率债券规模已超20万亿美元，占全球债市规模的30%以上，创历史新高。从地区分布看，目前，日本和包括德国、法国、比利时等在内的欧洲国家的长期国债收益率均为负，收益率为负的政府债券规模占总规模的90%以上。预计中期内负利率现象将进一步扩散，负利率债券规模或将继续上升。

在债券到期收益率持续下降至负值时，债券可获得的未来现金流的总和已经低于现在的买入价格，但基于赚取资本利得、对冲风险、解决巨额资金存放问题、满足政策和监管要求等需求，目前市场上仍有大量投资者选择购买负利率债券。此外，近年来日本央行、欧洲央行持续开启量化宽松，也购买了大量负利率债券。

从负利率对金融和债券市场的影响来看，由于负利率的传导机制，商业银行存款利率和贷款利率均有所下降，受此影响，商业银行存款减少、贷款增加，这将对商业银行的资金量及资金流动性均造成一定影响，在极端情况下或将出现流动性危机，影响银行业整体稳定性。同时，投资者的投资行为及投资偏好也在发生变化，机构投资者减持利率债、增配信用债及海外债券，最终央行成为负利率政府债的主要购买方。

（资料来源：负利率时代来临：负利率债券的形成以及负利率政策对金融市场的影响 [OL]，2019年12月10日，和讯网，https://bond.hexun.com/2019-12-10/199620553.html？ivk_sa=1023197a.）

讨论题：全球负利率债券对全球金融市场稳定有什么影响？应如何应对？

【本章思考题】

1. 什么是国际金融市场？它有哪些类型？
2. 国际金融市场有何作用？
3. 什么是国际货币市场？它有哪些类型？

4. 什么是国际资本市场？它有哪些类型？
5. 什么是国际黄金市场？黄金市场供求受哪些因素的影响？
6. 什么是欧洲货币市场？它是如何形成的？它有什么特点？

【在线测试题】

扫描书背面的二维码，获取答题权限。

第9章 国际结算

【学习目标】

通过本章学习，应该能够：
1. 了解国际结算的含义和特点；
2. 掌握票据的特点，比较汇票、本票和支票的不同；
3. 熟悉单据的作用；
4. 掌握各种结算方式的特点和应用；
5. 了解结算方式的流程；
6. 理解人民币跨境结算的意义。

> **开篇导读**
>
> **国际结算方式选择不当酿成损失**
>
> 某外商在广交会上向某进出口公司订购三个集装箱的货物，支付方式为付款交单，声称先试作一笔，若合作愉快，则进一步扩大交易。该笔出口业务完全按照合同各项约定顺利进行，外商也因此取得了该进出口公司的信任。在此基础上，外商旋即又向该进出口公司订购12个集装箱的货物，支付方式仍为付款交单。该进出口公司如约按期备货出运后，外商的中国部经理则亲自飞抵中国，与该笔出口业务的经办外销员商洽，称因商务原因，急需该笔业务提单，货款已汇出，但汇款汇抵则有一段时间，故请求融通。他以其亲携的境外汇出行盖有"Received"（收讫）印鉴的汇款证明，换取外销员手中的提单。外销员一来以为该外商信誉良好；二来想加强今后的密切合作，遂将提单轻易放手。到了还款期限，仍不见款到，该进出口公司正在疑虑之中，不料却收到外商自称破产的传真。经查实，外商未破产，但已不知下落，货物已被提走；所谓"汇款证明"，实乃境外银行人人可取的汇款申请表，该行也从未有过"Received"（收讫）印鉴。事至此时，该进出口公司才如梦初醒，但已损失惨重。

此案例说明，要正确选择国际结算方式，否则会酿成大错。

9.1 国际结算概述

9.1.1 国际结算的含义

随着国与国之间联系的加强，各种各样的国际交往必然增加。在这些交往中所产生的债权债务或其他资金授受必须在一定的时期内结清，如中国某公司向美国一商人出售一批货物，美国商人便成为债务人，中国某公司成为债权人，资金将从美国转移到中国。这种资金在国际间的转移，都是通过专门的机构——银行来完成的。经营外汇业务的银行使用某些结算方式和特定的工具，实现跨国界的资金转移与资金收付，就是国际结算。

从微观层面上看，国际结算是银行的一项重要中间业务，与银行资产负债等信用业务不同的是，它并不使用自己的资金，而仅通过向客户提供服务的形式收取手续费，因此成本低、风险小。不仅如此，开展国际结算业务对吸收存款、增加银行资金实力也有积极的影响，因为国际结算业务的增加必然带来结算存款的增加，而这部分存款的成本，比储蓄存款和企业存款的成本要低得多，因此，国际结算业务一直是各银行竞争的焦点。哪家银行提供的结算服务质量高，哪家银行就能赢得更多的客户，从而获得更快的发展。也正因如此，各银行在开展国际结算业务的同时，还为客户提供各种融资服务，帮助客户解决资金周转方面的困难。与国际结算相关的融资活动具有时间短、风险小、收效快的特点，并且符合银行资产流动性、安全性和盈利性的原则，所以对改善银行的资产质量有积极的作用。国际性商业银行在其资产业务中对贸易融资的投入都是比较大的，这也在一定程度上反映出贸易融资的地位和效应。

从宏观层面上看，国际结算使国际间的货币收付及时实现，债权、债务按期结清，资金流动得以顺利进行，这对促进一国与他国的经济、贸易、金融的合作和发展均发挥着积极的作用。

9.1.2 国际结算的基本条件

所谓国际结算的基本条件，是指对国际结算的手段工具、时间地点和方式方法等所进行的基本规定，主要包括以下几个方面。

1. 货币条件

国际结算中使用的货币可以是出口国货币、进口国货币或第三国货币，无论哪一种货币都必须是可兑换货币。因为只有使用了可兑换的货币，才能以持有的某一种货币的债权来抵付另一种货币的债务。可兑换货币有软、硬之分，从贸易的角度看，进口最好用软币支付，出口则最好使用硬币收款。但使用何种货币是交易双方共同决定的，要结合商品的供求状况、价格及利率进行综合考虑，尤其是利率，因为软币的利率往往较高，硬币的利率通常较低。

2. 时间条件

时间条件是指结算中支付款项的时间安排。根据付款与交货的先后关系，支付时间的选择有预付货款、货到付款、分期付款三种。

（1）预付货款（payment in advance），是指买方将货款的一部分或全部预先交给卖方，卖方收到后再发货。

（2）货到付款（payment after arrival of goods），是指买方收到货物后在一定时间内向卖方支付货款，这是目前市场上普遍采用的支付时间选择，也叫延期付款（deferred payment）。

（3）分期付款（payment by instalments），是指买方在一定时期内分期向卖方支付货款，每次支付的日期和金额均在合同中订明，多用于资本性商品的结算。由于金额大、交货期长，分期付款可减少买方资金上的压力。

3. 支付方式

传统的支付方式（也叫结算方式）有汇款、托收和信用证三种；新的支付方式有保函和保理。不同的支付方式，对款项的安全和资金周转的影响是不同的。汇款和托收属于商业信用,信用证、保函和保理属于银行信用。采用何种支付方式,应根据商品情况、市场情况、双方当事人的资信情况而定。各种支付方式可以单独使用,也可以结合使用,如信用证与汇款、信用证与托收、汇款或托收与保函/备用证相结合等。

4. 代表货物所有权的单据

单据在国际结算和国际贸易中占据重要的地位,因为单据代表着货物,买方是凭单付款而非凭货付款,而卖方在货物出运后拿到代表货物所有权的提单就可以向当地银行申请融资。因此,在国际贸易结算中,不论采用何种方式,都有一个单据交接的问题。单据的交接就代表了货物的交接。

9.1.3 国际结算的发展趋势

国际结算经历了几个发展阶段,由最初的易货结算、现金结算发展到通过各国商业银行转账结算。可以说每个阶段都不同程度地缩短了国际间货币收付的时间,提高了结算的安全性。目前,国际结算领域中呈现出以下特点和趋势:

1. 国际结算和贸易融资紧密结合

贸易融资是指围绕国际贸易结算的各个环节发生的资金融通的经济活动。这项业务不仅可以使银行获得利息收益,而且可以改善银行的资产质量,所以现代国际结算越来越突出和贸易融资紧密结合的特点。

2. 国际结算的电子化程度加深

由于科技的发展,银行结算的过程发生了深刻的变化,其特点是工作效率加快、差错减少,而业务数量却大量增加。国际结算的电子化程度加深除了体现在商业银行业务处理方面现代技术、电子单证的使用越来越多外,还包括清算系统的不断更新完善。

清算指的是银行间的汇兑交割,当一国货币已经或即将成为国际性货币时,清算便从国内扩展到国外。跨境清算通常需要国内清算的配合,并以国内清算为基础来进行。目前,全球范围内比较有代表性的清算系统有:美国同业银行收付系统(clearing house interbank payment system,CHIPS),它是全球最大的私营支付清算系统,由纽约清算所协会(NYCHA)经营,主要进行跨国美元交易的清算,由纽约的美国银行以及设在纽约的外国银行组成。世界各地的美元清算最后都要直接或间接地在这一系统中进行处理,它承担着世界各国95%的美元清算。

英国伦敦同业银行自动收付系统(clearing house automated payment system,CHAPS),是全球最大的大额实时清算系统之一。该系统于1984年开始使用,不仅是英国伦敦同城的清算交换中心,也是世界所有英镑的清算中心。

泛欧实时全额自动清算系统(the trans-European automated real-time gross settlement express transfer system,TARGET),是为欧盟国家提供实时全额清算服务的系统。该系统始建于1995年,1999年1月1日正式启用。

除此之外,有影响的清算系统还有FEDWIRE,这个系统是1913年建立的,为美国联邦储备银行所有,其任务之一是为美国银行体系创建统一的支付清算系统。东京有四个主要的银行间支付清算系统。中国香港金融管理局、汇丰银行、渣打银行分别建成了港币、美元、欧元三个实时支付清算系统并实现了全面联网,使得在中国香港一地就能够同时完成三种货币的PVP(payment versus payment)同步交收清算。

2012 年 4 月，中国人民银行决定组织开发独立的人民币跨境支付系统（China International Payment System，CIPS），其涵盖的业务包括人民币跨境贸易结算、跨境资本项目结算、跨境金融机构与个人汇款支付结算等。

3. 国际结算的规则日趋完善

各国银行在办理国际结算业务时，由于各方当事人对权利、义务和责任有各种不同的解释，不同的银行也在具体做法上有不同的习惯，因而常常产生误解，造成争议和纠纷。为了避免这些情况的发生，在长期的国际结算实践中，逐渐形成了一些习惯做法，用以调节当事人之间的关系，规范其权利和义务，解决其争议和纠纷。这些习惯做法最终由国际商会等加以归纳和整理，编撰制定出了被普遍接受和采用的国际惯例。随着经济与科技的发展，贸易及结算的规则日趋完善，各种新的规则纷纷出台，如 1995 年修订的《托收统一规则》（国际商会 522 号出版物）、2007 年修订的《跟单信用证统一规则》（国际商会 600 号出版物，UCP600）、2020 年修订的《2020 年国际贸易术语解释通则》、2010 年修订的《见索即付保函统一规则》（国际商会 758 号出版物，URDG758）等。这些规则不仅促进了贸易和结算向规范化和标准化方向迅速发展，而且也使各国的结算方式逐步趋向统一，业务处理趋于一致，为当代国际经贸及其他方面往来的发展奠定了基础。

4. 国际结算的复杂化使结算的难度加大

国际结算的复杂化主要表现在结算工具的多样化、结算方式的多样化、结算内容的多样化和结算对象的多样化等方面。这对业务人员提出了较高的技术水平和业务素质的要求。

5. 商业信用将扮演更重要的角色

自 20 世纪 80 年代以来，特别是进入 21 世纪后，以银行信用为基础的信用证结算方式逐步下滑，而以商业信用为基础的结算方式，如托收和汇款却越来越多地被企业广泛采用，究其原因：一是市场经济成熟，进出口双方均讲求信誉；二是资信调查业发达，加之处于买方市场这样的大环境下，信用证逐步被弱化的趋势会比较明显。

9.1.4 国际结算的主要内容

国际结算主要包括三方面的内容：票据和单据、结算方式、国际贸易融资方式。

1. 票据和单据

票据和单据是办理国际结算的载体或工具，票据主要是指汇票、本票和支票。单据是指与商品交易相关的凭证和证明文件。

2. 结算方式

结算方式有汇款、托收、信用证、保函和保理五种，每种结算方式的当事人不同、业务流程不一样，所以适用于不同的贸易场景。

3. 国际贸易融资方式

国际贸易融资是指外汇银行在为进出口商办理汇款、托收和信用证等结算业务时，对进口商和出口商提供的与结算相关的短期和长期的融资便利。它以该项贸易活动的现金流量作为进口商或出口商履约的资金来源，以结算中的商业单据或金融单据等权利凭证作为进口商或出口商履约的一项保证。其传统的基本方式包括出口项下的打包放款、议付、票据贴现、福费廷，进口项下的押汇、信托收据、提货担保等。

9.2 国际结算工具

9.2.1 国际结算中的票据

1. 票据的定义和功能

票据是出票人签发的、承诺自己或委托他人在见票时或指定日期向收款人或持票人无条件支付一定金额、可以流通转让的一种有价证券。它是适应商业发展的需要而产生的，并且经历了漫长的演变过程。为便于票据流通，各国都制定了《票据法》对其加以约束，使之发挥的作用越来越大。票据主要具有以下功能：

（1）汇兑功能。从票据的发展历史来看，正是为了克服异地运送现金的不方便才出现了票据。不仅在票据最初使用的几个世纪，即使在当今社会，票据的汇兑功能也很重要，特别是在国际贸易中，很多都是利用票据的汇兑功能进行国际结算的，以减少现金的往返运送，从而避免风险、节约费用。票据的汇兑功能是票据的传统功能。

（2）信用功能。商品的赊销和赊购使买方和卖方之间产生了债权债务关系，这种债权和债务关系被称为信用关系。利用票据可以使这种信用关系得到书面确认，因此，票据是建立在信用基础上的反映债权债务的书面凭证。

（3）支付功能，即用票据代替现金作为支付工具，这样既可以避免因携带大量现金而产生的风险，又可以避免清点现钞可能产生的错误和所花费的时间。票据的支付功能是票据的基本功能。

（4）流通功能。流通功能表现在票据经过背书可以转让给他人，并且经过连续背书可以连续地转让。但票据的信用基础是商业信用，依靠的是票据当事人之间的信用关系，不具备法定货币的强制性和最后支付能力，这是票据作为流通手段时与通货的区别所在。

扩展阅读9.2
票据的性质
扫描此码阅读文献

（5）融资功能是指票据的持有者可以通过将尚未到期的票据向银行贴现取得资金，以解决资金周转困难；在有的国家，票据也可以没有商品交易的背景，纯粹以融资为目的而签发。

2. 票据的种类

（1）汇票（bill of exchange）。根据英国《票据法》，汇票是一人向另一人签发的，要求即期或定期或在可确定的将来时间对某人或某指定人或持票人支付一定金额的无条件书面支付命令。《日内瓦统一法》是通过内容来定义汇票的，汇票应包含下列内容：①"汇票"字样；②无条件支付一定金额的命令；③付款人；④付款期限；⑤付款地点；⑥收款人；⑦出票日期和地点；⑧出票人签字。我国《票据法》对汇票的定义是：汇票是出票人签发的，委托付款人在见票时或者在指定日期无条件支付确定金额给收款人或者持票人的票据。

可见，对汇票的定义各国相似，但汇票的格式和内容则略有差别。如加以归纳，有些项目是汇票一般必备的；有些则是绝对必备的，即少了某一项，就构不成汇票；还有一些属于任意记载事项，记不记载都不影响汇票的效力。而且，国际结算中使用的汇票属国外汇票，多用英文，格式是横条式。对票据的最大与最小尺寸，在《票据法》中一般未进行规定，但在实务中都要求采用合适的尺寸和不易涂改的方法，其式样可参见表 9-1。

表 9-1　汇票式样

```
                          BILL OF EXCHANGE
  No. _____                                        _____
  FOR ▓▓▓▓▓▓
  At _____ sight of this FIRST BILL of exchange (SECOND being unpaid)
   Pay to _____ or order the sum of
   ▓▓▓▓▓▓▓▓▓▓▓▓▓▓▓▓▓▓▓▓▓▓▓▓▓▓▓▓▓▓▓▓▓▓▓▓▓▓▓▓▓▓▓▓▓▓▓▓▓▓▓▓▓▓▓▓
   Drawn under _____
   L/C No _____ dated _____
   To:
                                                      (signature)
```

根据我国的《票据法》，汇票绝对应该记载的项目有："汇票"字样、无条件书面支付命令、确定的金额、付款人、出票日期、收款人、出票人签字。

汇票有三个基本当事人：出票人、付款人和收款人，它们是汇票设立时产生的，此时汇票尚未进入流通领域。汇票进入流通领域后，还会出现背书人、被背书人、保证人、承兑人、持票人等。

由于汇票最能代表票据，所以汇票的票据行为最全。票据行为即票据法律行为，有广义和狭义之分。广义的票据行为泛指能引致票据权利义务关系发生、变更或消灭的全部法律行为，包括出票、背书、承兑、参加承兑、保证、付款、参加付款以及提示、追索等；狭义的票据行为仅指以负担票据债务为目的的要式法律行为，包括出票、背书、承兑、参加承兑和保证五种。

按付款期限的不同，汇票分为即期汇票（sight/demand draft）和远期汇票（usance/time draft），后者的付款期限表示方法有：①见票后定期付款，如 at 60 days after sight；②出票后定期付款，如 at 60 days after date；③确定日期付款，如以某一确定的日期为付款日。

（2）本票（promissory note），又称期票。根据英国《票据法》，本票是一人向另一人签发的，保证即期或定期或在可以确定的将来时间对某人或指定人或持票人支付一定金额的无条件的书面承诺。

《日内瓦统一法》对本票的定义与汇票一样，也是从内容上加以定义。本票应包含：①"本票"字样；②无条件支付一定金额的承诺；③付款期限；④付款地点；⑤收款人；⑥出票日期和地点；⑦出票人签字。我国《票据法》对本票的定义是：本票是出票人签发的，承诺自己在见票时无条件支付确定的金额给收款人或持票人的票据。由于本票的出票人和付款人是同一人，所以基本关系人只有两个，即出票人和收款人。现通过表 9-2 来说明本票和汇票的不同。

表 9-2　汇票与本票的主要区别

汇票	本票
1. 无条件支付命令，是委付证券	1. 无条件支付承诺，是自付证券
2. 三个基本当事人	2. 两个基本当事人
3. 承兑前出票人是主债务人，承兑后承兑人是主债务人	3. 出票人始终是主债务人
4. 有承兑和参加承兑	4. 没有承兑和参加承兑
5. 出票人可以为收款人	5. 出票人不可以为收款人
6. 一式两份或一式多份	6. 一式一份
7. 国际汇票遭到退票，必须做成拒绝证书（英）	7. 国际本票遭到退票，无须做成拒绝证书（英）

（3）支票（cheque）。英国《票据法》对支票的定义是：支票是以银行为付款人的即期汇票（a bill of exchange drawn on a bank payable on demand）。《日内瓦统一法》也是从内容上对支票加以定义。我国《票据法》第 81 条规定：支票是出票人签发的，委托办理支票存款业务的银行或者其他金融机构在见票时无条件支付确定金额给收款人或者持票人的票据。从以上定义中可以看出，支票有两个最重要的特点：一是见票即付；二是银行作为付款人。

根据支票上是否划线，支票分为划线支票（crossed cheque）和非划线支票（open crossings）。前者也叫现金支票，持此类支票可提取现金；后者在支票上划有两道平行线，只能转账，不能提现。划线支票起源于英国，通过划线，限定了受票人的资格，划线支票的付款人不会把支票金额直接交付给持票人，而只能把相应的款项付给持票人的开户行，再由开户行转付给收款人（即持票人）。这样做，可以防止支票伪造和遗失或被盗时被人冒领，对收款人来说比较安全。现将支票与汇票的不同进行比较，如表 9-3 所示。

表 9-3　汇票与支票的不同

汇票	支票
1. 出票人和付款人之间可以先有资金关系，也可以没有	1. 必须先有资金关系
2. 有即期和远期	2. 只有即期
3. 付款人没有限制	3. 只能是银行或其他指定的金融机构
4. 无保付和划线；有承兑、参加承兑及参加付款	4. 有保付和划线；无承兑、参加承兑及参加付款
5. 一式多份	5. 单张
6. 结算、投资和信贷的工具	6. 只是支付工具
7. 承兑前出票人是主债务人，承兑后承兑人是主债务人	7. 出票人是主债务人
8. 不能止付	8. 可以止付

9.2.2　国际结算中的单据

1. 单据的定义与作用

单据是指与商品交易相关的凭证和证明文件，如商业发票、运输单据和保险单据等。在国际贸易和国际结算中，单据的作用如下：

（1）单据是出口方履约的证明。国际贸易的最终交易对象虽然是货物，但在进口商收到货物之前，只有出口商亲自接触过货物，其他当事人只能通过单据来了解货物，如商业发票反映了货物的基本状况，运输单据说明了货物运输及所有权转移的情况，而从保险单据可看出货物的保障情况，所以单据是出口商履约的证明，各种单据从不同的角度反映了出口商是否执行合同及执行的程度。

（2）单据是货物的代表。国际贸易货物的单据化，使商品的买卖可通过单据的买卖来实现。卖方交付单据，代表交出货物；买方付款获得单据，代表买到货物；谁拥有单据，谁就拥有货权。

（3）单据是结算的凭证。国际贸易结算不是以货物，而是完全以单据为依据。UCP600 第 5 条规定，"银行处理的是单据，而不是单据可能涉及的货物、服务或履约行为"。

（4）单据是融资的手段。由于单据代表了货权，银行便可以在结算过程中以单据为质押向进出口商提供融资，解决他们的资金周转困难，如押汇、贴现、福费廷等。

2. 单据的种类

国际贸易和国际结算涉及的单据有很多，可从不同的角度加以分类。按单据的作用可分为基本单据和附属单据：基本单据是指出口商必须提供的单据，如发票、提单、保险单；附属单据是指买卖双方根据货物的不同特点或进口地官方的规定而要求出口商提供的单据，如包装单、重量单、产地证、海关发票、检验证等。按单据的性质又可分为票据和商业单据，商业单据是指表明货物及发运情况的单据，如商业发票、运输单据、保险单据及其他单据等。根据贸易双方所涉及的业务种类还可分为出口单据和进口单据。图 9-1 是对单据种类的概括。

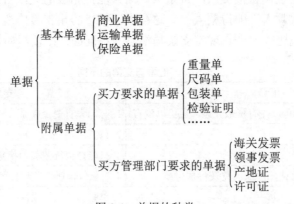

图 9-1　单据的种类

以下介绍三种基本单据，即商业发票、海运提单和保险单据。

（1）商业发票。由出口商向进口商开立的说明货物的名称、数量、价格的清单叫作商业发票（commercial invoice），简称发票。发票是出口商必须提供的，在全部单据中起核心作用，其他单据均须参照它来缮制，在内容上不得与发票的记载相矛盾。

发票的作用体现在：首先，是卖方向买方发运货物或履约的证明文件，发票上对有关的货物进行了详细的描述，买方从发票上就能了解卖方所发货物是否符合合同的要求；其次，是买卖双方的记账凭证，各国的企业均凭发票来记账，发票中一般列有详细的计算过程；再次，是报关完税的依据，发票中关于货物的描述、货价、产地等是海关确定税额、税率的依据；最后，是可以代替汇票，在信用证不要求汇票的情况下，开证行就根据发票的金额来付款，因此发票可以代替汇票作为付款凭证。

发票在交易和结算中不可或缺，其他的单据均是按照发票来制作的。在信用证下，确定各单据是否一致时，主要看各种单据是否与发票一致。因此，商业发票是银行重点审核的单据，它在全部单据中起着核心作用。

发票的内容并不固定，不同国家出口企业均有不同的格式，而且合同不同，发票的内容也不一样，但以下的内容一般被视为基本内容：标明"发票"字样，即"invoice"或"commercial invoice"、出票人名称与地址、买方的名称及地址、发票号码（No.）、合同号码（contract No.）、签发日期（date）、起讫地点（from...to）、信用证号码（L/C No.）、开证行名称（issued by）、唛头（shipping Marks）、货物描述（quantities and descriptions）、单价（unit price）、总额（amount/total price）、包装和件数、重量（weight）、规格（measurement）、签名等。

（2）海运提单。由于运输方式不同，运输单据的种类有很多，这里主要介绍海运提单。海运提单（ocean/marine bill of lading，B/L），简称提单，是海运时使用的运输单据，它是由承运人或其代理人根据运输合同签发给托运人的，表明接受了特定的货物或货已装上船并将经海洋运至目的地交给收货人的收据和物权凭证。收货人在目的港提取货物时，必须提交正本提单。由于海运成本低、运量大、通过能力强，自古以来就一直是国际贸易的主要运输方式，直到目前国际贸易总运量中仍有 2/3 以上的货物是通过海上运输来实现的。我国进出口货运总量的 90% 左右也都是海运。

海运提单有三大作用：一是作为货物的收据（receipt for the goods），即表明承运人已按提单所列的内容收到了货物，并已经装船或准备装船；二是作为物权凭证（document of title），提单代表了货物的所有权，提单的合法持有者在目的港凭正本提单提货，承运人凭正本提单交货，通过转让提单可以转让货物的所有权，也正是因为提单是物权凭证，所以决定了提单可以转让、质押；三是运输合同的证明（evidence of contract of carriage），提单上列明了承运人和托运人双方的权利和义务，但提单本身并不是运输合同，只是运输合同的证明。由于在签发提单之前，构成运输合同的主要项目，如船名、航线、开航日期、运价和运输条件等是承运人事先规定而经托运人接受的，因此合同的成立实际上是在托运人向承运人或其代理人订舱的时候。而提单的签发是在货物装船以后，是在运输合同成立以后，所以提单对托运人来说是运输合同的证明（但当提单由托运人转让给对方受让人时，提单就成为受让人与承运人之间的运输合同）。

扩展阅读 9.3
倒签提单的危害
扫描此码　阅读文献

提单有正反两面的内容：背面是印就的运输条款，基本是固定不变的；而正面则需在签发提单时视具体情况填入不同的内容。承运人都备有自己印就的提单格式。提单正面的内容一般有：托运人（shipper）的名称、地址；承运人（carrier）的名称、地址、电话、电报挂号等；首程运输（pre-carriage by）；收货地点（port of receipt）；船名及船次（vessel name & Voy. No.）；装运港（port of loading）；卸货港（port of discharge）；最终目的地（final destination）；正本提单的份数（number of original B/L）；唛头（marks and No.）；包装件数（number and kind of packages）；货物名称（description of goods）；毛重（gross weight）；尺码（measurement）；大写件数 [total package（in words）]；运费条款（freight clause）；运费和费用（freight and charges）；签发提单的地点与日期（place and date of issue）；签署（signed for and behalf of carrier）；提单编号（B/L No.）和印就的契约文句等。

（3）保险单据。在国际贸易中，由于要经过长距离的运输，货物有可能遇到多种意外而发生损失，且货物在装卸、仓储时也会有风险。为了使货物在受损时能够得到一定的补偿，买方或卖方应在货物出运前向保险公司投保。保险单据（insurance policy）就是保险人与被保险人之间所签的保险合同的证明，如果货物真的发生了损失，被保险人可凭保险单据向保险人索赔。因此，保险单据是被保险人索赔和保险人理赔的依据；保险单据还是一种权利的凭证，这个权利即被保险人有权在受损后要求保险公司给予补偿。但赔偿又不是必然发生的，只是偶然的，所以保险单据是一种潜在的利益凭证。因此，在掌握了提单又掌握了保险单据的情况下，才是真正掌握了货权。在 CIF/CIP 合同中，出口商提交符合规定的保险单据是必不可少的义务。

根据损失原因和损失类型，海运承保的险别可以分为两大类：基本险和附加险。基本险是投保人必须投保而且可以单独投保的险别，是保险人对承保标的所承担的最基本的险别，有平安险（free from particular average，F.P.A）、水渍险（with particular average，W.P.A. or W.A.）和一切险（all risks，A.R.）三种。附加险是一种不能单独成立的险别，必须附属在基本险上，因此只有在投保了基本险之后才能保附加险。基本险只能选一种，附加险则根据货方的需要保多少种都可以。附加险分为一般附加险和特殊附加险两种，前者是承保一般外来原因造成的损失，后者是承保特殊外来原因所造成的损失。

保险单据的全部内容包括正、反两面：反面是印就的保险条款，说明保险人和被保险人的权利义务；正面的内容要由保险人根据每一笔保险的具体情况填写。以中国人民财产保险股份有限公司的海上货运保单格式为例，保险单正面的各项内容包括：保险人名称（insurer）；被保险人名称（insured）；唛头与件数（marks & Nos.）；包装及数量（quantity）；保险货物项目（goods）；保险金额（amount insured）；总保险金额（total amount insured）；保费/费率（premium/rate）；装载运输工具（per conveyance）；启运日期（date of commencement）；起讫地点（from…to…）；承保的险别（conditions）；检验或理赔代理（surveying and claim settling agents）；赔付地点（claim payable at）；签单日期（issue date）；保险人签字盖章（authorized signature）；保险单号码（policy No.）；保单的份数等。

9.3　国际结算方式

国际结算的方式主要有汇款、托收、信用证、银行保函和保付代理等。前两种以商业信用为基础，收付双方仅仅是通过银行办理结算，无须银行提供信用担保；后三种是以银行信用为基础的支付方式，在通过银行办理结算的同时由银行给予信用上的保证。

另外，按资金的流向和结算工具的传送方向划分，国际结算方式可分为顺汇和逆汇两大类。顺汇是由债务人主动向债权人付款，资金和票据的运动方向是一致的，如汇款就属于顺汇；逆汇是由债权人向债务人收款，资金和票据的运动方向不一致，托收和信用证就属于逆汇。

9.3.1 汇款

汇款也称国际汇兑（international exchange）或国外汇兑，是付款人或债务人通过本国银行运用各种结算工具将款项付给国外收款人的一种结算方式，属于顺汇。它是产生的最早和最简单的结算方式，也是其他各种结算方式的基础。

1. 汇款的基本当事人

（1）汇款人（remitter），即委托银行将款项汇付国外收款人的一方，在进出口业务中通常是买方。

（2）收款人（payee or beneficiary），即汇款的接受者，在进出口业务中通常是卖方。

（3）汇出行（remitting bank），是指接受汇款人的委托，办理款项汇出的银行。汇出行要按汇款人的指示，向其国外联行或代理行发出付款委托书，委托它们向付款人解付汇款。

（4）汇入行（paying bank），是受汇出行的委托，解付款项给收款人的银行，又叫付款行或解付行。汇入行通常是汇出行的联行或代理行。

2. 汇款的种类及流程

根据汇出行向汇入行传递付款指令的方式不同，汇款的种类可划分为三种，即电汇、信汇和票汇，目前常用的是电汇和票汇。

（1）电汇（telegraphic transfer，T/T，cable transfer），是汇出行应汇款人的要求，用电报、电传或 SWIFT 委托付款行向收款人付款的方式。电汇速度快，一般在金额较大或急需用款时，采用此方式。电汇业务的流程如图 9-2 所示。

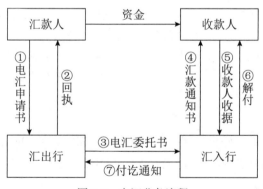

图 9-2 电汇业务流程

（2）信汇（mail transfer M/T，letter transfer），是汇出行应汇款人的要求，用航邮信函通知汇入行向收款人付款的方式。凡金额较小或不急需资金的，用此种方式比较适合。

（3）票汇（demand draft，D/D）。以银行的即期汇票作为汇款工具时，就是票汇。它是汇出行应汇款人的要求开立以其在付款地的联行或代理行为付款人的即期汇票交给汇款人，由汇款人自寄或自带到付款地去凭票取款。

3. 汇款在贸易项下的应用

在国际贸易中利用汇款结算买卖双方的债权债务时，根据货款支付和货物运送时间先后的不同，有预付货款（先款后货）和货到付款两种方式（先货后款）。

（1）预付货款（payment in advance），是指进口商将货款的一部分或全部支付给出口商，出口商收到货款后再发货，具体有以下三种情形：

①随订单付现（cash with order），即订单签订后，进口商就要将货款付给出口商，出口商收到后开始采购或加工生产。

②装运前××天付款（Payment to be effected at least××days before shipment），即出口商将出口货物打包并将发货清单和预计的装运日通知进口商，待收到进口商的货款后再装运。

③装运后××天付款，但必须付款赎单（Payment within××days after shipment, the shipping documents will be released by the seller to the buyer on the basis of 100% payment received by the seller），即出口商将货物装运，在收到进口商的货款后再将全套单据交给进口商。

（2）货到付款（payment after arrival of the goods），即出口商先发货，进口商在货到后再付款的结算方式，又称为赊销（open account transaction，O/A）或延期付款（deferred payment）。货到付款有售定和寄售两种。

①售定（goods sold），即货价已定，双方签订合同后，出口方先出运货物，进口方接到货物后，在一定期限内以汇款方式进行付款，即付款时间也是确定的。

②寄售（consignment），即出口商出运货物后，委托进口商代卖，价格未定，有时规定了最低价，进口商出售后，扣除佣金，将款汇给出口商。

4. 汇款的特点

（1）汇款最大的优点是手续简便、费用最少。因此，在双方互相信任或跨国公司的不同子公司之间，使用汇款是最理想的选择。

（2）风险大，对预付货款的买方和货到付款的卖方来说，收货和收款的顺利与否完全取决于对方的信用，若对方信用不好，很可能钱货两空。

（3）资金负担不平衡，在整个交易过程中，由卖方（货到付款）或买方（预付货款）承担了所有的资金。

9.3.2 托收

贸易项下的托收称跟单托收，即"Documentary Bill for Collection"，简称托收，是指出口商以商业单据（或附票据）委托银行向进口商收取货款的一种结算方式。

1. 托收的基本当事人

（1）委托人（principal），即提交单据委托银行代收货款的出口商，亦即债权人（creditor）、受益人（beneficiary）、出票人。

（2）托收行（remitting bank），又称委托行，它一方面接受委托人的委托代收款项；另一方面又委托国外联行或代理行向进口商收款。托收行一般是委托人的开户行。

（3）代收行（collecting bank），又称受托行，是接受托收行的委托，向进口商收款的银行，一般是托收行的国外分行或代理行。

（4）付款人（drawee/payer），即进口商、买方，是代收行收款的对象。

2. 托收的种类及流程

根据代收行向进口商交单条件的不同，跟单托收分为付款交单和承兑交单两种。

（1）付款交单（documents against payment，D/P），是指代收行在付款人付款后再向其交付单据，即交单以付款为前提条件。按付款时间的不同，付款交单分为两种情形：即期付款交单和远期付款交单。

（2）承兑交单（documents against acceptance，D/A），是指代收行在付款人承兑远期汇票以后，就向付款人交付货运单据，而无须同时付清票款，只有在汇票到期时才履行付款义务的一种方式。

跟单托收的业务流程如图9-3所示。

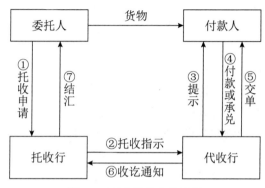

图 9-3　跟单托收业务流程

3. 托收的特点及利弊

托收是属于商业信用的结算方式，这一点和汇款是相同的，但由于通过银行交单，手续略显繁杂，费用也要高一些。两者的区别是：托收项下进出口商都可获得融资（虽然资金负担不平衡没有得到解决），而汇款则没有这样的安排。

（1）对进口商的利弊分析。有利方面体现在：进口方通常希望在付款前得到货物，托收正是提供了这种便利，特别是在远期承兑交单方式下，进口方能在付款前提取并检查货物是否符合要求；它比使用信用证更方便，费用低，不必预付银行保证金；在货到单未到时，可凭保函提货，以销货款偿还票款，不积压资金；在资金紧张时，可凭信托收据提货。不利方面体现在：进口商对远期承兑交单的托收履行承兑手续后，就要负法律责任，卖方可以完全不顾合同的情况仅凭已承兑的汇票对进口商提出诉讼；付款交单的托收是在提示时付款，因而付款可能在货物到达前，不仅占压了进口商的资金，而且可能出现到达的货物与订购的不符等现象的发生。

（2）对出口商的利弊分析。有利方面体现在：若在付款以后交付货权凭证，出口商的权益较光票托收或承兑交单有保障；托收结算方式的费用比信用证低；作风良好的代收行可能很负责任地催收货款，收到付款人本想拖欠的货款；出口商也可获得资金方面的融通。不利方面表现在：出口商要等到托收行收到票款后才能取得货款，资金在途时间长，除非使用押汇、贷款等获得资金融通，但费用又较高；货款的安全不如预收货款、跟单信用证等方式，如进口商在倒闭、行市下跌时就可能发生拒付，或借口货物规格不符、包装不良等要求降价。有时，进口商没有得到有关部门的进口许可，货物运抵后不能报关，这些都是托收不能令人满意的地方；若买方不赎单提货，出口商就要承担滞期费、仓储费，有时货物还要被迫运返出口地，增加了运费，并有可能增加保险费和代理费。

（3）出口商的风险防范应做到以下四点。

①不可将货物发给银行或进口商。除非事先征得有关银行的同意，否则不能直接把货物发给代收行或将代收行作为单据的抬头人，因为按惯例代收行不负提货的责任，如货到无人提，将由委托人自负风险。提单的收货人也不能是进口商，或以进口商为指示人，以防进口商不付款即提货。提单的收货人一栏应为空白抬头或托运人指示抬头。

②要自办保险。出口商以跟单托收方式向进口商发货，靠的是后者的商业信用，为保障自身的利益，应尽可能争取以 CIF 价格或 CIP 价格成交，自办保险。在这种情况下，若货物到达目的地，进口商不提货或途中发生损失，进口商不赎单时，出口商因持有保险单，即可向保险公司索赔，不致造成重大损失。出口商还可投保出口信用保险，这是一种政策性保险，可以防范收汇的政治风险和信用风险。

③经常调查，布置代理人。这里主要是指对进口商的资信情况和经营作风的调查，要了解进口国的贸易管制和外汇管制情况，以免货到后不准进口或收不到外汇；还要了解进口国家的商业惯例，以免影响安全迅速收汇。有的出口商较有经验和资金实力，在推销对象国家派有常驻人员或特约了当地的代理人，这些人不仅可以作为拒付时的代理人，还代表出口商在进口地活动，如调查进口商的资信，了解当地的法令、习惯和市场情况等，这就使出口商推销商品或收取货款能较顺利地进行，减少了托收的风险。

④灵活使用结算方式。在结算方式的使用上，可要求进口商预付一部分货款，或采用部分托收和部分信用证相结合的方式来降低风险。在不得不使用托收时，争取使用 D/P，避免或少使用 D/A。

4. 跟单托收项下的融资

托收项下的单据是通过银行传递和控制的，使银行有可能在使用跟单托收结算方式时，为进口商和出口商提供资金融通，传统的融资方式主要有以下几种：

（1）出口押汇。出口押汇是指出口商发货后，银行凭提交的托收项下的单据有追索权地向出口商提供的短期资金融通。托收行在寄单的同时买下出口商的单据，从而向出口商提供周转资金，由于对象是出口商，所以被称为出口押汇。出口押汇时银行要扣除利息及费用，还款的来源是出口收汇款项。

（2）凭银行保函提货，这是银行为进口商提供的融资。在货到单未到的情况下（近洋运输），代收行向船公司出具的书面担保，要求凭提货担保先行放货，保证日后补交提单。

（3）信托收据。信托收据（trust receipt，T/R）是进口商向银行提供的一种书面担保，说明物权归银行所有，进口商以受托人的身份代办提货。这是银行为进口商提供的融资便利，因为付款人是在款未付清时提了货。这种收据既是将货物抵押于银行的确认，也是进口商为取得单据而出具的一种保证。

9.3.3 信用证

根据国际商会《跟单信用证统一惯例》（即 UCP600）的定义：信用证是一项不可撤销的安排，是构成开证行对相符交单予以承付的确定承诺（Credit means any arrangement, however named or described, that is irrevocable and thereby constitutes a definite undertaking of the issuing bank to honour a complying presentation）。简言之，信用证是开证行应申请人的申请向受益人开立的，凭规定的单据在一定期限内支付一定金额的书面承诺。也就是说，只要受益人履行了信用证规定的条件（提交符合信用证规定的单据），开证行就保证付款。

1. 信用证的基本当事人

（1）申请人（applicant）。通常是进口商根据买卖合同向往来银行申请开立信用证。申请人要受到与卖方签订的贸易合同以及与开证行签订的业务代理合同的双重约束。

（2）开证行（issuing bank or opening bank），是指应申请人的要求，代表申请人向受益人开出信用证的银行。开证行一旦开出信用证，就要负第一性的付款责任，且付款后无追索权。

（3）受益人（beneficiary），是指信用证上所指定的有权使用该信用证并享受其利益的人，即出口商，也是汇票的出票人（如果有汇票）。受益人有凭相符单据取得货款的权利。

（4）通知行（advising bank），是应开证行的指示向出口商转交信用证的银行，多由开证行在出口地的联行或代理行来担任。通知行的主要职责是验证信用证的真实性并及时将信用证转交给受益人。

（5）议付行（negotiating bank），是指开证行在信用证中指定的并授权其在单据相符时议付买单，将款项垫付给受益人的银行。议付后，议付行有权向开证行或偿付行收回垫款，有追索权。

（6）付款行（paying bank），是付款信用证项下执行付款的银行，是开证行的代理付款人。付款行可能是开证行自己，也可能是与开证行有委托代理关系的银行。

此外，还有偿付行（reimbursing bank）、保兑行（confirming bank）等。

2. 信用证种类和流程

信用证可按照不同的标准进行分类，主要分类如下：

（1）不可撤销信用证和可撤销信用证。不可撤销信用证（irrevocable credit），是指信用证一经开出，在有效期内，非经受益人、保兑行（如有）等有关各方面的同意，开证行不能将信用证片面取消或修改。这种信用证具有两大特征：一是"不可撤销性"，即在有效期内，非经有关当事人的同意，不能进行修改或撤销；二是开证行对受益人所负的第一性的付款保证责任，即只要受益人提供了与信用证相符的单据，开证行就必须付款。

可撤销信用证（revocable credit），是指开证行在开出信用证后，可不必经受益人等有关当事人的同意，随时可修改或撤销的信用证。

（2）即期付款信用证、延期付款信用证、承兑信用证和议付信用证。即期付款信用证（sight payment credit），是受益人向信用证指定的付款行提交符合信用证条款的单据时，付款行立即履行付款义务的信用证。按付款行来划分，有三种情形：开证行即期付款（available with issuing bank by sight payment）；指定银行即期付款（available with nominated bank by sight payment）；任何银行即期付款（available with any bank by sight payment）。

延期付款信用证（deferred payment credit），是受益人提交相符的单据后，由信用证指定的付款行在规定的某一时间付款的信用证。

承兑信用证（acceptance credit），是指当信用证指定的付款人接受受益人提交的包括远期汇票在内的相符单据时，承兑该汇票，并在到期日付款的信用证。

议付信用证（negotiation credit），是信用证指定一家银行作为议付行，对受益人提交的单据进行议付的信用证。信用证可指定一家银行议付，也可允许任何银行议付。前者称限制议付信用证（restricted credit or special credit），后者称公开议付信用证（freely negotiable credit or open credit）。

另外，信用证根据有无第三方提供保证兑付可划分为保兑信用证和不保兑信用证；根据信用证的权利能否转让，又可分为可转让信用证和不可转让信用证；按照信用证能使用的次数将信用证分为循环信用证和非循环信用证；此外，还有红条款信用证、对背信用证和对开信用证等。

图 9-4 为议付信用证的流程图。

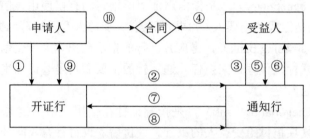

图 9-4 议付信用证流程

图中：①申请开证；②开证；③通知信用证；④审证、装船；⑤交单；⑥议付；⑦寄单索汇；⑧偿付；⑨付款赎单；⑩申请人提货。

3. 信用证的特点

（1）开证行承担第一性的付款责任。在信用证结算方式下，不是由付款人，而是由开证行负第一性的付款责任。就买卖关系来看，承担付款责任的应是进口商，但使用了信用证后，银行就代进口商承担了付款责任。出口商只要按信用证的要求提交了相符的单据，开证行就必须付款，即使进口商倒闭破产，开证行的责任也不能免除，且这种付款责任是第一性的，并不是进口商不能付款时才由开证行来付。

（2）信用证是独立于贸易合同的自足性文件。信用证是独立的文件，不依附贸易合同，虽然信用证的开立是以合同为依据的，但信用证开出并被受益人接受后便独立于合同，信用证的当事人只受信用证条款的约束，银行也只对信用证负责。

扩展阅读 9.4
UCP600 介绍
扫描此码
阅读文献

（3）信用证业务只处理单据，不涉及货物。买卖双方虽是以货物为交易对象，但在国际结算中，当事人只关心单据是否符合信用证条款，而不管货物是否和信用证条款一致，只要单据没问题，开证行不能以任何借口推卸付款责任。银行确认单据是否符合信用证要求时，只审查其表面，而不关心单据背后的货物，即决定是否接受单据时不能以单据外的事项为理由。同样，受益人要实现信用证项下的权利，必须提交符合信用证规定的单据，而不能以完全履行了买卖合同项下的义务为由要求开证行付款。

4. 信用证的作用

不论是国内贸易还是国际贸易，买卖双方出于自身的利益，经常会发生冲突。买方急于在预定的日期以前完好无损地收到货物，并希望在收到货物后再付款；而卖方希望所出售的货物能保证收回货款，最好在交出货物前就收到货款。前面介绍的两种结算方式，不论是汇款还是托收，都属于商业信用，银行仅仅是接受委托，作为代理人代进口商付款、代出口商收款，银行自身未做出任何关于货款方面的承诺或担保。这两种结算方式的风险负担也不均衡：在汇款方式下的预付货款，风险几乎都由进口商承担，一方面要占用其资金，另一方面卖方的信用可能不可靠；货到付款时卖方的风险大一些，与预付货款正好相反，买方的偿付能力及行情的下跌等都构成卖方的风险。在跟单托收项下，进口商的有利因素较多，出口商的风险则较大。这种由单方承担风险的支付方式，有时会妨碍贸易的开展。解决双方利益、风险等矛盾需要更多的结算方式，而信用证就是较好的一种。它凭物权凭证付款，不仅向进出口双方提供了担保，而且对双方都可给予资金方面的融通。

对进口商来说，采用信用证作为结算方式，第一，可以通过信用证的条款来控制出口商的交货品质、数量和装船日期，使收到的货物符合合同的规定。第二，进口商无须先付货款，使得资金周转较为灵活，进口商申请开证时，开证行通常要收取一定比例的保证金，但保证金的数额视买方的资信和与银行的关系而定，无须支付信用证的全部金额，如果有授信额度，甚至不用交保证金，这也是开证行为信用证的余额部分提供的资金融通和担保。当开证行对外履行了付款义务后，若进口商在资金方面仍有困难，可使用信托收据或押汇等要求开证行先行放单，获得资金融通以提取货物。

对出口商来说，第一，信用证可以降低信用风险，使收汇有保证。信用证属银行信用，在采用这种方式结算时，既有开证行的付款承诺，也有进口商在合同中提供的支付承诺，因此收款安全性高。只要按信用证要求，单据无误，就可凭单取得货款。万一开证行出于某种原因不能付款或拒绝付款，它也有责任把单据退给出口商，由于掌握了代表货物的单据，出口商可减少损失。第二，出口商可获得资金融通。出口商将货装船运出以后，可向往来银行提供单据要求议付；在装船前，可凭信用证向出口地银行申请打包放款（packing credit），即出口商在缺乏资金购买货物或原材料、支付工资、对出口商品进行加工生产时，银行凭信用证给予短期放款。

总之，信用证对进出口双方有两个作用：一是银行的保证作用，二是融通资金的作用。但是，信用证这种结算方式也不是绝对安全，银行信用只是相对的，仍存在一定的风险。例如，进口商不开证或开出的信用证与合同不符、开证行倒闭等，均构成出口商的风险；出口商用假单据欺诈则构成进口商的最大风险。

对开证行来说，它开出信用证时只是贷出信用而不是资金，在无须占用自己资金的情况下可获得手续费收入，并且贷出的信用也不是无条件的，通常要求进口商交保证金。当开证行履行付款义务后，即拥有了代表货权的所有单据，若进口商不偿付，开证行有权处理货物，以抵补欠款；若处理货物后不能完全抵补开证行的对外付款，开证行有权向进口商追索不足的部分。开证行只关心单据，不受买卖合同的约束，不必担心卷入贸易合同纠纷中。

对参与信用证交易的出口地银行来说，由于是受开证行的邀请或得到开证行的授权而参与议付或付款的，有开证行的信用作为保障，一般风险不大，只要单据符合信用证的规定，开证行将保证予以偿付。

同样，开证行和出口地银行也有风险，分别是来自进口商和开证行的倒闭和无理拒付。

9.3.4 银行保函

银行保函（demand guarantee or guarantee）是指银行应申请人或委托人（合约、交易的一方）的要求向受益人（合约、交易的另一方）开出的书面付款保证承诺。银行保证在申请人未履行某项合同义务或受益人在已经履行了合同义务后支付一定款项给受益人。

1. 银行保函的基本当事人

银行保函的基本当事人有三个，即申请人、受益人和担保人，有时还会出现通知行、保兑行、指示行等。

（1）申请人（applicant），是指向担保行申请开立保函的当事人，申请人的身份并不局限于买方，可能是卖方、投标人和承租人等。申请人的主要责任是履行合同项下的有关义务，并在担保行按照保函规定向受益人付款后，立即偿还担保行所垫付的款项。

（2）受益人（beneficiary），是指接受保函，并有权按保函规定向担保行索偿的人，一般是与申请人相对的基础合约的另一方当事人。

（3）担保人（guarantor），是指接受委托向受益人开立保函的一方，银行保函的担保人就是银行。其责任是：当受益人提供了符合保函规定的单据或声明，说明申请人已经违约或受益人已经执行了某项规定的义务时，担保行就必须付款。在实务中，由于担保行不愿介入合同的纠纷之中，因此保函中的索赔条件也趋向单据化。因此，只要受益人提供了符合保函要求的单据，担保行就要付款。

2. 银行保函的种类和流程

通常可根据保函作用的不同，将保函分为付款保函和信用保函。付款保函多用于进口结算，进口商从国外进口设备时，可以通过银行向出口商开立付款性保函，保证在出口商履行合同义务的前提下向进口商付款，否则由担保行进行偿付。显然，只要交易发生，这种支付就一定会发生，所以该种保函是为既定的支付进行担保，可分为即期付款保函和远期付款保函两种。信用保函是属于赔付性质的保函，它是担保行保证申请人履行所规定的义务，如履约、承包工程等，否则由银行承担赔偿责任的一类保函。可见，与上述付款保函不同，这种支付是或有的，只有申请人履约不当或未能履约时，该保函项下的支付才会发生，这类保函在工程投标中使用较多。

按保函的使用范围，将保函分为出口保函、进口保函及其他保函。出口保函包括投标保函（tender guarantee/bid bond）、履约保函（performance guarantee）、预付款保函（advanced payment guarantee）、留置金保函（retention money guarantee）、质量保函（quality guarantee）和维修保函（maintenance guarantee）等。进口保函包括付款保函（payment guarantee）、租赁保函（lease guarantee）、补偿贸易保函（compensation trade guarantee）和加工装配保函（guarantee for assembly and processing）等，其他保函包括借款保函（loan guarantee）、海关免税保函、透支保函（overdraft guarantee）和保释金保函（bail bond）等。

还可根据保函与基础合同或交易的关系，将保函划分为从属性保函、独立性保函；依担保人承担的责任，将其划分为第一性的保函和第二性的保函；按索赔条件的不同，还可分为有条件保函和无条件保函（见索即付保函）。

一笔银行保函业务的基本程序大致有以下几个环节：①申请人向担保行申请开具保函；②担保行审查后开出保函；③受益人凭保函索赔；④担保行对申请人或反担保人进行追索；⑤保函注销。

3. 银行保函的特点

（1）保函具有独立性。保函的独立性体现在两个方面：一是独立于申请人与受益人之间的基础合同；二是独立于申请人向担保人发出的委托开立保函的申请。

（2）担保行只处理单据。担保行是否履行保函项下的赔付或支付责任，完全取决于受益人提交的单据是否符合保函的条款，而不管与单据有关的货物、服务及其履约行为是否符合基础合同。只要受益人提交的单据构成相符索赔，担保行就必须付款。虽然银行也可以开出以执行或未执行合同作为付款前提的保函，但必须同时规定提供某种单据以确定是否执行了合同。

（3）保函以支付为目的。无论是付款类的保函还是信用类的保函，担保人开具保函的最终目的不是代替申请人履约，而是支付款项。

（4）担保行的责任有时是第一性的，有时是第二性的。这是由保函中的索偿条件所决定的。当保函中免去受益人先向申请人请求付款的程序时，即受益人可直接向担保行索款而无须先找申请人，这时银行负第一性的付款责任。当担保行保证在保函规定的付款条件已具备时申请人一定付款，只有在申请人不能付款的情况下，担保行才负责向受益人付款，这时担保行的付款责任是第二性的，也就是作为第一付款人的申请人不付款时再付款。

4. 银行保函的作用

开出保函的目的是使作为合同一方当事人的受益人得到银行的保证，以消除其对申请人履约能力的怀疑，从而促成双方交易的达成。总体来看，银行保函有以下两个基本作用：

（1）保证款项的支付，即保证合同项下款项的支付，这是保函与信用证相似的地方，也正因为如此，银行保函才成为一种结算方式。付款保函、租赁保函、借款保函，以及诸如费用、佣金、关税、票据等保函均属此类，银行在保函中向受益人保证交易的对方将按期支付合同的价款。

（2）保证合同的履行。银行保函可以制约申请人按期履行其合同义务，以避免和减少违约事件的发生，因为申请人不履约就非支付赔款不可，即使是银行支付过的，也要归还，这也是保函区别于信用证的一个重要方面。属于这一类的保函有履约保函、投标保函、预付款保函、保释金保函等。

9.3.5 保付代理

保付代理（factoring），简称保理，是在以赊销为支付方式的贸易中，由保理商（factor）向出口商提供的一种集融资、结算、财务管理、信用担保为一体的综合性的贸易支付方式，简称保理业务，分国内保理和国际保理。

1. 保理的基本当事人

国际保理业务涉及的基本当事人有出口商、出口保理商、进口保理商和进口商。

（1）出口商。在保理业务中，出口商又叫销售商，由其向出口保理商提出叙作出口保理业务的申请，并与出口保理商签订保理协议。出口商将应收款项出售给保理商，可以利用保理商提供的各种服务。

（2）出口保理商。它接受出口商的申请，负责向出口商提供包括预付款融资在内的保理服务，同时与国外的进口保理商签订代理协议，委托后者提供相应的服务并将出口商出售给自己的应收账款转让给进口保理商。

（3）进口保理商。进口保理商位于进口商所在地，是提供信用额度以及债款回收和坏账担保的保理商。它直接与进口商打交道，与出口商没有直接的契约关系，仅对出口保理商负责。因为在这之前，进口保理商已与出口保理商签订了保理商代理合约，规定了双方可以互委保理业务。

（4）进口商。进口商又称债务人，是指对提供货物或服务所产生的应收账款负有付款责任的一方。

2. 保理的种类和业务流程

（1）按保理商是否向出口商提供融资，可划分为到期保理和融资保理。到期保理（maturity factoring），是指出口商将有关出口单据出售给保理商后，保理商在单据到期时，才向出口商无追索权地支付货款，这是比较原始的保理方式。融资保理（financed factoring）也叫预支保理，是指出口商将有关单据出售给保理商后，保理商扣除融资利息和费用，立即以预付款方式无追索权地付给出口商80%左右的发票金额，其余20%于货款收妥后再清算，这是比较典型的保理方式。

（2）按销售货款是否直接付给保理商，可分为公开型保理和隐蔽型保理。公开型保理（disclosed factoring），是指出口商必须以书面形式将保理商的参与通知进口商，并指示进口商将货款直接付给保理商。隐蔽型保理（undisclosed factoring），是指保理商的参与对外是保密的，不通知进口商，货款仍由进口商直接付给出口商。目前，大多数的国际保理业务都是公开型的。

（3）根据是否涉及进出口两地的保理商，可分为单保理和双保理。在国际保理业务中，保理商分为进口保理商和出口保理商。位于进口商所在地的保理商叫进口保理商，位于出口商所在地的保理商叫出口保理商。仅涉及进口或出口一方保理商的叫单保理（single factor）。

此外，根据保理商是否有追索权，可分为无追索权保理和有追索权保理；根据保理业务的操作方式，可分为批量保理和逐笔保理；按提供保理业务的机构，可分为银行保理和商业保理。

图9-5为保理业务的流程图。

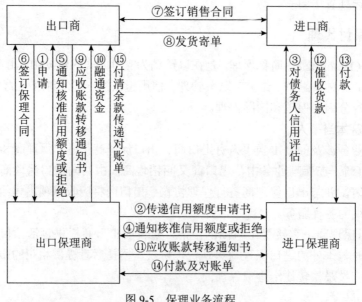

图9-5 保理业务流程

3. 保理业务的功能

保理业务是银行为出口商提供的一种综合性服务,这种综合性体现在以下几个方面:

(1) 信用控制。信用控制是指保理商代出口商对进口商的资信情况及商品的市场等情况进行调查并核定信用额度。出口商可根据进口保理商核定的信用额度签订销售合同,从而将收汇风险降到最低。

(2) 代收账款。保理商设有专门的收债人员,拥有专门的收债技术和丰富的经验,并利用所属大银行的威慑力来收债,收债率较高。

(3) 账务管理。出口商发出货物后,将有关的售后账务管理交给保理商。保理商一般均为大商业银行的附属机构,拥有完善的账务管理制度。

(4) 风险担保。风险担保又称坏账担保。如果进口商在付款到期日拒付或无力付款,进口保理商将在付款到期日后的第90天无条件地向出口保理商支付不超过其核定的信用额度的货款。

(5) 贸易融资。这是保理业务最大的优点,保理商可以向出口商提供无追索权的融资,且简单易行,手续简便。出口商在发货后,将发票副本提交给保理商,就可以立即获得不超过80%发票金额的无追索权的预付款融资,但此项融资的期限较短,一般不超过180天。

对于以上各种服务,出口商可以根据需要选择全部或其中的两项及以上。

4. 保理业务的利弊分析

保理业务无论对出口商还是对进口商及保理商都有积极的作用,具体分析如下:

(1) 简化结算手续。因为保理商只是凭进口商的信誉和财务状况核准一定的信用额度,无须像信用证业务那样,既要交纳保证金又要办理申请,而出口商只要凭信用额度发货就得到了收回货款的保证,其产生的保证作用和信用证是相似的;同时,保理业务对单据的要求不那么苛刻,避开了信用证项下严格的审单环节,对各方来说都简化了结算手续。

(2) 降低风险。出口商只要在核准的信用额度内发货,其信用风险、汇率等风险便转嫁给了保理商,可以避免信用证业务中经常发生的迟付或因进口商倒闭、赖账而遭受的损失;而对于进口商来说,该业务可保证其单据和货物的合格,因为保理商承担坏账风险的前提条件是货物的品质符合合同规定,一定程度上制约了出口商必须按合同行事。

(3) 加速资金周转。出口商发货后向保理商提供发票副本即可获得80%左右的货款,等于提前收回了资金;而进口商以赊销方式进口货物,无须垫付资金,也不必交保证金、办理担保及抵押手续,使得双方的资金周转速度明显加快了。

(4) 有利于扩大销售。保理业务是为赊销方式而设计的一种综合性业务,所以出口商可以通过提供最有吸引力的结算方式来增强市场竞争力,扩大销售;进口商获得了有利的付款条件,以有限的资金购进更多的货物,加速了资金周转。

(5) 服务内容多,选择性强。保理业务是一种集融资、结算、财务管理、信用担保于一体的结算方式,出口商可根据自身的需要,选择部分或全部的保理服务。

保理业务也存在一些缺陷:

①保理商只承担信用额度内的风险,对超过的部分不予担保。
②因货物质量、数量、交货期不符等违约行为所引起的对方拒付、少付,银行不予担保。
③费用高,对业务量有一定的要求,使一些小企业无力享受这项服务。

9.4 跨境贸易人民币结算

9.4.1 跨境贸易人民币结算的含义

1. 什么是跨境贸易人民币结算

所谓跨境贸易人民币结算，是指经国家允许的、有条件的企业在自愿的基础上以人民币进行跨境贸易和投资结算，即在对外贸易中（包括我国的港澳台地区）使用人民币计价并结算。居民可以向非居民支付人民币，允许非居民持有人民币存款账户。

2009年4月8日，国务院常务会议决定在上海和广州、深圳、珠海、东莞五城市开展与港澳、东盟地区跨境贸易人民币结算试点；2010年6月17日，跨境贸易人民币结算境内试点地区扩大到20个省份，且不再限制境外地域；2011年8月，所有境内城市和地区都可以开展人民币跨境结算，并放宽企业开展跨境贸易人民币结算业务的限制，只要其具有进出口经营权就符合要求；2013年央行对经常项目跨境人民币结算业务办理步骤进行了简化，并于2014年6月再一次简化；2015年10月8日，人民币跨境支付系统CIPS（一期）成功上线运行，标志着人民币国内支付和国际支付统筹兼顾的现代化支付体系建设取得重要进展。根据中国人民银行发布2020年第一季度的《中国货币政策执行报告》，跨境人民币收付金额合计6.1万亿元，同比增长39%，其中实收3万亿元，实付3.1万亿元。

2. 跨境贸易人民币结算出台的背景

（1）适应人民币流通范围不断扩大的需要。早在20世纪90年代，我国与周边邻国就已开始在边境贸易中使用人民币进行结算，周边国家形成了一定规模的人民币使用区域。1993年，中国人民银行与8个周边国家和地区的货币管理部门签署了有关边境贸易本币结算的协定。经过多年的发展，我国与越南、缅甸的边境贸易人民币作为支付工具被广泛使用；云南和广西地区的边贸结算有80%以上使用人民币，人民币在那些国家具有很高的接受度。1997年亚洲金融危机之后，通过跨境旅游和劳务输出等渠道，人民币现金大量进入我国港澳、新加坡、泰国、马来西亚、越南等市场，人民币现钞跨境流通逐步增多，人民币信用卡开始在这些周边国家和地区出现。2003年中国人民银行分别对香港和澳门银行开办的个人人民币业务进行了清算安排，中国银行（香港）有限公司和中国银行澳门分行分别作为当地唯一指定清算行承担了港澳地区人民币的清算职责。

（2）规避汇率风险的需要。长期以来，我国对外贸易大都采用主要的国际货币进行结算，在与美、欧等主要贸易伙伴以外的国家和地区进行的货物贸易中，超过90%的结算采用的是第三方货币。两国贸易用第三国的货币有很多不便，一有汇率风险，二有汇兑成本，所以进出口商更乐于使用本币结算，而现在中国已经是全球第二大经济体、第一大外汇储备国和第一大货物贸易国，这为人民币跨境结算提供了条件，也为人民币在未来进一步国际化奠定了坚实的基础。

（3）国际货币体系的弊端。美国次贷危机引发的全球金融危机爆发以来，以美元为核心的国际货币体系遭到普遍质疑，改革之声此起彼伏。减少对美元的依赖，让人民币走出国门并在国际货币体系中占有一席之地，成为我国面对全球复杂金融形势的应时之举。与此同时，中国经济稳健强劲增长，人民币保持相对稳定，也为人民币国际化提供了良好的契机。在此背景下,推动人民币跨境贸易结算,是推进人民币区域化、走向国际化的第一步。

3. 跨境贸易人民币结算的意义

(1) 提升了人民币的国际地位。跨境贸易人民币结算可促进我国与周边国家边境贸易、服务贸易和跨境投资的有序开展,加快推动人民币成为国际市场交易计价结算货币的进程;人民币参与国际结算后,可以用人民币替代部分外汇收支,有助于改善国际收支的平衡状况,减轻国家宏观调控压力。

(2) 降低了进出口企业的成本和风险。人民币用于跨境贸易结算,不仅有利于企业有效地规避汇率风险,同时消除了企业为抵御汇率风险而产生的衍生产品交易费用,使得成本和收益相对固定,有助于企业将经营成果清晰化。由于省去了汇兑环节,不仅节省了两次汇兑所产生的部分汇兑成本,而且减少了资金流动的相关环节,缩短了结算过程,从而有利于企业加快运转速度、提高资金的使用效益。

(3) 拓展了我国银行业的市场空间。跨境贸易人民币结算给银行的国际业务带来了新的市场需求,中间业务将得到快速发展,有助于提高我国银行业的整体竞争实力,加快国内金融业走向国际化的步伐。

人民币跨境贸易结算带来收益的同时也有一定的成本与风险,人民币跨境贸易结算对我国货币政策的实施、经济金融体系的稳定性和收支统计监测等带来一定的挑战。但从长远来看,人民币跨境贸易结算有利于我国的总体利益。因此,推进跨境贸易人民币业务是我国一个很重要的战略举措。

9.4.2 跨境贸易人民币结算的业务流程

1. 跨境贸易人民币结算涉及的银行

(1) 境内结算银行。境内结算银行又称境内参加行,是为企业提供跨境贸易人民币结算服务的境内银行,其必须具备国际结算业务能力,要遵守跨境贸易人民币结算的有关规定。

(2) 境内代理银行。境内代理银行是指为境外商业银行(即境外参加银行)开立人民币同业往来账户、代理境外参加银行进行跨境贸易人民币支付的境内商业银行。

(3) 境外参加银行。境外参加银行是为境外客户(公司或金融机构)提供跨境贸易人民币结算或融资服务的境外银行,在境内代理银行或境外人民币清算行开有人民币清算账户。它可以是外国金融机构,也可以是我国银行海外分支机构。

(4) 境外人民币清算银行。境外人民币清算银行是经境外当地金融管理部门认可并由中国人民银行授权进行境外人民币清算业务的境外商业银行。其与境外参加银行签订人民币代理结算协议,为其开立人民币同业往来账户,代理境外参加银行进行跨境人民币收付清算。经中国香港金融管理局、中国澳门金融管理局、老挝国家银行、中国台湾"金融监督管理委员会"和"台湾中央银行"、新加坡金融管理局分别认可,中国人民银行已先后授权中国银行(香港)有限公司、中国银行澳门分行、中国工商银行万象分行、中国银行台北分行和中国工商银行新加坡分行担任境外人民币清算银行。其中,最先成为清算银行的中国银行(香港)有限公司和中国银行澳门分行已加入中国人民银行中国现代化支付系统(CNAPS)。

2. 跨境贸易人民币结算的企业

具有进出口经营资格的企业，按照《跨境贸易人民币结算试点管理办法》均可用人民币进行进口货物贸易、跨境服务贸易和其他经常项目结算。

3. 跨境贸易人民币结算的模式

跨境贸易人民币结算可以通过境外清算银行、境内代理银行以及人民币 NRA 账户这三种渠道进行。这就是所谓的跨境人民币结算的清算行模式、代理行模式和人民币 NRA 账户模式。

（1）清算行模式。在这种模式下，一方面境外清算行被授权与自愿接受清算条件和安排的境外参加银行签订人民币业务清算协议，为这些境外参加银行开立人民币账户，并按协议为其办理人民币拆借和清算业务；另一方面与 CNAPS 相连接，按照中国人民银行的有关规定从境内银行间外汇市场、银行间同业拆借市场兑换和拆借资金，与境内人民币市场建立人民币流通、清算的渠道。参与跨境贸易人民币结算的境外企业就可以向境外参加银行或直接向境外清算银行提出人民币结算申请，并由清算银行最终完成结算业务。

该模式的特点为，境外参加银行在清算银行开立人民币账户，在整个清算链条中，至关重要的跨境环节即人民币资金在境外清算银行和境内结算银行间的转移是通过 CNAPS 系统完成的。

（2）代理行模式。这一模式是指境内代理银行通过与境外参加银行签订《人民币代理结算清算协议书》，代理境外参加银行进行跨境贸易人民币结算支付。这一清算模式的主要特点为，境外参加银行在代理行开立人民币账户，在整个清算链条中，跨境环节即人民币资金在境外参加银行和境内代理银行间的转移是通过 SWIFT 完成的。

（3）人民币 NRA 账户模式。所谓 NRA，即境内非居民账户（Non-Resident Account，简称 NRA 账户）。经中国人民银行当地分支机构核准，境外企业可申请在境内银行开立非居民银行人民币结算账户，直接通过境内银行清算系统或中国人民银行跨行支付系统进行人民币资金的跨境清算和结算。

这一清算模式的主要特点是，境外客户跨境在境内银行开立人民币账户，整个银行间清算链条完全处于境内，清算环节少，手续简便，如境内客户与境外客户在同一家境内结算银行开户，则在该行系统内转账即可完成清算。

4. 人民币跨境结算的方式

跨境贸易人民币结算的范围包括一般贸易、预收和预付、来料加工、退（赔）款以及贸易从属费用等。现有的国际结算和贸易融资产品一般均适用于跨境贸易人民币结算业务，如汇款、托收、进出口信用证、保函及进出口押汇、打包贷款、福费廷等，且不影响原有的国际结算惯例的应用。

案例分析

信用证项下的单据交给谁？

中国出口企业 A 与某国 B 企业签署买卖合同，合同约定采用信用证结算。2020年2月，A 收到买方所在国银行开出的信用证，通过中国某银行通知 A。信用证第 31D：200330 B 国开证行 SWIFT 代码。货物通过陆运发运后，中国 A 企业前去通知行交单，被告知因开证行所在国国内快递瘫痪，单据无法寄至开证行，信用证即将过期。

A 焦急地联系买方修改信用证。因为陆运运输单据不具有物权凭证效力，买方无须单据就提走了货物，之后再没有回应。

1. 问题

（1）A 作为受益人把单证提交给国内通知行，是否完成了交单义务？

（2）A 是否可以向开证行主张不可抗力要求信用证延期？

2. 分析

根据 UCP600，A 是信用证的受益人，其主要义务是提交相符的单据，完成这一义务是开证行付款的前提。那 A 交给通知行（advising bank）算交单吗？

根据 UCP600 的第 2 条：Presentation means either the delivery of documents under a credit to the issuing bank or nominated bank or the documents so delivered，即交单的对象只有开证行（issuing bank）和指定银行（nominated bank）。指定银行可以是通知行，但如果信用证并未标明通知行（available with××bank），则通知行就不是指定银行，仅仅承担通知义务。该案中，信用证文本并没有标明"available with 中国通知行"，且 SWIFT 信息第 31D 显示"200330 B 国开证行 SWIFT 代码"，即信用证失效地点在 B 国。很明确，交单银行是 B 国开证行，受益人把单证提交给国内通知行并没有完成交单义务。

UCP600 关于不可抗力的规定在第 36 条，其原文是："银行对于天灾、暴乱、骚乱、叛乱、战争、恐怖主义行为或任何罢工、停工或其无法控制的任何其他原因导致的营业中断的后果，概不负责。银行在恢复营业后，对于在营业中断期间已逾期的信用证，将不再据以进行付款，承担延期付款责任、承兑汇票或议付。"即 UCP600 只规定了银行受不可抗力事件影响可以免责，但是并未规定受益人可以向银行主张不可抗力。

可以看出，因快递延误导致不能在有效期内交单，A 难以向开证行主张不可抗力，只能与买方协商，修改信用证的有效期。如果遇到上述案例中买方不配合的情况，企业就只能通过法律途径追究对方的违约责任。

3. 相关建议

从以上案例可以看出，受海外新冠肺炎疫情影响，外贸企业除了防范传统常规的结算法律风险，还应积极防范，快速应对一些非常规风险。具体有以下建议：

（1）以信用证方式结算，应严格审核信用证条款，谨慎接受自身不能掌控的条件。该案例中，中国企业接受了信用证交单地约定在开证行所在地，正常情况下虽然存在一定的风险，但只要注意在规定时间内发运、交单，风险并不会这么突出。出口企业在签合同时可以将关键条款在合同中予以约定明确，应特别注意交单地、交单日期、最晚发运日期这些可能受影响的因素，尽量争取可以自己掌控、确定性强的条件。

（2）用好、用足短期出口信用保险。该案中，即使信用证过期后开证行不再有付款义务，买方也应承担合同付款义务。但受新冠肺炎疫情影响，买方违约风险增高，建议企业及时购买出口信用保险。商务部与中国出口信用保险公司于 2020 年 2 月印发了《关于做好 2020 年短期出口信用保险相关工作，全力支持外贸企业应对新冠肺炎疫情影响的通知》，要求各地商务部门引导外贸企业用足用好短期险这一政策工具，增强抗风险能力。

（资料来源：刘旭佳. 信用证项下的单据交给谁？[N]. 现代营销·信息版，2020（4）.）

讨论题：如何正确使用信用证结算方式？

【本章思考题】

1. 什么是国际结算？国际结算的基本条件是什么？
2. 汇票、本票及支票有何不同？
3. 简述跟单托收对进出口商的利弊。
4. 如何理解信用证的性质及作用？
5. 简述保函和保理业务的特点。
6. 在国际贸易实践中，如何选择结算方式？
7. 简述人民币跨境结算的意义。

【在线测试题】

扫描书背面的二维码，获取答题权限。

第10章 国际金融危机

【学习目标】

通过本章学习，应该能够：

1. 了解国际金融危机的发生与传导机制；
2. 理解国际金融危机的类型；
3. 理解次贷危机的发生与传导过程；
4. 了解近年国际金融危机的特点；
5. 理解欧洲主权债务危机的产生原因与影响；
6. 理解国际金融危机的理论发展。

开篇导读 重大突发卫生事件与国际金融危机

2020年年初，新冠肺炎疫情突然来袭，为我们的生产生活按下了暂停键。这次重大突发卫生事件在全球蔓延，也影响了国际金融市场运行。2020年3月美股四次触发熔断，4月20日美国原油期货史上首次跌至负值区域，金融"黑天鹅"事件频发。国际机构金融稳定委员会发布报告称"COVID-19大流行代表了迄今为止对危机后金融体系的最大考验"。

美国加州大学伯克利分校法学教授Frank Partnoy警告，新冠肺炎疫情可能会造成大量的次贷危机（sub-prime mortgages），再次引发类似于2008年全球金融危机，导致出现大量银行倒闭潮，其严重程度恐超过2008年全球金融危机。

中国人民银行副行长刘国强认为，疫情造成的影响，目前还没有超过2008年全球金融危机，比如2月24日以来，各个国家的股市大约下跌了25%，2008年全球金融危机期间跌幅大约为50%左右——50%是危机的"标配"。国际货币基金组织最近表示，2020年全球经济可能会出现负增长，衰退程度可能超过2008年全球金融危机。

金融危机一旦爆发，金融部门资金链断裂，金融资产大幅贬值，实体经济受挫，甚至会引发经济危机。当前，金融风险与实体经济低迷叠加是否会引发新的国际金融危机呢？这种危机又会带来何种影响？我们又将如何应对？

（资料来源：①FSB：新冠病毒疫情带来金融危机以来最大的市场挑战，2020年4月16日，新浪网，https://finance.sina.cn/usstock/mggd/2020-04-16/detail-iirczymi6553429.d.html。

②美国新冠疫情或将造成次贷危机 再次引发金融风暴，2020年6月21日，快资讯，https://www.360kuai.com/pc/9fdb82bb7ec536a6b?cota=3&kuai_so=1&sign=360_57c3bbd1&refer_scene=so_1。

③国际金融危机要来？中国经济扛得住吗？官方表态，2020年4月3日，经济日报，https://mp.weixin.qq.com/s/wxQ4x2ftwqrxObLJ4KUNWQ。）

10.1 国际金融危机概述

10.1.1 国际金融危机的定义

"危机"一词最初起源于古希腊,其含义是区别、筛选和决断,表示病情发展到了生死攸关的时期,也表示社会发展到了需要对不同人和物的重要性进行权衡取舍的紧要关头。在17世纪后期,危机被客观主义用来指代一般市场不均衡这一条件。19世纪后期,特别是马克思主义诞生后,在经济学研究中,危机主要是指社会经济和金融发展中出现的一种极度偏离正常状态的紧急状况。

金融危机(financial crisis)是指一个或几个国家与地区的全部或大部分金融指标 [如短期利率、资产价格(证券、房地产和土地)、商业破产数和金融机构倒闭数] 的急剧和超周期的恶化,其特征表现为:基于预期资产价格下降而大量抛售不动产或长期金融资产,并将其换成货币。

金融危机会通过金融"加速器"效应影响实体经济。例如,当金融部门资金链断裂时,就会产生金融资产大幅贬值,导致投资者抛售金融资产而造成金融机构的损失。金融机构缺钱就会产生借贷行为,信贷量萎缩自然会使很多企业得不到贷款,从而使企业的投资和生产受到影响,因此企业产出减少,利润萎缩,严重的还会使得工厂倒闭,工人大面积失业,居民收入减少,自然会带来较少的消费和投资,经济增长严重下滑,最终导致经济危机爆发。例如,1929年出现的世界经济"大萧条"就是最初由发生在华尔街的金融危机引发的。

10.1.2 国际金融危机的特点

纵观20世纪70年代以来的国际金融危机,虽然爆发的国家和地区不同,但是却都有一定的相似性。

1. 范围广,传播速度快

金融危机爆发后,往往产生多米诺骨牌效应。国际货币、金融危机往往爆发不久就如同传染病一样迅速从最早爆发危机的国家或地区蔓延到其他国家和地区。在1992年欧洲金融危机中,当意大利里拉、英镑、芬兰马克浮动时,法国法郎、瑞典克朗等都遭受了投机压力;1994年墨西哥爆发金融危机后,迅速传递到巴西和阿根廷等南美国家;泰国金融危机发生后,迅速扩展到东南亚5国、中国香港、中国台湾及韩国、日本,并导致巴西、东欧地区金融局势的动荡。人们创造了许多新名词来形容货币危机的传染现象,如墨西哥"龙舌兰酒效应"(Quila effect)、"亚洲流感"(Asian flu)、"俄罗斯病毒"(Russian virus)等。

2. 货币大幅贬值,股市价格下降

这几次金融危机的发源国货币的大幅贬值,引起了周边国家和主要贸易伙伴国货币的急剧贬值,从而使这些国家的经济、金融市场发生剧烈动荡。

3. 传导机制的综合作用

尤其是20世纪90年代以来的金融危机,已经不是某一机制在发生作用,而是多种机制的综合效应,如1997年亚洲金融危机以及2008年全球金融危机。

4. 传导的双向性

金融危机的一个显著变化就是"互震"趋势明显加强。金融全球化趋势出现之前，金融危机更多的是首先发生在西欧、北美等发达国家，然后才波及作为"外围资本主义"的发展中国家，危机的传播是单向的，但是随着金融全球化趋势的发展，金融危机也更多地直接发源于发展中国家以及新兴市场国家，并且会很快地传递给发达国家。

5. 金融危机发生的频率加快

金融危机并非近年才有，但在第二次世界大战以前，它的出现在一定程度上还是一种偶然现象，其频率和影响范围、程度都比较有限。其中，1929 年开始的"大萧条"是仅有的一次波及面较广的金融危机。第二次世界大战以后，金融危机频频爆发，据统计，有 133 个国家和地区即大约 3/4 的国际货币基金组织成员都经历了不同程度的金融困难或危机。

6. 金融危机具有的潜伏性

危机爆发国在危机爆发前几乎都有着经济增长的亮点，如 1997 年亚洲金融危机前的泰国，1994 年金融危机之前的墨西哥，高速经济增长中的泡沫成为金融危机的经济基础。

10.1.3 国际金融危机的类型

IMF 在 1998 年 5 月出版的 *World Economic Outlook* 中，将金融危机分为货币危机（currency crises）、银行危机（banking crises）、外债危机（foreign debt crises）和系统性金融危机（systematic financial crises）四类。近年来的金融危机越来越呈现出某种混合形式的危机。

1. 货币危机

货币危机的概念有狭义、广义之分。狭义的货币危机与特定的汇率制度（通常是固定汇率制）相对应，其含义是，实行固定汇率制的国家，在非常被动的情况下（如在经济基本面恶化或在遭遇强大的投机攻击的情况下），对本国的汇率制度进行调整，转而实行浮动汇率制，而由市场决定的汇率水平远远高于原先所刻意维护的水平（即官方汇率），这种汇率变动的影响难以控制、难以容忍，这一现象就是货币危机。广义的货币危机泛指汇率的变动幅度超出了一国可承受的范围这一现象。随着市场经济的发展与全球化的加速，货币危机通常由泡沫经济破灭、银行呆坏账增多、国际收支严重失衡、外债过于庞大、财政危机、政治动荡、对政府的不信任等引发。1992 年欧洲货币体系危机就是典型的货币危机，而 1997 年亚洲金融危机最初也表现为货币危机。

2. 银行危机

银行危机是指实际或潜在的银行挤兑或破产引发银行停止偿还负债，或在此情况下迫使政府提供大量援助。这实际也是信用危机，如美国次贷危机引发的全球金融危机，最初便是银行危机。

3. 外债危机

外债危机是一国对外负债（通常是欠国际银行业的债务）超过了其自身的清偿能力，导致债务到期而无法偿还的现象。其中，较为典型的是主权债务危机，即一国以自己的主权为担保向外借债，当其不能偿付其主权债务而发生违约的现象。例如，20 世纪 80 年代拉美国家大量举借外债而发生的主权债务危机。

4. 系统性金融危机

当金融市场严重破坏损害了市场有效发挥调节功能的能力,对实际经济运行造成巨大负面影响时,即为系统性金融危机。"全面金融危机",往往包含着货币危机、银行危机等同时或相继发生,并形成整个金融体系甚至经济体系的危机。2008 年发生在欧美大规模的投资银行、保险公司、商业银行等金融机构的倒闭就是明显的金融危机。

一般来说,货币危机主要发生在外汇市场上,体现为汇率的变动,而金融危机的范围更广,还包括发生在股票市场和银行体系等国内金融市场上的价格波动,以及金融机构的经营困难与破产。货币危机可以诱发金融危机,而由一系列经济和非经济事件引发的金融危机也可以导致货币危机的发生,两者存在一定的联系。

> 扩展阅读 10.1
> **1997 年亚洲金融危机**
> 扫描此码 阅读文献

10.1.4 国际金融危机的传导

1. 汇率与外贸的传导机制

一般认为,一国货币汇率下跌将扩大出口,限制进口,促进贸易收支的改善。一国面对贸易伙伴国出现的金融危机和货币贬值,受危机威胁的国家更愿进行的政策选择是使本币贬值,以减缓危机对本国经济的直接冲击,并尽可能地以贬值手段把危机的破坏作用转嫁出去。其结果必然是:一国又一国的货币贬值,危机在一国又一国之间传导,如 1992 年欧洲金融危机和 1997 年亚洲金融危机。

2. 游资与金融市场的传导机制

游资是指为追逐高额利润而在各金融市场之间流动的短期资产,它具有投机性强,流动性快,倾向性明显的特征。游资的存在,对调节国际间的资金余缺和活跃金融市场能够起到一定的积极作用,但是其负面作用也不容忽视。游资会因投机性操作而引起汇率水平扭曲,推动股市的大升大降,而且游资的迅速移动往往与各国的货币调控政策呈反向作用。如 1992 年欧洲金融危机中,以索罗斯的"量子基金"为代表的投资基金在国际金融市场的投机运作。

3. 国际负债的传导机制

这种传导一般发生在国内储蓄不足的国家,由于储蓄不足导致投资过多地依赖外债,使得对外负债额占国内生产总值的比重大大超过 10%,即对外债的使用与管理不合理,最终导致负债国陷入债务危机难以自拔,并会通过国际负债的传导机制把危机传入向外贷款的债权国,如 1994 年墨西哥金融危机以及 1988 年拉美危机。

4. 产业联动效应的传导机制

由于各国产业同国际市场的联系日益密切,外贸依存度普遍较高,一旦某国的某一产业因结构不合理、投入的短期资金太多或替代品的出现而产生非效率,就会影响国际上与该产业相关的其他产业的发展,出现大量公司的倒闭,从而使与之有密切联系的金融机构坏账骤增、经营困难,最终引发国际性金融危机。若某些国家在产业结构方面与危机发生国十分相似,产业的碰撞使这些国家也出现了结构失衡状态,从而引发国际资本对这些国家的资本和货币市场进行类似的投机性冲击和规避性撤离,导致它们也会出现严重的金融动荡,如 1997 年东南亚危机中受冲击较大的东南亚国家。

10.2 美国金融危机

10.2.1 美国金融危机的演变

1. 美国次贷危机

次贷危机（subprime crisis）也称次级按揭贷款危机或次债危机，它是指 2007 年美国因次级抵押贷款机构破产、投资基金被迫关闭、股市剧烈震荡引起的金融风暴，致使全球主要金融市场出现流动性不足的危机。

次级按揭贷款（subprime mortgage loan）是指住房抵押贷款机构向信用低、还款能力较差的购房者提供的一种贷款。由于借款人还款能力欠佳，因此需要支付较高的利息。次级贷款机构为了扩大贷款规模同时规避风险，将房贷打包成长期抵押贷款债券在市场上发行，推向投资者持有，从而使次级贷款的规模最终远远超过其自身的自由资金，形成了数倍或数十倍的杠杆效应。随着利率上涨和房价下降，借款人的还贷成本上升却又难以通过抛盘或者借入新的银行贷款来维持自己的信誉，次贷违约率不断上升。随着房价的进一步下跌，银行发现即使把抵押物全部出售，有时也难以偿还贷款的本息。

2006 年初次级抵押信贷市场风险逐步显现，2007 年 2 月汇丰控股在美次级房贷业务增 18 亿美元坏账拨备，同年 3 月美国新世纪金融公司濒临破产，之后 30 余家次级抵押贷款企业被迫停业，次贷危机爆发。由于危机刚刚产生时，其对金融市场冲击较小，因此，当时对危机未充分重视。

2. 美国金融危机

次贷危机发生后，标准普尔和穆迪公司开始下调抵押贷款债券的信用等级，导致购买此类产品的金融机构出现严重亏损。2007 年 6 月至 9 月次贷危机迅速蔓延至美国金融市场（尤其是股票市场）。2007 年 6 月美国第五大投资银行贝尔斯登公司旗下两只对冲基金出现巨额次级抵押贷款投资损失。2007 年 7 月穆迪公司降低对总价值约 52 亿美元的 399 种次级抵押贷款债券信用评级。随着投资者恐慌情绪的蔓延，股票市场波动扩大，美国陷入金融危机之中。

> 扩展阅读 10.2
> **美国次贷危机与金融危机**
> 扫描此码　阅读文献

3. 国际金融危机

美国次贷危机最终引发了波及全球的金融危机，不仅股票市场反应剧烈，许多非美元货币开始大幅度贬值，投资者情绪极度恐慌。2008 年 7 月，房利美和房地美股价双双大跌 50% 以上，9 月中旬美国第四大投行雷曼兄弟宣布破产保护，国际保险巨头 AIG 陷入困境，美国第三大投行美林证券被美国银行收购。华尔街的前五大投行中的高盛和摩根士丹利转变成了银行控股公司。此时，次贷危机彻底转变为了全球性的金融危机，股票下跌、货币贬值，全球金融危机爆发。

10.2.2 美国金融危机的传导机制

美国金融危机的传导机制包括：信贷市场与资本市场的互相传染，从信贷市场、资本市场传导至实体经济,最后导致全球金融危机蔓延①。

1. 信贷市场与资本市场的相互传染

首先,从信贷市场传导到资本市场。次贷危机开始于次级住房抵押贷款市场,次级抵押贷款的证券化、金融机构以市定价的会计记账方法、金融机构以在险价值为基础的资产负债管理模式,导致危机从信贷市场传导至资本市场。

其次,从资本市场回导信贷市场。次贷危机爆发后,美联储积极实施宽松货币政策的同时,连续推出期限拍卖工具(term auction facility,TAF)、扩展的公开市场操作(expanded open market operation,expanded OMO)、期限证券借款工具(term securities lending facility,TSLF)和一级交易商贷款工具(primary dealer credit facility,PDCF)四项创新制度。然而,这一系列操作并未彻底缓解资本市场的信贷紧缩和流动性短缺。以商业银行为主的次级抵押贷款公司直接或间接地购买了大量次级抵押贷款支持证券及各类衍生品,导致危机从资本市场再度传导至信贷市场。

2. 从信贷市场、资本市场传导至实体经济

次贷危机导致了房地产价格、股市价格等的下降,这将通过负向财富效应抑制居民消费,以及信用卡贷款、汽车贷款、助学贷款等出现不同程度的萎缩。次贷危机导致的流动性短缺造成了美国企业资产净值下降,显著抑制了企业融资能力和投资动力,从而通过消费和投资渠道将危机从信贷市场和资本市场传导至实体经济。

3. 从国内蔓延至国际

在经济和金融全球化背景下,危机将通过贸易和投资渠道从美国传导至全球。美国次贷危机冲击了美国经济,经济减速后国内消费需求缩减,进而导致其进口需求下降,从而通过贸易渠道将危机传导至其他国家。另外,美元大幅贬值加剧了其他国家通货膨胀压力,也造成其他外汇储备资产的国际购买力下降,从而通过货币贬值途径传导至其他国家。此外,投资者对其他类似国家的心理预期变化等,也会导致危机传导至其他国家。

10.2.3 美国金融危机产生的原因

1. 货币政策的波动

美联储货币政策的变动是次贷危机爆发的根源之一。2001年1月至2003年6月,美联储连续13次下调联邦基金利率,将该利率从6.5%下调至1%的历史最低水平。这一政策的初衷是为缓解资产泡沫破灭对实体经济造成的冲击。然而,在美国实体经济开始转好时,美联储仍实施宽松货币政策,一直持续到2004年6月。在长期低利率政策刺激下,美国房地产市场进入了历史上前所未有的大牛市。随着通货膨胀压力的增大,美联储又在2004年6月至2006年6月期间,连续17次调高联邦基金利率,将其从1%上调至5.25%。基金利率的变化影响了次级贷款人的还款能力,原因在于次级抵押贷款中大约75%是浮动利率贷款,基金利率大幅上调将导致贷款利率相应上升,借款者的还款压力显著增加。另外,基金利率波动也会影响房地产价格,利率上调导致房地产盈利空间减少,房地产价

---

① 张明(2008)、雷良海和魏遥(2009)对此次危机传导的途径和机制进行了详细阐述。参见雷良海,魏遥.美国次贷危机的传导机制 [J].世界经济研究,2009(01):24-31,88;张明.次贷危机的传导机制 [J].国际经济评论,2008(04):32-37.

格下降，而次级贷款人可能抛售房产也无法偿还本息。

2. 金融创新运用的过度

次贷危机中，许多新的金融工具被创造出来，如仅付利息抵押贷款（I/O loan）、可选择还款额抵押贷款（option ARMs）、无首付抵押贷款（piggyback loan）等，同时还将抵押贷款转变为证券出售，即次级抵押贷款资产证券化。过度的金融创新放大了风险，最终形成了危机。诞生于美国20世纪的资产证券化，把美国直接融资市场和间接融资市场连接了起来，促进了金融业的快速发展。但美国的次级抵押贷款被转换成债券出售给新的投资者，投资者又利用它们创造出衍生产品再次打包和出售，经过多次证券化后，杠杆率逐渐加大，在延长资产链条的同时，也放大了资产的风险。当房价下降时，次级贷款违约升高，就出现了以次级贷款作为基础资产的次贷危机，随后顺着多次资产证券化的链条向外蔓延。

3. 金融监管的缺失

危机爆发前，美国金融监管权力是分散的，例如，联邦注册银行必须接受美联储的监管，而州注册银行如果不加入联邦储备体系，就可以不受美联储的监管等。因此，次级抵押贷款中约一半的贷款是不受美联储监管的。而另一部分虽然在美联储的监管下，但却未被重视，大量的贷款被金融机构贷给了偿还能力较差的贷款人。此外，美国2008年6月底全球场外衍生品名义金额达683.7万亿美元，较2000年年底增长7倍，但此类场外衍生品交易却并没有被纳入监管范围。

4. 金融全球化的快速发展

金融全球化提供了次贷危机向外扩散的土壤。金融全球化之下，一国的经济、金融变化会很快通过贸易、投资、资本流动等渠道，向外扩散并引发其他国家的连锁反应。例如，次贷危机通过衍生品市场的放大，引发金融市场的连锁反应，并通过跨国银行的传导，最终导致全球金融危机爆发。

10.3 欧洲主权债务危机

10.3.1 欧洲主权债务危机的演变

欧洲主权债务危机首先发端于北欧小国冰岛的债务危机。2008年10月，受美国金融海啸的冲击，在全球过度扩张的冰岛金融业（资产规模为GDP的9倍多）陷入困境。冰岛三大银行资不抵债，被政府接管，银行的债务升级为主权债务，冰岛濒临"破产"。根据美联社的数据，当时冰岛外债规模高达800亿美元，为其GDP的300%左右，人均负债1.8万美元。冰岛为了应对危机，采取了较为严厉的紧缩政策，被迫放弃固定汇率制度，至2008年11月底，冰岛克朗兑欧元大幅贬值超过70%。2009年，冰岛陷入严重衰退，GDP预计同比下降超过8%，其后IMF对冰岛实行了救援，冰岛债务危机暂告一个段落。但是，2010年年初，冰岛总统否决了存款赔偿法案，其长期主权信用评级被降低至"垃圾级"，冰岛危机再度浮出水面。

欧洲主权债务危机的第二个阶段是中东欧国家的债务问题。由于经济转轨改革的需要，东欧国家的负债水平一直比较高，在金融危机的冲击下，政府财政赤字进一步扩大。2009年年初，国际评级机构穆迪调低了乌克兰的评级，并且认为东欧的形势在不断恶化，这触发了中东欧国家的债务问题。IMF警告，中东欧经济规模远超过冰岛，其债务问题存在引发金融危机"第二波"的风险。这是因为自2000年后，绝大多数中东欧国家的商业银行被以西欧银行为主的外资控制，2008年年底外资所占比例达54%～97%。据摩根士丹利的估计，中东欧国家拥有约1.7万亿美元的外汇债务，而且2/3的贷款为外币贷款。但是，随着金融危机的逐步深化，西欧各国对其在东欧资产救助的开展，国际货币基金组织、世界银行以及欧盟等提供的支持，中东欧国家债务问题没有引发新的系统性金融动荡，并在2009年实现了初步复苏。

欧洲主权债务危机的第三个阶段是以希腊为代表的"欧洲五国"（即葡萄牙、爱尔兰、意大利、希腊和西班牙）欧洲债务问题。

2009年11月希腊财政部长宣布，其2009年财政赤字对GDP之比将为13.6%，而不是此前所预测的6%。市场开始出现恐慌，由于担心希腊政府对总额为3 000亿美元到4 000亿美元的国债违约，投资者开始大规模抛售希腊国债。投资者抛售希腊国债，使得希腊政府难以通过发新债还旧债（rolling-over），希腊主权债务危机终于爆发。

由于希腊主权债务危机的传染效应，希腊、西班牙、爱尔兰、葡萄牙和意大利"欧洲五国"（PIIGS）同时遭受主权信用危机，于是欧洲主权债务危机爆发。"欧洲"五国财政赤字占GDP比重和政府债务占GDP比重如表10-1所示。

表10-1 "欧洲五国"财政赤字占GDP比重和政府债务占GDP比重

国家	财政赤字/GDP		政府债务/GDP
	2008年	2009年	2011年
爱尔兰	7.3%	14.3%	114%
西班牙	4.1%	11.2%	64%
葡萄牙	2.8%	9.4%	91%
希腊	7.7%	13.6%	152%
意大利	2.7%	5.3%	120%
平均数	4.9%	10.8%	108%

资料来源：欧盟统计局、国际货币基金组织。

按照欧盟《稳定与增长公约》的规定，欧盟成员国的公共债务占GDP的比例不得超过60%，财政赤字占GDP的比例不得超过3%（ECB，2009）。但是，金融危机爆发之后，欧盟国家普遍超过了这两个警戒线。欧盟各国财政赤字占GDP的比例均值从2008年年底平均不足5%飙升至10%以上，公共债务占GDP的比例从65%提升至平均108%。

欧洲主权债务危机从点到面、从局部到整体不断深化与升级，已经成为全球极为关注的重大问题。市场开始怀疑日本、美国的主权债务问题，尤其是2011年8月，美国和日本主权信用评级纷纷被下调，这样主权债务问题逐步升级，从个别国家问题演化为"欧洲"问题，再升级为"全球"问题。

10.3.2 欧洲主权债务危机的成因

1. 美国次贷危机引发的全球金融危机是欧洲主权债务危机的外部诱因

欧洲主权债务危机与美国次贷危机引发的全球金融危机是密切相关的。欧洲五国的国情虽各不相同，但发生主权债务危机的原因却有着许多相似之处：

第一，是经济结构僵化，普遍缺乏活力。在"欧洲五国"中，除意大利的经济发展程度较高外，其他四国均是原欧共体内的所谓的"南方国家"，其经济发展水平明显落后于原有的其他成员国，而这些国家在陆续加入共同体之后，既未在经济结构上做出大的调整，也没能建立起具有活力的新的产业部门，国民经济依然高度依赖于某个或某几个周期性过强的行业。产业结构单调，使其难以形成核心国际竞争力，GDP增速乏力。1990—2009年的20年间，欧洲五国除爱尔兰在1995—2007年维持了5%以上的高速增长外，其余四国的GDP年增长率均保持在较低的水平。

第二，欧洲五国经济对外依存度很高。随着全球制造业逐步向新兴市场国家转移，这些国家的制造业在全球化中渐渐失去了市场，非高科技产品处于价格劣势，高技术企业又没有得到相应的发展，国民经济依然依赖于传统的行业和劳动密集型行业，容易受到外部冲击。美国次贷危机引发的全球经济萎缩使欧洲五国经济失去了增长的动力，财政收入减少。在全球依赖货币和财政政策走出阴影的今天，欧洲五国通过扩大财政支出来应对金融危机是必然的选择。欧洲五国为应对全球金融危机的冲击采取了过度激进的财政刺激政策，进一步扩大了原本居高不下的财政赤字和公共债务。财政收入的减少和财政支出的扩大，使得原本就依靠负债促进经济发展的欧洲五国政府债务剧增。而美国次贷危机的爆发，使得融资愈加困难，融资成本也越发高昂，欧洲五国债务链难以为继，其债务问题最终在美国次贷危机后爆发。

2. 欧元区体制的内在矛盾

（1）统一的货币政策与分散的财政政策之间的矛盾。根据丁伯根原则（Tinbergen's Rule），为了同时实现多个独立的经济目标，要求为实现这些目标所使用的独立的政策工具的数目不能少于经济目标的数目。当这些工具由不同的机构掌握，这些机构或多或少彼此独立，就会出现每个机构如何管理各自工具的问题，以及工具与目标的匹配矛盾。作为目前世界上货币合作最高形式的欧元区也不能避免这一矛盾：欧元区的货币政策是统一的，掌握在欧洲中央银行手中，而财政政策是分散的，掌握在各成员国手中，统一的货币政策与分散的财政政策之间存在根本矛盾。这种制度缺陷使得欧元区成员国无论是从客观上还是从主观上都有增加财政赤字的动力，结果导致赤字大幅上升和债务累积，最终引发了主权信用危机。

第一，统一的货币政策存在不足。根据蒙代尔的有效市场分配原则（Principle of Effective Market Classification），货币政策应服务于外部目标，而财政政策应服务于内部目标才能同时实现内外均衡。当冲击来源于外部时，统一货币政策的效果不如统一财政政策明显。另外，即使是统一的货币政策也是成员国之间博弈的折中结果，无法满足个别成员国的具体要求。例如，作为欧元区货币政策的制定者，欧洲中央银行在制定和实施货币政策时不得不考虑平衡各国利益矛盾，结果导致利率的调整常常无法到位。

第二，对于区内成员国，由于货币政策和汇率政策外生决定，无法运用利率工具来配合财政政策，导致内外均衡的政策目标调控无法完全到位。扩张性财政政策引起的经常账户逆差无法通过本币贬值或提高利率吸引外资的方法加以弥补，实现内部均衡的代价是国际收支的进一步失衡。最终的结果是，财政赤字和贸易赤字均上升。单个成员国赤字规模的扩大并不会引起该国利率的上升或汇率的贬值，因此各成员国总是倾向于使用扩张性的财政政策。然而，一国赤字规模的扩大会对整个欧元区债务总额的扩大做出"贡献"，最终对欧元区的长期真实利率和欧元汇率产生影响。正是由于成员国享受的权利与其承担的责任之间的失衡滋生了道德风险行为的蔓延。

（2）欧元区不满足最优货币区条件，缺乏充分及时的补充调节机制。根据最优货币区（optimal currency areas，OCA）理论，当面临外部冲击时，货币区有充分及时的调节机制，使得放弃各自货币的成员国不必依赖于货币区内部汇率变动，就能在维持对外平衡的同时，恢复内部平衡，并且不产生失业和通货膨胀，这样的货币区就是"最优货币区"。判断最优货币区的标准和调节机制包括：一是工资和价格弹性（Kawai，1987）；二是生产要素的内部流动（蒙代尔，1961）；三是经济开放度标准（麦金农，1963）；四是财政政策和其他成员国的转移支付（托尔和威莱特，1976）；五是高度融合的金融市场和通货膨胀率标准等（Flemming，1971）。如果根据这些衡量标准判断，欧元区并不满足OCA条件：大量研究证明，欧洲货币单位（ECU）只在经济开放度和资本流动方面符合OCA标准，而在最重要的生产要素流动性和工资弹性方面均未达标，而且欧盟缺乏财政一体化制度和计划。即使是"欧元之父"蒙代尔，也承认欧元区并不是一个最优货币区。欧元区在成立时就缺乏可以替代货币和汇率政策的、用于应对全球性经济危机的充分及时的调节机制。

3. 欧元区内政治矛盾重重，财政及政治一体化发展滞后

对于分散的财政政策所产生的矛盾，可以依靠统一的财政政策加以解决。早在1969年，凯南就提出了财政一体化对于促进货币同盟的重要作用。他指出，如果能够建立起超国家的财政转移支付，用名义汇率变动来对付不对称冲击的必要性就会降低，因为财政的自动转移支付机制或财政政策的积极主动支付转移，会给遇到负面冲击的国家带来补偿，用于其恢复均衡。一国的失业人口如果有可能得到某种来自货币同盟的财政补偿，就可以缓解失业带来的压力。然而欧洲财政一体化进程步履维艰，虽然《马约》关于公共赤字和债务的两个标准意在对财政政策施加约束，但这两个标准的实施得不到强有力的保障，近几年已经形同虚设。到目前为止，欧元区还没有建立统一财政同盟的计划。

另外，政治一体化是货币和财政一体化的基础和条件。托尔和威莱特（1976）提出应以政治一体化作为确定最优货币区的标准，他们认为，一个货币能否成功的关键在于其成员国对通货膨胀和失业的看法是否一致。Mintz（1970）认为，政治一体化的意愿可以推进有共同承诺的联盟形成，维持合作与对话，加强国家间的制度化联系。国家间基于共同利益的政治合作意愿、稳定的对话机制等对于促进货币一体化有着重要意义。相对于经济一体化的发展程度，欧洲的政治一体化却落后得多。与美国相比，欧洲缺乏一个强大的政治中心，在面临危机时各成员国之间的协调总是出现矛盾。在本轮危机中，法国、德国在如何确定救助机制上迟迟达不成一致，德国甚至提出要让希腊等"不达标国家"退出欧元区，暴露了欧元区成员国之间长久以来的内部矛盾。

4. 高福利水平是欧洲主权债务危机的根源

第二次世界大战后，欧洲国家普遍建立起了以高福利为特征的社会保障制度，用以维持社会公平公正。随着欧洲一体化的推进，这种高福利制度也很快覆盖了共同体内经济水

平相对落后的西班牙、葡萄牙、希腊和爱尔兰等国,其中希腊最为典型。在欧盟中希腊作为"南方国家"之一,没有在经济发展水平上赶超其他国家,反倒在欧盟成员国福利政策的带动下,逐步建立起了高福利社会保障制度,而这种与经济发展水平不对称的高福利制度加剧了希腊政府的债务负担。社会福利制度的刚性,使得这些国家的历届政府为获取民意支持率而不愿冒风险对福利制度做出必要削减,这不仅造成了社会惰性、导致结构性失业问题日趋严重,而且加大了社会福利开支,恶化了政府财政收支状况。欧洲五国的福利水平很高,但是这种高福利缺乏坚实的经济基础,结果拖垮了国民经济。因此,缺少经济基础的高福利社会保障制度是欧洲主权债务危机的根源。

10.3.3 欧洲主权债务危机的影响

欧洲主权债务危机是美国金融危机深化和欧洲内部失衡的结果,存在继续深化的风险,将深刻影响金融市场、经济复苏和欧盟发展,给国际经济格局带来重大不确定性。

1. 相关经济体面临政策两难,全球经济复苏步伐将放缓

倘若大幅降低公共支出,对经济复苏和就业极为不利;如果容忍财政赤字,债务问题短期内则难以解决。一方面,全球经济复苏基础不牢固,各个经济体的增长趋势刚刚确立,还需要持续的经济刺激政策来维系经济增长和就业;另一方面,由于财政赤字问题日益严峻,债务负担大幅增加,如果持续扩大财政支出,债务问题将更加严重,极大地影响各个经济体的信用和融资。主要经济体政府必须在政策刺激与债务安全之间取得平衡,经济复苏将是一个长期而曲折的过程,全球复苏的步伐将可能放缓。

2. 国际金融市场动荡加剧,国际资本流动更加扑朔迷离

一方面,债务问题将影响市场预期进而放大市场波动幅度,股票市场的波动性将扩大,主要货币的汇率波动将加大,大宗商品和原油价格将更加不确定;另一方面,国际资本流动将更加紊乱。国际资本频繁在发达经济体和新兴经济体之间来回流动,导致了全球资本流动的无序性,加剧了全球金融市场的波动,新兴市场受到的影响将更大。

3. 欧洲主权债务危机将考验欧元体系的稳定性和未来发展战略

欧盟作为最大的经济贸易联合体,统一货币的好处很多,但是缺乏有效的预警机制和退出机制,欧元区的货币政策难以与各国的财政政策有效协调。欧元区各国的经济情况差异较大,统一的货币政策也未必是各国最好的选择。金融危机和经济衰退对欧元区各国的影响程度不同,各国的恢复程度也不同。如果欧洲债务危机进一步恶化,将迫使希腊等国有退出"欧元区"的可能性。因此,这次危机爆发之后,市场更有理由认为这种地区的差异是单一货币体系解决不了的。欧盟今后的改革与发展,将对国际政治经济格局的演变带来深远的影响。

4. 欧洲主权债务危机向欧洲银行业蔓延

欧洲银行危机的导火索即是欧洲主权债务问题。例如,法国四大银行共持有60亿欧元的希腊主权债务,而对欧元区其他几个债台高筑国家意大利、爱尔兰、葡萄牙和西班牙主权债务的敞口则超过400亿欧元。其他不少欧洲银行也持有大量相关国家主权债券,一旦债务危机不可收拾,将导致银行资产大幅缩水,甚至资不抵债。

5. 银行体系本身的风险将导致实体经济的危机

银行不能向银行或其他经济体提供流动性,会导致流动性萎缩,资本市场的资产价格就会大幅下跌，欧洲银行危机将会导致实体经济衰退，进而引发全球经济下滑或全球经济危机。

10.3.4 欧洲主权债务危机的应对对策

1. 从根本上解决欧元区体制问题

自 2009 年希腊的主权债务危机爆发之后，欧洲央行和各国就采取了一系列的解决措施。2010 年 5 月 3 日，德国内阁批准通过了 224 亿欧元的援助希腊计划；2010 年 5 月 10 日，欧盟又批准 7 500 亿欧元的援助希腊计划；2010 年 9 月 7 日，欧元区财长批准为希腊提供第二笔贷款，总额为 65 亿欧元；2011 年 7 月 21 日，欧元区再一次向希腊提供了 1 090 亿欧元的贷款。然而其结果是问题未能解决反而更加严重。要从根本上解决欧洲债务危机，不能仅仅采取几千万亿欧元的救助措施。

欧洲中央银行要设立一种有效的货币政策，即便各国的货币政策都统一到欧洲中央银行，也要能够保证各国货币政策的相对独立性。这就是说，欧洲中央银行既可以制定整个欧元区的货币政策，也可以针对欧元区的某成员国的经济问题，同本成员国政府制定适应本国的货币政策。欧元区的货币政策和本国单一的货币政策应该是互相弥补的关系，其最根本的目的应是共同促进欧元区内的经济稳定和繁荣。当某一个国家发生经济问题的时候，欧洲中央银行和本国政府就可以基于欧元区整体的货币政策之上，再针对此成员国制定一项单一有效的货币政策，使得本成员国能在财政政策和货币政策下解决本国的经济问题。这也解决了欧元区成员国丧失货币政策的问题。当经济问题发生时，为了促进经济，成员国不再一味地扩大政府支出，加大政府的财政赤字，避免主权债务危机的再次发生。

2. 加快调整欧元区部分成员国的产业结构

为避免欧元区成员国产业结构单一，欧元区各成员国应根据自身的实际情况，因地制宜地多元化发展本国的支柱产业，使主要产业共同协调发展。为增强欧元区制造业的相对优势，要增大对科技产品研发的力度和经济支持，注重对科技人才的培养，加快科技研发成果的周期，以增强欧元区制造业的整体实力。如此，可增加欧元区的就业机会，降低失业率。应逐步改善欧元区的大部分国家以旅游、农业等产业作为其支柱产业现状，增强本国抗风险能力。

3. 改善欧元区高福利的收入分配制度

高福利的收入分配制度对于一国的百姓来说当然是好事，但是当国家处于危难之中时，优越的社会福利政策会拖垮本国的财政。希腊等国可以建立相对灵活的社会福利体系，使得社会福利与国家经济情况相联系，在国家经济较好时，福利相对较好，而在国家经济处于低迷时，福利相对较差，以保证国家财政的正常运转。一国的工资水平、福利政策、社会保障措施，应与其 GDP 增长水平和国力相适应。

4. 设立有效的退出机制

欧元区设立之初，设计者们把所有的注意力都投入到了欧盟成员加入的标准制定中，却忽略了退出机制的存在。当希腊发生主权债务危机后，面对巨大的财政赤字，希腊政府只能实行紧缩的财政政策。如果希腊拥有货币政策的行使权，就可以通过实行宽松的货币政策来刺激经济，但是此时的欧元区不得不为了保证欧元的汇率稳定而维持较高利率等政策。在这种情况下，欧元区可以有比较灵活的退出机制，或者是暂退机制，使得希腊政府可以自行制定货币政策，以解决危机问题。目前，希腊政府进退两难，主动退出将面临巨大的债务风险，而不退出又会将主权债务危机蔓延至整个欧洲，整个欧元区都面临着非常严峻的考验。

10.4 国际金融危机理论

1929年"大萧条"后，西方学者就对金融危机的发生机制进行了大量的研究。早期的费雪、凯恩斯等主要从经济周期的角度来解释金融危机。进入20世纪70年代后，关于金融危机成因的研究取得重要进展，其中影响较大的理论是：① Salant 和 Henderson（1978）提出的金本位下的黄金投机理论，并由克鲁格曼（1979）应用到固定汇率体系的分析中，最后经 Flood 和 Garber（1986）加以完善，即第一代金融危机理论；② 由 Obstfield（1994，1996）提出的金融危机的第二代理论；③ Sachs（1998）等人提出的银行挤兑和流动性危机理论，Banerjee（1992）、Calvo 和 Mondoza（1996）提出的羊群行为理论，克鲁格曼（1999）将银行挤兑、流动性危机和羊群行为等理论称为第三代金融危机理论。

10.4.1 第一代金融危机理论

第一代金融危机理论又称为克鲁格曼模型，是美国经济学家保罗·克鲁格曼（Paul Krugman）于1979年在《A Model of Balance-of-Payments Crises》一文中提出的，它是西方关于货币危机的第一个比较成熟的模型。克鲁格曼认为，在一国货币需求处于稳定状态的条件下，国内信贷扩张会带来外汇储备的流失，从而导致对固定汇率的冲击而产生危机。但是，他在分析中采取的非线性形式导致了固定汇率崩溃的时间难以确定，后来弗拉德（Fload）和戈博（Garber）于1986年发表的"*Collapsing Exchange-Rate Regimes, Some Linear Examples*"，对克鲁格曼提出的模型加以扩展与简化。因此，这一模型又被称为"克鲁格曼—弗拉德—戈博模型"。

第一代货币危机理论以小国开放经济为分析框架，钉住汇率制度或其他形式的固定汇率制度为分析对象，分析以放弃固定汇率为特定特征的货币危机是如何发生的。假定一国货币需求（M_d）非常稳定，货币供给（M_s）由国内信贷差额（D）和折合为本币的外汇储备（F）组成，以 m 表示货币乘数，则有

$$M_d = M_s = m(D + F) \qquad (10.1)$$

式（10.1）可变成：

$$F = \frac{M_s}{m} - D \qquad (10.2)$$

由此，在一国货币需求处于相对稳定状态时，扩张性的宏观经济政策导致了巨额财政赤字，为了弥补财政赤字，政府只好增加货币供给量，同时为了维持汇率稳定而不断抛出外汇储备，一旦外汇储备减少到某一临界点时，投机者会对该国货币发起冲击，在短期内将该国外汇储备消耗殆尽，政府要么让汇率浮动，要么让本币贬值，最后，固定汇率制度崩溃，货币危机发生。

该理论从一国经济的基本面解释了货币危机的根源在于经济内部均衡和外部均衡的冲突。如果一国外汇储备不够充足，财政赤字的持续货币化会导致固定汇率制度的崩溃并最终引发货币危机。当宏观经济状况不断恶化时，危机的发生是合理的而且是不可避免的。这一模型可以用来解释1998年的俄罗斯危机以及阿根廷危机。该理论也具有一定的局限性：第一，在危机发生机制上，它一方面强调信用扩张导致外汇储备流失，另一方面又把投机攻击导致的储备下降至最低限看成是货币危机发生的一般过程。但是，在信用扩张、外汇储备流失和货币危机之间的相互关系上，有些过分公式化。第二，把政府的行为过于简单化，实际上货币危机的发生过程通常是政府与其他经济主体之间的博弈过程，第一代金融危机理论对此重视不足。

10.4.2　第二代金融危机理论

1992年欧洲金融危机和1994年墨西哥金融危机的爆发，为货币危机理论的发展提供了现实的基础。1996年Obstfeld提出了"第二代金融危机理论"，也被称为"自我实现的货币危机理论"，哈佛大学的Esquivel和Larrain是该理论的主要代表。

在第二代金融危机理论中，政府不再像第一代模型中那样是一个简单的信用扩张者，对于货币危机处于一种听之任之的被动地位，而是一个主动的市场主体，它将根据自身利益的分析对是否维持或放弃固定汇率进行策略选择。由于政府策略的不同，预期的实现方式也不相同（如"冲击—政策放松分析""逃出条款分析"和"恶性循环分析"等）。即使宏观经济基础没有进一步恶化，由于市场预期的突然改变，使人们普遍形成贬值预期，也可能引发货币危机。也就是说，货币危机的发生可能是预期贬值自我实现的结果。

这一金融危机理论有很多的进步性。第一，它指出了货币危机发生的隐含条件是宏观经济中存在着多重均衡，货币危机的发生实际上就是宏观经济从一种均衡过渡到另一种均衡。第二，注意到政府的政策目标不是单一的，其决策过程也不是简单线性的，并且强调货币危机的发生过程往往是政府与投机者以及其他市场主体相互博弈的过程。第三，较详细地分析了市场预期在金融危机中的作用，并探讨了预期借以实现的各种机制形式，但它过分夸大了投机商的作用。

10.4.3　第三代金融危机理论

1997年亚洲金融危机爆发后，货币危机理论又面临新的挑战。人们普遍对货币危机所表现出的传染性迷惑不解。泰铢危机爆发后，马来西亚的林吉特和印尼盾也很快陷入危机的泥潭，接着韩元、日元和卢布又相继爆发危机，到1999年1月危机的"病毒"又感染了巴西的雷亚尔。为什么一个国家爆发危机会传染给另一个国家？为什么危机会在全球蔓延？这引起了学术界的关注。一部分学者如Kaminsky认为，就其本质而言，这并非一场"新"危机，原有的理论成果也具有说服力。而另一些学者如克鲁格曼则认为，这次货币危机在传染的广度与深度、转移及国际收支平衡等方面与以往的货币危机均有显著的区别，原有的货币理论解释力不足，应有所突破。第三代金融危机理论因此产生。

克鲁格曼教授在这方面做出了贡献：他认为一个国家货币的实际贬值或经常账户的逆差和国际资本流动的逆转将引发货币危机。在分析和推导时，他引入了金融过度（financial excess）的概念：当一国的金融机构可以自由进入国际资本市场时，金融机构会容易冒险，将资金投向证券市场和房地产市场，引发金融泡沫，加剧一国金融体系的脆弱性，引发银行体系的系统性风险。另外，亲缘政治的存在增加了金融过度发展的程度，主要是在东南亚国家，政府对金融企业和大企业提供隐性担保，从而加剧了银行体系的道德风险。

（1）信息的不对称性和"羊群"效应。信息的不对称性是指，由于筹资者往往不向投资者提供全部信息，加之现实中信息披露及信息传播等方面的困难，投资者掌握的信息通常是不完全、不充分的，在有关资金的使用和其他投资信息方面投资者与筹资者处于不对称的状态。这会使投资者对自己掌握的信息缺乏信心，使其行为具有盲目随从的性质，迫使他们去效仿另外一些可能掌握更多信息的投资者的做法，于是便形成"羊群"效应。例如，当泰铢发生危机后，人们便担心韩元可能也会出问题；当日本银行开始停止对韩国提供贷款并收回贷款时，欧美银行便纷纷效仿，因为后者认为日本人可能更了解韩国的实际情况；既然银行已开始行动，其他投资者也会纷纷效仿，于是"羊群"效应形成了。

（2）警示效应。当一国发生货币危机后，人们便对其他相类似的国家产生警惕，形成警示效应。以这种方式进行的危机蔓延通常是基于在其他国家观察到的新问题，而这些问题又与危机发生国所存在的问题相类似。当泰国爆发危机后，人们注意到印度尼西亚和韩国的经济也不健康，它们存在着银行系统薄弱、信用膨胀，国内资本形成质量下降、出口增长变慢，外汇储备相对较少等问题，而泰国也存在着相类似的问题。尽管这些问题未必能够引发货币危机，或者尚未达到足以引发货币危机的程度，但警示效应的发挥促使人们纷纷收回投资，最后终于导致这些国家也爆发了货币危机。

（3）流动性危机导致清偿危机。在货币危机的蔓延中，流动性危机的蔓延导致了其他国家也陷入严重的外币债务危机，是推动货币危机向其他国家蔓延的又一重要因素。一个借款人缺乏清偿力，是指他目前及未来的全部收益不足偿付所欠债务；一个借款人缺乏支付能力即流动性，是指他当前没有足够的现款支付到期债务。一个借款人也许具有清偿力，但他很可能因无法从金融市场上筹借到足够的资金用于偿付到期债务，而陷入流动性危机之中。这是一种债务危机，是因支付能力不足而引发的债务危机。在这种状态下，债务人很可能会被迫低价转让资产以偿付到期债务，而如果其价格低到使其资产总额小于债务总额的水平时，债务人就会因缺乏流动性而失去清偿能力，此时便会陷入真正的债务危机。

10.4.4 金融危机理论的新发展

2000年初，克鲁格曼和哈佛大学的Aghion先后在第三代金融危机理论的基础上又提出了一些新的解释，认为如果本国的企业部门外债的水平很高，外币的风险头寸越大，"资产负债表效应"越大，经济出现危机的可能性就越大。

在亚洲国家存在严重的信息不对称和信用风险偏大，银行要求企业提供足额担保才会发放贷款。这样，从总量来讲，一个国家的总投资水平就取决于国内企业的财富水平（因为抵押才能获得银行资金），如果企业持有大量外债，国外的债权人会悲观地看待这个国家的经济，会减少对这个国家的企业的贷款，其本币会贬值，企业的财富会下降，从而能申请到的贷款也将下降，导致全社会投资规模下降，经济陷入萧条，这一过程是自我实现的。新的金融危机理论尚有待完善，比如没有解决在一个动态模型中企业的外债累积问题，以及在多大程度上银行的低效率会影响到危机的程度。现在的金融危机理论正在向泛化发展，不限于事后解释某次特定的危机，而是希望能一般性地解释危机的产生。

案例分析：美国金融危机与欧债危机的共同影响及其风险防范

美国金融危机起源于次贷危机。2007年3月美国新世纪金融公司濒临破产，之后30余家次级抵押贷款企业被迫停业，次贷危机爆发。2007年6—9月次贷危机迅速蔓延至美国金融市场（尤其是股票市场）。2008年7月，房利美和房地美股价双双大跌50%以上，9月中旬美国第四大投行雷曼兄弟宣布破产保护，美国保险巨头AIG陷入困境，美国第三大投行美林证券被美国银行收购。此时，次贷危机彻底转变为了全球性的金融危机。

欧债危机是欧洲主权债务危机，首先发端于北欧小国冰岛的债务危机。2008年10月，受美国金融海啸的冲击，在全球过度扩张的冰岛金融业（资产规模为GDP的9倍多）陷入困境。冰岛三大银行资不抵债，被政府接管，银行的债务升级为主权债务，冰岛濒临"破产"。2009年11月，希腊的财政赤字占GDP的13.7%。希腊政府出现3 000亿～4 000亿美元的国债违约，投资者大量抛售希腊国债，希腊主权债务危机爆发。2009年12月8日，惠誉将希腊主权信用评级由-A降为BBB+，由于传染效应，一年后，葡萄牙、意大利、爱尔兰、希腊、西班牙等国同时遭受信用危机，最终演变为欧洲主权债务危机。

（资料来源：路妍. 国际银行管理[M]. 大连：东北财经大学出版社，2012.）

讨论题：美国金融危机与欧债危机有什么区别？二者的共同影响是什么？如何进行国际金融危机的防范？

【本章思考题】

1. 如何理解金融危机的含义？
2. 简述金融危机的分类及其内容。
3. 货币危机模型之间的主要区别是什么？
4. 什么是次贷危机？美国的次贷危机是如何演变成金融危机的？
5. 欧债危机的成因是什么？
6. 欧债危机的影响是什么？
7. 美国金融危机与欧债危机有何区别？
8. 近年发生的国际金融危机对我们有什么启示和教训？

【在线测试题】

扫描书背面的二维码，获取答题权限。

第11章 开放经济下的内外均衡与国际协调合作理论

【学习目标】

通过本章学习，应该能够：

1. 掌握开放经济下的宏观政策目标与工具；
2. 理解开放经济下政策工具的搭配原理；
3. 掌握开放经济下政策工具的运用；
4. 掌握蒙代尔—弗莱明模型的应用；
5. 理解开放经济下财政政策与货币政策国际协调理论；
6. 理解开放经济下宏观经济政策的国际协调与合作。

开篇导读 开放经济下的财政政策与货币政策

2007年美国次贷危机引发了全球金融危机，随之而来的便是欧洲主权债务危机。为应对危机的冲击，世界各个国家对本国的财政政策和货币政策进行组合调整，尤其是美国、英国等发达国家实施了"双宽松"的宏观政策组合。然而，随着世界经济的逐步恢复，发达国家为实现内外均衡，再次调整宏观政策，由"双宽松"转向"松紧搭配"，例如，2015—2018年美国和英国的"扩张性财政政策＋紧缩性货币政策"、欧元区和日本政府的"紧缩性财政政策＋量化宽松货币政策"。

2020年新冠肺炎疫情爆发并在全世界蔓延后，美国、英国、日本等再次将宏观经济政策，调整为"双宽松"政策。例如，美国通过最大经济刺激法案（2.2万亿美元）、空前资产购买计划（7 000亿美元）和商业票据融资机制的方式，实施了极度的"双宽松"政策。英国推出了紧急贷款担保和财政支持政策（3 500亿英镑）、降低基准利率（0.1%）和增持政府债券和公司债券（2 000亿英镑）的方式，实施了史无前例的"双宽松"政策。日本则批准了经济刺激计划（117.1万亿日元）、扩大资产购买计划（如购买交易型开放式指数基金12万亿日元）等方式，实施了极致的"双宽松"政策。

（资料来源：王宇. 全球财政政策与货币政策组合：重回双扩张[J]. 清华金融评论，2020（05）：25-27.）

在开放经济下，一国的宏观经济目标主要有充分就业、物价稳定、经济增长和国际收支平衡，即实现内部均衡和外部均衡。

11.1 开放经济下的宏观经济政策目标与工具

11.1.1 开放经济下的宏观经济政策目标

1. 内部均衡

在封闭经济中，宏观经济政策调控的目标包括经济增长、物价稳定和充分就业，这三个目标囊括了经济合理运行的主要条件。当一国同时实现经济增长、物价稳定和充分就业时,就称为内部均衡(internal balance)。在内部均衡的三个目标中,经济增长属于长期目标,它与充分就业是一致的,而物价稳定则与两者存在一定的矛盾:当经济增长加快时,总需求增加,势必导致物价水平上升;而稳定物价的经济政策必然以牺牲一定的总需求为代价,导致经济增速放缓。物价稳定与充分就业的矛盾体现在物价上涨率与失业率之间此消彼长的替代关系(菲利普斯曲线)。

2. 外部均衡

在开放经济中,一国经济与外界密切相关,除了内部均衡的三个目标之外,宏观政策调控还要保证国际收支平衡,即一国或地区与世界其他国家或地区之间在一定时期内全部经济活动往来的收支持平、略有顺差或者略有逆差。也就是说,当一国在国内经济均衡发展基础上实现的国际收支平衡,就称为外部均衡(external balance)。这里要注意的是外部均衡和外部平衡的区别,外部平衡就是国际收支平衡,即单纯的国际收支账户在一定口径上的数量平衡,从长期来看,也是经济实现可持续增长基础上的国际收支平衡。

3. 内部均衡与外部均衡的关系

1951年,英国经济学家詹姆斯·米德(J. Meade)首次提出了固定汇率制下宏观经济目标内外均衡的冲突问题。米德认为,在固定汇率制下,政府无法运用汇率政策手段调控国内外需求,只能运用影响国内总需求的政策手段来平衡内外收支,因此,宏观调控难以实现内外均衡兼顾,易产生内外均衡的冲突。表11-1列举了固定汇率制度下,一国内部均衡与外部均衡的关系。

表 11-1 固定汇率制度下内部均衡与外部均衡的一致与矛盾

组合	内部经济状况	外部经济状况	内外均衡关系
1	通货膨胀	国际收支逆差	一致
2	经济衰退/失业增加	国际收支顺差	一致
3	经济衰退/失业增加	国际收支逆差	冲突
4	通货膨胀	国际收支顺差	冲突

在第1种组合下,要实现内部均衡,应采取减少总需求的政策,这会通过边际进口倾向的作用使进口减少,在出口不变的情况下使经常账户逆差减少,从而改变原有的国际收支逆差状况,使其趋于均衡。

在第2种组合下,要实现内部均衡,应采取增加总需求的政策,这会通过边际进口倾向的作用使进口增加,在出口不变的情况下使经常账户逆差增加,从而改变原有的国际收支顺差状况,使其趋于均衡。

因此,以上两种组合属于内外均衡的一致,即政府追求内部(或外部)均衡时对总需求的调控措施同时对外部(或内部)均衡产生了积极的影响。

在第3种组合下,要实现内部均衡,应采取增加总需求的政策,这会通过边际进口倾向的作用使进口增加,在出口不变的情况下使经常账户逆差增加,从而使原有的国际收支逆差状况进一步恶化,使其距离均衡目标越来越远。

在第4种组合下,要实现内部均衡,应采取减少总需求的政策,这会通过边际进口倾向的作用使进口减少,在出口不变的情况下使经常账户顺差增加,从而使原有的国际收支顺差状况进一步恶化，使其距离均衡目标越来越远。

因此，后两种组合属于内外均衡的冲突，即"米德冲突"[①]，是指政府在追求内部（或外部）均衡时对总需求的调控措施使外部（或内部）均衡状况恶化，距离目标更远。我国在 1979—1999 年就曾出现过内外均衡的冲突，如表 11-2 所示。

表 11-2　1980—1996 年中国内外均衡的冲突

年份	政策手段	政策目标	冲突表现
1980—1983	紧缩性政策	抑制经济过热	国际收支顺差
1985—1989	扩张性政策	促进经济发展	国际收支逆差
1992—1993	扩张性政策	促进经济发展	国际收支逆差
1994—1996	紧缩性政策	抑制经济过热	国际收支顺差

资料来源：姜波克. 国际金融新编[M]. 6 版. 上海：复旦大学出版社，2018（06）：108.

11.1.2　开放经济下的宏观政策工具及其搭配

1. 开放经济下的宏观政策工具

（1）支出变更政策（expenditure-changing policies）。支出变更政策包括财政政策和货币政策。财政政策是一国政府通过改变政府支出和税收进而影响总需求的政策，分为扩张性财政政策和紧缩性财政政策。扩张性财政政策是增加政府支出或减少税收的政策，再通过乘数效应导致国民收入增加，进而引起进口增加。反之，紧缩性财政政策则是减少政府支出或增加税收的政策，这会通过乘数效应导致国民收入减少，进口也随之下降。

货币政策是一国中央银行通过改变货币供给影响利率进而影响总需求的政策，分为扩张性货币政策和紧缩性货币政策。扩张性货币政策指增加货币供给、降低利率，这会引起投资增加、国民收入提高，进而引起进口增加；同时，由于利率水平的下降，也会导致国际短期资本外流。同理，紧缩性货币政策则指减少货币供给、提高利率，这会引起投资减少、国民收入下降、进口减少和国际短期资本流入。

（2）支出转换政策（expenditure-switching policies）。支出转换政策是指改变总需求结构的政策，是通过影响本国贸易品的国际竞争力以改变支出构成，进而改变总需求的结构，使本国收入相对于支出增加，主要包括汇率政策和直接管制政策两种。

①汇率政策属于狭义的支出转换政策，是指政府通过改变汇率，可以使支出在国内商品和进口商品之间转换，以调节国际收支。例如，当本币升值时，本国商品相对于外国商品变得更贵，这会使支出从本国商品转向外国商品，造成进口增加、出口减少，总需求减少，有利于国际收支顺差国实现外部均衡。反之，当本币贬值时，支出从外国商品转向本国商品，根据马歇尔—勒纳条件，出口将增加，而进口会减少，这时总需求增加，有利于

[①] 米德（J. Meade），英国经济学家，1977 年诺贝尔经济学奖获得者。1951 年他在其专著《国际收支》中，提出了固定汇率制度下内部均衡和外部均衡的冲突问题。这也是对该问题最早的讨论。米德认为，在固定汇率制度下，政府只能运用影响社会总需求的支出变更政策来调节内外均衡。当一国面临国际收支顺差且通货膨胀，或者国际收支逆差和失业时，就会出现内部均衡与外部均衡的冲突，也就是说在开放经济条件下，一种政策手段难以同时实现内部均衡和外部均衡。

国际收支逆差国实现外部均衡。

②直接管制政策属于广义的支出转换政策，包括关税政策、进出口配额等贸易管制政策和外汇兑换管制、汇率管制和资本流动管制等金融管制政策。一般来说，直接管制政策作用时间短、见效快，但是会在一定程度上有损市场效率，导致资源配置扭曲。

直接管制政策与汇率政策的不同之处在于：直接管制政策是针对特定的国际收支项目的，而汇率政策是同时作用于所有国际收支项目的普遍性控制政策。

2. 开放经济下的宏观政策工具搭配原理

在面对多重目标和多种政策工具时，政府必须选择合适的政策来完成每一个目标。20世纪50年代以来，丁伯根原则和有效市场分类原则的出现，发展了开放经济的政策调控理论。

（1）丁伯根原则。根据丁伯根（Tinbergen，1969年诺贝尔经济学奖获得者）的理论，一国可以运用的独立的政策工具数目至少要与所要实现的经济政策目标数目相等。这就是说，如果政府有一个目标，它至少需要一种独立的政策工具；两个目标就要有两种政策，由此类推。

根据丁伯根原则，一国需要实现的经济政策目标是内部均衡和外部均衡，可以运用的独立有效的政策工具有支出增减政策和支出转换政策，同时实现内外均衡的目标。丁伯根原则下目标的实现需要有假设前提：各种政策工具可以供决策当局集中控制，即通过各种工具的紧密配合来实现政策目标。

（2）有效市场分类原则。20世纪60年代，美国经济学家罗伯特·蒙代尔（Mundell）提出了关于政策指派的有效市场分类原则，在一定程度上弥补了丁伯根原则的不足。

蒙代尔提出，应将每一种政策工具指派给其最具相对影响力的目标，即在影响此政策目标上具有相对优势。如果在指派问题上出现错误，则经济会产生不稳定而离均衡点越来越远。这一原则实质上是比较优势原理在政策指派中的运用。例如，财政政策与货币政策都分别对内部均衡和外部均衡具有影响力，易出现政策指派问题。财政政策一般通过商品市场的调节对就业与物价进行调控，且通过经常账户对国际收支产生影响；货币政策一般通过对商品市场和货币市场的调节对就业与物价进行调控，且通过经常账户和资本与金融账户对国际收支产生影响。由此可见，货币政策在内外均衡目标上具有比财政政策更大的影响力，但对国际收支而言影响力更大。因此，按照有效市场分类原则，应当将货币政策用于实现外部均衡目标，而财政政策用于实现内部均衡目标。

蒙代尔的有效市场分类原则与丁伯根原则一起确定了开放经济下政策调控的基本思想，即针对内外均衡目标，确定不同政策工具的指派对象，并且尽可能地进行协调以同时实现内外均衡。一般来说，我们将这一政策间的指派与协调称为"政策搭配"。

3. 开放经济下的宏观政策工具搭配的运用

（1）支出变更政策与支出转换政策的搭配。假设国际资本流动为零，即外部均衡就是经常账户平衡，总需求达到充分就业水平产出之前，价格一直保持不变。均衡实现的过程，以斯旺曲线来说明，如图11-1所示。横轴表示国内消费或吸收（消费、投资和政府支出），政府的支出可以为财政政策控制。纵轴表示汇率R（直接标价法），汇率上升表示本币贬值，汇率下降表示本币升值。

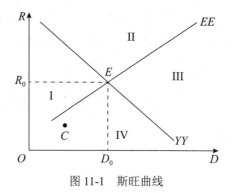

图 11-1　斯旺曲线

EE 曲线是外部均衡线，线上所有的点表示汇率与国内消费或吸收的组合。EE 曲线向右上方倾斜，斜率为正，因为 R 越大越有利于国际贸易顺差，从而国内吸收 D 增加。EE 曲线的右边，国内支出大于维持国际收支平衡所需的国内支出，处于国际收支逆差状态；EE 曲线的左边，则处于国际收支顺差状态。

YY 曲线显示了内部均衡时汇率与国内支出的组合。YY 曲线向右下方倾斜，斜率为负，因为汇率下降（本币升值）将减少出口，增加进口，维护内部均衡就必须增加国内支出。在 YY 曲线的右边，有通货膨胀的压力，因为对于既定的汇率，国内支出大于维护内部均衡所需的国内支出；在 YY 曲线的左边，有通货紧缩压力，因为国内支出比维持内部均衡所需的国内支出要少。

在图 11-1 中，只有点 E，即 EE 曲线与 YY 曲线的交点，政府可以实现内外部均衡。这样就可以定义不同区域的不均衡状况：

①区域Ⅰ——外部顺差，内部失业；
②区域Ⅱ——外部顺差，内部通货膨胀；
③区域Ⅲ——外部逆差，内部通货膨胀；
④区域Ⅳ——外部逆差，内部失业。

当经济处于内外失衡状态时，可以搭配使用支出变更政策和支出转换政策，使经济恢复到 E 点。从 C 点（逆差，失业）可以采用支出扩张性政策治理国内失业，采取支出转换政策（本币贬值）改善国际收支，使 C 点向 E 点方向靠近，实现内外均衡。各种政策配合情况如表 11-3 所示。

表 11-3　政策的搭配

区间	经济状况	支出转换政策	支出变更政策
Ⅰ	顺差/失业	升值	扩张
Ⅱ	顺差/通货膨胀	升值	紧缩
Ⅲ	逆差/通货膨胀	贬值	紧缩
Ⅳ	逆差/失业	贬值	扩张

可见，斯旺曲线阐明了这样一个道理：要实现内外均衡的双重目标，只有依赖政策搭配才行，单一的政策工具是无法实现的。但是，由于斯旺曲线没有考虑到资本流动和汇率制度，因此并不能完全解决米德冲突的问题。

（2）财政政策与货币政策的搭配。根据蒙代尔的有效市场分配原则，财政政策与货币政策的搭配可以用图 11-2 来说明，图中横轴表示财政政策，向右表示财政政策扩张；纵轴表示货币政策，向上移动表示货币政策的扩张，银根放松。

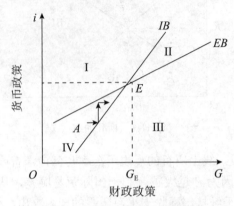

图 11-2　有效市场分割与政策组合

IB 曲线表示内部均衡的各种财政政策和货币政策的组合：在这条线的左边，国内经济处于衰退和失业；在这条线的右边，国内经济处于膨胀。EB 曲线表示外部均衡的各种财政政策和货币政策的组合：在这条线的上边，表示国际收支逆差；在这条线的下边，表示国际收支顺差。只有 IB 曲线与 EB 曲线交点 E，一个国家将同时实现内部均衡和外部均衡。IB 曲线比 EB 曲线更陡峭，因为相对而言，预算对国民收入、就业等国内经济变量影响较大，而利率对国际收支影响较大。

根据有效市场分配原则，货币政策被用来实现对外均衡，财政政策被用来实现内部均衡。如果反向操作，国家会离内外部均衡越来越远。例如，从代表失业与逆差的点 A（第 IV 区间）出发，使用紧缩性货币政策，消除逆差，扩张性财政政策解决失业问题，将使点 A 向点 E 移动。反之，如果采取相反的政策指派方式，即用财政政策解决外部均衡问题，而以货币政策解决内部均衡问题，那么经济将越来越远离内外均衡点。

同理，在其他区域也可选择适用的政策搭配来解决内外的均衡。表 11-4 为在各种区间内的财政政策和货币政策的搭配。

表 11-4　财政政策与货币政策的搭配

区间	经济状况	财政政策	货币政策
I	失业／顺差	扩张	扩张
II	通货膨胀／顺差	紧缩	扩张
III	通货膨胀／逆差	紧缩	紧缩
IV	失业／逆差	扩张	紧缩

11.2　开放经济下的宏观政策效应分析

开放经济下的宏观政策效应包括短期效应和长期效应两类，这里主要介绍开放经济下的宏观政策短期效应分析。

20 世纪 60 年代提出的蒙代尔—弗莱明模型（Mundell-Fleming model）是分析开放条

件下财政政策和货币政策效应的主要工具。这一模型是在宏观分析的基本框架 IS-LM 模型中引入国际收支,形成开放经济中的 IS-LM-BP 模型,其分析前提如下:

(1)开放的小国经济。"小国"的含义,一方面是说该国的经济情况和政策变动都不足以影响世界经济;另一方面指该国可以从世界金融市场借款而不会影响到国际利率水平,它是国际利率水平的接受者。

(2)总供给曲线具有无限弹性,所以该曲线是一条水平线。这是指短期总供给可以随总需求的变化迅速调整,该国均衡的产出水平由总需求决定。

(3)资本充分自由流动。若资本充分自由流动则各国之间不存在利差,任何的利率差异都会被资本自由流动消除。

(4)静态的汇率预期。投资者风险中立,不存在汇率将发生变动的预期。

(5)国内外价格水平不变。国内价格和国外价格均保持不变,这是凯恩斯黏性价格思想的继承。因此,名义汇率与实际汇率同比例变动。

我们以 IS 曲线、LM 曲线和 BP 曲线分别代表开放条件下商品市场、货币市场以及国际收支的平衡状况,如图 11-3 所示。

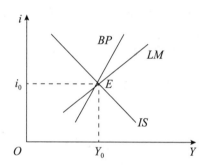

图 11-3 开放经济的 IS-LM-BP 模型

IS 曲线是考虑货币因素后,反映商品市场均衡时,利率(i)与国民收入(Y)之间关系的曲线,其斜率为负,当利率降低时,投资需求增加,为维持商品市场平衡,必须提高国民收入水平,IS 曲线右移。

LM 曲线是反映货币市场均衡时国民收入与利率组合情况的曲线,其斜率为正,因为对于既定的货币供给,当利率提高时,对货币投机性需求减少,为维持货币总供求的平衡,必须提高国民收入以增加交易性需求。当名义货币供给水平增加,物价水平不变时,会使 LM 曲线向右平移。

BP 曲线是反映外汇市场均衡的各种收入和利率水平的组合。BP 曲线是一条斜率为正的曲线,这是因为对于既定的汇率水平,收入增加引起的经常账户逆差需要提高利率以吸引资金流入进行弥补。资金流动性越大,这一曲线就越平缓,因为较小的利率增加就能吸引更多的资金流入。汇率的贬值同样将使之右移。若资金完全不流动时,BP 曲线是垂直的直线;当资金完全流动时,BP 曲线是一条水平线,汇率的贬值将对其没有影响。

蒙代尔—弗莱明模型是以资本具有完全流动性为假设前提的开放经济模型,它是一类特殊的 IS-LM-BP 模型,其特殊性表现在 BP 曲线由于资本的完全流动性而成为一条水平线。

此模型是在20世纪60年代浮动汇率盛行前,由美国哥伦比亚大学经济学教授蒙代尔和国际货币基金组织研究员弗莱明所创立的。尽管它被不断地修正,但最初的蒙代尔—弗莱明模型有关解释资本具有高度流动性情况下政策如何发挥作用的部分均被完整地保留下来。

11.2.1 固定汇率制下的开放经济均衡

在固定汇率制度下,货币管理部门需按照一定的汇率买卖本国货币来调节外汇市场上本币的供求,以稳定汇率。因此,外汇储备受国际收支状况的影响,货币当局不能控制货币供应量。假设资本是完全流动的,这意味着存在一个唯一利率,即国际均衡利率 i^*。国内利率只有在此利率水平上,国际收支才会平衡,所以 BP 曲线是一条水平线。

1. 货币政策效应无效的分析

在固定汇率制和资本完全流动的情况下,扩张性的货币政策会导致 LM_0 曲线向右移动至 LM_1,导致利率下降。在资本完全流动的情况下,扩张性货币政策引起的利率下降会导致资本迅速外流,本币贬值。如图11-4所示,为了维持固定汇率,货币管理部门在外汇市场上进行干预,这将导致货币供应量减小,LM_1 曲线又向左移回至 LM_0,回到初始均衡 E_0,利率和国民收入均恢复到初始均衡状态,抵消了货币政策的扩张效果。在固定汇率制和资本完全流动的情况下,货币政策即使在短期内也不能对经济产生影响,因此,货币政策无效。

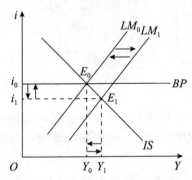

图11-4 固定汇率制度下资金完全流动时的货币政策分析

2. 财政政策有效的分析

如图11-5所示,在固定汇率制和资本完全流动的情况下,扩张性的财政政策会导致 IS_0 曲线向右移动至 IS_1,国民收入增加,引起经常账户赤字。同时,国内利率上升,引起资本流入,资本账户得以改善。同时,货币供应量增加,从而使 LM_0 曲线向右移动至 LM_1,形成新的长期均衡 E_2,利率恢复到初始均衡状态,国民收入由 Y_0 增加到 Y_2。在固定汇率制和资本完全流动的情况下,财政政策在长期对利率水平没有影响,但会带来国民收入的大幅增加。因此,财政政策非常有效。

在固定汇率制度下,如果资本具有完全流动性,任何扩张或紧缩货币供给的企图都将被巨额资本的迅速流动以及央行保持固定汇率的努力而抵消。而财政政策是有效的,对国民收入的影响却进一步扩大了。

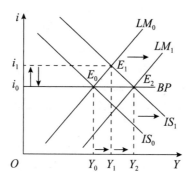

图 11-5　固定汇率制下资本完全不流动的财政政策效果分析

11.2.2　浮动汇率制下的开放经济均衡

蒙代尔—弗莱明模型最初是以浮动汇率制为背景展开研究的。在浮动汇率制度下，国际收支失衡会导致汇率自动调整，货币当局不对外汇市场进行任何干预。尽管汇率是可浮动的，与上部分一样，仍假定国内价格是既定不变的，并假设资本是完全流动的。

1. 货币政策有效的分析

如图 11-6 所示，在浮动汇率制和资本完全流动的条件下，扩张性货币政策使 LM_0 向右移动至 LM_1，引起利率下降，国民收入增加，资本账户和经常账户双双恶化，国际收支出现赤字，导致本币贬值，引起 IS_0 向右移动至 IS_1，最终在 E_1 点达到长期均衡。此时，利率回到初始均衡水平，国民收入进一步增加。可见，在浮动汇率制和资本完全流动的条件下，货币政策扩张会导致本币贬值、利率不变和国民收入增加。因此，货币政策非常有效。

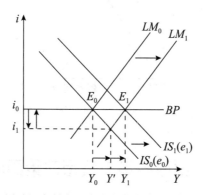

图 11-6　浮动汇率制度下资本完全流动时的货币政策分析

2. 财政政策无效的分析

如图 11-7 所示，在浮动汇率制和资本完全流动的条件下，扩张性财政政策使 IS_0 向右移动至 IS_1，引起利率上升，国民收入增加，短期均衡 E_1 在 BP 之上，说明利率上升引起的资本账户盈余大于收入增加导致的经常账户赤字，国际收支盈余，本币升值。本币升值将导致 IS_1 移回至 IS_0，回到初始均衡，利率和国民收入均恢复到初始均衡。可见，在浮动汇率制和资本完全流动的条件下，财政政策扩张对利率和国民收入均无影响，仅能造成本币升值。因此，财政政策完全无效。

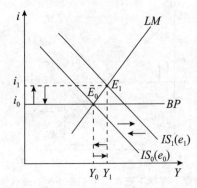

图 11-7 浮动汇率制度下资本完全流动时的财政政策分析

根据以上分析可知，在资本完全流动时，固定汇率制度下货币政策失效，而浮动汇率制度下财政政策失效，这正是蒙代尔—弗莱明模型所孕育的"三元悖论"思想。后来，美国经济学家保罗·克鲁格曼（P. Krugman）于1979年进一步将"三元悖论"思想形式化为"不可能三角"（impossible trinity）模型，如图11-8所示，三角形的三个顶点分别代表各国金融政策的一个基本目标，即货币政策独立性、汇率稳定性和资本完全流动性。选择三角形的任意一边，意味着追求其两端的目标而放弃另一个目标，因此这三个目标无法同时实现。

扩展阅读 11.1
资本流动与宏观政策效应
扫描此码 阅读文献

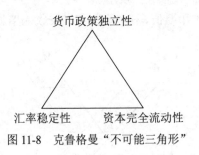

图 11-8 克鲁格曼"不可能三角形"

11.3　开放经济下财政政策与货币政策国际协调：两国模型

随着经济一体化的发展和金融全球化的推进，世界各国的相互联系日益增强，各国的宏观经济政策相互影响。因此，我们引入开放经济下相互依存的蒙代尔—弗莱明两国模型，来探讨宏观政策的国际协调。

11.3.1　两国模型的基本分析框架

两国的蒙代尔—弗莱明模型是蒙代尔—弗莱明模型的拓展。假设只存在两个相同规模的国家，两国之间相互影响。当一国经济内部发生突然冲击时，根据两国的蒙代尔—弗莱明模型，冲击会通过以下三种传导机制向另一国传递。

（1）收入机制。冲击传导的收入机制存在的原因在于：一国边际进口倾向的存在，使得一国国民收入的变化导致该国进口（即另一国出口）发生变化。这会通过乘数效应带来另一国国民收入的变动。显然，一国经济中边际进口倾向越高，另一国的出口乘数就越大，冲击通过这一机制向别国经济进行传递的效果就越显著。由于绝大多数国家之间都存在商品贸易联系，因此，这一机制是非常重要的。

（2）利率机制。利率机制对冲击的传导主要是通过国际资本流动进行的。资金流动的目的在于逐利，当一国利率发生变化时，势必带来资金在国家间的流动，这便会带来相应变量（如外汇储备或汇率）发生变动，从而对另一国经济产生影响。显然，国际间资金流动程度越高，这一机制对冲击的传导效果就越显著。

（3）相对价格机制。相对价格机制包含两个方面：一是汇率不变但一国国内的价格水平发生变动；二是本国名义汇率发生变动。

由于实际汇率是由名义汇率和价格水平共同决定的，因此，上述任何一种变动都会引起实际汇率的变动，带来两国商品国际竞争力的变化，从而对别国经济产生冲击。在初始均衡状态下，两国利率相等，其他条件不变，资本完全流动。

11.3.2 固定汇率制度下的两国模型

1. 货币政策的国际协调

如图 11-9 所示，在固定汇率制度下，当本国进行货币扩张时，LM_0 向右移动至 LM_1，国民收入增加、利率下降。本国国民收入的增加导致外国出口增加，IS_0^* 向右移动至 IS_1^*，外国利率上升。由于本国利率低于外国利率，因此会引起本国资本流出。在固定汇率制度下，为了维持汇率稳定，货币当局的干预会引起本国货币供给减少（LM_1 向左移至 LM_2），而外国货币供给增加（LM_0^* 向左移至 LM_1^*）。从而本国利率上升、国民收入下降；而外国利率回落、国民收入进一步增加。本国国民收入的下降会引起外国出口的减少，因此 IS_1^* 向左回移 IS_2^*。最终两国的相互影响会使国内外利率再次相等，重回均衡。此时，国内外利率都比初始均衡有所下降，国民收入均增加。可见，本国的货币扩张对外国经济产生了正的溢出效应。

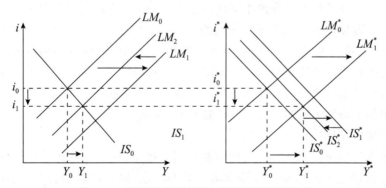

图 11-9　固定汇率制度下本国货币扩张的效应

2. 财政政策的国际协调

在固定汇率制度下，当本国进行财政扩张时，IS_0 向右移动至 IS_1，国民收入增加、利率上升。本国国民收入的增加导致外国出口增加，IS_0^* 向右移动至 IS_1^*（但移动幅度小于本国），外国利率也会上升。由于本国利率上升幅度高于外国，因此会引起资本流入。在固定汇率制度下，为了维持汇率稳定，货币当局的干预会引起本国货币供给增加（LM_0 向右移至 LM_1）而外国货币供给减少（LM_0^* 向左移至 LM_1^*）。从而本国利率回落、国民收入进一步增加，而外国利率进一步提高、国民收入回落。本国国民收入的进一步增加会继续引起 IS_1^* 再次向右移至 IS_2^*。最终，两国的相互影响会使国内外利率再次相等，两国重回均衡。此时，利率和国民收入均高于初始状态。因此，本国的财政扩张对外国经济也产生了正的溢出效应。具体过程如图 11-10 所示。

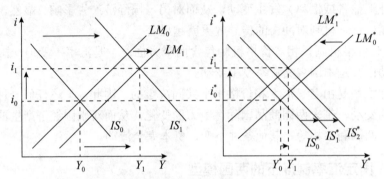

图 11-10　固定汇率制度下本国财政扩张的效应

比较图 11-9 和图 11-10，可以发现，在固定汇率制度下，本国财政扩张的正溢出效应要小于货币扩张，原因在于：本国财政扩张引起国民收入增加，通过收入机制导致外国国民收入也增加；而本国利率水平的升高通过资本流动引起外国货币供给减少，利率上升，这又抵消了一部分收入的增加。因此，财政政策的溢出效应小于同等条件下货币政策的溢出。

11.3.3　浮动汇率制度下的两国模型

1. 货币政策的国际协调

在浮动汇率制度下，当本国进行货币扩张时，LM_0 向右移动至 LM_1，国民收入增加、利率下降。本国国民收入的增加导致外国出口增加，IS_0^* 向右移动至 IS_1^*（移动幅度较小），外国利率上升。国内外利差会导致本国资本流出至外国，在浮动汇率制度下会引起本币贬值和外币升值，致使本国出口产品竞争力增加，IS_0 向右移至 IS_1，而外国产品出口竞争力下降，IS_1^* 较大幅度向左移至 IS_2^*。最终两国的相互影响会使国内外利率再次相等，两国重回均衡。此时利率比初始水平下降，本国国民收入增加而外国国民收入下降。因此，本国的货币扩张对外国经济具有负溢出效应，即以邻为壑效应，即本国产出扩张的一部分是通过外国产出的下降来实现的。具体过程如图 11-11 所示。

2. 财政政策的国际协调

在浮动汇率制度下，当本国进行财政扩张时，IS_0 向右移动至 IS_1，国民收入增加、利率上升。本国国民收入的增加导致外国出口增加，IS_0^* 向右移动至 IS_1^*（但移动幅度小于本国），外国利率也会上升。由于本国利率上升幅度大于外国，因此会引起资本流入，在浮动汇率制度下会引起本币升值和外币贬值，致使本国出口产品竞争力下降，IS_1 向左回移至 IS_2，而外国产品出口竞争力增强，IS_1^* 进一步向右移动至 IS_2^*。最终，两国的相互影响会使国内外利率再次相等，重回均衡。此时，利率和国民收入均高于初始状态。因此，本国的财政扩张对外国经济产生了正的溢出效应（spillover effect）。具体过程如图 11-12 所示。

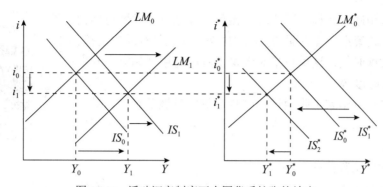

图 11-11 浮动汇率制度下本国货币扩张的效应

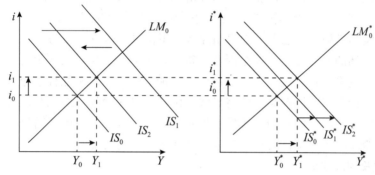

图 11-12 浮动汇率制度下本国财政扩张的效应

11.4 开放经济下宏观经济政策的国际协调与合作

宏观经济政策的国际协调是指在各个国家或国际组织之间,以发达国家或国际经济组织为主体,就贸易政策、汇率政策、货币政策和财政政策等宏观经济政策进行磋商和协调,适当调整现行的经济政策或联合采取干预的政策行动,以缓解政策溢出效应和外部经济冲击对各国经济的不利影响,实现或维持世界经济均衡,促进各国经济稳定增长。

11.4.1 国际政策协调的内容

从宏观经济政策手段上看,国际政策协调主要包括三个方面:货币政策国际协调、财政政策国际协调和汇率政策国际协调。

1. 货币政策国际协调

货币政策国际协调是经济政策国际协调的重要组成部分,是相关国家或经济体通过调整各自的货币政策或者通过政策方面的配合,来实现共同的经济目标。

美国经济学家库珀(Richard N.Cooper)认为,可协调的目标可以是共同的目标、竞争性的目标或因经济相互依存而相互关联的目标。从货币政策的角度看,目前大多数西方国家已将维持价格稳定作为货币政策的首要目标,也就是要稳定货币的国内价值,其实这是不需协调的。需要协调的内容包括:避免汇率大幅波动,协调

扩展阅读 11.2
全球层面加大政策
合作与协调力度

扫描此码　阅读文献

或交换关于货币政策目标、通货膨胀预测、金融市场发展与结构变化以及货币政策意向等方面的信息，协调货币政策行动的选择、政策力度与实施时间，这里包括对政策工具的运用（如官方利率调整的时间和幅度等）。

货币主义经济学家主张通过控制货币供应量调节经济，甚至在他们看来，在确定了稳定的货币供应增长率之后就不必干预经济的增长过程。

2. 财政政策国际协调

财政政策国际协调是指相关国家或经济体就各国的政府预算、税收政策的协调等进行讨论协商并达成一定的协议，以促进各国经济的持续增长。例如，为解决西方国家经济发展不平衡问题，1978 年七国集团首次在波恩会议上提出"护舰队计划"，共同实行适度扩张性财政政策等措施，标志着七国集团经济政策协调取得首次成功。

财政政策协调的原因在于，各个国家的货币政策一般是与财政政策密切相关的。如果一国的财政支出过度，政府就需要通过货币政策加以配合，这种配合意味着，货币发行量的增加，或者物价上涨率比较高，这将导致一国货币供应增长率的上升，从而会出现因没有协调财政政策使各国之间货币政策的协调难以维持。因此，各国之间只有同时协调彼此之间的货币政策和财政政策，其经济政策的目标才能顺利实现。

3. 汇率政策国际协调

汇率政策国际协调是指在各国将内部平衡和外部平衡作为政策目标时，它们之间不仅要协调货币政策和财政政策，还要协调汇率政策，即一国在干预经济维持自身经济的稳定和增长时，不仅可以采用货币和财政政策工具，而且可以通过汇率政策加以调整。在开放经济条件下，本国不仅要照顾本国的内部平衡，还要照顾外部平衡。汇率政策国际协调成为开放经济条件下实现各个宏观经济目标的主要手段。例如，美国东部时间 2020 年 1 月 15 日，中美正式签署第一阶段经贸协议，其中，协议第五章为《宏观经济政策、汇率问题和透明度》（以下简称"汇率章节"）。这是双方首次以法律文本的形式，规范了双方的共同义务，创造了大国汇率政策协调的新范本①。

11.4.2 宏观经济政策国际协调的效益

1. 减少政策实施过程中的不确定性

各国可以从国际经济政策协调中获得的主要好处之一，就是这种协调能帮助减少政策实施过程中的不确定因素。在全球经济一体化的背景下，任何一个国家要采取的措施都将很难再单独制定，因为最优的政策选择与其他方的政策选择有关。在现实中，一个国家往往对其他国家将要采取的措施以及它们基于自身立场应对变化的反应知之甚少。各国经济政策的协调能降低严重的经济冲突发生的可能性。信息互换使得政府获得更多也更优质的信息，并因此使得政府能够选择最优的政策——如果

---

① 资料来源：管涛. 大国汇率政策协调的新范本. 中国社会科学网，2020 年 1 月 30 日，http://www.cssn.cn/jjx_lljjx_1/sjjjygjjjx/202001/t20200130_5083814.shtml.

没有这些信息，政府就不可能做出这样的决策。如果国际间不存在信息的交流，政府在进行政策设计时可能会面临很多严重的问题，尤其是可能错估他国的反应，在经济联系如此紧密的今天，这样的错误带来的代价将会是极其高昂的。此外，冲突发生可能性的降低也将会大大改善国际贸易环境。

2. 避免过高的通货膨胀

Oudiz 和 Sachs（1985）研究发现，如果外汇市场是开放的，国际经济政策的协调可以在提升福利方面起着至关重要的作用。一国政府可能试图通过单独行动——在当下宣布将来的货币供给增长将低于现在的数量来控制通货膨胀。如果这样一种公告被大家所接受，该国的政府当局将因为现有通货的价值得到信任而达到降低现有通货膨胀的目的。然而，另外的国家却会因此经历一场货币的贬值，从而又提高了该国的通货膨胀率。结果是，如果没有国际间经济政策的协调，所有国家都可能不得不竞相宣布控制今后的货币增长。因此，只有双方国家之间达成一项协调协议以避免这样一种竞相人为控制汇率的状况，恶性通货膨胀发生的危险才有可能被消除。

案例分析

新冠肺炎疫情下的国际宏观经济政策协调

新冠肺炎疫情对全球生产和需求造成全面冲击，各国应该联手加大宏观政策对冲力度，防止世界经济陷入深度衰退。2020年3月26日的二十国集团领导人应对新冠肺炎特别峰会声明强调加强全球合作及维护世界经济稳定，习近平主席参加G20视频峰会并倡导加强国际宏观经济政策协调。

从国际宏观经济政策协调的环境来看，疫情全球性扩散与金融危机存在显著的差异。美联储前主席伯南克认为，这次危机与大萧条截然不同，20世纪30年代的大萧条源于人类问题，源于货币和金融方面的冲击，而这次则更像重大的暴风雪或自然灾害。和2008年金融危机相比，当前的情况几乎完全相反，在金融危机中，是银行体系的问题感染整个经济，而这次是疫情全球性扩散对经济的冲击影响了银行体系。

从国际宏观经济政策协调的空间来看，财政债务高位运行促使世界各国宏观政策协调空间大幅缩窄。在经济社会受到疫情等意外冲击时，世界各国可以通过宏观政策协调，通过财政政策工具针对特定领域精准施策，以此实现经济社会稳定的目的。

从国际宏观经济政策协调的诉求来看，世界各国分化引发国际协调较难就具体政策达成共识。各国经济社会差异巨大，促使宏观政策侧重点不同，各国对于国际宏观经济政策协调的诉求就不同。

（资料来源：全球抗疫背景下的国际宏观经济政策协调，2020年5月5日，中国网，http://www.china.com.cn/opinion/theory/2020-05/05/content_76008121.htm.）

讨论题：新冠疫情与金融危机下，国际宏观经济政策协调有何区别？应如何发挥其作用？

【本章思考题】

1. 什么是内部均衡和外部均衡？
2. 开放经济下的宏观政策工具有哪些？
3. 简述丁伯根法则的主要内容。
4. 请用斯旺曲线解释内外均衡目标的实现与政策搭配。
5. 根据有效市场分配原则解释内外均衡目标的实现与政策搭配。
6. 运用蒙代尔—弗莱明模型解释固定汇率制度与浮动汇率制度下财政政策与货币政策的有效性。
7. 运用两国模型分别分析固定汇率制和浮动汇率制的宏观政策协调。
8. 什么是宏观经济政策国际协调？

【在线测试题】

扫描书背面的二维码，获取答题权限。

参考文献

[1] Aizenman J., Hausmann R. Exchange Rate Regime and Financial Market Imperfections[R]. NBER working paper No.7738, 2000.

[2] Bank for International Settlements [R]. 2019 Triennial Central Bank Survey. 2019.12.

[3] Blanchard O J. Speculative Bubbles, Crashes and Rational Expectations [J]. Economic Letters, 1979, 3: 387 - 389.

[4] Carbaugh R.J. International Economics（15th ed.）[M]. South-Western Cengage Learning, USA, 2014.

[5] Cumby R E, Obstfeld M. A Note of Exchange Rate Expectations and Nominal Interest Differentials: A Test of the Fisher Hypothesis [J]. Journal of Finance, 1981, 36: 679 - 703.

[6] De Grauwe P, Dewachter H. A Chaotic Monetary of the Exchange Rate [J]. Kredit und Kapital, 1992, 25: 26 - 54.

[7] De Grauwe P, Dewachter H. Chaos in the Dornbusch Model: The Role of Fundamentalists and Chartists [J]. Open Economies Review, 1993, 4: 351 - 379.

[8] Dominck Salvatore. International Economics[M].John Wiley & Sons Inc. 2004.

[9] Dooley M P, Shafer J. Analysis of Short - run Exchange Rate Behavior: Mar. 1973 to 1981[A]. in: Exchange Rate and Trade Instability [C]. David Bigman, Teizo Taya.（eds）, Cambridge, MA: Ballinger, 43 - 69, 1983.

[10] Dornbusch R. Exchange Rate Economics: Where do we stand ? [A]. in: Economic Interdependence and Flexible Exchange Rates [C]. Bhandari J. S., Bluford H. P.（eds）, The M IT Press, 1983.

[11] Fama E F. Forward and Spot Exchange Rate [J]. Journal of Money Economics, 1984, 14（3）: 319 - 338.

[12] Fama E F. The Behavior of Stock Markets Prices [J].Journal of Business, 1965, 38: 34 - 105.

[13] Frankel JA. In Search of the Exchange Risk Premium: A Six - Currency Test Assuming Mean - Variance Optimization [J]. Journal of International Money and Finance, 1982, 1（3）: 255 - 274.

[14] Galbis V. Currency Convertibility and the Fund: Review and Prognosis（April 1996）. IMF Working Paper, pp. 1-64, 1996.

[15] Hansen L P, Hodrick R J. Forward Exchange Rate as optimal Predictors of Future Spot Rates: An

Econometric Analysis [J]. Journal of Political Economy，1980，88：829-853.

[16] International Monetary Fund. 2019. Annual Report on Exchange Arrangements and Exchange Restrictions 2018. Washington，DC：IMF.

[17] KraskerW S. The Peso Problem in Testing the Efficiency of Forward Exchange Markets [J]. Journal of Monetary Economics，1980，6：269-276.

[18] Lyons R. The Microstructure Approach to Exchange Rate [J]. MIT Press，2001.

[19] Mussa M. Empirical Regularities in the Behavior of Exchange Rate and Theories of the Foreign exchange Market [A]. in：Policies for Employment，Prices，and Exchange Rates [C]. Karl Brunner，Allan H Meltzer.（eds），Carnegie-Rochester Conference Series on Public Policy，1979.

[20] Obstfeld M，Rogoff K. The Six Major Puzzles in International Macroeconomics：Is There A Common Cause [A]. in：NBER Macroeconomics Annual [C]. Bernanke B，Rogoff K.（eds），Cambridge MA，2000.

[21] Obstfeld M.，Rogoff K. Exchange Rate Dynamics Redux [J]. Journal of Political Economy，1995，103（3）：604-660.

[22] 罗伯特·J. 凯伯. 国际金融（英文版）[M].15版. 北京：中国人民大学出版社，2017.

[23] 何泽荣. 汇率经济学 [M]. 成都：西南财经大学出版社，2006.

[24] 苗芳，崔艳娟. 国际金融学 [M]. 大连：大连理工大学出版社，2009.

[25] 陈信华. 国际金融学 [M]. 上海：上海财经大学出版社，2010.

[26] 乔桂明，等. 国际金融学 [M]. 2版. 北京：中国财政经济出版社，2010.

[27] 姜学军. 国际汇兑与结算 [M]. 北京：首都经济贸易大学出版社，2011.

[28] 王倩. 国际金融 [M]. 北京：清华大学出版社，2012.

[29] 路妍. 国际银行管理 [M]. 大连：东北财经大学出版社，2012.

[30] 孙刚. 国际金融学 [M]. 大连：东北财经大学出版社，2013.

[31] 刘金波. 外汇交易原理与实务 [M]. 北京：人民邮电出版社，2015.

[32] 叶蜀君. 国际金融 [M]. 3版. 北京：北京：清华大学出版社，2016.

[33] 王爱俭. 国际金融概论 [M]. 北京：中国金融出版社，2016.

[34] 郝岩，崔艳娟. 人民币国际化：大国货币崛起之路 [M]. 北京：人民出版社，2017.

[35] 蒋先玲. 国际金融学 [M]. 北京：中国人民大学出版社，2018.

[36] 姜波克. 国际金融新编（第6版）[M]. 上海：复旦大学出版社，2018.

[37] 陈雨露. 国际金融（精编版）[M]. 6版. 北京：中国人民大学出版社，2019.

[38] 姜学军. 国际结算 [M]. 5版. 大连：东北财经大学出版社，2020.

[39] 沈国兵. 汇率制度的选择：文献综述 [J]. 世界经济，2003（12）：15-24+80.

[40] 陈雨露，侯杰. 汇率决定理论的新近发展：文献综述 [J]. 当代经济科学，2005（9）：45-53.

[41] 黄薇，任若恩. 主流汇率制度分类方法及相关争论 [J]. 国际金融研究，2010（3）：85-96.

[42] 张卫平，王一鸣. 汇率制度的分类、国别分布及历史演进 [J]. 国际金融研究，2007（5）：54-60.

[43] 陈三毛. 汇率制度分类理论述评 [J]. 世界经济，2007（1）：89-96.

[44] 张明. 次贷危机的传导机制 [J]. 国际经济评论，2008（4）：32-37.

[45] 张明，付立春. 次贷危机的扩散传导机制研究 [J]. 世界经济，2009（8）：14-28.

[46] 雷良海，魏遥. 美国次贷危机的传导机制 [J]. 世界经济研究，2009（1）：24-31+88.

[47] 彭兴韵，吴洁. 从次贷危机到全球金融危机的演变与扩散 [J]. 经济学动态，2009（2）：52-60.

[48] 王辉. 欧洲主权债务危机的根源、影响与启 [J]. 财政研究，2010（5）：75-77.

[49] 刘元春，蔡彤娟. 论欧元区主权债务危机的根源与救助机制 [J]. 经济学动态，2010（6）：4-8.

[50] 宿玉海. 欧猪五国主权债务危机：原因、影响与启示 [J]. 宏观经济研究，2011（12）：103-106.

[51] 罗传健. 欧洲主权债务危机及其对中欧贸易的影响研究 [J]. 国际贸易问题，2011（12）：3-9.

[52] 张三宝，周宇. 全球汇率制度选择的主要特征及启示 [J]. 新金融，2017（6）：19-25.

[53] 冯子涵. 美国次贷危机形成的政策原因剖析 [J]. 改革与开放，2018（2）：25-26+72.

[54] 张礼卿. 加快推进人民币汇率制度改革 [J]. 中国外汇，2018（1）：26-28.

[55] 慕胜坤. 金融危机的政策根源与启示——以美国次贷危机为例 [J]. 管理观察，2019（26）：168-169.

[56] 王宇. 全球财政政策与货币政策组合：重回双扩张 [J]. 清华金融评论，2020（5）：25-27.

[57] 王杰. 美国次贷危机的成因及对我国现金贷市场监管的启示 [J]. 对外经贸，2020（6）：109-110，145.

[58] 管涛. 人民币汇率双向波动幅度加大，外汇市场更趋成熟理性 [J]. 国际金融研究，2020（1）：15.

[59] 吴富林. 脸书首发天秤币白皮书，全球货币体系面临挑战 [J]. 国际金融研究，2020（1）：9.

[60] 中国人民银行. 2016 年人民币国际化报告 [M]. 北京：中国金融出版社，2016.

[61] 中国人民银行. 2018 年人民币国际化报告 [M]. 北京：中国金融出版社，2018.

[62] 中国人民银行. 2019 年人民币国际化报告 [R]. 中国人民银行，2019.

[63] 中国人民银行货币政策分析小组. 中国货币政策执行报告（2020 年第一季度）[R]. 中国人民银行，2020（5）．

教师服务

感谢您选用清华大学出版社的教材！为了更好地服务教学，我们为授课教师提供本书的教学辅助资源，以及本学科重点教材信息。请您扫码获取。

》 教辅获取

本书教辅资源，授课教师扫码获取

》 样书赠送

财政与金融类重点教材，教师扫码获取样书

 清华大学出版社

E-mail: tupfuwu@163.com
电话: 010-83470332 / 83470142
地址: 北京市海淀区双清路学研大厦 B 座 509

网址: http://www.tup.com.cn/
传真: 8610-83470107
邮编: 100084